CB136981

Dulcelene Ceccato

FILOSOFIA INTERCULTURAL:

Uma abordagem da *ética* em Lévinas e do *estar* em Kusch

Dulcelene Ceccato

FILOSOFIA INTERCULTURAL:

Uma abordagem da *ética* em Lévinas e do *estar* em Kusch

EDITORA
IDEIAS&
LETRAS

Direção Editorial
Edvaldo M. Araújo

Conselho Editorial
Fábio E. R. Silva
Jonas Luiz de Pádua
Márcio Fabri dos Anjos
Marco Lucas Tomaz

Preparação e Revisão
Hanna Késia dos Santos Lima
Thalita de Paula

Diagramação e capa
Airton Felix Silva Souza

Todos os direitos em língua portuguesa, para o Brasil, reservados à Editora Ideias & Letras, 2022.

1ª impressão

Avenida São Gabriel, 495
Conjunto 42 - 4º andar
Jardim Paulista – São Paulo/SP
Cep: 01435-001
Televendas: 0800 777 6004
vendas@ideiaseletras.com.br
www.ideiaseletras.com.br

Dados Internacionais de Catalogação na Publicação (CIP) de acordo com o ISBD

C387f Ceccato, Dulcelene

Filosofia intercultural: uma abordagem da ética em Lévinas e do estar em Kusch / Dulcelene Ceccato. - São Paulo : Ideias & Letras, 2022.

344 p. ; 16cm x 23cm.

Inclui bibliografia e índice.

ISBN: 978-65-87295-39-8

1. Filosofia. 2. Filosofia intercultural. I. Título.

2022-1099 CDD 100
CDU 1

Elaborado por Vagner Rodolfo da Silva - CRB-8/9410

Índice para catálogo sistemático:

1. Filosofia 100
2. Filosofia 1

Aos meus pais, Valdir e Helena,
que me ensinaram a sensibilidade pelo Outro e o amor pelas palavras.

A Rosete, Jair, Dorinês e Rosandra.

"Porque te amo tanto, pátria minha, eu que não tenho
Pátria, eu semente que nasci no vento,
Eu que não vou e nem venho, eu que permaneço
Em contato com a dor do tempo, eu elemento
De ligação entre a ação e o pensamento
Eu fio invisível no espaço de todo adeus
Eu, o sem Deus"

Vinicius de Morais
(*Pátria minha*, 1949)

SUMÁRIO

AGRADECIMENTOS E ESCLARECIMENTOS

Agradecimentos

Ao Dr. Paul Gilbert, por sua *paciência de ser* e *estar* presente em cada passo do processo investigativo, por sua reserva de saberes e de sabedoria colocada à disposição, por seu encorajamento face a face nas dificuldades e pela sincera alegria nos sucessos.

Às minhas coirmãs de Congregação (Irmãs do Divino Salvador – Salvatorianas) do Brasil/SC e da Itália-Roma, pelo tempo e espaço adequados que proporcionaram para meus estudos e crescimento pessoal, a fim de que meu esforço intelectual produzisse o seu fruto.

À ADVENIAT e à Missionsprokura der Deutschen Provinz der Salvatorianer, que acreditaram em meu projeto, concedendo-me o suporte financeiro para que ele se realizasse.

Um agradecimento especial ao Dr. Juan Carlos Scannone (*in memoriam*), que, além dos livros inéditos, concedeu-me também seu precioso tempo para dialogar, pessoalmente ou por carta, sobre a filosofia da América do Sul. Do mesmo modo, ao Pe. João Roque Rohr, SJ (*in memoriam*), pelo seu suporte moral, intelectual e espiritual nas horas de discernimento.

Ao Dr. Paulo Larri Dullius, por sua paciente e acurada leitura e correção de meus textos.

Aos amigos Nestor Inacio Schwerz, Laura Beghelli Meirelles, Milton Zonta e Francisco Sydney Gonçalves, pelo suporte, paciência e colaboração.

Esclarecimentos

As citações das obras de Emmanuel Lévinas e Rodolfo Kusch utilizadas no texto estão abreviadas e seguidas do número da página, a qual corresponde à edição estrangeira ou brasileira que a autora utilizou. O ano da edição utilizada está descrito ao lado de cada obra na página das *Abreviações*. Na bibliografia se encontra a referência completa tanto da edição original de ambos autores, normalmente a primeira edição, quanto da edição utilizada nas citações.

Em todas as citações de obras estrangeiras que não possuem edições em português, a autora mesma realizou a tradução a partir da edição original ou de edições atualizadas, as quais se encontram referidas na bibliografia.

ABREVIAÇÕES

Obras citadas de Emmanuel Lévinas e o ano da edição utilizada nas citações:

ADV *L'au-delà du verset: Lectures et discours talmudiques (1982)*
AM *L'actualité de Maïmonide (1991)*
CCAI *Ouevres 1 – Carnets de captivité et autres inédits (2009)*
DE *De l'évasion (1982)*
DEHH *En découvrant l'existence avec Husserl et Heidegger (2010)*
DL *Difficile liberté (2014)*
DSS *Do sagrado ao santo: Cinco novas interpretações talmúdicas (2001)*
DVI *De Deus que vem à ideia (2008)*
EE *Da existência ao existente (1998)*
EI *Éthique et infini: Dialogues avec Philippe Nemo (1982)*
ELPh *Ouevres 3 – Eros, littérature et philosophie (2013)*
EN *Entre nós: Ensaios sobre a alteridade (2010)*
HOH *Humanismo do outro homem (1993)*
IRA *L'inspiration religieuse de l'alliance (1991)*
LHN *A l'heure des nations (1988)*
LIH *Les imprévus de l'histoire (1994)*
NIT *Novas interpretações talmúdicas (2002)*
OMS *De outro modo que ser ou para lá da essência (2011)*
QLT *Quatro leituras talmúdicas (2003)*
QRH *Quelques réflexions sur la philosophie de l'hitlérisme (1997)*
TA *Les temps et l'autre (2007)*
TI *Totalidade e infinito: Ensaio sobre a exterioridade (2008)*

Obras citadas de Rodolfo Kusch e o ano da edição utilizada nas citações:

AEA *Obras Completas 4 – Anotaciones para una estética de lo americano (2010)*
AP *Obras Completas 2 – América Profunda (2009)*
CHD *Obras Completas 4 – Cafetín: Homenage a Discépolo (2010)*

CI	*Obras Completas 4 – Corpus de Informantes (2010)*
CN	*Obras Completas 4 – El "caso" Novalis (2010)*
CR	*Obras Completas 4 – Credo rante (2010)*
EAFA	*Obras Completas 3 – Esbozo de una antropología filosófica americana (2011)*
EPAI	*Obras Completas 4 – En Sudamérica es preciso asumir lo indígena (2010)*
FT	*Obras Completas 4 – Filosofía del Tango (2010)*
GHA	*Obras Completas 3 – Geocultura del hombre americano (2011)*
HAA	*Obras Completas 4 – El hombre argentino y americano (2010)*
IPD	*Obras Completas 1 – Indios, porteños y dioses (2007)*
LJM	*Obras Completas 4 – La leyenda de Juan Moreira (2010)*
LNCA	*Obras Completas 2 – Una lógica de la negación para comprender a América (2009)*
MCH	*Obras Completas 4 – La muerte del Chaco (2010)*
MVP	*Obras Completas 1 – De la mala vida porteña (2007)*
NPP	*Obras Completas 2 – La negación en el pensamiento popular (2009)*
PAA	*Obras Completas 4 – Planteo de un arte americano (2010)*
PIPA	*Obras Completas 2 – El pensamiento indígena americano (2009)*
PPMC	*Obras Completas 3 – El pensamiento popular desde el punto de vista filosófico (2011)*
SB	*Obras Completas 1 – La seducción de la barbarie (2007)*
SPCLA	*Seminario permanente sobre cultura latinoamericana (1973)*
SPME	*Obras Completas 4 – Lo superficial y lo profundo en Martínez Estrada (2010)*
STTI	*Obras Completas 4 – El sentido de lo trágico en el teatro indígena (2010)*
TAN	*Obras Completas 4 – Tango Mishio (2010)*
VM	*Obras Completas 4 – Vivir en Maimará (2010)*

PREFÁCIO

Paul Gilbert

O tema do livro de Dulcelene Ceccato tem uma grandíssima importância na situação contemporânea da reflexão "fundamental". Esta teria como característica tradicional a sua universalidade. A tarefa da razão seria de fato revelar os valores mais universais da própria essência, seguindo fielmente as indicações de Aristóteles com relação às características da ciência, isto é, a universalidade e a necessidade. Parece que a orientação da filosofia "fundamental" ou "primeira" seria também a origem do desenvolvimento econômico, misturado às políticas "ocidentais" que invadiram o mundo na aurora da Modernidade e que invadem hoje o mundo inteiro por meio da globalização econômica e da tecnociência, nas quais, porém, a filosofia e as políticas antigas estão se diluindo. Jacques Derrida falava, em 1995, em "mundialização" (DERRIDA; VATTIMO, 1995, p. 33; 1996, p. 42), a qual, em realidade, não podemos mais declarar hoje como "cristã". Talvez o fosse na sua origem distante, mas era já uma "mundiagrecolização" do mundo mediterrâneo. Sabemos o quanto essa perspectiva de um destino de universalidade da razão pode ser equívoca, ainda que funcione eficazmente no nível contemporâneo dos intercâmbios econômicos e das finanças virtuais. Sabemos, todavia, o quanto os povos tentam hoje resistir a uma tal pressão sem rosto para manter a originalidade de suas culturas, mas resistindo pouco frente ao peso das imagens oferecidas pelas mídias internacionais que tocam os instintos humanos mais elementares e paradoxais da vanglória, do medo, da violência, em favor do comércio internacional ou de imagens importadas da propaganda de potências ditatoriais.

Na Europa impulsionada pelos horrores das guerras exportadas para todo o mundo durante o século passado e, sobretudo, dos massacres dos anos de 1914-1918 e de 1940-1945, os filósofos se despertaram para a ética e iniciaram uma reflexão que habitualmente havia sido descartada dos velhos trabalhos fundamentais. A racionalidade havia muito frequentemente ocultado a ética, e agora começa a temê-la. A tradição escolástica, em particular, mantinha a preeminência da ideia do uno e a importância metodológica da redução dos múltiplos ao uno, ou seja, a uma forma de razão que englobava, em uma totalidade homogênea, os eventos julgados ocidentais. Nisso, a filosofia seguia a prática abstrata da razão que visa, de fato, à unidade de tudo o que é. Não há racionalidade sem conhecimento dos princípios da realidade que, porém, são prevalentemente causas redutíveis à causa formal dos muitos efeitos concretos e diversos. A filosofia "europeia", que se pensava destinada a construir os seus juízos desse modo, não podia então não se distrair da realidade do mal e não se intender "imperialista". É propriamente essa disposição mental que vem sendo contestada hoje no interior de uma Europa despertada para a ética, contestada também por parte de muitas sociedades atentas à problemática pretensiosamente globalizante da cultura mundial contemporânea. Os filósofos ocidentais, portanto, se inquietaram acerca dos próprios princípios, isto é, dos eixos principais que sustentam seus empenhos.

O tema da alteridade – pedra angular de toda ética – é, porém, clássico e antigo. Platão o conhecia e manifestou-o, por exemplo, no seu *Sofista* (PLATÃO, 255c-258b). Hegel foi um mestre que renovou o tema, basta ler o início da *Fenomenologia do espírito*, uma metáfora da dialética do mesmo e do outro.[1] Em todos os casos, porém, a supremacia do uno não vinha realmente posta em questão. Para Platão ela é originária; para Hegel, ela é final. Frente à pressão contemporânea da globalização, ao contrário, são sempre mais numerosos os filósofos que apostam na necessidade de pensar os múltiplos enquanto múltiplos, renunciando a um apoio expresso em forma de "uno", dado racionalmente *a priori*. Mas esta pesquisa será ainda filosófica? Como pensar a alteridade sem alterá-la em acidente insensato do uno racional?

A pesquisa de Dulcelene Ceccato se inscreve nesse contexto, partindo de uma vivência específica da América do Sul, de uma situação de *mestiçagem* e de comunicação entre muitas culturas autóctones ou importadas. Devemos, porém, estar atentos a este ponto: a problemática abordada não reside na única extensão da pesquisa sobre alteridade alheia, sobre "eu e tu", como frequentemente vinha sendo entendida na Europa a partir, por exemplo, do famoso livro *Eu e tu*, de Martin Buber, de 1923 – reflexão esta desenvolvida dentro de um horizonte interindividual. Aqui, trata-se, de fato, de considerar as relações entre "outros" que não são indivíduos, mas sociedade e cultura. Essa abordagem é muito mais complexa para a filosofia, cujos argumentos

1 Conforme: *B. Autocoscienza, IV: La verità della certezza di se stesso, A. Indipendenza e dipendenza dell'autocoscienza: Signoria e servitù.*

partem sempre das experiências do indivíduo que conhece, destacando as necessidades que lhe são dadas *a priori*, transcendentais e iguais para todos.

Devemos mencionar três tipos de problemas específicos, imanentes à filosofia intercultural. O primeiro é saber se existe uma filosofia que emerja de uma cultura ou, vice-versa, se uma filosofia cria uma cultura. Será comumente proclamado que a filosofia é a melhor expressão da cultura ocidental. Mas é certo que os ocidentais participam espontaneamente da mentalidade filosófica? O que seria a mentalidade filosófica? Por exemplo, as pessoas comuns que se encontram hoje no metrô de Roma ou Paris teriam refletido sobre as diferenças que distinguem Descartes de Espinoza e teriam tomado uma posição consciente a respeito disso, determinando assim seu próprio modo de ser? Uma cultura impõe um certo modo de ver o mundo, uma *weltanschauung* comum, com seus códigos particulares de racionalidade, os seus próprios princípios e acentos. No entanto, um filósofo é sempre crítico de tal "visão de mundo". Platão e Aristóteles o foram da cultura grega, vivendo no mesmo tempo e espaço. Teriam tido eles então uma mesma "filosofia"? Obviamente que não. Um filósofo nunca vai querer estar acriticamente de acordo com a cultura do seu ambiente familiar, civil, de trabalho, etc. Ele nunca encontrará ali uma expressão satisfatória de "sentido". Portanto, decidir que existem relações de identidade necessárias entre a cultura de uma sociedade e uma filosofia particular constitui um engano inicial.

O segundo problema diz respeito à preposição "inter". A utilização desta preposição parece supor que existam termos pré-constituídos entre os quais se colocam pontes "imateriais", isto é, sem substância determinante. Não importa o meio que me transporte da Europa ao Brasil. Poderia ser um avião ou um navio. Uma "viagem internacional" se faz mediante transporte que nada tem a ver com a substância do ponto de partida e de chegada. Por outro lado, pode-se pensar que os elementos assim transferidos de um ponto do mundo para outro serão compreendidos de forma diferente nos pontos extremos do percurso, talvez movendo a cultura do acolhimento, mas certamente tornando-se incompreensíveis desde o ponto de partida. Aqui está o problema analisado com profundidade e nuances na primeira parte do livro de Ceccato. Nessa transformação, alguns aspectos do bem transportado podem se tornar irreconhecíveis por quem estava no ponto de partida da viagem.

O terceiro problema parece cruzar os dois primeiros. Um modelo ético pode, de fato, clarear o fenômeno do "inter": a experiência empática. Ainda que não faltem problemas especulativos com relação à definição de substancialidade das pessoas e, portanto, relativos à complexa fenomenalidade desta experiência, isso é comum e nem sempre errôneo. Não se pode negar que na vida há momentos de misericórdia e de raiva, isto é, de assumir a responsabilidade pelo outro, amado ou não. A experiência pode terminar mal, mas a intenção será reta; se um resultado contradiz o que se esperava dele, não mudará a intenção, mas o modo de viver a experiência em si. A essencialidade pura do ser humano se revela solidária nesse ponto.

O livro de Dulcelene Ceccato articula esses problemas. Na primeira parte, expõe diversos modelos de relações interculturais. Examina as propostas de autores como Raimon Panikkar, Franz Martin Wimmer, Josef Estermann e Raúl Fornet-Betancourt. O problema deixado em suspenso, porém, é a forma mesma da alteridade que define a essência dos participantes do diálogo. Uma proposta de Françoise Mies, filósofa e biblista belga que se inspira em Emmanuel Lévinas, permite-nos esclarecer o conceito de "alteridade" com algumas nuances necessárias. A segunda parte do livro expõe a tese de Lévinas sobre esse ponto. A filosofia ética do filósofo hebreu é bem conhecida. A pesquisa de Dulcelene Ceccato considera antes o aspecto intercultural que ele viveu em primeira pessoa, sendo um judeu lituano, de formação russa e ativo no mundo literário e filosófico franco-alemão. O capítulo do livro intitulado "Palimpsesto" se manifesta sutilmente importante para a reflexão. Trata da relação do hebraísmo e da filosofia de estilo grego. Os autores notam que as expressões de Lévinas, literalmente obscuras em francês, se iluminam quando são lidas na "perspectiva do hebraico". O problema da interculturalidade situa-se, portanto, no caso de Lévinas, no nível de sua experiência pessoal, tanto intelectual quanto religiosa.

A terceira parte do livro adentra-se nas questões de uma cultura cuja essência é social e não mais pessoal. Nessa parte, são consideradas as publicações de Kusch, cujo horizonte é propriamente cultural. O ambiente intelectual de Kusch é muito diferente daquele de Lévinas. A visão do filósofo franco-lituano e hebreu era de uma ética de relação pessoal: esta ética se constitui para ele a filosofia primeira. As investigações de Kusch levam a outra direção: a das normas racionais da filosofia ocidental ligadas à categoria do ser. As línguas ibéricas distinguem, porém, o "*ser*" (*essere*) do "*estar*" (*stare*). Esse complexo léxico da ontologia é estudado enquanto pertence às línguas populares ibéricas, como fez Aristóteles no grego de sua *Metafísica*: "Com efeito diz-se de algumas coisas que..." (Γ/4, cap. 2, p. 1003b).

A reflexão de Kusch, portanto, oferece uma abertura à "filosofia do povo". Esta se encontra no centro das considerações dos filósofos latino-americanos atentos à interculturalidade, como se pode ver na conclusão do livro quando se refere ao pensamento de Juan Carlos Scannone. Este, por sua vez, interpreta e doma – no significado etimológico da palavra: "traz para casa" – a teologia da libertação em termos de filosofia do povo.[2] A conclusão do livro trata, enfim, da dificuldade da reflexão intercultural, um tema que resta, de fato, muito complexo e inexaurível.

A qualidade do livro advém, em particular, do seu tema subjacente, que não pode deixar de colocar um filósofo europeu em crise. A nota 12 do capítulo 2 (presente na subseção 2.4.1, intitulada "A contextualidade como lugar que doa verdade") evoca uma "controvérsia sobre como definir a filosofia". A observação permanece não resolvida entre os autores. No entanto, podemos receber uma indicação na introdução à segunda parte (a partir da p. 99) do livro, quando examina a proposta de Lévinas, a qual é conhecida universalmente: a filosofia recente intende "elevar a concepção de 'outro' à categoria metafísica, ou seja, radical". Uma filosofia autêntica é "radical"? Mas em que condições a filosofia intercultural será radical? A filosofia clássica dirá, entretanto, que não é radical por si mesma, mas graças à profundidade da reflexão responsável de um filósofo que, pessoalmente, se empenha por ela. Como já dissemos, a cultura grega não é filosófica por si mesma, mas graças à interpretação ou releituras de pessoas como Platão ou Aristóteles, que extraem dela discursos, pelos quais são os únicos responsáveis e, de forma diferente, porque nenhum deles é confundível com o outro.

No entanto, observamos que, se uma cultura não possui categorias filosóficas imediatas, ela propõe alguns termos comuns que podem eventualmente se tornar categorias por meio da obra de um filósofo. Na verdade, essa situação é bastante trivial na história do pensamento. Porém, se deve explicar o específico das categorias escolhidas para que seja reconhecida uma função crítica. Cada termo indica uma realidade diferente de si mesmo e não se esgota em sua enunciação verbal, por isso é sempre "simbólico", porque transporta a mente a um outro nível fonético. Um termo pode ter um significado sensível, como "computador", por exemplo. Os termos "*ser*" e "*estar*" também terão um significado próprio, do qual são "símbolos". O específico da "filosofia intercultural" é propriamente o de "simbolizar" um ponto de partida para construir algumas categorias filosóficas específicas. Em cada cultura, o léxico ontológico é fundamental. Lévinas, que publicou

2 Ver: GILBERT, P. "Juan Carlos Scannone (1931-2019) et la religion populaire" (2020); "Juan Carlos Scannone e la teologia del popolo" (2020).

um artigo no qual contestou a ontologia como fundamental (LÉVINAS, 1951, p. 88-98), não pôde prescindir do verbo "ser", cuja função simbólica ele destacou. Nesse sentido, cada filosofia se preocupa em ser "simbólica" se quiser ser "radical", isto é, universal e fundamental.

Cada símbolo deve ser interpretado – e para ser filosófico com um mínimo de racionalidade –, cada interpretação deve seguir procedimentos reconhecidos como potencialmente universais. A chave racional da hermenêutica da linguagem cultural advém da reflexão que estabelece o lugar das questões e das reflexões mais radicais desenvolvidas no espaço da diversidade, portanto, na ética. A filosofia não se baseia apenas na lógica e na atitude que esta impõe à razão, mas em uma atitude pela qual a ética – como método e função ao mesmo tempo – se impõe à razão. Para Kusch, que segue Lévinas nesse ponto, a filosofia radical é ética e simbólica, não apenas como em Lévinas no nível da comunicação interpessoal, mas mais diretamente no nível das palavras de uma cultura, sem a qual se torna impossível falar inteligivelmente. As culturas são, desse modo, disponíveis a uma reelaboração filosófica, a qual é uma interpretação assumida por um autor e sob sua inteira responsabilidade. Essa interpretação revela a potencialidade de significado que as culturas utilizam, escondendo sua essencialidade, mas que dá a elas uma vitalidade essencial.

A forma do palimpsesto que foi reconhecida como fundamental na escritura do filósofo hebreu poderia ser, portanto, uma forma significativa do mundo especulativo de Kusch, porém com uma diferença importante. A escritura de Lévinas assume e reelabora o léxico bíblico que pertence a um discurso já construído em um segundo nível: o texto literário que é a *Bíblia*. O caso de Kusch é diferente porque não se funda sobre textos elaborados de um modo literário, mas sobre uma linguagem em seu surgir primário ou na sua estrutura elementar: o léxico do ser que a filosofia clássica, sobretudo aristotélica, sempre reconheceu essencial. Devemos notar, porém, que o léxico considerado por Kusch provém da cultura ibérica. A modalidade levinasiana de palimpsesto não funcionaria, de alguma forma, na proposta de Kusch? Embora tenha sido um grande conhecedor das línguas dos "nativos" da América, em particular da Argentina, ele não se refere às suas culturas para escolher um léxico filosófico específico, mas sim às culturas ibéricas. Na realidade, os "nativos" puros quase já não existiam na América do Sul. Poderiam as línguas ibéricas oferecer categorias capazes de expressar o não dito que anima as línguas efetivamente faladas no continente latino-americano? A distinção entre "*ser*" e "*estar*" se apresenta agora fecunda, pois permite privilegiar um verbo de ação prática: o "*estar*", sem cair na armadilha do "*ser*" abstrato do Ocidente e, contudo, sem ignorá-lo. "*Estar*" se torna, portanto, a categoria da qual se poderia assumir um estudo filosófico específico à cultura latino-americana.

O livro de Dulcelene Ceccato é importante pela problemática que ele evidencia, pelo seu conhecimento da literatura filosófica latino-americana e, em geral, pela sua participação numa pesquisa que vai além de discussões somente acadêmicas.

INTRODUÇÃO

A pergunta sobre a alteridade tem sido uma constante na história da filosofia, mas hoje ela parece ser ainda mais provocativa e desafiadora ao pensamento a partir da "situação hermenêutica" intercultural que se impõe na contemporaneidade. Frente a isso, emerge também uma problemática ética que antecede a possibilidade teórica e metodológica quando se trata de pensar interculturalmente. Tal quadro implica um conflito que demanda uma revisão da concepção de universal em filosofia, a fim de fazer justiça aos universos contextuais. Porém, em nosso caso, o horizonte da problematicidade filosófica que impulsiona nossa reflexão não pretende responder prioritariamente a esse problema da universalidade e contextualidade em filosofia numa situação faticamente intercultural. A situação de comunidades humanas, articuladas e codificadas em diferentes mundos de vida, mas inexoravelmente inseridas nos processos interculturais por meio da intercomunicação globalizada, parece anteceder a possibilidade de explicitação de uma reflexividade intercultural. Contudo, é precisamente essa a situação que provoca o pensamento e sinaliza a necessidade da sua reflexividade e da ética intrínseca a ela.

O principal foco de nossa análise hermenêutica e crítica é buscar esclarecer as implicações éticas que a filosofia intercultural demanda e estabelecer uma base a partir da qual as diferentes inteligibilidades, sejam de âmbito filosófico ou provindas de sabedorias contextuais, possam contribuir ao processo intelectivo da existência, desde sua originariedade cultural. Cremos, ainda, que isso poderá indiretamente nos ajudar a inteligir a conflitividade e a crise que a cultura da globalização mundial – e, paradoxalmente, dos separatismos extremistas – sinalizam atualmente, e em cuja pretensão se manifesta uma concepção de universalismo ocidental pragmático ligado, política e economicamente, a um projeto único e absoluto de conceber a existência, a vida social e as relações entre humanos e o mundo, violentando as concepções contextuais, bem como os diferentes microssistemas sociais e das outras numerosas constelações de vida que habitam o planeta; tudo isso tendo em vista a sustentação das perspectivas e intenções do mercado globalizado e da mercantilização de todas as coisas.

A filosofia intercultural que está se configurando há apenas algumas décadas aparece como uma reflexão-em-relação que intende compreender essa grande transformação dos modos de relações entre povos, culturas, tradições e civilizações em escala mundial. Nossa hipótese é a de que a relação intercultural é intrinsecamente ética e que essa perspectiva filosófica necessita determinar mais claramente os modos de aproximação intercultural, a fim de poder operar num nível *inter e trans-ético*. Por isso, optamos por analisar a compreensão e o sentido de duas noções que julgamos fundamentais para a filosofia intercultural. São elas: a noção de "*outro*" e a de "*alteridade*" nos pensamentos de Emmanuel Lévinas e de Rodolfo Kusch. Buscamos fazer uma abordagem intercultural do pensamento desses dois filósofos porque consideramos que eles se caracterizam pela interculturalidade, enquanto articulam diferentes tradições de pensamentos para compreender e significar filosoficamente esses dois termos, "*outro*" e "*alteridade*". Portanto, nossa análise busca verificar: a) como se entrelaçam diferentes tradições de pensamento nas filosofias de Lévinas e Kusch – para o primeiro, que articula o hebraísmo com a filosofia ocidental, a ética é "filosofia primeira"; para o segundo, que articula o verbo "estar" das línguas ibéricas faladas na América do Sul com o verbo "ser" da filosofia ocidental, a filosofia deve assumir o "indígena" e defrontar-se com o "vazio intercultural". Essas noções são capazes de responder àquele fundamento ético ainda não suficientemente claro que deve guiar o diálogo filosófico intercultural atual?; b) Lévinas e Kusch apontam para uma abertura acerca do conflito entre universal e contextual, na "situação hermenêutica" atual das relações de interculturalidade em filosofia?; c) como, nessa perspectiva, as noções de *outro* e *alteridade* nesses autores podem nos oferecer um horizonte ético fundante para pensar interculturalmente? Esses são os problemas que aqui buscamos refletir e, quiçá, essa seja a contribuição específica deste livro.

Se o ponto de partida fático e também teórico da filosofia intercultural é a relação entre diferentes mundos de vida, de códigos racionais e linguísticos; e se ela é caracterizada como uma filosofia-em-relação que busca dar conta das "distâncias culturais" (ASTRAIN, 2006, p. 153), sendo que seu prefixo "*inter*" expressa a busca de pôr em relação essas distâncias, então nos perguntamos: as duas noções – "*outro*" e "*alteridade*" – podem fundamentar uma ética que evite o risco de se cair numa *etnofilosofia centrista*, ou num *relativismo filosófico indiferenciado* ou, ainda, na possibilidade de novas *colonialidades racionais*?[1] Buscamos responder a esta questão em nossa análise partindo da semântica filosófica dos termos "*outro*" e "*alteridade*", passando pela análise de algumas abordagens filosóficas interculturais, nos aproximando mais profundamente

1 As expressões "etnofilosofia centrista", "relativismo filosófico indiferenciado" e "colonizações racionais" correspondem aos extremos aos quais a filosofia intercultural pode chegar, os quais aprofundaremos especificamente no terceiro capítulo.

do significado desses termos no pensamento de Lévinas e de Kusch para, finalmente, explicitar a urgência da problemática ética como fundamental, paradoxal e intrínseca ao pensamento intercultural.

A dimensão intercultural da filosofia já possui variadas tendências, e diferentes níveis de aprofundamento estão em curso. Aqui não abordaremos o vasto avanço dessas reflexões, mas alguns aspectos que correspondem à formulação de nossa hipótese fundamental. Ainda que a pretensão de nossa pesquisa possa parecer muito ampla, nos limitaremos a analisar os procedimentos racionais que entrecruzam concepções de diferentes tradições em relação a duas noções em si mesmas universais: a de *alteridade* e a de *outro*, que já possuem uma significação filosófica historicamente densa. Embora o debate atual em filosofia intercultural tenha se ocupado mais em resolver os problemas que emergem dos procedimentos metodológicos para o diálogo intercultural, e mesmo com a possibilidade de uma reflexividade ou racionalidade intercultural resultante de tais procedimentos *dialógicos* ou *polilógicos*,[2] nós nos acercaremos dessas problemáticas somente de modo indireto, pois o que está em questão aqui é saber a partir de qual significação das duas noções acima a filosofia intercultural desenvolve a sua reflexividade.

Devemos ainda considerar que os dois autores que elegemos para nosso estudo não parecem ter tido a intenção explícita de realizar uma filosofia intercultural. Nós não encontramos em ambos os pensadores referências sobre isso, exceto em Kusch, que fala explicitamente de "vazio intercultural" ao referir-se à distância entre o discurso acadêmico e o discurso popular (*doxa*). Além disso, suas filosofias oferecem uma gama bem mais rica e ampla de temáticas que vão além da fenomenologia do *outro* e da *alteridade* que escolhemos focalizar em suas obras. No entanto, nossa investigação parte do pressuposto de que tanto em Lévinas quanto em Kusch se dá um operar racional intercultural que aprofunda e eleva ao nível de fundamento metafísico e ético ambos os conceitos de *outro* e *alteridade*. E isso se dá porque eles articulam diferentes tradições de pensamentos e sabedorias para explicitar a significação ética dos mesmos. A nosso ver, a resultante reflexiva dessa articulação de *inter*-tradições (ocidental, judaica e indígena americana) é uma significação intercultural de *outro* e *alteridade*.

Precisamente por isso nossa interpretação se limita, então, a demonstrar as diferentes concepções culturais presentes nos resultados de seus

2 Os termos "dialógico" e "polilógico" se referem às abordagens de R. Panikkar e F. M. Wimmer, respectivamente, que desenvolveremos no segundo capítulo.

procedimentos racionais – sejam tanto os da fenomenologia como os da hermenêutica – no que se refere à significação de *Outro* e *Alteridade*, que eles vão realizando. Se é possível dizer que as acepções desses termos eram consideradas pré-filosóficas – tanto na concepção judaica como no pensamento indígena –, a fenomenologia de Lévinas e a hermenêutica de Kusch elevam-nas ao nível filosófico, ao mesmo tempo em que os autores realizam uma descontinuidade com as significações da tradição, como veremos.

Outra delimitação refere-se aos textos analisados. Valemo-nos apenas de uma seleção de escritos dos dois autores, e não da obra inteira dos mesmos, a partir dos seguintes critérios: a) os textos dos dois autores que revelam as raízes geoculturais e literárias ("textos outros") das quais emergem suas articulações acerca de *outro* e *alteridade*; b) os textos que analisam eventos ou razões políticas ou que explicitam as suas críticas aos acontecimentos, os quais os influenciam, determinam e reiteram as suas posições éticas; c) os textos nos quais emergem o modo e a articulação de *inter*-tradições ou *inter*-saberes culturais e que vão desvelando, em suas reflexões, a universalidade filosófica de *outro* e *alteridade.*

Tais análises se apoiam também em outros autores, seja porque eles são seus intérpretes ou porque são seus críticos. Mas os critérios pelos quais os escolhemos são, sobretudo, por nos ajudarem a identificar e a reiterar a interculturalidade de Lévinas e de Kusch e, igualmente, por darem continuidade ao aprofundamento da perspectiva intercultural presente, implicitamente, em seus pensamentos.

Em síntese, nossa argumentação intenta explicitar as várias significações dos termos "*outro*" e "*alteridade*" e situá-las como um marco ético no pensamento desses dois autores, a fim de que essa última significação nos dê o paradigma no qual o método e a reflexividade intercultural possam atuar eticamente, reconhecendo, inclusive, a universalidade resultante dessa perspectiva do pensar e preservando o legado das universalidades contextuais.

Para alcançarmos o que enunciamos acima, assumimos empreender uma hermenêutica analógica na qual as noções de "*outro*" e "*alteridade*" mantêm a unidade das análises. Ao mesmo tempo, à medida que vamos aprofundando a significação dessas noções e argumentando a problemática e a importância ética que delas emergem, utilizamos a análise crítica, pontuando aspectos contextuais ou condicionantes que devem ser levados em conta na consideração dos pensamentos de Lévinas e de Kusch e no resultado final aqui intentado.

PRIMEIRA PARTE

ALTERIDADE E OUTRO NA FILOSOFIA INTERCULTURAL

"Creio numa força imanente
que vai ligando a família humana
numa corrente luminosa
de fraternidade universal.
Creio na solidariedade humana.
Creio na superação dos erros
e angústias do presente."

Cora Coralina
(*Ofertas de Aninha – Aos moços*, 1983)

Uma das discussões mais antigas da filosofia pode ser resumida nos seguintes paradigmas: aquele explicitado por Parmênides – o princípio é o *ser* que é idêntico a si mesmo, ou o *uno*; e a alternativa de Heráclito – o princípio é a *multiplicidade* que o *logos* unifica. O rio da história da filosofia ocidental escorreu ora por um lado, ora por outro, embora tenha prevalecido quase sempre a posição parmenidiana, sobretudo no que se refere à abordagem da alteridade no ser. Essa sempre foi uma relação tensa, a ponto de instalar "a guerra interna ao *logos*" (DERRIDA, 1997, p. 15), acerca do Ser e do Não Ser no diálogo de Platão em *Sofista.* O *ser* que não considerou o *outro* por quanto este implicava uma dimensão difícil de integrar em sua lógica de totalidade e identidade já nos antecipa o fato de um começar conflitivo: é possível prefigurar uma tirania contra o "outro" a partir do momento em que ele foi sendo reduzido a um "não ser". Mas haveria uma via para evitar essa violência originária no *logos* que o personagem "Estrangeiro" de *Sofista* poderia nos propor? É o que buscaremos ver mais à frente.

A *alteridade* continua colocando questões fundamentais à filosofia contemporânea, pois se trata de compreender como é possível tomar em consideração o "outro", respondendo às exigências de unidade da razão e, ao mesmo tempo, respeitando sua alteridade. Enquanto o pensamento moderno, à maneira de sua orientação científica e técnica, exacerbou o polo da unidade encerrando o real e o seu sentido no círculo fechado de uma totalidade abstrata, a contemporaneidade reclama a afirmação das diferenças, pois descobre que o sentido do ser se encontra na história e que a alteridade é uma dimensão do real que exige uma solução por parte da razão. O debate se acende tanto na esfera do pensamento reflexivo quanto na orientação moral e nas opções políticas que decorrem das posições e resoluções a que se chega com respeito à alteridade. Em cada momento histórico, o problema do "outro" se exprime com matizes diferentes, mas sempre reinvocado a partir daquela origem antiga dos pré-socráticos e sua posterior evolução, em tensão com a faticidade. Assim, na Modernidade ocidental, o implante de uma razão da totalidade fundada nos paradigmas do *uno* ou do *ser* identificado consigo mesmo e do *multíplice* que se resolve na dialética da mesma razão delineou uma atitude comum ante a alteridade, a saber, sua diluição na lógica e no conteúdo do *mesmo* que exprimia o *ser*. Porém, o inexorável "outro" – o multíplice, o estranho – nunca deixou de irromper na paz teorética do *mesmo*, exigindo deste um sentido dentro da unidade.

A violência que comporta o paradigma do *ser* parmenidiano e sua evolução, bem como a busca da alteridade como pertencente ao mesmo *ser*, são as duas faces da mesma moeda que reclamam uma explicitação também na abordagem intercultural da filosofia. Nossa hipótese é a de que a filosofia intercultural tem sua origem numa crescente consciência a respeito da violência teórica que subjaz no *logos* do *uno* e do *ser* e que pode ter justificado moralmente a violência real frente ao diferente do ocidental, uma vez que a pretensão da filosofia ocidental é abranger todo o sentido do real e da existência, apropriando-se do "universal" como sendo o único e determinado universal válido, operado pelo seu *logos* unificador e originado no ambiente greco-romano. A violência também se inscreve no fato de o Ocidente ter escrito uma história universal e do pensamento, desconsiderando ou subvalorizando histórias "outras" e exportando e impondo essa ideia de história como sendo *a* história.

Para pensar a filosofia intercultural, cujo princípio é já plural e múltiplo, preme uma questão de fundo: qual a relação entre universal e cultural na filosofia? É dessa distância e abrangência que a problemática ética emerge no constructo universalizante do *logos* ocidental. Julgamos, então, necessário, antes de tudo, considerar a origem e evolução do conceito de "outro" e de "alteridade" na filosofia ocidental e suas declinações herdadas até o presente. Por isso, inicialmente faremos essa investigação para depois identificar, em algumas correntes do pensamento intercultural atual, os traços daquela conflitividade que está na gênese do pensamento clássico, e que ainda subsistem nas mesmas, apesar de estas os terem criticado.

No curso de nossas análises desta primeira parte, nos acercaremos também ao estudo de Françoise Mies sobre as várias tipologias de aproximação a *outrem* e, à luz de tais tipologias, submeteremos à crítica as correntes filosóficas interculturais descritas. A importância da análise das tipologias de Mies é que elas funcionam como critérios, dos quais poderemos nos valer para abordar o pensamento intercultural de Lévinas e de Kusch. Em suma, o que esperamos alcançar ao final desta primeira parte é obter uma maior e mais ampla claridade das acepções de *outro* e de *alteridade*, a fim de poder buscar as significações novas que os dois autores acima nos propõem acerca dessas duas noções.

CAPÍTULO I

ALTERIDADE E OUTRO NO PARADIGMA DO SER

Os termos que vamos analisar são de grande densidade filosófica. Reconstruir a semântica dos mesmos requereria uma investigação em si mesma muito mais radical do que a que nos será possível fazer aqui. Nossa intenção é recuperar a significação desses termos e desvelar a importância ética que eles ganharam na contemporaneidade. De uma parte, veremos que, embora no curso da história da filosofia encontremos uma constante preocupação em determinar a alteridade na ordem de uma lógica, destacando-a e identificando-a como um *alter* do que *é* – em outras palavras, uma possibilidade no ser –, a alteridade não parece ter causado algum desvio na mesma lógica do ser. De outra parte, frente à pluralidade de escolhas em que os existentes se encontram atualmente pelo fato da imersão em uma situação hermenêutica pluricultural, pluricomunicativa e pluricêntrica, a alteridade ganha uma reversão em sua significação. Podemos dizer que de um *alter* do *ser*, agregado ao Ser, passamos a um *alter* que "altera" o curso de todas as lógicas, antes fixas, perturbando, assim, uma suposta paz ou ordem do pensamento. A emergência do "outro" requer repensar a *polis*, como veremos a seguir. Por isso, neste capítulo faremos um breve percurso desde os gregos até a contemporaneidade, buscando sublinhar os sentidos que a filosofia foi dando aos dois termos, *alteridade* e *outro*, com o fim de explicitar a problematicidade neles intrínseca e, posteriormente, explicitar então a força ética que eles vão ganhando à medida que vamos situando-os em nossa abordagem intercultural.

1.1 A polifonia semântica acerca do "outro"

A problemática filosófica da alteridade encontra nos termos *éteros* – em grego – e *alteritas* – em latim – uma abstração do que se intende comunicar por *diverso* ou *diferente*. Mas são os adjetivos e pronomes demonstrativos indeterminados *allos* e *alter*, dos quais derivam os termos acima, que colocam para o pensamento questões de ordem ética, ontológica, metafísica e antropológica. Na sua origem grega, encontramos os termos: *allos* para *outro*; *xenos* para *estrangeiro*, *hóspede* ou *inimigo*; e *bárbaro* para definir o *escravo* que balbuciava o grego. Todos eles explicavam os vários modos do que hoje exprimimos compactamente com o termo *outro*. Esses termos testemunham que o não grego entre os gregos colocava uma questão ao sistema da *polis* e também ao *logos*.

No *Sofista*, diálogo de Platão, vamos encontrar a busca pela compreensão do *movimento* como uma solução frente à concepção eleática do ser absoluto e estático, identificado com o *mesmo*. Na *Política* de Aristóteles encontramos a temática do escravo e do bárbaro. Assim, essas obras testemunham e justificam o modo como os gregos buscavam situar *allos* e *xenos* no *logos*, e o *bárbaro* na ordem da *polis*. Em latim, os termos *allos* e *éteros* correspondem, respectivamente, aos termos *allius* e *alter*. Em ambas as línguas, esses termos configuram o significado de algo alheio ao interno de uma série ou de uma quantidade: "um outro entre muitos", ou, ainda, uma "sobra", "o que resta" (CIGLIA, 2006, p. 306). Mas, certamente, o significado que prevaleceu ao longo da tradição é o de *diverso* ou *diferente* que o sentido grego deu desde o princípio para significar o não grego, sendo que nessa acepção há uma carga de negação, dada a necessidade de situar o sujeito estrangeiro no sistema da *polis*. Do ponto de vista lógico e ontológico, os problemas do *múltiplo* e do *uno*, do *ser* e do *não ser* irão encher bibliotecas filosóficas, pois esse será o paradigma e a problemática com a qual se ocupará a filosofia da tradição e também a filosofia moderna. Na contemporaneidade, a filosofia da alteridade reevoca essas questões, criticando, no entanto, as significações a partir da ética. Ainda dentre os vários significados semânticos que *allos*/*éteros* e *allius*/*alter* exprimem ou são tomados, há aquele em que esses termos dizem respeito ao problema da unidade do ser, ou seja, o diverso ou o diferente é uma espécie de falsidade ou de defeito naquilo que deveria *ser* de um certo modo. E, por fim, a partir do sufixo indo-europeu *tero*, a alteridade carrega também a ideia de oposição, contraste, polaridade ou alternativa. A respeito disso, lemos o que segue sobre o léxico de alteridade:

> Entre os elementos implicados no confronto ou na alternativa em questão, o termo *alteridade* enfatiza decisivamente o *segundo*, que pode assumir, dependendo do caso, uma fisionomia *duplicada* ou uma *sombra* ou ainda um *dublê* do *primeiro*, exaurindo inteiramente o seu senso no finalizar-se nesta

> última acepção. Ou, vice-versa, se toma a configuração de um interlocutor de perfil *próprio* e *original*, *bem definido* e *alternativo*, capaz de instaurar um complexo jogo relacional com o *primeiro* (CIGLIA, 2006, p. 306).

Para uma análise mais profunda dessa problemática do sentido da alteridade, utilizaremos o estudo de Françoise Mies a respeito das tipologias de aproximação ao outro, conforme enunciamos. A autora parte da tese de que há uma confusão conceitual sobre o vocábulo *alteridade* utilizado atualmente na filosofia, o qual resiste à vocação essencial da mesma, que é a universalidade. *Alteridade*, pois, diz respeito ao *outro como outro*, o qual resiste e põe obstáculos à identidade e ao projeto mesmo da filosofia. As razões dessa confusão em relação à alteridade são, de uma parte, de ordem linguística e, de outra, de ordem antropológica e ética, acompanhadas de questões metafísicas e de fundamentos da ética (MIES, 1994, p. 7). Sua investigação tem por objetivo clarificar pelo menos duas situações no pensamento da alteridade, a fim de encontrar um método que seja próprio para a filosofia quando trata o tema do "outro", sem o risco de eliminá-lo e de modo que ele permaneça "outro".

A primeira situação é de fundo especulativo ou sinóptico, como afirma a autora (MIES, 1994, p. 8). Trata-se de recuperar a situação histórica e linguística que deu origem à especulação filosófica do "outro". De antemão, podemos adiantar que essa situação é a que caracteriza uma atitude comparatista e desengajada da filosofia, sobretudo da parte do sujeito que a pratica pelo fato de apenas colocar-se na posição de expectador e teórico das diferenças. Quando essa situação se apresenta, os problemas de ordem metodológica são imensos, sem falarmos os de ordem ética, pois um pensamento que apenas especula sobre o "outro" pode levar a resultados nefastos de violência, ainda que, como veremos, a filosofia sempre será filosofia à medida que toma distância de seu objeto especulativo.

A segunda situação é aquela que se dá entre dois sujeitos que se encontram face a face e que, inevitavelmente, são afetados pela alteridade um do outro. Essa situação bem mais complexa e carregada de uma tensão fecunda que implica a ética e a responsabilidade é explorada pela autora com base na filosofia de Lévinas. Ao concluir seu estudo, ela afirma:

> Que o filósofo possa permanecer fiel à memória desses face a face em que as coisas, os eventos e os seres aparecem na sua alteridade ou por suas '*heteridades*', que o afetam e lhe exigem – é meu desejo, e desejo, por que não? – que essa lealdade possa ser reconhecida como método. É permanecendo carne, vulnerável, afetada pelo outro, que a razão mantém o compromisso com a verdade (MIES, 1994, p. 182).

Após considerar a recuperação dos sentidos do termo "alteridade" na história do pensamento até o presente e explicitar essas duas modalidades de aproximação ao "outro", Mies explora também o problema da violência que ainda permanece na filosofia enquanto ligada à primeira situação, ou seja, à especulação; ou ao seu extremo: a imersão indiferenciada (MIES, 1994, p. 179). Nessa aproximação, a relação entre o *si* e os *outros* se dá numa conaturalidade e numa indiferença ao ponto que a alteridade do *outro* não emerge, pois tudo se encontra dissolvido no *mesmo*. Essa situação, fonte de violência, é um modo de escapar da situação especulativa e comparativa, diz a autora. A harmonia que ela concede à razão provém de um *telos* final que está para além da separação.

De outro lado, a modalidade de aproximação face a face levou a autora a considerar uma terceira ordem de relação com o "outro": a de alteridades análogas (MIES, 1994, p. 121), que se apresentam como uma analogia ou metáfora em face à relação com o *outro que eu*, o *hétero*. É como uma extensão refratária da relação de alteridade, a qual possui uma reserva de sentido e, tanto quanto na relação face a face com *o outro que eu*, elas me afetam e se revelam com certa resistência, transcendência e apelo. É o caso de alteridades – ou "*heteridades*", como as chama a autora – tais como são as relações com Deus, a voz da consciência, as coisas, o mal sofrido... Enfim, alteridades que se apresentam ante a vulnerabilidade do *me*. Frente às alteridades análogas, o Eu se situa como terceiro, ou no face a face, ou ainda como na imersão. Diz Mies que, embora essas modalidades tenham sido estudadas separadamente, elas são dimensões da mesma experiência, e em cada uma delas se mostra e se impõe uma ética (1994, p. 180).

Como já dissemos, o que interessa é ver se as modalidades de aproximação descritas por Mies podem nos ajudar a indicar algumas consequências éticas e também metodológicas que as concepções de "alteridade" e de "outro" deixam entrever em algumas correntes do pensamento intercultural. Vejamos, portanto, mais de perto a abordagem de Mies acerca da evolução dos sentidos e das várias acepções em que os dois termos têm sido abordados filosoficamente.

1.2 O "outro" na história da filosofia ocidental

Mies recupera dois termos gregos que estão, segundo ela, na origem de uma passagem não efetuada na evolução do pensamento da *alteridade* e que arrasta uma demanda de solução nunca satisfatoriamente elaborada até os nossos dias: o *mesmo* e o *outro*, os quais nos primórdios da filosofia foram vistos como opostos, formais e vazios de conteúdo. Dessa concepção formal, a *alteridade* passa a uma concepção antropológica e termina por designar somente a alteridade dos *outros* (MIES, 1994, p. 13). Disso advém que o *outro* foi evoluindo numa concepção relativa de alteridade em três modalidades: a) determinado por uma sujeição: o que o *mesmo* não é; b) de uma forma absoluta: alteridade em *si* mesma; c) de uma forma relacional, que une as duas anteriores (1994, p. 14). Embora a concepção de *alteridade* sempre tivesse como ponto de partida o *mesmo*, a filosofia contemporânea ousou resgatá-la por uma estrada diversa daquela da tradição, mas não clarificou os problemas conceituais que o termo ainda guarda.

A confusão sobre a significação do termo é também verificável nas enciclopédias filosóficas. Ciglia adverte que, etimologicamente,

> [...] o termo alteridade se apresenta como uma espécie de decalque linguístico modelado sobre a palavra latina *alteritas*, de uso exclusivamente filosófico. Essa traduz, por sua vez, o termo grego *éteros* que admite um uso linguístico levemente mais amplo, pois, além de indicar *diferença* ou *diversidade* no sentido estritamente filosófico, pode também evocar a ideia de *discórdia*, *divergência* ou *desunião*, no sentido mais comum (CIGLIA, 2006, p. 305, grifos do autor).

Assim, retornando ao *Sofista* de Platão, encontramos o diálogo sobre o problema do *não ser*. Platão, pela boca do personagem denominado Estrangeiro, parece intencionar um rompimento com o *ser* identificado consigo mesmo e busca uma resolução para o múltiplo por meio do *não ser* de Parmênides.[1] Em verdade, dá-se um confronto entre a concepção parmenidiana de *ser* e as questões que Platão introduz ao interno daquilo que absolutamente *é*: ou seja, o movimento que é a *vida*, a *alma* e a *inteligência*.[2] Isso significa introduzir no significado do *ser* uma alteridade ou um dinamismo que, precisamente, vem alterar a ontologia eleática (CIGLIA, 2006, p. 307). À diferença de Parmênides, o *não ser* de Platão não é contrário ao *ser*, mas ele argumenta que este é também pensável como outra coisa dele, como uma

1 Mies afirma: "No *Sofista*, Platão faz do Outro e do Mesmo dois dos cinco grandes gêneros ou princípios lógicos, ao lado de Ser, do Movimento e do Repouso. Toda a tradição filosófica é devedora deste texto que, associando o Mesmo ao Ser, reduziu o Outro à categoria de não ser" (MIES, 1994, p. 14, tradução livre).

2 "Deixar-nos-emos, assim tão facilmente, convencer de que o movimento, a vida, a alma, o pensamento não têm, realmente, lugar no seio do ser absoluto; que ele nem vive nem pensa e que, solene e sagrado, desprovido de inteligência, permanece estático sem poder movimentar-se?" (*Sofista*, 1991, p. 280, 248e-249a).

outra dimensão ou um atributo, enfim, como *outro*.[3] Assim se lê em Platão: "Quando falamos no *não ser* isso não significa, ao que parece, qualquer coisa contrária ao ser, mas apenas outra coisa qualquer que não o ser" (*Sofista*, 1991, p. 303, 254b). De outro lado, o movimento introduzido no *ser parmenidiano* não coincide com o *devir* de Heráclito, mas com uma forma que lhe é essencial sem que ele perca sua estabilidade e identidade: é o repouso. Assim, Platão concebe uma tensão ao interno do *ser* que rompe com sua natureza imóvel e absoluta como concebida pelos pré-socráticos.[4] Com relação a esse movimento, Ciglia afirma: "A tensão essencial do movimento e do repouso, ambos participando do ser, sem participar, contudo, um do outro, introduz ao interno do ser mesmo uma nova polaridade: aquela que se instaura entre a *identidade* e a *alteridade*" (2006, p. 307, grifos do autor). Como vemos, Platão pratica um parricídio:

> EST.: — Ele [o não ser] não é, pois, como disseste, inferior em ser a nenhum outro. É necessário animarmo-nos a proclamar, desde já, que o não-ser é, a título estável, possuidor de uma natureza que lhe é própria do mesmo modo que o grande era grande, e o belo era belo, e o não-grande, não-grande, e o não-belo, não-belo; por essa mesma razão, o não-ser era e é não-ser, unidade integrante no número que constitui a multidão das formas. Ou a teu ver, Teeteto, teríamos alguma dúvida? TEET.: — Nenhuma. EST.: — Sabes, a este respeito, que nosso desafio a Parmênides nos levou bem além dos limites por ele interditados? TEET.: — Para onde? EST.: — Levamos nossas pesquisas muito além, estendendo-as a um campo bem mais vasto que aquele que ele nos permitia explorar e, contra ele, estabelecemos nossas demonstrações (*Sofista*, 1991, p. 306-307, 258b-c).

Vemos assim o filósofo introduzindo um dinamismo no *ser* e atribuindo certa consistência ontológica ao *não ser*: esse dinamismo é a *alteridade* como participante e intrínseca ao próprio *ser*. Todavia, essa *alteridade* não parece poder subsistir de modo autônomo a ponto de configurar-se ontologicamente, mas se abre sempre e relativamente à identidade e a uma articulação ao interno do *ser*.

---

3 Segundo Mies, "O Outro substitui em Platão o não ser de Parmênides; em Platão, o não ser não é contrário ao ser, mas à sua negação, isto é, qualquer coisa outra" (MIES, 1994, nota 4, p. 15).

4 "Ao filósofo, pois, e a quem quer que coloque este bem acima de todos, parece prescrever-se uma regra absoluta: recusar a doutrina da imobilidade universal que professam os defensores ou do Uno ou das formas múltiplas, bem como não ouvir os que fazem o ser mover-se em todos os sentidos. É preciso que imite as crianças que querem ambos ao mesmo tempo, admitindo tudo o que é imóvel e tudo o que se move, o ser e o Todo, ao mesmo tempo" (*Sofista*, 1991, p. 284, 254a-b).

A complexa operação platônica terá suas consequências no desenvolvimento posterior a respeito do pensamento da *alteridade*. Aristóteles, como veremos, dedicará uma extensa reflexão sobre essa questão ampliando seus significados e intensificando a sua polivocidade, pois, para ele, o idêntico possui múltiplos significados (*Metafísica*, X, 2002, p. 447, 1054a, 30). A tradição, porém, seguirá operando uma transferência do *não ser* para o conceito de *outro* devido ao acento de interpretação mais lógico que ontológico que se foi tomando sobretudo na Modernidade. Desse modo, ficou salva a lógica em detrimento de um sentido ontológico do *outro*. Também o caráter relativo da alteridade se mostrará ligado à negação, como se lê neste fragmento:

> [...] 'o outro' se diz sempre relativamente a um outro [...]. Isso não se daria se o ser e o 'outro' não fossem totalmente diferentes. Supondo-se que o 'outro' participasse das duas formas, como acontece com o ser, poderia acontecer que a um dado momento houvesse um outro que não fosse relativo a outra coisa. Ora, já vimos perfeitamente que tudo que é outro só o é por causa da sua relação necessária a outra coisa (*Sofista*, 1991, p. 298, 255d).

Na continuidade desse diálogo de Platão, emerge também o sentido da alteridade como separada do *mesmo*:

> [...] quando dizemos o mesmo e não o mesmo, não nos referimos às mesmas relações. Quando afirmamos que ele é o mesmo é porque, em si mesmo, ele participa do mesmo, e quando dizemos que ele não é o mesmo, é em consequência de sua comunidade com 'o outro', comunidade esta que o separa do 'mesmo' e o torna não mesmo, e sim outro; de sorte que, neste caso, temos o direito de chamá-lo 'não-o-mesmo' (*Sofista*, 1991, p. 300, 256b, grifos do autor).

Essa relação separada entre o *mesmo* e o *outro* pode ser também compreendida à luz da relação *uno/múltiplo* da tradição neoplatônica que acentuou o aspecto da unidade deixando o aspecto de participação do múltiplo se desvanecer, como se podia ler em Platão. Resultado disso será uma polarização e uma separação entre o *ser* e o *múltiplo*, como bem explica Mies: "o Mesmo é princípio de unidade, e o Outro é princípio de multiplicidade. [...] a tradição interpreta a alteridade puramente relativa como falta do ser, falha do ser, uma negação, uma não-participação, um declínio de participação" (1994, p. 16).

Em Aristóteles, por sua vez, o problema da *alteridade* é tratado no livro X de *Metafísica*, no qual ele inicia uma crítica aos pitagóricos e aos platônicos que afirmavam o Uno como substância das coisas. O estagirita argumenta que o Uno é um transcendental como o Ser, é ser de determinada coisa ou um atributo categorial de uma substância. Logo, o Uno não pode ser substância das coisas. Depois dessa argumentação, Aristóteles considera o Uno em relação a si mesmo e em relação ao múltiplo. Ele liga o *Uno* à noção de *identidade, mesmo* e *idêntico*, enquanto que o *múltiplo* ele liga à noção de *diverso* e *diferente*.[5] Vemos também que Aristóteles amplia especulativamente a relação entre o *mesmo* e o *outro* de Platão, colocando-os em relação com outros existentes e, com isso, atenua aquela tensão dialética que havia entre a *identidade* e a *alteridade*. Assim, afirma:

> Por conseguinte, diferente e idêntico se diz de todas as coisas em relação a todas as coisas, desde que cada uma delas exista e seja uma; de fato, o diferente não é a negação do idêntico e, portanto, não se predica das coisas que não são (destas, ao contrário, se predica o não-idêntico), mas de todas as que são, porque tudo o que existe e é um naturalmente é um ou não-um relativamente a algo diferente (*Metafísica*, X, p. 449, 3, 1054b, 20, grifos do autor).

Marcadas constitutivamente por essas relações, a *identidade* e a *alteridade* ganham em Aristóteles uma diferente interpretação daquela platônica. Além disso, em *Ética a Nicômaco* a alteridade ganha a noção de intersubjetividade em dois modos: no conceito de *justiça*, que é considerado virtude perfeita entre todas as virtudes, porque "é o bem de um outro, visto que se relaciona com o nosso próximo, fazendo o que é vantajoso a um outro" (*Ética a Nicômaco*, V, p. 122, 1,1130a, 4); e na especulação a respeito da amizade (*filía*), na qual se exprime melhor o tema da alteridade subjetiva. Sobre esse tratado, Ciglia comenta:

> Para captar exatamente o sentido e o alcance da compreensão aristotélica da alteridade intersubjetiva no âmbito do tratado da *fília*, é necessário precisar antes de tudo que, para o pensador, a amizade desempenha um papel ético verdadeiramente decisivo na vida humana, configurando-se como uma dimensão relacional ligada intimamente ao vasto horizonte da *virtude* (2006, p. 308, grifos do autor).

Aristóteles trata longamente da relação de amizade nos livros oitavo e nono da *Ética a Nicômaco*. Ali encontramos dois termos que ele usa para dizer do amigo, *állos* e *éteros*, que, a nosso ver, são significativos na evolução do sentido ético e antropológico da alteridade: "podemos contemplar o nosso próximo melhor do que a nós mesmos e suas ações melhor do que as nossas

---

5 "Ao um pertencem – como explicamos na nossa *Divisão dos contrários* – o idêntico, o semelhante e o igual; ao múltiplo pertencem o diverso, o dessemelhante e o desigual" (*Metafísica*, X, p. 447, 3, 1054a, 30, grifos do autor).

e, se as ações dos homens virtuosos que são seus amigos são aprazíveis aos bons [...], o homem sumamente feliz necessitará de amigos dessa espécie" (*Ética a Nicômaco*, IX, p. 210, 9,1170a,1). Nessa perspectiva, Aristóteles introduz a noção de responsabilidade frente ao *si mesmo* e frente ao *outro*. Parece-nos que essa análise vem complementar a análise ontológico-metafísica no tocante ao problema ético da relação entre o *mesmo* e o *outro*, o que até aqui não estava explícito. Mas a concepção que a tradição neoplatônica desenvolverá – e mais tarde também o pensamento medieval – será marcada pela dualidade grega entre a *identidade* e a *alteridade* que traduzem o *ser* e o *não ser*, com alguma variação introduzida pelos dois principais filósofos, Platão e Aristóteles, como foi visto.

Com relação à significação dada pela tradição na Idade Média, Mies lembra que esse período seguirá pensando na mesma dinâmica da polarização entre o Uno e a pluralidade aristotélica, formulando a concepção da verdade como adequação do real ao intelecto. Ela observa o seguinte: "a apreensão da verdade como adequação ao intelecto é sintoma do modo como a alteridade é apreendida: [...] torna-se difícil, senão impensável, conceber um pensamento sobre o estranho como tal, sobre o outro enquanto outro" (MIES, 1994, p. 16). Mas o que é mais grave, continua ela, é que "isso não é mais que conhecimento do mesmo para o mesmo e, sobretudo, da verdade na ordem do mesmo, da igualização entre o conhecedor e o conhecido" (1994, p. 17), o que reduz a alteridade ao paradigma de conhecimento sujeito-objeto. Essa relação de igualização se desloca para o sujeito desde o momento em que Descartes emancipa o sujeito como o que pensa e objetiva o mundo. Mas a situação não altera o registro dualista, sempre em desfavor da alteridade, evidentemente. Pelo contrário, poderíamos dizer que, em termos de consequências para o conhecimento, a ciência moderna será sempre devedora dessa descoberta cartesiana. Por outro lado, do ponto de vista ético-político, essa posição relacional, que desde os clássicos perpassa a história e chega até a Modernidade, justificará o desrespeito e a eliminação da *alteridade* pelo que de apropriação do *conhecido* ela possibilita. Os exemplos de eventos históricos mais absurdos de possessão e objetivação do *outro* se encontram nas conquistas e colonizações europeias, e não seria estranho dizer que as formas de imperialismos, neocolonialismos ou protecionismos que ainda se mantêm, da parte de países ricos e tecnologicamente desenvolvidos sobre os países pobres ou os chamados "emergentes", encontram seu fundamento nessa concepção de relação com a *alteridade* como esvaziada de essência frente ao *mesmo* que conhece para o *mesmo*, portanto, que se apropria do real e também o denomina com referência a si mesmo.[6]

Com isso, chegamos a Hegel, com o qual a alteridade irá reencontrar-se dentro daquela intuição platônica, de algum modo esquecida pela história. Dentro de sua dialética, Hegel eleva a alteridade da situação de relatividade ao estado de negatividade, sendo esta constitutiva do ser. Ou seja, *alteridade* como outro modo de ser, que vem romper com o sistema polarizado da tradição entre o *outro* e o *mesmo*. A respeito disso, Mies afirma: "A mediação entre o Mesmo e o Outro é possível na medida em que eles não são exteriores um ao outro. Para Hegel, a relação de um termo ao seu outro como sua negação torna-se parte integrante de sua identidade" (1994, p. 17). Pelo fato de Hegel buscar uma forma de conceber a determinação das coisas não como uma substância, tal como a corrente aristotélica da filosofia havia sustentado, e sim como um absoluto que vai se determinando a si mesmo, a negação é implicada nesse processo de determinação como *determinada* ela também. Com base no dito espinoziano de que *toda determinação de si implica negação*, Hegel concebe então o sujeito como aquele possuidor de uma autoconsciência que o capacita para autodeterminar-se. Ao fazer isso, ele se torna *um outro de si*. Tornar-se *outro de si* é negar-se, mas isso não significa anular-se ou nadificar-se, e sim dar um passo dentro de uma negação imediata, destituída de determinação para alcançar a autoconsciência. Por isso, é negação como resultado de uma afirmação: o sujeito se sabe e, para saber-se, sai de si e se diferencia. Logo, a negação é determinada porque advém desse passo anterior. O processo de autodeterminação se dá dentro de um movimento dialético, como explica Oliveira:

> Sua estrutura é, então, a de um movimento interior a si que é sua autoconstrução, sua autodeterminação livre, uma vez que todas as determinações são intrínsecas a si mesmo. Atingindo este nível, as diferenças emergem como momentos internos da autodeterminação e, assim, identidade e diferença como formas de autorrelação, determinações de automediações da subjetividade. Isto quer dizer que as determinidades não são apenas relativas, elas são estritamente reflexivas (Enz. § 112). Enquanto tais, constituem momentos da subjetividade absoluta que assim se revela como unidade de um sujeito manifestado na multiplicidade por ele mesmo engendrada com suas próprias negações imanentes e nelas permanece em si mesmo. Está em jogo aqui uma subjetividade que se constitui a si

---

6 Indicaremos adiante algumas referências ao "pensamento decolonial" que se contrapõe a essa concepção de alteridade tautológica, isto é, alteridade na lógica do mesmo.

> mesma enquanto estrutura reflexiva, um todo que mantém a identidade consigo mesmo na diferença de si (OLIVEIRA, 2007, p. 58-60).

Hegel busca evidenciar a estrutura dialética que constitui o próprio sujeito e seu modo de constituir a dialética da realidade: "nosso intelecto, segundo Hegel, tende a reduzir o absoluto a um dos momentos excluindo os outros: subjetivo ou objetivo, universal ou singular, ideal ou real etc. [...] a verdade, em vez, consiste no compreender os opostos em uma só ideia absoluta" (SANS, 2010, p. 59). Ora, é esse conceito de *ideia absoluta* que dá unidade entre o sujeito e o objeto, entre o conceito e a realidade que vão se constituindo nos vários momentos de seu método dialético, a saber, a afirmação ou a ideia, a sua negação e, depois, a negação dessa negação primeira, que é o que faz emergir uma nova ideia ou a determinação buscada. Por isso, a dialética é a natureza do pensamento, ou seja, o modo de seu proceder.

Podemos dizer que, com a dialética hegeliana, o pensamento da alteridade ganhou algum avanço para superar o relativismo e a polaridade reinante, sobretudo pelo fato de conceber a negação como uma determinação do ser tanto quanto a determinação *o ser é*. Aliás, o ser se determina precisamente frente a uma alteridade, autodistinguindo-se na relação com *o outro de si*. Contudo, veremos a seguir que a virada na concepção do pensamento da alteridade feita por Hegel não será ainda suficiente para que a racionalidade ocidental alcance um nível ético por meio de uma liberação autêntica de certo apego egológico e centralista que sempre prevaleceu nela frente a outras tradições, isso porque Hegel pretende uma determinação que é o *absoluto*, isto é, a *unidade*. Noutras palavras, a dialética de Hegel conduz a história à manifestação do *espírito absoluto* e, nesse sentido, a filosofia cumpriria com sua vocação de explicitar a essência do real em um sistema único - um princípio teleológico - no qual a história se realiza e se explica. Precisamente, essa pretensão será sistematicamente criticada pela maioria dos pensadores da interculturalidade porque se verificará problemática frente aos *outros* sistemas que comportam tanto um conhecimento *outro* como também a relação com o outro sujeito e, sobretudo, a relação entre culturas.

Dentre os pensadores da filosofia intercultural que se opõem à grande parte da filosofia hegeliana está o indiano Ram Adhar Mall como um dos que representa substancialmente aqueles aspectos em que ela se apresenta problemática. Esse autor atribui a tendência absolutista da filosofia hegeliana ao fato de que a Europa, recebendo a influência cultural de três centros denominados Grécia, Palestina e Roma – respectivamente, o espírito crítico e científico, a religião e as leis –, foi coadunando esses elementos num processo que foi tão longo quanto violento, até chegar a uma unidade frequentemente confundida com a uniformidade e impulsionada pela pretensão de universalidade que cada uma dessas fontes reivindicava. Esse autor critica basicamente a filosofia da história de Hegel, consequência da própria metafísica da *ideia absoluta*:

> Hegel, o grande filósofo do espírito absoluto, é considerado por ter realizado o grande projeto de escrever a história da filosofia. Mas, ao mesmo tempo, ele é responsabilizado por hipostasiar sua filosofia da unidade, a qual se degenerou em uniformidade como culminação de toda filosofia. A metafísica do espírito absoluto de Hegel considera o todo, para além de todas as contradições, como única unidade do real. [...] O conceito de unidade de Hegel tem um mérito e três defeitos: o mérito encontra-se no seu próprio carácter dinâmico do todo, nunca exaurido por uma de suas partes em particular. Os defeitos são: primeiro, é por demais especulativo para responder substancialmente à busca empírica de um entendimento intercultural; segundo, confunde metafísica com ética e moral, pois Hegel toma o desenvolvimento metafísico do espírito absoluto como progresso ético na história real do mundo; e, terceiro, tende para uma uniformidade e conformismo porque absolutiza a si mesmo (MALL, 2000, p. 51).

A crítica de Mall parece trazer implícita uma denúncia sobre o perigo de que, mesmo depois de tantos desdobramentos e críticas, o pensamento hegeliano apresentaria um potencial violento, uma vez que – como afirma o autor – a filosofia hegeliana é um paradigma ainda ativo e com tendência a reivindicar a sua definição de *verdade absoluta* como única verdade. O seu potencial violento encontra-se também no que Mall chama de "convicção de Hegel de que o mundo é, divinamente, destinado a ser governado pela Europa" (2000, p. 52). Essa convicção brota de sua tese sobre as conhecidas fases pelas quais passa o espírito absoluto até alcançar a sua realização na história: a fase oriental, a greco-romana e a alemã, que correspondem aos momentos em que o espírito absoluto vai se constituindo na arte, na religião e na filosofia. Ou melhor: na filosofia de Hegel, no cristianismo e no Estado prussiano, o que reduz o restante do mundo e das outras histórias a um campo aberto para a dominação eurocêntrica ou para a exclusão total. Contudo, veremos mais adiante que a dialética hegeliana é a que, precisamente, fará um avanço na concepção filosófica de alteridade.

Além disso, muitos pensadores ainda partem da filosofia hegeliana para afirmar a possibilidade de um filosofar sobre a alteridade, o que vamos aprofundar mais adiante. Há, ainda, quem interprete a orientação da filosofia contemporânea em geral como substancialmente influenciada por Hegel, mostrando-se este como uma reação ao seu pensamento explicitado majoritariamente pelo pensamento científico e pelos desdobramentos existencial e linguístico da fenomenologia (SANS, 2010, p. 5). A nosso ver, tais posições podem incorrer em uma redução interpretativa da alteridade e da problemática do real, uma vez que a filosofia contemporânea, em especial a do século XX, conheceu uma ampla gama de abordagens. Dentre elas se destaca, evidentemente, a da alteridade, que não resulta somente de pensamentos reacionários, mas que foi forjada também por acontecimentos históricos[7] que desafiaram a razão e marcaram uma descontinuidade com certas afirmações da filosofia moderna.

Para concluir nossa breve imersão na história do conceito de alteridade, retornamos ao que Mies chama de "tradição alternativa" (1994, p. 20) do conceito, isto é, o modo paralelo como este evoluiu desde Platão, quando ele qualifica o Bem para além da essência e das categorias do ser;[8] seguindo, depois, com a introdução da noção de alteridade atribuída a Deus por Anselmo de Cantuária como "a maior que o pensamento é capaz de pensar" (*Prologion*, p. 24, XV); até chegar ao século XX, quando a alteridade alcança uma nova qualidade: a de sujeito humano. Mies lembra que tais compreensões não se reduzem ao aspecto cognitivo, mas transcendem o mesmo para alcançar um conteúdo absoluto. A nosso ver, para além do aspecto formal, é essa apreensão que parece interessar diretamente ao pensamento intercultural, uma vez que a alteridade – desde essa situação hermenêutica – está necessariamente ligada a dimensões que escapam apenas à predicação.

Os dilemas que o pensamento intercultural enfrenta são, em parte, como veremos mais adiante, devido ao dualismo que subjaz à sua formalização, o qual se apresenta inadequado a esse tipo de pensamento. Numa relação intercultural, outras formas de entendimento e de explicitação do mesmo estão em jogo para além do cognitivo e, mais precisamente, do cognitivo da tradição ocidental. Assim, na sequência, descreveremos algumas correntes representativas de pensamentos interculturais, como eles se explicitam e como buscam superar os problemas até aqui apresentados na conceituação

7 As violências, por exemplo, para nos ater a apenas esse evento que a nosso ver é o mais significativo.

8 "[...] para os objetos do conhecimento, dirás que não só a possibilidade de serem conhecidos lhes é proporcionada pelos bem, como também é por ele que o Ser e a essência são adicionados, apesar de o bem não ser uma essência, mas estar acima e para além da essência, pela sua dignidade e poder" (*A república*, 2014, p. 309-310, 509b).

de *outro* e de *alteridade*. Retornaremos, ao final dessa parte, às tipologias de aproximação ao *outro* e à *alteridade* propostas por Mies à luz das quais criticaremos as posições das correntes descritas.

CAPÍTULO II

OUTRO E ALTERIDADE EM ALGUNS PENSAMENTOS INTERCULTURAIS

Neste capítulo vamos analisar algumas tendências da filosofia intercultural. A nossa escolha de autores e de suas respectivas propostas é representativa e não esgota a grande riqueza de abordagens, nem de seus pensamentos e muito menos da numerosa gama de outros pensadores e pensadoras da filosofia intercultural. Nossa intenção é apenas demonstrar que a problemática da *alteridade* está longe de ser resolvida e que ela continua nos estimulando a extrapolar nossos métodos e possibilidades. Veremos também que algumas dessas abordagens são explícitas ao tratarem da significação do *outro*, enquanto que outras sequer mencionam esse termo, assentindo que a problemática teórica é a que interessa. Isso não deixa de ser igualmente significativo, já que desvela um conceito de filosofia e seu modelo relativo de filosofar. De forma explícita ou implícita, esses autores incorporam de algum modo uma posição em relação ao que concebem sobre *alteridade* e *outro*, pois a filosofia intercultural está diretamente comprometida com essa problemática por ser ela uma filosofia em relação.

Logo, é necessário fazer aqui uma distinção sobre como utilizaremos os termos *alteridade* e *outro*. Eles não são sinônimos, ainda que apareçam juntos. Como vimos, *alteridade* e *outro* possuem, cada um, a sua semântica. *Alteridade* está diretamente ligada ao conceito filosófico e sempre relativo ao ser. O termo *outro*, porém, menos explícito como conceito, tem seu ponto de partida na faticidade da existência e está ligado à ética. A partir de Lévinas, como veremos na segunda parte deste livro, esse termo ganha um significado ético radical, sempre relativo ao humano e suas relações, ou seja, se alinha ao pensamento do existente. No desenvolvimento de nossa investigação veremos que, para a filosofia intercultural, as duas acepções serão tão necessárias quanto fundamentais, pois tanto a problemática ética está no seu ponto de partida quanto a possibilidade de elaboração argumentativa e conceitual de um pensamento em relação ou um pensamento *inter* se apresenta como problemático, mais precisamente à causa da ética.

2.1 O problema do "outro" em Raimon Panikkar

Raimon Panikkar (1918-2010), um dos pensadores mais fecundos do diálogo intercultural e inter-religioso, afirma que o *outro* concebido como o estranho se constitui no grande mito moderno, pois retornando à semântica do termo em mais de vinte línguas, ele descobriu que o significado de *outro* como *estrangeiro* não corresponde ao *alter pars* (latim), que significa literalmente *a outra parte de mim* e que na realidade não é separada, mas simbolicamente é externa a mim (PANIKKAR *et al*, 2007, p. 10-11). Desse modo, segundo ele, a própria filosofia também denuncia essa dificuldade para conceber o *outro* fora da noção de estranho quando usa afirmações como *o outro que interrompe minha individualidade* ou *o outro que emerge no mesmo.* Isso denota que ela ainda é refém do dualismo grego que a Modernidade exasperou. Superar o mito de que o *outro é outro de mim* é muito difícil, diz Panikkar, pois vivemos o mito sem sermos dele conscientes. Uma vez que vemos o *outro* como fora e separado do *eu*, nós não nos damos conta de nossa própria dicotomia. Afirma ele: "No fundo, o outro separado de mim não existe e enquanto nós não fazemos esta descoberta, não resolveremos o problema do outro no sentido moderno" (2007, p. 10). O problema moderno do qual fala o autor é o monismo e o dualismo que não responderem suficientemente à necessidade da razão de resolver o problema fundamental do Uno e do Multíplice (PANIKKAR, 1984, p. 202).

Considerando que Panikkar provém de uma tradição ocidental e também não ocidental – como nos afirma Joseph Prabhu: "Panikkar alega se sentir em casa em quatro 'mundos': o cristianismo dentro do qual ele cresceu; o hindu, o mundo de seu pai; o budismo; e o mundo moderno secular" (PRABHU, 1996, p. 1) –, sua contribuição conceitual é assaz importante para nossa reflexão, uma vez que esta entrecruza diferentes experiências relacionais e tradições de pensamentos. Buscando resolver o problema dualístico no qual a filosofia ocidental se encontra de alguma forma arrestada a respeito da concepção do *Eu* e do *Mesmo*, ele propõe um método de diálogo que parte de uma concepção não dualística. O que nos interessa nessa limitada e parcial abordagem de seu vasto pensamento é compreender, na medida do possível, de que modo Panikkar concebe o *outro* e o *si mesmo*, dentro de sua *diatopic hermeneutic* e do método do *dialogical dialogue* por ele proposto para o encontro de diferentes tradições culturais e religiosas. Nosso interesse neste primeiro momento é saber se na concepção de *outro* subjaz um modo de aproximação e de relação ética que muda o registro da tradição e, de algum modo, da violência presente na pretensão da razão unificadora.

A abordagem de Panikkar parte de três considerações: a) a primeira é a da sua formulação *epistemológica,* na qual ele distingue entre o paradigma sujeito-objeto na esfera do conhecimento e do Ser. Ele parece não atribuir à razão a possibilidade de conhecer o sujeito pelo fato que este *é*. Este é quem conhece sem que seja objeto de conhecimento. O sujeito é o *ser* que é mais que sua consciência. Esta é só manifestação do ser, coexiste com ele, mas não necessariamente se identifica com ele. Dentro desse modo de entender o conhecimento, Panikkar também faz distinção entre: *outro* como *alius*, como objeto de conhecimento ou o *aliud*; e o *outro* como *self*: o *alter* que é fonte de conhecimento e de entendimento (PANIKKAR, 1984, p. 213), mas que não é possível ser reduzido à minha capacidade de conhecer; b) a segunda é a do aspecto *sociológico,* que ele considera imprescindível, uma vez que, em se tratando de encontro de tradições, seja qual for o nível, nós necessitamos uns dos outros e das várias visões de mundo para podermos responder do modo mais aproximativo possível às diferentes necessidades e atitudes humanas, pois nenhuma tradição esgota a problemática humana em suas tentativas de compreensão e explicação; c) por fim, a do pressuposto *antropológico* – e este, a nosso ver, é onde se situa sua concepção de *outro* –, uma vez que: "o homem não é um indivíduo, mas uma pessoa, isto é, um conjunto de relações nas quais o *I-Thou-It*,[1] em todos os gêneros e números, é o mais fundamental" (PANIKKAR, 1984, p. 203). O *Thou*,[2] em inglês, se distingue do *It* e, de certo modo, também do *You*, quando Panikkar o carrega de significado védico que, muito pobremente, pode assim ser expresso: o *advaitic* (Não Dois) define o *self* como *Brahma* (pura consciência). *Thou* representa esta alta consciência, esta Realidade Superior de um Eu e um Tu. É

1 Manteremos em nosso texto a escrita dos pronomes *I, thou, you* e *it* em língua inglesa e distinguiremos sua grafia escrevendo em itálico, mesmo quando o texto original não o é, pois a sua tradução ao português não permitiria captar as distinções que a língua inglesa possibilita a Panikkar de estabelecer por meio dos mesmos e nem a significação ontológica que ele lhes atribui.

2 O pronome *Thou,* em inglês, era uma forma antiga ou dialetal em uso corrente até meados de 1600, quando foi substituído pelo pronome *you*. Atualmente, pode ser lido em textos poéticos antigos ou literatura bíblica.

o conceito que Panikkar encontra para uma aproximação não dualista e nem monista, a fim de colocar em relação o *eu* e o *outro*. Assim ele o explicita:

> Estou somente ressaltando o fato que ao lado do *it*, o mundo objetivo e, eventualmente o *I*, o reino subjetivo, há o *thou* que não é nem mundo objetivo do *it* e nem reino subjetivo do ego. Em outras palavras, estou tentando superar tanto o dualismo cartesiano de *res cogitans* e *res extensa* como também a dicotomia idealista de *Ich* e do *Nicht-Ich*. Em última instância, estou criticando qualquer tipo de dualismo sem, para o mesmo, subscrever qualquer espécie de monismo. Estou afirmando que temos também a esfera do *thou*, a qual apresenta uma *ontonomia* irredutível à esfera do *I* e à do *it* (PANIKKAR, 1984, p. 203-204, grifos do autor).

Nesse fragmento, Panikkar introduz também um neologismo importante de seu pensamento, ligado a essa tentativa de liberar o *outro* e o *eu* do objetivismo ou do idealismo dual ou monista. O termo é *ontonomia* – que exclui tanto a independência separada da autonomia quanto o predomínio de uma esfera sobre a outra da heteronomia –, e seria uma forma de entrar num processo de entendimento em que fosse possível fecundarem-se todas as esferas da atividade humana harmonicamente. A esse respeito, ele escreve:

> Chamo *ontonomia* ao reconhecimento ou ao desenvolvimento das leis próprias de cada esfera do ser ou da atividade humana, com distinção das esferas superiores ou inferiores, porém sem separação ou interferências injustificadas. A *ontonomia* é sensível às peculiaridades próprias de cada ser ou classe de seres, sem absolutizar regularidades como se não existissem outros seres e sem os submeter ao serviço de entidades altas, como se o ser inferior não tivesse também suas leis próprias (PANIKKAR, 2010, grifos do autor).

Assim, o *thou,* na sua relação *ontonômica,* não é dependente e nem independente do *eu*, mas interrelacionado com este, ou seja, a consciência do eu implica a consciência do *thou*. Aqui é possível intuir o que significa sua afirmação do *outro* como *alter*, isto é, *outro como parte de mim* e como fonte de conhecimento não reduzível ao conhecimento do ego separado.

A crítica de Panikkar à filosofia da objetividade ao interno da concepção *thou* é por ele expressada como filosofia-*It*, ou seja, filosofia que, indiscriminadamente, foi exercida como universalizante de todas as consciências, gerando, assim, o conceito de consciência absoluta (*Bewusstsein überhaupt*) e, por consequência, de sujeito absoluto. E aqui se atinge o outro polo da crítica que é feita à filosofia idealista. Nem a consciência do *I* e nem a consciência do *It* dão conta das contradições e irredutibilidades do humano.

Refletindo sobre essa dificuldade, Panikkar propõe o *thou* como contrapartida do *I*, mas não como um não *Eu* e, sim, como pertencente ao *Me*, afirmando: "Eu descubro o *thou* como parte de um Self que é tanto meu quanto dele ou, para ser mais preciso, que é pequena propriedade minha, tanto quanto é dele" (PANIKKAR, 1984, p. 219). O *Self* aqui deve ser expresso como o *ātman* (conceito hindu), entendido como o fundo comum ou como lençol d'água onde o *eu* e o *outro*, isto é, a natureza humana acede à verdade. Fundo no qual eu descubro meu próprio *Me*, uma consciência que não é *I*-consciência e nem *It*-consciência. Em outras palavras, é minha-consciência-de e não de um objeto ou do *outro* como um não *Eu*. É uma *Me*-consciência que só emerge em presença do *thou*. Assim, poderíamos assumir que o *thou* é a instância onde o *I* e o *you* podem se encontrar. E, se é possível dizer, é onde compartilham de um fundo humano comum.

A partir disso, a relação entre o Eu e o Tu como uma relação que antes é ôntica e só subsequentemente ontológica (na qual o *on* é mais que o *logos*) requer compreender a concepção do Ser de Panikkar, pois nela reside também sua crítica e sua tentativa de superação da concepção dualista e monista do *outro* e do *eu*. Em primeiro lugar, a concepção de ser humano desse autor parece carregada de tensão: o *ser* refere-se ao humano, o qual é irredutível, dinâmico, persona, conjunto de relações. Dada a sua complexidade, é preciso desvelar onde se encontra a origem do dilema moderno, com sua pretensão de determinar o ser. Nessa tentativa, a razão moderna acabou falindo quando confundiu o sujeito com os objetos e o Ser com Ente para o conhecimento. Panikkar critica, mas também se embasa na análise heideggeriana do Ser e de outros críticos ocidentais, e defende que é preciso operar uma divisão que recoloque o ser e o pensamento cada um em seu devido lugar em vez de identificá-los: "Uma coisa é afirmar que o pensamento diz o que o ser é; outra coisa é fazer o ser completamente dependente do pensamento" (PANIKKAR, 1984, p. 212). Essa afirmação está relacionada à sua crítica ao idealismo e mais diretamente a Hegel e à como ele concebe a dialética. Para nosso autor, é importante esclarecer esse problema antes de propor um método que nos ajude no encontro entre o *eu* e o *tu* de diferentes tradições.

O método que ele propõe é o do *diálogo dialógico,* além de se fundar numa predicação sobre o dinamismo do *ser* e não pretender alcançar sua evolução numa posição absoluta. Ele exprime muito mais uma dinâmica que está escondida na natureza. Essa dinâmica é a criatividade a qual a dialeticidade da mente e do real não abarcam o *todo* do mesmo real. Noutras palavras, é preciso admitir um hiato entre o pensamento e o ser, e isso significa admitir que, mesmo a dialética sendo um poder e uma estrutura da razão necessária para julgar e discriminar a realidade e, sendo ela igualmente essencial no diálogo, não pode cobrir todo o dinamismo do humano em diálogo, pois não se trata de diálogo sobre objetos de conhecimento. Isso é o que faz o diálogo dialético. Mas, tratando-se de diálogo entre sujeitos, este é sobre eles mesmos, e aqui se encontra a diferença e a necessidade de distinguir o que é o pensamento e o que é o ser; o que é o diálogo dialético e o que é o *diálogo dialógico*.

Com relação ao *outro* e ao *eu* assim pensados como possuindo um comum fundo no *thou* – um *Self* que contém ambos e que, ao mesmo tempo, é um Não Dois –, esse *thou* se constitui num fundamento plural que exige uma nova hermenêutica e um novo método para abordar sua natureza pluralística. Assim, descreveremos a seguir o método do *diálogo dialógico* e a *hermenêutica diatópica* como contribuições importantes ao problema metodológico e interpretativo da filosofia intercultural de Panikkar.

2.1.1 O diálogo dialógico para enfrentar o pluralismo

Panikkar faz uma distinção entre duas formas de diálogo, como enunciadas acima, pelo fato de que cada uma se fundamenta em diferentes níveis de comunicação e, portanto, cada uma dá conta de diferentes fins. O diálogo dialético parte do real que é objetivável e passível de acordos como, por exemplo, uma discussão sobre doutrina, método ou ideologia. Mas, em se tratando da relação com o *outro* tal como por ele concebido, essa relação exige uma atitude, pois se trata de uma relação entre existências. Assim, o *diálogo dialógico* nos oferece uma metafísica transcultural, operando a distinção entre os dois tipos de diálogos:

> [...] se todo o pensamento é diálogo, nem tudo é diálogo dialógico. O diálogo dialógico não é tanto sobre a opinião (a famosa *endoxa* de Aristóteles com a qual a dialética lida), mas é sobre aqueles que têm uma opinião e, eventualmente, não sobre tu, mas sobre mim a ti. Para dialogar sobre opiniões, doutrinas, visões, o diálogo dialético é indispensável. No diálogo dialógico, o parceiro não é um objeto ou sujeito fazendo meramente emergir alguns pensamentos objetivos para serem discutidos, mas um *you*, um tu real e não um *it*. Eu devo lidar com um tu, e não meramente com um seu pensamento. E, é claro, vice-versa, um Tu em si que é uma fonte de entendimento (PANIKKAR, 1984, p. 209).

Claramente, o diálogo dialógico não está alinhado com um diálogo dialético no qual as ideias se superam até chegarem a uma nova síntese entre os interlocutores, ou a um acordo determinado sobre assuntos objetivados. O que propõe o *diálogo dialógico* não está no nível de uma relação dialética, não é um encontro de ideias, mas encontro de pessoas, de duas ou mais existências no qual outras dimensões emergem, tais como: sentimento, emoção, amor, paixão, simpatia/antipatia – e são elas todas componentes do encontro tanto quanto o é a razão. Isto é, são os fatores que entram no jogo dialógico.

O diálogo, porém, só existe se mediado, e essa mediação acontece pela linguagem. Ela é, na afirmação de Panikkar, "algo exterior e de algum modo superior aos dialogantes e que os põe juntos. Eles têm de estar conversando sobre alguma coisa, e esta coisa possui uma estrutura interna à qual os mesmos têm de respeitar e reconhecer" (1984, p. 209). A linguagem como mediação do diálogo não pode ultrapassar esta sua função para transformar-se em pensamento, pois não se trata de objetivar ideias. Isto se faz num diálogo dialético. Mas o *diálogo dialógico* se justifica numa estrutura mais profunda que se funda na natureza do real, isto é, o real é dialético, mas não de todo objetivável porque há nele um radical dinamismo, e quem doa essa qualidade é o *me*, o "eu" *em*, o eu imerso nesse real. Nesse sentido, Panikkar diz que: "O diálogo dialógico assume um radical dinamismo da realidade, ou seja, realidade que não é dada de uma vez por todas, mas que é real precisamente pelo fato que continuamente está se recriando – e não apenas desdobrando-se a partir de premissas ou pontos de partida pré-existentes" (1984, p. 211). Ele concebe no real uma espécie de liberdade que não pode ser restringida ao que o pensamento postula – é a parte ôntica que o *logos* irá problematizar, que constituirá a ontologia:

> O *logos* do *on* é somente *on* do *logos*, mas este último não é idêntico ao primeiro. O *logos* pode ser coextensivo com o *on*, mas ainda 'há' o *pneuma* 'entre' [...]. 'O Ser é dito de muitos modos' [...] é a famosa frase de Aristóteles. Mas, o ser 'é' também o não-dito, na medida em que ele ainda não foi explicitado. Ainda: nós não podemos pensar como o ser vai se expressar, ou seja, como exprimirá a si mesmo. E, todavia, o não-dito acompanha o ser. [...] O diálogo dialógico abre espaço para esta liberdade soberana do ser falar novas linguagens – ou linguagens desconhecidas para o outro (PANIKKAR, 1984, p. 213, grifos do autor).

A realidade dinâmica parece ser o fundamento último do *diálogo dialógico* sem o qual o mesmo não poderia ter lugar. Mas ainda há um outro passo que o *diálogo dialógico* deve dar a despeito de não cair na dinâmica do diálogo dialético. Esse passo é necessariamente esperado, dada a acepção do *outro* e do *ser* descritos acima. O diálogo não é um "duologue", explica ele: "mas um atravessar o logos, *dia ton logon*, além do logos-estrutura da realidade" (1984, p. 218, grifos do autor). Panikkar fala de uma perfuração do *logos* que deixa descobertos os mitos dos dialogantes, um diálogo que deixa os mesmos vulneráveis, pois é precisamente aqui que se encontra o salto para fora da dialética, uma vez que os mesmos podem captar, para além da consciência objetivante, aquela lógica interna, ou o horizonte inteligível mais profundo no qual se assentam as crenças e as fontes do entendimento do *me* e do *tu*. É a experiência do *thou*. As razões que ele nos dá para isso são as seguintes:

> É o outro que desvela meu mito, aquilo que eu dou por garantido, meu horizonte de inteligibilidade, as convicções que repousam na fonte das minhas crenças expressas. É o outro que vai detectar as razões veladas da minha escolha das palavras, metáforas e modos de pensar. É o outro que vai interpretar meus silêncios e omissões (para mim) de modos insuspeitados (PANIKKAR, 1984, p. 218).

Esse salto se inicia com uma predisposição inicial ao diálogo e a deixar que o outro desenterre aquilo que damos por descontado de nossas ideias e convicções. Evidentemente, nesse início há um ponto de partida mais ou menos consciente e objetivo no qual o diálogo se situa, mas o mito que esconde nossas convicções e crenças motivadoras de nossa mente nos é dado pelo *outro,* que vai trazendo ao fórum da análise ou ao tribunal da razão o que deve ser compreendido. Aqui encontramos mais claramente a diferença entre um diálogo dialético e um diálogo dialógico: o primeiro chega ao *it is*, diz Panikkar. Ou seja, chega às coisas, ao nível do objetivável, ao *isto é* do determinável, mas é incapaz de atingir esferas mais profundas da experiência humana. Enquanto que o segundo nos permite chegar à experiência do *thou* que vai além do meu clã, tribo, raça, igreja ou ideologia, uma esfera profunda que vai se doando no diálogo enquanto este é dialogante.

2.1.2 A hermenêutica diatópica ante o desafio intercultural

Panikkar propõe uma hermenêutica que responda ao encontro de diferentes horizontes humanos que não possuem uma base cultural comum. Além disso, em correspondência à sua busca de superação de uma visão dualística e monista do *outro* e do *eu*, o autor parece buscar também uma alternativa ao problema da centralidade de uma única tradição quando se trata da interpretação na relação intercultural. Por isso, ele propõe um método interpretativo que tem como pressuposto não apenas os diferentes contextos, mas o horizonte último que toca o mito, ou seja, o ôntico do ontológico. Este método é a *hermenêutica diatópica* que ele assim define:

> Eu a chamo hermenêutica diatópica enquanto a distância a ser superada não é meramente temporal, dentro de uma única e ampla tradição, mas é a distância que existe entre os *tópoi* humanos, os "lugares" de compreensão e autocompreensão entre duas (ou mais) culturas que não elaboraram seus modelos de inteligibilidade... A hermenêutica diatópica parte da consideração temática de que é necessário *compreender o outro sem pressupor que este tenha nosso mesmo autoconhecimento e conhecimento de base.* Aqui está em jogo o último horizonte humano e não somente contextos diferentes entre si (PANIKKAR, 2010, grifos do autor).

O autor quer atingir uma profundidade que a hermenêutica morfológica e a diacrônica não alcançam, ou seja, uma profundidade na qual ocorre o incomensurável devido às distâncias temporais e às formas de expressão incomuns de cada cultura que problematiza a interpretação, a fim de resolver o dilema da universalização e da regionalização da verdade. Na base dessa tentativa está a concepção de verdade do autor para o qual a verdade não possui fronteiras, mas apenas a sua expressão, que é um momento episódico, histórico e particular, jamais absoluto e nem exaustivamente formulado. E isso se deve ao fato de nossa finitude e da identificação da verdade com o real, que o *logos* consegue apenas formular parcialmente, sem, contudo, esgotar a doação da verdade na mesma realidade (RAJ, 2012, p. 135).

A *hermenêutica diatópica* de Panikkar vai além da problemática interpretativa do texto porque quer colocar em comunicação diferenças distanciadas e sem fonte cultural comum, sendo, por isso, *dia-tópica*. Explica Anthony Savari Raj:

> Esta hermenêutica nos recorda, entre outras coisas, que existem muitas e diferentes famílias de culturas humanas e que, apesar de haver similaridades entre elas, não podemos assumir *a priori* que elas são governadas pelo mesmo código. Em outras palavras, esta hermenêutica considera o outro – seja cultura, tradição, pessoa ou texto – equitativamente uma fonte original de entendimento (2012, p. 142).

Mas se dois "Tu" se encontram face a face sem nenhuma história em comum e compreendendo o mundo por diferentes códigos, como então se dará uma comunicação? Ou seja, se as questões que eles se colocam não correspondem entre si porque advêm de diferentes modos de interpretar o real, como poderão se entender sem incorrer em tradução ou se expor à sobreposição de um pelo outro? Anteriormente havíamos falado da importância da linguagem para Panikkar, entendida como *mediação*, isto é, se um "eu" e um "tu" se encontram, devem conversar sobre alguma coisa, dizia ele. É esse "alguma coisa" que a mediação da linguagem permite que se apresente entre os dialogantes e é o que Panikkar chama de *princípio homológico*. Este é um termo de correspondência que os dialogantes, mesmo em suas diferenças, terão de descobrir a fim de poder estabelecer a comunicação. Por isso, Panikkar diz que o princípio homológico é uma espécie de "regra de ouro" da interpretação, o que, segundo Raj, sustenta que "a coisa interpretada é universalmente reconhecível em minha interpretação" (2012, p. 142). Logo, um ponto de partida deve ser buscado num princípio homeomorfo, isto é, um termo que tenha equivalência para ambos os mundos, ambas as inteligibilidades. E ainda: não é um termo analógico que une as diferenças, mas um termo que possui um peso ou uma aproximada equivalência de significado, a ponto de permitir a cada um dos dialogantes situar-se no seu respectivo sistema e desde ali comunicar-se, sem, contudo, diluir-se ou sobrepor-se ao sistema do outro.[3]

Esse aspecto do *princípio homológico* parece expressar a preocupação de Panikkar de complementar um elemento do seu conceito de diálogo que falta no *diálogo dialógico* descrito no item anterior. Ou seja: o diálogo tem um aspecto interior e também exterior. O encontro que se dá na profundidade do *thou*, no qual o *logos* é transpassado para chegar ao mito ou àquelas pressuposições veladas de nossa própria tradição, necessita também de sua expressão externa, que é, precisamente, a busca de um termo equivalente mediado pela linguagem e que permitirá o acesso ao mito.

Raj nos lembra do caráter específico desse diálogo que deve enfrentar também o desafio do mistério do humano:

> Para Panikkar, diálogo, em primeiro lugar, é o que acontece entre dois sujeitos que são, em outras palavras, verdadeiras fontes de entendimento. Precisamente por esta razão o diálogo tem de ser dialógico (*dia-logos*: perfurando o *logos* – atingindo, assim, os *mitos*). Como isso envolve o encontro de pessoas – não de objetos ou meras doutrinas –, a sua base possui um carácter dinâmico, próprio de pessoas. O mistério da pessoa nos recorda que ela não é nem singular e nem plural, ou seja, não é objeto de nenhuma quantificação. Pessoas são um mistério porque, como qualquer outra realidade, elas são dinâmicas. Em outras palavras: o fundamento último do diálogo dialógico deve ser traçado no próprio caráter dialógico e simbólico da realidade (2012, p. 143, grifos do autor).

Concluindo, podemos dizer que, entendido ao modo de Panikkar, o diálogo intercultural só pode ser dialógico e não dialético para atingir níveis

3 O autor dá um exemplo de princípio homeomorfo: "Os dois termos Brahma e Deus, por exemplo, são ambos análogos e não meramente equívocos. Eles não são equivalentes. São homeomorfos, no sentido de que cada um deles representa algo que desempenha uma função equivalente dentro dos respectivos sistemas" (RAJ, 2012, p. 143, n. 15).

mais profundos e chegar a uma inteligibilidade sobre algo numa relação incomensurável. De outra parte, parece que somente recorrendo a noções fora do pensamento ocidental é possível superar o dualismo, o que, partindo de sua experiência existencial "em vários mundos", Panikkar parece explicitar como sendo o núcleo da problemática do pensamento intercultural. Mesmo assim, o uso do pronome *thou* como aquele que projeta a relação Eu-Tu para algo comum e mais elevado do que aquele de onde cada um dos sujeitos provém é, todavia, inscrito no idioma inglês, portanto, de matriz ocidental. Isso nos coloca diante do problema da mediação da linguagem. Qual língua, com qual lógica e com quais sentidos poderia mediar essa relação entre alteridades incomensuráveis, mas que se encontram no *thou* ou naquele nível *inter*-subjetivo comum do Eu e do Tu que é o mito? Panikkar disse que a língua é mediação e não deve tomar o lugar dos fins do *diálogo dialógico*. A nosso ver, ainda que tomando conceitos homeomorfos para a intercomunicação entre as tradições, permanece aberta, de algum modo, a problemática da tradução. Ainda se pode questionar se é possível superar totalmente o dualismo e o monismo, pois a linguagem é, em si, o que permite o desprendimento e o distanciamento que possibilita uma inteligibilidade.

2.2 O "Polilogue" de Franz Martin Wimmer

Wimmer, empenhado no diálogo filosófico intercultural entre o Oeste e o Leste e também com a África, parte da ideia de que a intenção de universalidade de toda a filosofia encontra uma resistência ou um dilema no seu princípio: esse dilema é a culturalidade. Isso porque, quando os filósofos filosofam, eles não têm outro meio além de suas palavras para demonstrar seu pensamento. Por sua vez, as palavras de que dispõem provêm e são formuladas em um determinado contexto cultural. Logo, as questões, os métodos, a plausibilidade e as crenças dos filósofos se originam temporal, social e culturalmente dentro de seus contextos. Entretanto, os discursos filosóficos querem ser sempre verdades válidas para todos e para sempre. É, então, que surge o dilema: "Como podemos alcançar, tanto transcultural como globalmente, insights e verdades válidos se nossas percepções do mundo e os meios para expressá-las são particulares (para não dizer paroquiais), fora da necessidade?" (WIMMER, 2010, p. 25). O dilema se amplia quando, segundo Wimmer, ao olharmos para a história da filosofia, nos damos conta de que ela foi contada por filósofos e historiadores europeus, ou seja: "é uma história, majoritariamente, de uma razão e de um desenvolvimento humano únicos cujos representantes são homens, brancos e ocidentais" (2010, p. 22). Por isso, essa história requer ser revisitada e reavaliada, pois ela contradiz sua intenção universalizadora. Uma reação a essa constatação foi a tentativa das etnofilosofias, cujos pioneiros foram pensadores africanos. Mas negar o universalismo para fazer florescer os regionalismos também não resolve o dilema, pois isso apenas abre possibilidades para a justificação do "estranho" e a afirmação de novos "centralismos", expressos por esses pensamentos regionais ou pela afirmação do eurocentrismo, em base ao qual se produziram as "etnofilosofias" (WIMMER, 2010, p. 23).

2.2.1 A crítica às alternativas de solução do dilema

Wimmer recorda que a filosofia como eurocêntrica possui mão-única em termos de história, tanto em sua linguagem quanto em seu método, e isso faz com que sejam negadas às outras tradições não ocidentais a qualificação de filosóficas, relegando a riqueza de seus saberes a uma "inexistência". Sua crítica tem nomes próprios, como Hegel e Heidegger, por exemplo. Eles deixaram transparecer claramente o dilema de, privilegiando uma língua para filosofar, fazerem da mesma uma exceção: "Hegel nos lembra que *aufheben* traduz o significado de três verbos em latim: *conservare*, *negare*, *elevare*. Ele acreditava que a língua alemã não era só diferente do latim neste caso, mas ela realmente apreendia a realidade. Heidegger transformou confiança em fé" (WIMMER, 2002, p. 13). O dilema aparece também no método único de Descartes, de Husserl ou do Círculo de Viena, que pretendem alcançar a universalidade da verdade sem se referirem a nenhuma tradição cultural. Ou, ainda, em Kwasi Wiredu, que falou da necessidade de descolonizar o conceito, uma vez que em sua própria língua, *akan*, o sentido das palavras verdade, realidade, conhecimento, *self*, pessoa, espaço, tempo, vida, matéria, subjetividade e muitas outras era diferente do sentido dado pela língua do colonizador inglês. Porém, segundo Wimmer, reconceituar o conceito não é suficiente e não seria possível fazer isso com cada conceito, pois cada língua requereria uma tal revisão e, desse modo, a filosofia não só seria des-historializada como também des-universalizada. Além disso, se cada conceito fosse traduzido em novas terminologias a fim de manter sua universalidade, o dilema continuaria irresoluto, uma vez que tais conceitos são normalmente padronizados e se desenvolvem dentro de uma tradição. Essa alternativa não se sustentaria, pois filósofos não podem criar tradições nem analisar fora delas (WIMMER, 2002, p. 14). O autor ainda aponta para duas outras posturas que persistem diante do dilema:

> Um é a busca de um único método de raciocínio que vai além de todos os condicionamentos culturais. Este foi o modo de Descartes, Kant, Hegel, Marx, Husserl e de toda a Filosofia Analítica. Entretanto, nenhum método foi ou será universalmente aceito como único. O outro consiste em cultivar particularidades éticas e chamá-las 'filosofia'. Neste caso, o problema da tradução e da interpretação seria reduzido, e igualmente reduzida seria a sua audiência (2002, p. 14).

E, por fim, também a crítica exercida por alguns filósofos que põem no etnocentrismo europeu a origem do dilema do universalismo da filosofia não subsiste, uma vez que não há um critério que possa julgar entre um universalismo verdadeiro e um falso. A etnofilosofia africana que partiu dessa crítica e, de algum modo, também a latino-americana – sobretudo a formulada por Raúl Fornet-Betancourt – desvelam o mito que os filósofos europeus de um modo ou de outro sempre sustentaram: de que, se há filosofia, ela é fundamentalmente o pensamento grego como paradigma válido para toda a humanidade, sendo "humanidade" um conceito também definido por essa tradição. Além disso, essa crítica desvela ainda o lado contraditório dessa afirmação, isto é, se é grego, é regional, e de que há outras "Grécias" nas quais também se elaboram explicações racionais.[4] Portanto, não há uma inteligência *ex*-terrestre ou *ex*-cultural que determine qual universalidade é *a* universalidade. Em todos esses casos, diz o autor: "Nós teremos que, novamente, usar nossas mentes. Temos que continuar usando nossas diferentes linguagens para encontrar e expressar nossas ideias. Todas elas têm suas particularidades, e nenhuma delas é completamente adequada para o que estamos tentando pensar e expressar" (WIMMER, 2002, p. 24). Em uma situação hermenêutica do mundo como a atual, na qual a orientação intercultural da filosofia não é mais uma disciplina, mas um desafio real, certamente será necessário superar a concepção de uma Grécia única, diz o autor, e admitir que o pensamento não só existiu em outras tradições no passado como continua existindo no presente. E mais: que dada a possibilidade de interação e comunicação entre culturas como a que experimentamos hoje, a cooperação se impõe como imperativo, muito mais que a separação ou a indiferença. Sendo assim, para Wimmer a tarefa filosófica se apresenta em um tríplice desdobramento: "refletir desde as particularidades culturais e regionais de cada tipo de pensamento em todos os níveis possíveis; buscar

4 O autor cita a asseveração de José Martí contra a filosofia hegeliana da história: "Nossa Grécia é preferível à Grécia que não é nossa", referindo-se à possibilidade de haver pensamento filosófico em outras tradições (WIMMER, 2002, p. 23).

argumentos e conceitos válidos universalmente; e fazer justiça às respectivas tradições filosóficas regionais" (2002, p. 15). Em base a isso, ele sugere um método formal para uma filosofia não centrista: o modelo "polilogue" (*Polylog*), que descreveremos a seguir.

2.2.2 O modelo "polilogue" para além do "diálogo"

Para evitar que a filosofia alcance o seu intento de discurso universalizado em modo centralista; e para que se evite produzir etnofilosofia que, no final, serve para reafirmar a busca de exotismo e não de originalidade; e tendo também conceituado o que ele entende por "filosofia" – a saber, um discurso essencialmente sobre questões ontológicas, epistemológicas e normativas –, Wimmer propõe um método de comunicação para buscar sair dos dilemas acima descritos. Trata-se de superar a mão-única da filosofia ocidental e fazer emergir equitativamente a filosofia de outras tradições. Ele propõe individuar um método ou uma normativa que vise a discussão filosófica entre filósofos, agentes profissionais de filosofia.

Em primeiro lugar, ele situa a necessidade de ir além do *diá*-logo para alcançar um *poli*-logos. O contexto intercultural do mundo atual requer esse salto. Logo: a) urge que se faça uma (auto)avaliação crítica da filosofia como profissão. Isso porque, em regra, os filósofos profissionais têm equiparado o que se chama "filosofia" com uma fronteira cultural chamada "Ocidente", e esta é uma correlação enganosa. Para ele, o eurocentrismo criticado pelos pensadores e pensadoras não europeus deve efetuar-se na crítica geral de qualquer pretensão de centrismo e deve ser formulado dentro de uma teoria não centrista; b) hoje e no futuro urge analisar a relevância que as tradições culturais conquistaram, e a primeira coisa a ser feita é reconstruir as diferentes tradições de um modo diferenciado e compreensível. Assim, o "polilogue" é um modelo de comunicação entre filósofos e filósofas de diferentes tradições que se configura como "uma continuidade do projeto do Iluminismo Europeu com diferentes meios, não dependendo de um único método de ciência, mas criando um polilogue de tradições" (WIMMER, 2002, p. 25). Esse fragmento parece deixar claro que a intencionalidade do modelo não comporta tanto um problema ontológico sobre as relações de alteridade entre tradições, culturas ou pessoas, mas visa a resolução de um problema teórico dentro da teoria, ou seja, a problemática filosófica da universalidade e o aspecto de sua comunicação e da compreensão dos conceitos em situação contextual.

Sobre o termo *Polylog*, Wimmer explica que optou por essa terminologia porque a acepção de *dia* em "diálogo" não implica originalmente um número, mas exprime a preposição *entre*. Hoje, porém, a acepção comum é a de uma conversa entre dois ou mais, mas não seria o caso de uma conversação como requer a do enfrentamento da problemática da comunicação intercultural em filosofia. Portanto, o prefixo *poli*, que tem significado de *muitos*, indica melhor a forma do modelo de conversação a ser proposto, além de encontrar um correlato de origem grega: *polilogía*, que era o termo empregado para denotar uma conversação sobre vários assuntos ao mesmo tempo e não precisamente por várias pessoas. O uso de *polilogue*, em vez de *diálogo*, visa responder ao que ocorre hoje em filosofia com perspectiva intercultural: filósofos e filósofas de diferentes tradições que discutem uns com os outros sobre um tópico ou problema (WIMMER, 2002, p. 25, n. 21). O procedimento polilógico de Wimmer lembra o modelo do *Colloquium Heptaplomeres* de Jean Bodin, que coloca em diálogo os sete sábios de sete diferentes confissões religiosas - ao redor de 1593 - sem, contudo, chegar, no final, a uma comum conclusão. Entretanto, o modelo renascentista do *Colloquium* de Bodin é uma construção textual que busca interrogar de forma dialógica os problemas de religião, metafísica, política e o sentido existencial da vida, num período de muitas violências e guerras na Europa. A proposição de Wimmer, porém, apesar de ser ideal, quer de fato mediar um verdadeiro face a face entre sujeitos por meio de uma ideia reguladora que permita a *des*-centralização da filosofia ocidental como discurso único e um tratamento a tradições não ocidentais, não em referência àquele, mas em equidade de validade universal. Apesar disso, a nosso ver, Wimmer parece não poder evitar a mediação da linguagem ocidental para o seu propósito.

O autor considera que há diferentes graus e formas de influências entre tradições, ou de uma tradição sobre a outra - o que deve ser distinguido no modelo. Assim, ele estabelece uma hipótese de quatro tradições relevantes: A, B, C e D, com as quais ele estabelece diferentes composições de relações com suas possibilidades e limites e que devem ser consideradas em vista das expectativas de resultado. Em cada composição relacional estão implícitas as atitudes em relação ao "outro" que, em sua análise, se constituíram fundamentalmente em três formas ou carácteres: o outro como *bárbaro*; o outro como *exótico*; o outro como *pagão*.[5] O *bárbaro* é considerado aquele desconhecido ou distante demais da minha própria cultura, de tal modo que não pode ser compreendido. Em relação a esse, só posso pensar que

5 Wimmer desenvolve esse problema da concepção de "outro" em seu livro *Interkulturelle philosophie: Theorie und Geschichte* (1990), p. 80-97.

deve ser civilizado, cultivado ou melhorado (de acordo com os meus valores, evidentemente), ou eliminado no sentido de que sua existência nada significa. Mas, se sua presença impossibilita sua anulação, o *bárbaro* não pode ser tratado equitativamente a um ser humano porque lhe falta justificação existencial. O *exótico*, por sua vez, é um *bárbaro* sofisticado no sentido de que esse, esteticamente, é mais aceitável em sua diferença, mas só enquanto permanece como *exótico* em meio aos que têm pertença e identidade com os membros de minha cultura. Esse é passível de generalizações que o tornam tolerável ou justificam sua existência enquanto diferente. A terceira forma de "outro" é identificada por Wimmer como a do *pagão*. Ela implica a arrogância missionária porque o *pagão* é considerado ignorante ou privado do saber, da fé, de valores, de moralidade, os quais lhe devem ser transferidos para que os aprenda e assim se humanize. Em base a essas concepções de fundo sobre o "outro", se explicitam as correspondentes atitudes nas seguintes composições relacionais em que se influenciam de modo unilateral ou bilateralmente as tradições. Como dito anteriormente, Wimmer hipotetiza quatro diferentes tradições representadas pelas letras A, B, C e D:

A primeira relação é unilateral e de influência centrista assim representada: A → B e A → C e A → D (2002, p. 26). Não há diálogo se as coisas se encontram desse modo. Com exceção de A, as outras tradições são consideradas *bárbaras*, i.e., devem mudar ou devem ser eliminadas. A ideia que subjaz a essa conjugação é traduzida pelos seguintes termos: "civilização", "ocidentalização", "imperialismo cultural" e "eurocentrismo". É evidente que nesse modelo B, C e D se desconhecem entre si. Aqui se situa o homem branco, o missionário que age nas regiões periféricas do Ocidente, cristianizando e civilizando os territórios conquistados.

A segunda relação é ainda unilateral, mas com uma influência transitiva, e se configura do seguinte modo: A → B e A → C e A → D e B → C (2002, p. 26-27). Nela, o diálogo não parece necessário, ainda que se veja a influência de A e B sobre C, mas somente uma descrição comparativa entre A e B parece ser possível. Nesse caso, para a tradição A todas as outras permanecem ainda *bárbaras*; B e C ignoram D. Mas B imita A, isto é, a tradição "civilizada", que, por sua vez, "civiliza" C. Certamente o faz com os conceitos de A. É a relação na qual a "civilização" se impôs e teve um sucesso parcial pelo que dela assimilaram *bárbaros* e *exóticos*.

A terceira relação aparece como bilateral e com influências parciais por meio de supostos períodos de diálogo. Graficamente, ela assim se configura:

A ↔ B e A → C e A → D via A → B e A → C e A → D e B → C até chegar a A ↔ B e A ↔ C e B ↔ C e B ↔ D e C ↔ D e A ↔ D (2002, p. 27). Entre esses diálogos parciais pode-se distinguir vários estágios, e o que se dá é uma aculturação seletiva entre tradições. Para a tradição A, as outras já não são mais bárbaras, mas começam a ser *exóticas*. O mesmo ocorre com as tradições B, C e D, embora a influência nunca seja completa. Esse modelo, na sua última configuração, pode representar uma espécie de *polilogue* entre duas relevantes tradições, com exclusão parcial da tradição D. Aqui se situa a filosofia comparativa.

Por fim, a quarta relação é propriamente a que corresponde ao *modelo polilogue*, na qual a influência bilateral se completa. Graficamente, ela assim se apresenta: A ↔ B e A ↔ C e A ↔ D e B ↔ C e A ↔ B e B ↔ D e C ↔ D (2002, p. 27 e 29). Para cada tradição a outra é *exótica*, e nesse modelo tanto a relação polilogue quanto a filosofia intercultural são alcançadas porque há influências de todas para todas as tradições.

Segundo Wimmer, essa é uma situação ideal, mas sua intenção é de que ela sirva como ideia reguladora para a prática da filosofia em escala global. A razão de estabelecer uma ideia reguladora, diz ele, é que "isso parece preferível, por razões lógicas, desde que não haja pressuposições de direitos absolutos enquanto houver diferentes visões. Aqui, a pressuposição é aquela de ativar a razão humana em tantas direções quantas forem possíveis" (2002, p. 29). A utilidade de uma ideia reguladora se funda também na possibilidade que ela oferece de reinterpretar a história da filosofia, uma das tarefas que emerge dentro do pensamento com orientação intercultural defendida por Wimmer.[6] Isso nos permitiria sair de um contexto de continuidade para o de um conceito de *concerto continua* frente à evidência da pluralidade de tradições de pensamento e da equitativa validade universal de cada uma. Além do que, essa realidade traz uma segunda evidência, que é a de que tradições não ocidentais interpretam o pensamento ocidental, deslocando-o de sua pretensão de "filosofia única". A ideia reguladora que expressa o *modelo polilogue* busca responder: de um lado, ao escopo da filosofia de alcançar a universalidade de suas questões, sejam elas ontológicas, epistemológicas

6 Wimmer, em um de seus primeiros artigos sobre filosofia intercultural como uma nova orientação do pensamento, elaborado por volta de 1995 e proferido no México na Primeira Conferência Internacional sobre Filosofia Intercultural, coloca como primeiro escopo de sua conferência o problema da história da filosofia: "a qual foi descrita por filósofos e historiadores da filosofia na Europa [...]. A primeira coisa a ser avaliada e revisada será este tipo de história" (2002, p. 9).

ou éticas, para além do contexto cultural e linguístico em que elas emergem e são explicitadas; e de outro, evidenciar a transculturalidade das questões, precisamente porque o problema da filosofia atual é o de que contextos culturais específicos (como o do Ocidente, por exemplo) que prevaleceram numa escala global até então não se sustentam mais, uma vez que estamos entrando num modelo de relações globalizado. Portanto, para Wimmer, o programa da filosofia intercultural se resume em dois pontos: "Primeiramente, criar uma nova visão da história da filosofia e, segundo, a necessidade de estabelecer um polilogue em cada questão sistemática da filosofia" (2002, p. 33). Ora, a nosso ver, a pretensão de Wimmer é eticamente sugestiva. Mas como se originaria uma "questão sistemática" e de quem ou de onde partiria o julgamento de sua plausibilidade? Se é sistemática, já parte de um certo paradigma: o ocidental. Não estaríamos caindo no mesmo dilema expresso por ele a respeito do universalismo ocidental, além de sugerir que a iniciativa se formule desde o mesmo centro ao qual visa superar e criticar? Wimmer nos fornece uma ilustração de como, na prática, isso aconteceria, tomando o termo "humanidade" como tema de discussão filosófica. Ele diz:

> Eles [os filósofos] devem estar prontos e suficientemente informados para explicar e avaliar não somente as conotações de tais palavras como *humanum* ou *Menschheit*, mas também *muntu* na língua banto ou *ren* em chinês, como também outros relevantes conceitos. Partindo do dia-logos (intendendo compreensão mútua), os polilogues precisam ser desenvolvidos, pretendendo o mútuo convencimento em base às ideias geralmente concordadas. Podemos esperar que essas ideias expressadas em tais tipos de polilogues sejam linguística e culturalmente mistas (porém, isto não seria necessariamente o caso) (2002, p. 32, grifos do autor).

Embora esse exemplo se aproxime do que Panikkar chamou de termo homeomorfo, a intenção do *polilogue* de evidenciar a equidade entre as tradições no que concerne à validade universal de um conceito comporta, entretanto, um traço da filosofia comparativa, como vemos na ilustração acima. Isso demonstra que os dilemas não se resolveriam tão facilmente, além do que, não é claro como uma tradição influenciaria a outra. Também parece que o *polilogue* opera em base a uma ideia reguladora, típica do idealismo. Logo, parece partir ainda de um paradigma ocidental e, nesse sentido, a proposta de Wimmer, talvez, serviria mais para uma comunicação *intra*-regional, como a das filosofias europeias, do que para os casos de contextos incomensuráveis. Cremos que Wimmer é consciente disso, por isso explicita uma regra como princípio fundamental para o *polilogue*, formulada em sentido negativo e também positivo: "Não espere teorias filosóficas bem fundadas cujos autores derivam de uma única tradição cultural. [...] Sempre que possível, busque sobreposições transculturais de conceitos e teorias filosóficas, uma vez que é provável que teorias bem fundadas são desenvolvidas em mais de uma tradição cultural" (2002, p. 33). Aqui, uma teoria filosófica "bem fundada" denota a intenção do *polilogue* de relativizar a própria tradição, mas vemos que só até certo limite. O próprio Wimmer lembra que relativizar é a primeira lição do *polilogue*. Mas, sendo uma teoria filosófica bem fundada pela sua autorrelativização e influência que recebe de diversas tradições, ela ainda seria contextual? Ainda que sua proposição seja mais metodológico-prática em vista de possibilitar a superação de centralismos teóricos, não vemos como a sua argumentação possa conduzir à superação dos problemas no campo ético como o da concepção de "outro" e da possível violência do "acordo" filosófico que deve surgir no curso do *polilogue*. Vemos, ainda, o risco de permanecer em um círculo centrado num campo apenas teórico, sendo que fora dele não parece haver uma abertura ou abordagem, como se o evento de um face a face entre pessoas de diferentes tradições não comportasse mais que essa única dimensão. E, entretanto, a problemática intercultural não parece emergir da dimensão teórica, mas do mundo da vida onde se embatem as diferenças e, consequentemente, a conflitividade. Além disso, o conceito de "outro" do qual parte Wimmer para realizar o *polilogue* é carregado de significado etnocêntrico, para não dizer ontologicamente pobre, o que não responderia aos apelos éticos que são anteriores ao teórico.

2.3 Josef Estermann e a mediação na comunicação intercultural

Entre a *hermenêutica diatópica* de Panikkar e o *polilogue* de Wimmer restam, todavia, questões abertas, e uma delas é que, a partir do que propõem os referidos autores, permanecemos ainda no plano da *trans*culturalidade e longe da *inter*culturalidade. Como havíamos pontuado, a *hermenêutica diatópica* e o *diálogo dialógico* de Panikkar deixam entrever o problema da linguagem como mediação, mas não como necessidade. Em Wimmer, a comunicação parte de uma ideia reguladora e se resolve nas "ideias concordadas" acerca dos temas argumentados. Além do que, a proposição do *polilogue* parece se originar, em princípio, na tradição ocidental, como já mencionado, o que comporta a expressão de um *logos* regional que parece mediar o diálogo. Parece-nos, então, que a demanda de uma mediação emerge porque o dilema de fundo permanece. É nesse sentido que certas críticas podem aparecer e focalizar mais o problema político que o filosófico. Explicando melhor: a crítica ao centralismo ocidental é útil e pode incorrer no mesmo erro que ela denuncia, que é o de eliminar toda a possibilidade que a própria filosofia ocidental pode oferecer para a resolução dos dilemas. Nesse sentido, pensadores e pensadoras da filosofia intercultural vêm considerando algumas alternativas e buscando avançar na reflexão com uma argumentação mais equilibrada. Propomos a alternativa de Josef Estermann, focalizando o problema específico da mediação no que concerne ao reconhecimento equitativo de tradições filosóficas. Decidimos nos centrar apenas nesse aspecto mínimo, mas significativo para o nosso problema, sem entrar na rica reflexão filosófica intercultural desse autor interessado no pensamento andino da América do Sul.

2.3.1 Filosofias indígenas e a mediação de Atenas

Estermann, que nasceu e estudou na Suíça, vive atualmente entre o Peru e a Bolívia e investiga as cosmovisões andinas e o paradigma holístico fundado na concepção de *Pachamama*.[7] Ele argumenta que o paradigma ocidental, que é solipsista, androcêntrico e antropocêntrico, poderia se abrir somente mediante um encontro com uma alteridade e, assim, resgatar aquelas dimensões esquecidas ou reprimidas de si mesmo pela sua própria ortodoxia filosófica. Diz ele: "Os Andes são para o Ocidente o *alter*, o outro e a outra, a alteridade que é condição imprescindível (ou, se quiser, transcendental) para uma autocrítica de fundo, para o caminho verdadeiro para a felicidade do ser humano" (2013, p. 229). Partindo de uma releitura crítica dos processos de colonização, ele afirma também que o fato de a Europa ter excluído, abusado e até eliminado outros povos por centenas de anos fez com que ela mesma se desumanizasse, uma vez que, erigindo uma ideologia do pensamento único de que essa verdade era a *única* epistemologia válida para toda a humanidade, terminou por se privar da riqueza de alteridades epistêmicas que hoje se constituem nas chamadas "epistemologias das vítimas" (FORNET-BETANCOURT, 2001, p.

7 Estermann assim explica a noção da Pachamama: "o vocábulo quéchua-aimará *pacha* é uma palavra pan-andina e polissêmica, de um significado profundo e muito amplo. Filosoficamente, *pacha* significa o 'universo ordenado em categorias espaço-temporais', porém não simplesmente como algo físico e astronômico. [...] É uma expressão para além da bifurcação entre o visível e o invisível, o material e o imaterial, o terreno e o celestial, o profano e o sagrado, o exterior e o interior. [...] Talvez seja oportuno traduzir o vocábulo pacha pela sua característica fundamental da racionalidade andina: 'relacionalidade'" (1998, p. 144-145, grifos do autor).

44-45). Estermann amplia sua abrangência chamando-as de "epistemologias invisíveis" (2013, p. 219), isto é, epistemologias de grupos e povos que hoje, assumindo sua condição de neocolonizados ou excluídos dos processos globais atuais, se exprimem em lutas e mobilizações alternativas como: os povos indígenas, mulheres, anciãos e anciãs, enfim, os altermundialistas.

2.3.2 A decolonização das colônias e do próprio Ocidente

Estermann, partindo de uma crítica à história, à situação política e ao pensamento hegemônico atual, que ele chama "ocidentocêntrico", propõe o exercício mental de inverter o canônico mapa-múndi, desenhado pelos colonizadores ocidentais, e, assim, deslocar a centralidade do Norte nele representada. Esse seria um primeiro modo de tomar consciência do ideário que a hegemonia da cultura ocidental e do modelo político e econômico que lhes corresponde representa, assim como da ordem do mundo estabelecida por esse mapa, que foi também reiterada por ideias filosóficas.[8]

O diálogo intercultural que esse autor propõe parece estar ligado à *hermenêutica diatópica* de Panikkar e ao *polilogue* de Wimmer, mas não com a pretensão de resolver dilemas da forma como exposto pelos dois autores: Panikkar tenta resolver o problema do dualismo, e Wimmer o do universalismo. Para Estermann, partir desses princípios seria já afirmar um problema que pertence à cultura e ao pensamento ocidental. O problema, para ele, está no modelo político e econômico que funda seu ideário ocidentocêntrico no poder e na influência tanto cultural quanto tecnológica. Nessa ordem também se encontram as ideias filosóficas. Assim ele exemplifica:

> O reconhecimento das sabedorias e pensamentos autóctones na América Latina, África, Ásia e Oceania como 'filosofias' não é, em primeiro lugar, uma questão acadêmica, mas, antes de tudo, um problema político. Defini-las desde este ponto de vista ocidental como meras 'etnofilosofias' ou 'cosmovisões' significa – entre outras coisas – que não podem chegar a formar parte do discurso acadêmico, dos currículos nas instituições científicas

8 O autor se refere à "projeção de Mercator de 1569", que serve de base para a configuração do mapa-múndi, o qual põe a Europa como centro e com uma extensão visivelmente maior, que não corresponde com a extensão real, diminuindo, assim, a verdadeira extensão em km^2 de outros continentes do globo. Tal projeção, desmentida pela "Projeção Peter" em 1973, representa o mapa de acordo com as extensões territoriais e descentraliza a Europa da cartografia. Mas isso ainda não foi suficiente para eliminar a pretensão centralista, uma vez que ela depende também da pretensão universalista da filosofia que hoje se exprime na "globalização" cultural de índole ocidental, alimentada pelas academias que servem como centros fiéis e retroalimentadores desse ideário (ver: ESTERMANN, 2013, p. 326).

> da comunidade filosófica internacional e dos estandartes de cientificidade estabelecidos por uma cultura determinada. No fim das contas, esta estratégia 'linguística' leva, na verdade, ao fortalecimento da filosofia e da cultura dominantes e à marginalização das filosofias indígenas não ocidentais (2008, p. 99-100).

O termo "indígena" implica uma carga colonial e é bastante problemático, por isso Estermann começa por desconstruir os seus matizes colonialistas para poder determinar o que ele intende ao usar esse termo a fim de, por meio dele, se referir a todas as filosofias contextualizadas. O problema com o termo "indígena", diz ele: "tem a ver com seu *Sitz im Leben* da antropologia cultural dos séculos passados que justapõem a civilização ocidental na Europa e suas colônias – por um lado; e as culturas autóctones dos povos 'descobertos' ou 'conquistados' – por outro, sendo estes 'descritos' por olhos ocidentais" (2013, p. 310). Ele contesta a concepção heideggeriana de que dizer "filosofia ocidental" é uma tautologia, pois a adjetivação da filosofia é um feito moderno, além do que, tanto na Europa como em outras partes do mundo emergiu uma grande pluralidade de saberes filosóficos contextualizados. Assim, a partir de uma definição provisória sobre a "filosofia indígena", o autor explica o que pretende dizer:

> Uma certa manifestação filosófica pode chamar-se 'indígena' na medida que surge do mesmo contexto sociocultural no qual tem repercussão, que usa parâmetros que se entendem dentro desse contexto, que se declara explicitamente contextual e situacional e que é mais que uma simples exegese de textos e tradições. [...] Sou consciente de que, segundo essa definição provisional, também a filosofia ocidental – dizendo melhor, as filosofias ocidentais – pode ser definida como 'indígena', sempre e quando se declare explícita e conscientemente como contextualizada (2013, p. 311).

Nessa perspectiva, Estermann parece buscar resgatar o "outro" e a "outra" – em sua explícita linguagem de gênero masculino e feminino – como alteridades suprimidas e que, necessariamente, devem ser "redescobertas" em um diálogo intercultural filosófico. Tais alteridades, como o mais problemático "esquecimento" ocidental, foram muito bem evidenciadas por Lévinas, mas somente em sua dimensão ética primordial, diz o autor, pois ficaram invisíveis às outras alteridades por ele não explicitadas como a de gênero, de orientação sexual, de idade, de etnia, da natureza, da cultura, da civilização e a alteridade filosófica. Esse confronto deveria trazer à luz os "cadáveres" do Ocidente, guardados em seu próprio sótão, uma vez que o modo como este realizou as colonizações – e, pelo modo como as neocolonizações neoliberais continuam sendo levadas adiante pelo mesmo Ocidente que hoje é mais amplo que a Europa – fez com que se realizasse um "altercídio" primordial, no sentido do Complexo de Édipo. Tal ato de violência possibilitou o "esquecimento", senão o "anulamento" total do significado das colonizações na mente até mesmo dos filósofos ocidentais, pois foram poucos os que trataram isso como um problema. A consciência sobre o "altercídio" praticado pela Europa contra os que ela julgava "diferentes" só foi evidenciado no século XX quando do genocídio nazista, dada a sua crua evidência dentro de seu próprio território. Porém, o "altercídio" cometido para com os povos autóctones permaneceu quase a-histórico, não fosse por alguns raros registros como o de Bartolomé de las Casas na América, e mais recentemente pelos pensamentos decolonizadores que hoje resgatam essa memória. Assim, nos lembra Estermann:

> Em função das grandes migrações a nível mundial, a velha Europa vê-se confrontada hoje em dia, de forma involuntária, com um passado 'suprimido': o que se quer esquecer bate à porta e agudiza o medo do 'irracional', do 'selvagem', do 'pré-moderno' e do 'outro', assim como dos estereótipos. Poder-se-ia falar de uma 'dialética da Ilustração' a nível global. O projeto ilustrado do Ocidente só se poderia realizar à custa da supressão da alteridade (2013, p. 224-225).

Estermann defende, então, que não só as alteridades suprimidas fora do Ocidente necessitam decolonizar-se, mas também aquelas interiores ao próprio Ocidente, resgatando em seu ideário dimensões não assumidas como o feminino, o emocional, a corporeidade, a sexualidade, o ilógico, o irracional e, acima de tudo, o diálogo que será o juiz de seu *logos*. Enfim, deve ser liberado de sua própria ideologia.

2.3.3 Atenas: uma mediação intercultural?

O título do artigo de Estermann "De Cusco a Chotanagpur, con escala en Atenas", sobre o qual estamos refletindo, parece sugestivo e ao mesmo tempo revelador. A metáfora tem o objetivo de traçar um trajeto, um processo a partir do qual o autor propõe o diálogo intercultural entre culturas e filosofias, fazendo um percurso ao redor do globo e unindo, como enunciamos anteriormente, a *hermenêutica diatópica* de Panikkar e o *polilogue* de Wimmer. Demonstrando esse caminho, Estermann parece intender explicitar aquela urgência que descrevemos no item anterior: a decolonização das epistemologias débeis e a do próprio Ocidente por meio de um *polilogue* pelo qual as tradições servem-se mutuamente tanto das riquezas de suas filosofias e culturas quanto prestando serviços de mediação.

O autor nos convida a imaginarmos duas tradições que não se conhecem, que não falam a mesma linguagem e são não ocidentais, mas que estão dispostas a dialogar num face a face filosófico *inter*indígena. São elas a "filosofia andina", tendo a cidade de Cusco, Peru, como centro, e a "filosofia munda", de Chotanagpur, no altiplano central de Chota-Nagpur, Índia. A "andinidade" é um conceito que se refere à topografia, a um denominador cultural, a uma categoria ética, a um modo de estar no mundo, a um universo simbólico (2013, p. 316), enquanto que *munda*, do sânscrito *mund*, "guia" ou "líder", denominação dada àquele povo pelos colonizadores e hindus, significa também "homem de substância" ou de "prestígio" ou de "bem estar" no idioma *mundari* (2013, p. 317). É uma cultura que não foi hinduizada e conservou sua religiosidade apesar da tentativa de cristianização em meados do século XIX. Ora, ocorre que essas duas tradições não falam o idioma uma da outra, e aqui o diálogo inter-indígena encontra seu primeiro desafio, pois necessitará de uma mediação linguística para que se realize. Na verdade, não poderão fazer mais do que se valer de um idioma ocidental – o inglês para os munda e o espanhol para os andinos – para se comunicarem. Observa Estermann que, à medida que os conceitos andinos têm que ser traduzidos para o espanhol, depois para o inglês e, enfim, para o mundari e vice-versa, teremos ao menos seis níveis de mediação linguística em ação. Eis, então, que o segundo desafio emerge:

> Os idiomas ocidentais possuem uma 'lógica' que entende a realidade de acordo com um filtro específico, tal como se mostra em nossas peculiaridades gramaticais ocidentais como, por exemplo, a dualidade de sujeito e predicado, de substantivo e adjetivo, de presente, de passado, de futuro, de masculino e feminino etc. Idiomas não ocidentais que não obedecem tal 'lógica' têm que se ajustar na tradução à estrutura semântica e sintática do Ocidente, perdendo precisamente suas características específicas. [...] Como se pode chegar a uma compreensão das racionalidades andina e munda que não só diferem entre si, mas também diferem da racionalidade ocidental dominante? Como levar a cabo uma 'hermenêutica diatópica' – que neste caso teria que ser 'tritópica'? (ESTERMANN, 2013, p. 318).

Se pensarmos que o tópico da conversação é um "equivalente homeomórfico" em ambas as culturas, tal como *pacha* para o contexto "andino" e *sarna*[9]

9 O autor explica que a noção "*sarna*, vem da raiz *sal*, uma árvore (*shorea robusta*) que cresce em abundância na região de Chotanagpur. *Sarna* quer dizer literalmente o 'espaço onde se encontram os *sal*', ou seja, um bosque, um lugar sagrado. Em filosofia, *sarna* corresponde ao microcosmos munda, aquele do espaço florestal, que no centro representa o macrocosmo, a realidade físico-espiritual. *Sarna* possui, então, tanto um caráter sagrado como também profano. Simboliza também a vida e a abundância, é lugar do

para o contexto "munda", sem recorrer à mediação do inglês ou do espanhol, nenhum dos sujeitos em diálogo poderia apreender o significado desses conceitos. Muito menos poderia penetrar em seu peso filosófico ou em sua função sapiencial. É aqui que entra em ação um *tertium hermeneuticum* como "escala" obrigatória, lembra Estermann, isto é, metaforicamente, trata-se de uma "escala em Atenas", que permitirá que essa viagem transcultural se realize. Mas esse não parece ser um problema filosófico intrínseco, diz nosso autor, e, sim, "uma configuração de relações de poder históricas [...]. Em circunstâncias espaço-temporais e políticas diversas, um idioma e uma tradição filosófica não ocidentais, tais como foram no passado o latim, o árabe ou o sânscrito, poderiam servir de intérpretes diatópicos (ou tritópicos)" (2013, p. 319). Por isso, para Estermann, é nesse polilogue transcultural que se dá a hibridação e a reperspectivação das ideias filosóficas, pois com a mundialização da filosofia ocidental por meio das colonizações, da cristianização e da atual neocolonização exercidas pelo fenômeno da globalização, é impossível subtrair-nos ao poder da ocidentalização. De outra parte, é impossível obter a certeza de que os equivalentes homeomorfos serão compreendidos tais quais eles significam em seu próprio contexto pelas três ou mais tradições em situação de *polilogue*. Então, trata-se de enfrentar a problemática ao modo dos "jogos linguísticos" de Wittgenstein em *Investigações filosóficas*. Apenas que, em nossa situação, o jogo seria bem mais amplo que a linguagem, como sugere Estermann:

> O diálogo intercultural não se limita ao diálogo entre 'jogos linguísticos', mas sim, entre diferentes 'jogos lógicos' ou 'jogos racionais', isto é, cosmovisões, paradigmas sapienciais e universos simbólicos. [...] Cada jogo racional (cada racionalidade) tem seu próprio contexto vital, sua riqueza semântica, sua comunidade de linguagem e ação e seus próprios critérios de compreensão. O 'jogo munda' e o 'jogo andino' não podem intercambiar suas peças (*pacha* e *sarna*, por exemplo) através da 'moeda comum' *esse* do 'jogo ocidental' como *tertium hermeneuticum*, sem se darem conta das distintas lógicas e racionalidades de fundo (2013, p. 321, grifos do autor).

Se Estermann toma o *polilogue* como um fato, não em sentido filosófico, e o problema do *tertium hermeneuticum* ocidental como um inevitável evento de poder histórico e político, ele *des*-filosofa grande parte da filosofia intercultural até aqui exposta, movendo problemas que alguns consideram metodológicos e éticos para um nível prático e estratégico. De um lado, parece-nos inevitável que a mediação deva servir de intérprete entre diferentes e

---

divino e do humano, da criatividade e da fertilidade, de um cosmos vivo e ordenado" (2013, p. 320, grifos do autor).

incomensuráveis tradições, mas de outro, a escala em Atenas não só pode reafirmar a hegemonia do pensamento ocidental e de todos os seus instrumentos e categorias como também possibilitar que ele não se *des*-ocidentalize de fato, uma vez que os procedimentos de mediação o fazem necessário e intrínseco ao *polilogue*. Resta, portanto, saber se as línguas e as lógicas ocidentais que fazem a mediação nessas e noutras situações de *polilogue* se deixam reperspectivar tanto quanto as lógicas indígenas. Aqui parece que ainda não saímos de problemas bastante complexos para o pensamento e sua comunicação em situação *inter*cultural. Nesse sentido, o próprio autor reconhece:

> O surgimento de filosofias indígenas não ocidentais apresenta sérias perguntas hermenêuticas e metodológicas até o momento apenas avistadas. A 'virada intercultural' na filosofia que leva a uma revolução epistemológica não só questiona qualquer intento de definir monoculturalmente o que é 'filosofia', mas levanta a urgência do problema da mediação em um diálogo que pretende ser mais que puramente monocultural (2013, p. 323).

Talvez, como já mencionamos a respeito dos outros autores, a solução de Estermann também favoreça mais a *trans*culturalidade que a *inter*culturalidade. Além disso, a problemática ética dessas relações parece interessar somente de modo indireto, enquanto ressoa na problemática geopolítica, mas ainda não se apresenta como um problema radical para a filosofia intercultural.

2.4 A convocação e a reperspectivação de Raúl Fornet-Betancourt

Raúl Fornet-Betancourt, empenhado com a filosofia da libertação e também com o diálogo entre a filosofia latino-americana e a europeia, passou a propor uma transformação intercultural da filosofia no início do século XXI, quando compreendeu que a libertação da filosofia latino-americana deveria ouvir a voz dos que sempre foram silenciados pela colonização, ou seja, as tradições indígenas e afro-americanas.[10] Mas, para isso, a filosofia deveria se transformar para não incorrer novamente na imposição de uma

10 O termo "latino-americano" utilizado por Fornet-Betancourt e também por outros autores contradiz tanto a natureza do contexto dessa parte do continente americano quanto a intencionalidade da mesma interculturalidade filosófica que eles pretendem, uma vez que os afro-indígenas, que são um número significativo de habitantes, não têm raiz latina e nem se identificam com esse paradigma. Entretanto, seguiremos a nomenclatura do autor, já que elas também definem suas categorias, como é o caso de "América Latina" ou "latino-americano".

epistemologia e de métodos eurocêntricos. Assim, Fornet-Betancourt começa a argumentar que a filosofia mesma, como uma função profissional do campo acadêmico como a que conhecemos, deveria passar por uma profunda revisão e autocrítica a começar pela função de filósofos e filósofas como especialistas e principais atores dessa profissão. Isso porque, segundo ele, a institucionalização da filosofia fez com que ela se reduzisse à sua forma acadêmica e sistemática, de modo que uma filosofia feita em modelos e histórias diferentes desta não pode ser considerada tal, como precisamente ocorre no contexto latino-americano em que a filosofia ocidental foi "inculturada". Logo, ele fala da necessidade de um desvelamento ou novo descobrimento da América, que "como complexo tecido de diversos povos e culturas não é somente uma base que possibilita um modelo de filosofia intercultural, mas que constitui também um dos focos de riqueza temática do mesmo" (FORNET-BETANCOURT, 2001, p. 76). Dessa forma, o autor propõe que tal desvelamento se faça em dois momentos: a) o primeiro, como uma releitura crítica do pensamento ibero-americano para liberar a multiplicidade dos matizes culturais encobertados pelo monoculturalismo da colonização – essa crítica deveria evidenciar a substância intercultural da América e, logo, aprender um novo método e uma nova concepção de filosofar para além do registro grego, que permitisse evidenciar e dialogar com um "coro polifônico" "onde se reúnem, concorrem e se entrecruzam em tensa e, às vezes, conflitivas relações, diversas tradições de pensamento e de expressão cultural em geral" (2001, p. 78); b) o segundo momento deveria resultar do primeiro e, por sua vez, realizar uma crítica dos pressupostos teóricos e metodológicos da história da filosofia americana, a fim de liberar o pensamento do modelo grego transplantado (que ele considera um modelo regional) e fazer emergir os momentos "assimilados" ou "integrados", ou seja, uma certa polifonia constitutiva do pensamento ibero-americano. Isso implicaria também na superação de deficiências de uma abertura a outras tradições e vozes ausentes, que estiveram silenciadas até os dias de hoje, isto é, aquela alteridade não narrada pela história filosófica.

2.4.1 A contextualidade como lugar que doa verdade

Contrariamente à maioria dos filósofos de orientação intercultural que em geral criticam Hegel, Fornet-Betancourt parte da premissa hegeliana de que a filosofia deve pensar o mundo histórico e real, o concreto, e apreender o seu tempo e os seus eventos. Mas essa perspectiva não é tomada de modo supra-histórica e, sim, como lugar em que a verdade se doa. Assim diz o autor:

> [...] é consequente, então, que haja um outro desenvolvimento da filosofia; que a filosofia tenha se realizado em outras histórias que não são essas de sua institucionalização e que apresente, por conseguinte, [...] uma pluralidade de formas que reflete, precisamente, sua qualidade de saber ou reflexão contextual, já que dita pluralidade de formas é a expressão multifacetária que concretiza e manifesta a filosofia enquanto saber, cuja história de constituição e de articulação tem lugar na vinculação essencial com os processos histórico-contextuais da vida da humanidade (FORNET-BETANCOURT, 2001, p. 12).

A introdução da ideia de contexto parece fazer a diferença para o que se constituirá como o núcleo de sua proposta de transformação da filosofia em chave intercultural, a saber, uma filosofia como um *saber contextual*, que consiste na explicitação de razões, experiências, articulações, esperanças, compreensões e linguagens de uma comunidade humana específica que deve se auto narrar. Noutras palavras, a comunidade "tem que dizer coisas que nenhuma outra filosofia pode dizer por ela. É, por assim dizer, um momento da necessidade de localização do *logos*, ou seja, da necessidade de o lugar não delegar sua palavra" (2001, p. 14). A comunidade deve dar conta de sua razão (racionalidade), diz Fornet-Betancourt, "não por razões de simples geografia, nem de compensação exótica, mas por razões hermenêuticas e metodológicas, por razões éticas e religiosas, por razões culturais e antropológicas" (2001, p. 13), o que vem mostrar que o contexto é fonte de uma rica pluralidade. Pode-se ver aqui a contextualidade como o lugar onde se doa a *alteridade*, fundamento desse repensamento e da transformação que ela provoca ao modo de fazer filosofia, como propõe o autor.

Mas em que consiste a transformação radical da filosofia? Para Fornet-Betancourt, trata-se de transcender as fronteiras da institucionalidade e aprender um novo saber: o de que o contexto "doa verdade".[11] Se o contexto doa verdade então é preciso ampliar a compreensão de verdade não mais como *a* verdade, mas como um saber intercultural que aprende a aprender da pluralidade das vozes uma verdade que não se impõe como única, imperial e expansiva, mas como universalidade que dialoga com outras universalidades. As "vozes" de que fala esse autor não se reduzem mais a temas objetivados ao modo instituído pela filosofia ocidental, mas levam em conta as fontes plurais onde a verdade se doa.

11 Fornet-Betancourt se refere a uma afirmação de Ignacio Ellacuría a respeito da função libertadora da filosofia e da necessidade de reescrever o mapa da mesma: "desde esses lugares-que-doam-verdade e suas vozes próprias, portadoras de memórias alternativas, até agora periféricas" (2001, *N.d.A.*, n. 9, p. 16).

Por isso, embora Fornet-Betancourt trace inicialmente um programa de transformação da filosofia desde uma hermenêutica intercultural, e partindo de um modelo que é o contexto latino-americano – como um contexto constituído em si mesmo de pluralidades –, a ideia de contextualidade ganha uma validade que justifica o desafio que a mesma interculturalidade impõe à filosofia como um todo. Parece-nos que o autor amplia a compreensão de contextualidade a partir de duas dimensões, a saber:

a) A primeira se refere à complexidade estrutural do mundo da vida e das ciências hoje, que demanda que o núcleo formal-metodológico de uma nova filosofia seja configurado por duas qualidades fundamentais: a interdisciplinaridade – por causa dos muitos saberes de nosso tempo – e a interculturalidade, pela emergência de tradições de pensamentos sepultadas ou marginalizadas pela dinâmica da expansão imperial de um *logos monocultural* que uniformizou a história da filosofia (2001, p. 57). Isso implica que os contextos silenciados se liberem dos conceitos unicamente ocidentais e deem-se o trabalho de pensar a polifonia das vozes que os constituem. No caso latino-americano, a voz náhuatl, a voz tupi-guarani, a voz aymará e as vozes afrodescendentes, ao lado da voz euro-ocidental, que não é a mesma que se desenvolveu na Europa, uma vez que, seguramente, em muitos de seus aspectos ela se "inculturou" no continente e ganhou matizes que a diferenciaram daqueles da matriz.

b) A segunda é a descoberta de que a contextualidade que oferece uma *polifonia de vozes* se converte também numa polifonia de fontes. Isso implica para a filosofia a aventura de uma investigação de documentos não apenas filosóficos no sentido usual, mas de outras áreas como a literatura, a poesia, a religião e o saber oral que predomina em grande parte do continente latino-americano.[12] Por conseguinte, reconstruir o pensamento, no caso latino-americano, implica envolver também atores que não são filósofos por profissão.

Porém, a tarefa da transformação da filosofia implica ainda tomar consciência de que as línguas espanhola e portuguesa pelas quais se expressam as filosofias latino-americanas não são as únicas do continente e nem representam

12 Aqui o autor começa a deixar claro que a transformação implica a concepção mesma de filosofia como aquele trânsito do mito ao *logos* que permitiu aos gregos o desenvolvimento intelectual posteriormente assumido pelo Ocidente. É essa condicionante que se encontra por detrás de toda a historiografia do continente americano, a qual exclui e desqualifica, *a priori,* toda e qualquer outra forma possível de filosofia. Tal concepção é contestada por muitos autores, pois tem havido uma discussão bastante controversa sobre como definir o que é a filosofia.

muitas das culturas existentes. Além disso, outro agravante da substância intercultural da América é que, ainda que esses dois idiomas sejam europeus, no contexto latino-americano, eles desenvolveram semânticas nunca pronunciadas na Espanha ou em Portugal,[13] dada a influência pluricultural que receberam e desenvolveram no contexto americano. Por isso, tanto as vozes que se objetivam na escritura quanto aquelas que se transmitem pela oralidade estão marcadas de interculturalidade, e, para além delas, a filosofia, se se der ao trabalho de refletir a partir das diversas fontes de saber, deverá não só assumir a alteridade que se doa na contextualidade, mas também se abrir aos símbolos dos mesmos (2001, p. 85). Desde a perspectiva da contextualidade, na qual marcam encontro diversas vozes, perspectivas e saberes, o fazer filosófico, segundo propõe o autor, seria:

> [...] um exercício continuado de convocação de vozes e de reperspectivação de saberes e sabedorias. [...] esse novo processo de aprendizagem no âmbito mesmo do pensar significaria pôr em jogo a segurança conceitual de nossa filosofia 'oficial', ou seja, a que aceitamos e exercemos 'normalmente' como filosofia porque continua, em sentido mais ou menos sério e criativo, a linha da tradição europeia, contrastando esta 'nossa' filosofia com as vozes que ressoam com acento distinto na história cultural da América (2001, p. 93-94).

A ideia da *reperspectivação do pensamento* é inspirada, segundo o autor, em Xavier Zubiri, não em seu sentido metafísico, mas como modelo para apreender o real como algo perspectivo que leva os interlocutores a uma contínua transfiguração. Ele aplica isso à filosofia:

> Respectividade como abertura formal do real indicaria a necessidade de afirmar a relação interna do mundo da cultura própria com os outros modos da realidade. Disso resulta um movimento intelectivo superador do relativismo, enquanto queda assegurada a respectividade de uma possibilidade formal de ordenamento não totalitário do real: a totalização, no sentido de descentrada, dinâmica e interrelacional. A este nível, a comunicação intercultural seria a hipoteca de lograr a explicação da contextura respectiva das culturas para, desde essa base, esboçar um programa mútuo de enriquecimento, onde estar em relação e praticar a relação com o outro vai configurando um horizonte de totalização, em cuja luz nada é indiferente ou relativo (2001, p. 49).

---

13 Fornet-Betancourt reafirma o que disse J. Marinello: "que a língua espanhola havia dito na América coisas que nunca disse na Espanha. E o mesmo se poderia afirmar, e quem sabe com mais fundamento, o que em português disse no Brasil" (2001, *N.d.A.*, n. 50, p. 90).

Mas como se relacionam perspectivação e transformação da filosofia frente ao *outro cultural* no qual se encontram as diversas vozes?

2.4.2 O "pensar perspectivo" e a "transfiguração" da filosofia

Antes de tudo, Fornet-Betancourt esclarece que o objetivo do encontro de vozes não é o de integrar, assimilar ou aglutinar o pensamento do outro; nem é o de simplesmente enriquecer minha própria perspectiva em detrimento da do outro, pois não se trata de seguir uma lógica monocultural. Trata-se, sim, de "pôr em risco realmente a determinação de nossa maneira de pensar ao encontrarmos com vozes culturais que se oferecem como perspectiva" (2001, p. 96). Desde a palavra pronunciada pelo outro – pois somente o outro pode dizer sua própria palavra –, a perspectiva inicial com a qual participamos à convocação das vozes é reperspectivada. É no trânsito das palavras – a própria palavra e a palavra do outro – que emerge a nova forma de aprender: "reaprender a pensar é aprender a compreender e apresentar a própria palavra como respectiva à outra. Tornar respectiva e explicitar o caráter respectivo da perspectiva que assumimos, disso é que se trata" (2001, p. 97), diz o autor. Daí que a experiência intercultural não admite o paradigma do processo cognitivo sujeito-objeto como desafio central dessa reaprendizagem do pensamento, mas, como chama o autor provisoriamente, esse processo é o de *pensar respectivo* porque precisamente pensa e diz desde a experiência de uma situação de *con*vocação aberta em dois sentidos: um, ao interior de si mesmo, enquanto exprime suas próprias referências e procedência cultural internas; e outro, ao exterior, aos outros da convivência comunicativa. Um e outro – os sujeitos que compartem palavras – aprendem um pensar que é um *com*-passar e *trans*-passar do próprio conhecimento de si e do outro. Em suma, "pensar e conhecer, pois, seria um processo contínuo de nascimento comum ou de nascimento com o outro sujeito", explica o autor referindo-se a Panikkar (2001, *N.d.A.*, n. 59, p. 100). Desse modo, a filosofia também se *trans*-figura, passa de uma figura inicial a uma figura "outra", uma vez que a perspectiva inicial do encontro passa a ser reperspectivada pelas visões dos sujeitos que mutuamente se interrogam e compartem palavras. Assim ele exemplifica:

> No caso da América Latina, as figuras da filosofia euro-ocidental, da filosofia indígena ou da afro-americana quedariam qualificadas em termos de filosofias proposicionais. E entendemos – permita-nos insistir nisso – por filosofia proposicional aquela filosofia cuja visão e cujo 'plano' se 'expõem' – no sentido de pôr à vista ou de dar a conhecer, e também de expor-se à influência de... ou o de abandonar-se a... – à visão e aos 'planos'

> de qualquer outra filosofia, buscando, precisamente, a consulta, o conselho e o tratamento comum do que foi proposto em perspectiva de saber ou de ação (2001, p. 107-108, grifo do autor).

Portanto, a *trans*-figuração das figuras de filosofias é essa passagem para uma figura intercultural da filosofia, à medida que, a partir de seus contextos (e nomes), essas figuras vão *con*vocando e *pro*nunciando suas próprias palavras até chegarem a fundar um plano comum que lhes possibilita *trans*passar por sua própria figura e, para além dela, à figura respectiva e, então, poder *re*figurarem-se, *re*perspectivarem-se. Mas isso só é possível mediante a participação ativa de todos os sujeitos em diálogo, e só posteriormente haverá sentido uma reflexão teórica (2001, p. 110). A esse respeito, Fornet-Betancourt ainda esclarece:

> E, filosofia intercultural como filosofia em trans-figuração, é filosofia que não abstrai de seus condicionamentos culturais querendo ser transcultural, mas que se constitui como filosofia desde esse trânsito contínuo pelas distantes figuras e que, por isso mesmo, vai se concebendo como filosofia em transição, em processo de alteração e mudança. Em síntese, é a atitude filosófica que se poderia perfilar na América Latina a partir da dinâmica do 'encontro' dialético-dialogal entre as figuras ocidentais, ameríndias e afro-americanas de sua tradição filosófica, isto é, a partir da experiência dos processos de inter-trans-culturação que poderia se dar entre tais figuras da filosofia ibero-americana (2001, p. 109).

Pode-se ver que Fornet-Betancourt propõe um conceito de filosofia aberto – além de ser sempre uma filosofia adjetivada. Os seus adjetivos vão se transfigurando à medida que ela participa da *con*-vocação em sentido de perspectiva e vai sendo reperspectivada no diálogo que, claramente, é dialético. Encontramos essa proposta como uma ampliação ou aplicação da proposta de Karl-Otto Apel (BORELLI; FORNET-BETANCOURT, 2010, p. 13-44) de transformar a filosofia transcendental da consciência do sujeito em uma pragmática na qual o sujeito, como membro de uma comunidade, argumenta sua perspectiva.

A nosso ver, a noção de contextualidade de Fornet-Betancourt parece elevar todas as alteridades a uma simetria que ele chama "respectiva" e, assim, cada singularidade se torna, equitativamente, fonte de verdade à medida que pronuncia sua palavra ou torna visível sua perspectiva numa situação *con*-vocativa. Não parece claro, porém, o ponto de partida do diálogo, ou seja, o quê e o como se decide a "perspectiva inicial" comum, que no processo dialogal vai sendo *trans*-figurada ou perspectivada até chegar àquele "horizonte iluminado", não indiferente a todas as vozes.

Sabemos que o autor, todavia, prossegue sua investigação e seu projeto em duas direções que visam desenvolver a reflexão teórica de uma filosofia ibero-americana, ou seja, a crítica à história da filosofia americana e ao fazer filosófico dos filósofos e filósofas do continente como exercício de *con*-vocação das vozes – as fontes de verdade – e também por meio da realização de eventos, seminários e diálogos pelos quais a perspectivação do pensamento em nível intercontinental vai se realizando.

De um lado, parece justo esse exercício situado que possibilita a verificação da tese do autor de que a filosofia intercultural necessariamente requeira outro modo de fazer filosófico para além do institucional (acadêmico), com o fim de uma transformação e transfiguração do pensamento em sentido metodológico e também de concepção do que seja a filosofia e de seus "lugares de expressão". Por outro lado, a pretensão do autor de que esse exercício filosófico fará emergir uma filosofia ibero-americana com qualidade original e capaz de validade universal no sentido que, simetricamente, possa contrastar e dialogar com outros pensamentos[14] parece ignorar, de certo modo, a existência de uma originalidade que sempre esteve presente na história da filosofia latino-americana, em tensão e para além daquelas correntes que apenas "inculturaram" ou até justificaram o colonialismo e mesmo o pós-colonialismo. Mas "originais" podem ser chamadas também outras filosofias adjetivadas, como a francesa, a alemã etc. E ainda: essa posição parece, num primeiro momento, apresentar a exterioridade da América Latina como uma *alteridade do Ocidente* e não como uma alteridade em si, para quem o Ocidente é respectivamente *alteridade*. Isso parece se explicar a partir da visão de *outro* como "reverso da história" – seria da história ocidental? Isso nos leva ainda a perguntar se o outro só é *outro* por uma tomada de consciência do *mesmo* e, se assim é, o *outro* permaneceria, todavia, no esquecimento se não fosse ainda por essa autoconsciência do *mesmo* (o ocidental)? O autor ensaia uma resposta a essa questão:

14 O autor fala de uma nova hermenêutica, que leva a uma *trans*-formação da racionalidade: "a incorporação igualitária da perspectiva do Sul sobre o mundo e a história [...], seria um programa para o desenvolvimento de uma formação da racionalidade na qual o modo de compreensão do Sul não seria um elemento estranho, mas justamente um acesso legítimo ao mundo e à história" (2001, p. 40). Entretanto, não é claro também o que o autor pretende com a noção de "Sul". Ela se refere à posição geográfica dos continentes ou é uma noção mais ampla que abarcaria outras situações de exterioridade periférica com referência ao Ocidente europeu? De qualquer modo, a posição parece ainda partir de um centro que é o Ocidente, frente ao qual as outras exterioridades se elevariam a ponto de um reconhecimento simétrico.

> O outro, ainda que em sua história de opressão, é sempre uma perspectiva original de discurso que sacode minhas seguranças e certezas. [...] O outro é então – sobretudo ali onde quem nos vem ao encontro é uma alteridade de forma de vida ou de cultura – uma perspectiva sobre o todo. Por isso, sua possibilidade de reperspectivar nossa própria perspectiva (2001, p. 41).

É possível encontrar traços de uma herança levinasiana nesse conceito de *outro*, que na América Latina recebeu os adjetivos e os nomes que a interpretação da "filosofia da libertação" lhe conferiu, ou seja, o *outro* como *presença negada, oprimida, resistência, memória*. Por isso, a proposta de Fornet-Betancourt conduz a uma perspectiva de libertação de vozes, ou seja, a de criar possibilidades e condições para que as vozes caladas pronunciem sua palavra e façam conhecer a *hermenêutica das vítimas*. Sendo que a finalidade dessa proposição e da especulação e busca de exercício dialógico do autor parecem apontar para uma utopia de inegável valor – e, talvez, de grande urgência em nossos dias pela "polifonia de uma humanidade solidária e livre" (2001, p. 44) –, tenderiam elas a apresentar um traço de necessidade da filosofia ocidental na sua forma de crítica dialética de registro pós-hegeliano?[15] Essa proposição parece ainda a tentativa de vir em socorro de uma *alteridade* que, no fundo, se apresenta como incapaz de ser o que *é*, que não se sustenta em si mesma, a menos que os filósofos e filósofas não venham intervir com suas mediações. Nesse sentido, poderíamos dizer que, de uma parte, a convivência poderia estar sendo guiada por um discurso ainda monocultural e em suposições de que os povos "silenciados" não se deram a si mesmos sua própria predicação. Entretanto, foram os filósofos que colocaram a si mesmos tal necessidade como suas próprias perspectivas para o encontro. De outra parte, a expressão quase emocional de Fornet-Betancourt a respeito de uma "humanidade solidária e livre" parece-nos conter uma carga messiânica cujo sentido é o de que a filosofia intercultural assim posta libertaria as vozes silenciadas dos povos americanos.

Outro fator que deve ser considerado na dialética desse autor é o dualismo pelo qual ele explicita a sua análise dialética: dominador/dominado, opressor/oprimido, hegemônico/dependente etc. Essa linguagem usada para análise das relações em alguns de seus discursos – sejam as relações internas entre as culturas latino-americanas ou as relações desta com a Europa, as quais o autor chama de "relações Norte-Sul" – denota a conflitividade e

---

15 Lembramos, aqui, que Fornet-Betancourt frequenta intensivamente dois mundos: o da filosofia latino-americana nos rastros da filosofia da libertação e o mundo da filosofia alemã, ainda que seu registro de fundo primeiro seja o existencialismo de Sartre. Dois mundos nos quais ele ensina, publica e contrasta e re-perspectiva o seu pensamento.

tensão de posições típicas de uma interpretação a partir do método dialético. Talvez isso se deva à falta de um termo de mediação na própria epistemologia usada pelo autor, ou seja: é inegável que tenha havido uma violência no princípio e no processo de colonização que provocou uma "ferida colonial" (ANZALDÚA, 2012, p. 25) na constituição posterior dos povos americanos, mas a *alteridade mútua* permaneceu, tanto que a América Latina não se ocidentalizou por completo e manteve, tanto em seu imaginário quanto em sua epistemologia, uma "diferença" de compreensão do mundo que resiste à tentativa unificadora ou totalizadora ocidental. A própria Europa, por sua vez, percebe a América como uma *alteridade* ainda desafiadora para a sua razão. Essa relação será aprofundada em nossa análise do pensamento de R. Kusch. Essas questões nos colocam diante de dois paradoxos: um é o paradoxo do incomensurável, que atormenta a filosofia intercultural no seu começamento e que visa estabelecer a comunicação entre alteridades, distâncias ou diferenças de códigos e paradigmas etc.; outro é o paradoxo da violência, que se repete no momento mesmo em que se busca uma crítica histórica em vista de retificar a injustiça cometida no passado de uma cultura sobre a outra. O evento da *alteridade* deveria nos alertar para o fato de que esta não passa a existir porque um dos polos – o *eu* ou o *outro* – se autoconscientizou de sua aproximação, mas é anterior a essa consciência, pois se configura como uma estrutura pré-reflexiva.

Como dissemos inicialmente, ainda que a problemática ética não seja evidenciada com clareza nas tendências de pensamento intercultural até aqui abordadas, ela não deixa de pressionar. *Outro* e *alteridade* podem não ser preocupações explicitadas num primeiro momento, mas seguem como uma questão tácita quando estamos pensando-em-relação. Aqui, talvez, nos serve, provisoriamente, pensar em base ao conceito levinasiano de outro como exterioridade, ou seja: o "outro" como *outro/outra* é tal e tão brutalmente concreto que só por isso posso me voltar a ele/ela como sendo um *eu*, numa relação responsável. Se pensarmos sobre a chegada dos colonizadores à América de um outro posicionamento do mapa-múndi como nos propunha Estermann, então o *outro* não será o indígena, mas, sim, o europeu. Seguiremos considerando tais ponderações sobre a percepção do *outro* no próximo capítulo por meio do estudo de F. Mies sobre os modos de aproximação à *alteridade* e ao *outro*. Como transparece nas correntes filosóficas aqui apresentadas, essa problemática impacta tanto no desenvolvimento como na própria possibilidade da filosofia intercultural.

CAPÍTULO III

DOS VÁRIOS MODOS DE APROXIMAÇÃO AO *OUTRO*

De nosso percurso por algumas correntes representativas da filosofia intercultural podemos dizer que uma evidência já desponta a respeito dos modos de aproximação e relação com a alteridade: cada autor, necessariamente, conjuga suas reflexões a partir da bagagem teórica e metodológica que constitui seu pensamento, seja sua formação como também sua matriz cultural, sua língua e, evidentemente, sua originalidade. Tudo isso doa ao problema abordado configurações e soluções diferenciadas e originais. Assim, vimos a abordagem de Panikkar centrada na preocupação de mediar o diálogo inter-religioso entre religiões e diferenças culturais incomensuráveis, por isso ele propõe uma *hermenêutica diatópica* partindo de elementos homológicos a fim de estabelecer o *diálogo dialógico*. De outro ponto, Wimmer explicita um modelo racional para colocar em comunicação os muitos *logos* – assim, temos uma *polilógica da razão*. Estermann, por sua vez, assume a contextualidade como lugar de elaboração filosófica intercultural e elabora o problema da mediação linguística a fim de colocar em comunicação diferentes "jogos lógicos" ou "jogos racionais", cosmovisões, paradigmas sapienciais e universos simbólicos quando se encontram. Desse modo, ele se aproxima tanto do *modelo polilógico* quanto da *hermenêutica diatópica*, ampliando a possibilidade da comunicação pela mediação da tradução. Fornet-Betancourt, partindo de uma tomada de consciência de que a América Latina é, em sua essência, uma interculturalidade, propõe uma transformação da filosofia para pensar, desde a contextualidade, em dois momentos entrelaçados: revisar a razão ocidental assimilada pelas culturas, fazendo uma crítica à história da filosofia, e reescrever essa história a partir do encontro das vozes que no processo de colonização e neocolonização não se pronunciaram: as vozes no interior da mesma América, sobretudo indígenas e afro-americanas. Tal transformação, se supõe, ocorreria dentro de uma situação de *con*-vocação das vozes em que, à medida que compartilham seu *logos* e, simetricamente, sua própria perspectiva, vão sendo enriquecidas, retificadas e reperspectivadas, abrindo, assim, um horizonte mais amplo no qual a universalidade se exprime dentro de um sentido intercultural.

Parece que, segundo muitos autores, a filosofia intercultural é, acima de tudo, um modo de conceber a filosofia que advém de uma atitude ética, comprometida e aberta ao mundo do outro. Nesse sentido, nossa investigação requer que retornemos ao ponto do qual partimos, ou seja, da concepção de *outro* e de *alteridade* que se desenvolveu na filosofia. É preciso retornar à gênese desse conceito para darmos conta das consequências teóricas e práticas, mas, também, políticas e éticas e suas implicâncias nas ciências humanas como a antropologia e a filosofia, que podem desvelar a violência ou o seu potencial não apenas exterior, mas interior ao próprio *logos*. Além disso, não é de todo claro que o pressuposto ético esteja consciente nas várias abordagens que vimos. Ele parece presente, mas não explicitado como problema anterior à elaboração metodológica e teórica. É daqui que parte nossa questão central, ou seja, de que a pedra angular da ética da filosofia intercultural é a compreensão da *alteridade* e do *outro* e de que ela pede um aprofundamento e uma nova significação filosófica.

3.1 A sensibilidade e a relação com o "outro"

Começamos por afirmar que o *outro* é uma experiência de impacto antes de ser uma questão. O impacto do *in-pré*-visível porque o *outro* abarca mais do que o sentido da visão que a tradição ligou diretamente ao *logos*. Contra Panikkar, que sugere uma instância elevada na qual um *eu* e um *tu* se encontram, insistimos que o outro *des*-compõe a paz da razão porque abarca em mim também o *i*rracional, ou seja, põe em evidência dimensões para além do que é possível apreender. Quando emerge a alteridade como *outro*, os sentidos não contados pela tradição também são acionados. Então, mais que a visão, toda a sensibilidade humana é despertada. Os outros sentidos causam desconforto à razão, mas eles mesmos sofrem de uma *des*abilidade quando a razão já determina previamente *quem é* o *outro*. Na emergência do "outro", os sentidos e a razão parecem confrontar-se com um dado confuso e irredutível. Essa *des*abilidade sensorial e racional para apreender o evento do *outro* parece encontrar um caminho de resolução na ética. Isso indica desde já que, para uma aproximação ao *outro como outro*, os sentidos e mesmo a razão requerem que haja uma reeducação. Mesmo assim, nem mesmo o diálogo intercultural resolve a *inadequação* ou o *dissenso* causado pelo *outro* no interior do *logos* (ASTRAIN, 2006, p. 65). Disso advém que, do modo como é abordada reflexivamente a aproximação, o encontro e a relação com o outro, obteremos uma tipologia de ética, pois o discurso está carregado, nesse caso, de implicâncias morais. Nesse sentido, as tipologias de aproximação ao *outro* na experiência humana - e na perspectiva intercultural -, com base no estudo de F. Mies, podem nos oferecer um caminho fenomenológico-crítico para tratar dessa problemática da ética intercultural. É o que vamos abordar na sequência.

3.1.1 A primazia da visão em detrimento dos outros sentidos

Continuaremos nossa análise por meio da abordagem de Mies acerca da posição de *terceiro*. Primeiramente, é preciso ter em mente que a posição de *terceiro* no pensamento da alteridade é aquela de recuo e distanciamento em relação ao outro - a posição de *allon* (outro) em vez de *héteron* (hétero ou alter), como vimos -, o que permite que o *terceiro* observe, compare, mensure ou represente o que quer que seja que esteja diante de seu olhar ou que seja o seu foco de atenção (MIES, 1994, p. 27). Logo, desde seu "ponto de vista", o sujeito como *terceiro* está em posição especular:[1] "Esta atitude saliente, afirmando o ângulo do ponto de vista, confirma o primado da visão, do óptico e da representação", diz Mies (1994, p. 28). Mas, se em vez de ver - mesmo estando a sua focalização voltada para outros ou para si mesmo - o sujeito em posição de *terceiro* tocasse, escutasse, cheirasse ou degustasse, não seria concebível ao nível da reflexão e da representação falar de "ponto de escuta" ou "ponto de tato", pois as línguas ocidentais não preveem que os outros sentidos tenham o mesmo lugar que a visão na relação com o *logos*. Essa é a nossa herança grega, lembra a autora, a qual desenvolveu uma concepção de mundo a partir desse único sentido e o ligou diretamente às operações racionais. Assim, quando temos um *eu*/*ego* em posição de *terceiro* diante do *outro*, este aparece em sua consciência como outro em relação a outros, uma alteridade relativa, portanto, uma *diferença*. Aquele tipo de alteridade descrita inicialmente como negação em nossa abordagem, acentuada pela tradição, é uma alteridade que se enquadra nos dois principais gêneros da dialética especulativa do *Mesmo* e do *Outro*, ainda que as línguas clássicas apresentem também o sentido de *alter*. Mies sugere chamar esse modelo de aproximação - o eu como terceiro, distanciado e especular ao outro, em condição, portanto, de compará-lo, determiná-lo, julgá-lo, situá-lo - por um neologismo: "Eu sugiro, de minha

1 Do latim *specula*, que significa *guarita* ou *ponto de observação*.

parte, batizar de *allotité* (*alodidade*[2]), do grego *allos*, outro, na acepção geral do modelo derivado de alopatia" (1994, p. 29, grifo da autora). Justamente esta é a posição em que o *eu* descobre o *outro* pertencendo a uma situação ou a um contexto em que ele pode (deve) ser definido em relação ou em respeito a outros. Mies dá mais um passo relacionando a posição de *allotité* à noção de "diferença", que é outro termo largamente usado no pensamento da alteridade e que não possui clareza nos seus modos de aplicação. Inicialmente, a autora trata os dois termos como sinônimos no sentido de que a alodidade relativa aparece só num contexto, enquanto que a diferença é relativa porque de algum modo todas as coisas são diferentes, como afirma Aristóteles, uma vez que tanto a alodidade quanto a diferença, sobre um fundo de uma identidade comum, não aparecem, a não ser como figuras sobre o fundo, ainda que as distingamos (1994, p. 30). A autora lembra, ainda que o Heidegger de *Identität und Differenz* rejeita conceber a diferença como simples distinção, pois pensamos o ser como diferença ontológica, como se acreditássemos que o ser se distingue do ente, mas isso é devido à exigência do pensamento, de representar a si mesmo o que pensa. Para Heidegger, a diferença ontológica é o fundamento de todas as diferenças. O conceito de diferença aqui tratado por Mies está em relação à *alodidade* num sentido também ôntico-ontológico: "A diferença não é somente fruto da representação, nem no âmbito exclusivo do domínio da *Vorstellung*. Ela não pertence à ordem lógica como a distinção, mas à própria ordem ontológica, independentemente de todos os terceiros que ocupam a posição e a função de representação ou julgamento" (1994, p. 32). Em outras palavras, somos conscientes da real diferença entre as coisas. A razão pensa a diferença como o "outro" por sua faculdade de diferir e assemelhar. Nesse sentido, é a posição do *terceiro* ou da *especulação* que permite captar o outro na sua identidade: ele/ela é homem ou mulher, é deste ou daquele país, faz isso ou aquilo etc. Assim, o *outro* é percebido como uma diferença em contexto, como já dito, que se inscreve ou se descreve numa relação de similitude ou de dessemelhança:

> [...] na medida em que a diferença é para o pensamento, para uma consciência situada como terceiro, mas excede ou precede o distanciamento especulativo e que, de outro lado, a 'allotité' – fruto de uma distinção – foi definida como própria à situação especulativa onde o 'eu' se posiciona como terceiro, nesse caso, provavelmente, convém aceitar a coexistência de dois vocábulos, logo, o neologismo 'allotité' (*alodidade*) que,

2 Usaremos o neologismo *allotité*, vez ou outra, no original em francês ou em nossa tradução livre em português, *alodidade*, para exprimir de modo adequado as sutis distinções feitas pela autora entre as tipologias de aproximação ao "outro".

> sendo neologismo, é necessariamente mais unívoco (1994, p. 33, grifos da autora).

Sendo a *diferença* uma realidade ôntica e ao mesmo tempo uma necessidade da razão que distingue e relaciona, e sendo a *alodidade* fruto de um posicionamento do *eu* como *terceiro* que especula, os dois termos nos induzem a aplicar essa sutil distinção entre as duas noções ao pensamento do *outro* e analisar as consequências. Diz Mies: "como parte de um estudo sobre o *outro*, o distanciamento permite tanto pensar como também respeitar o que distingue e o que une, a diferença e a similitude" (1994, p. 34, grifo da autora), em vista de um princípio ético e de justiça na relação com o ele/ela. Aqui ainda não estamos falando daquela relação de alteridade como *héteron*, mas, sim, da necessária situação do *terceiro* diante da evidência da *diferença* e como distanciamento necessário do pensamento que diferencia e assemelha, inclusive na relação face a face, na qual, eventualmente, somos também obrigados a recuar para nos darmos conta do que ocorre entre o *eu* e o *outro* e até mesmo para julgar se há injustiça de um para com o outro ou se há influência mútua. Logo, isso revela que a *alodidade* é uma situação na relação com o *outro*, lembra Mies. Essa é a situação "típica" do *terceiro* diante da *diferença*. A outra situação típica é a da *alteridade*. Mas antes é necessário considerar a primeira consequência no caso de permanecermos em situação de *terceiro*, isto é, na posição especulativa ou na *alodidade*. A autora afirma: "Com efeito, a consciência é dotada de um poder de sincronização surpreendente. Assim, a diferença temporal polarizada por uma consciência ocidental de herança greco-latina no passado, presente e futuro, se sincroniza em retenção, presença e protensão" (1994, p. 43-44). Desse modo, caracterizando um "outro" entre outros, a posição de *alodidade* relativiza tanto a relação com o outro dentro de uma pluralidade quanto a relação do próprio sujeito que toma consciência. Podem ocorrer, então, dois tipos de polarizações que se sincronizam: um é a supressão das diferenças pela consciência, ocultando a sua alteridade, removendo-a de uma fronteira na qual ela é reduzida e relativizada, ou também o inverso disso, o que seria já a segunda consequência, isto é, a apreensão apenas da diferença em sentido de comparação e relação, sem apelar para o outro polo que a constitui, que é a *alteridade*, e confinando-a, assim, numa fronteira fixa e intransponível. Ora, observa Mies: "o respeito sozinho pela diferença – ou a tolerância – inclina à indiferença" (1994, p. 44). Por isso tanto a insistência na *diferença* sem ter em conta a *alteridade* que a interrompe quanto a sua anulação e confinamento incorrem em violência. As evidências dessa violência são palpáveis nos dois polos. Em relação ao confinamento da diferença em uma fronteira fixa, afirma a autora: "a cristalização de diferenças em fronteiras que não se deixam penetrar dentro de seus limites, que não se deixam transgredir pela emergência do rosto do outro, da alteridade, é um dos fundamentos não apenas do etnocentrismo, mas da purificação étnica, do sexismo, da luta de classes, das guerras religiosas e das divisões políticas" (1994, p. 46).

Em síntese, tanto a diferença reduzida ao anonimato gerado pela cristalização dessa diferença ou da sincronia numa identidade ou numa totalidade quanto a disseminação da diferença dispondo-a a fundamentar ideologias como a de uma única universalização são fontes geradoras de violência porque radicalizam-se sem a mediação da alteridade que lhes doa o sentido. Mies lembra aqui a afirmação de Lévinas: "A absurdidade não consiste no não sentido, mas no isolamento das significações inumeráveis, na ausência de um sentido que as oriente. [...] A absurdidade tem a ver com a multiplicidade, na indiferença pura" (*HOH*, p. 40-41). Precisamente, esse sentido, essa orientação de que fala Lévinas é a *alteridade*, o rosto do outro que possui nome, que é singular, que nos tolhe da confusão e da indiferença na convivência social, na política e também na filosofia. O ocultamento ou anulamento da face do outro, reduzindo sua *alteridade* em diferença confinada ou diferença indiferenciada, tornou possível o genocídio. Mies recorda aqui as práticas nazistas como consequências dessa polarização que confunde entre *diferença, alteridade* e *alodidade*: "se o genocídio foi possível, foi precisamente porque depois de ter destruído a personalidade jurídica e moral dos detentos, a estratégia da concentração aniquilou justamente a individualidade" (1994, p. 48). Mas a violência não emergiu do nada, mas sim de uma tendência que, por uma parte, a filosofia nutriu e, por outra, a filosofia não protegeu o outro de cair no anonimato:

> Na medida em que a diferença é pensada como relação de dessemelhança, ela incorre nos mesmos louvores e nas mesmas críticas do estruturalismo que, de certo modo, muda a atmosfera da oposição sujeito-objeto, mas é surdo às pessoas. Ela incorre nos mesmos louvores e nas mesmas críticas que o Ser heideggeriano, ressoante como Verbo, como Verbo anônimo, Verbo pessoa. A distinção entre os modos de Ser como *Vorhandenheit*, *Zuhandenheit* e *Dasein* não previnem contra o perigo do anonimato, da perda do nome (MIES, 1994, p. 47, grifos da autora).

Anterior ao anonimato ao qual a filosofia relegou o *outro* buscando salvar o Ser – o Ser em geral sem rosto e sem nome –, o *outro* de *outros mundos* já havia sucumbido à sincronização ou mesmo à ordem de uma inexistência – ou de uma existência inadmissível, inconcebível por uma racionalidade que havia estabelecido sua diferença como única e absoluta. Falamos aqui do genocídio dos indígenas americanos,[3] de povos autóctones que desapareceram sem que, inicialmente, tivessem sequer reconhecida sua pertença à humanidade. E mesmo depois do reconhecimento da humanidade dos indígenas (humanidade ao modo ocidental, evidentemente), oficializada tanto pela igreja quanto pelos debates teológicos e filosóficos e pelas novas leis da Coroa espanhola[4] nas primeiras décadas da conquista da América, a *alteridade* daqueles povos continuou sendo instrumentalizada nas práticas dos colonizadores em suas mais variadas formas de violência.

Assim, as culturas originárias da América foram vítimas da sincronização cultural ocidental e do cristianismo implantado à força, abolindo toda e qualquer possibilidade de reconhecimento de sua *alteridade*. O europeu se impôs como diferença cristalizada e disseminada ante a alteridade dos indígenas. Para além dos progressos humanísticos que o "descobrimento" da América e o contato com a *alteridade* de suas culturas provocaram no Ocidente, a concepção do outro permaneceu na *alodidade*, como lembra ainda Mies referindo-se ao debate de Valladolid: "O debate termina bem a respeito do reconhecimento da humanidade dos indígenas, mas sugere que, se os indígenas não podem suportar serem reduzidos à escravidão, o mesmo não valerá para negros africanos... A fronteira da humanidade foi recuada, mas não abolida" (1994, p. 42).

Talvez, a interculturalidade que constitui os povos da América atual pode encontrar sua explicação também no fato de que a natureza dessas culturas era já pluricultural. Por terem tido uma história "outra" que não a da "universalização" greco-romana, a sua *alteridade* sobreviveu e se evidenciou sem eliminar a diferença, superando a *alodidade* da colonização que

---

3 Ao lado do termo genocídio podemos usar também um termo do sociólogo Boaventura Souza Santos: "epistemocídio", pois, uma vez que populações inteiras desapareceram por causa de epidemias trazidas pelos europeus, com elas se terminou também um "saber viver".

4 Referimo-nos aqui aos documentos desse reconhecimento: a bula *Sublimis Deus* do Papa Paulo III de 1537, mas revogada no ano seguinte, e o Debate de Valladolid em 1550--55, no qual Frei Bartolomé de Las Casas contrapõe-se a Juan Ginés de Sepúlveda, que defendia a justa guerra contra os indígenas da América por considerá-los seres inferiores, de acordo ao direito consuetudinário aristotélico e, por isso, legitimar a conquista espanhola. Las Casas, pelo contrário, defendia a igualdade genérica de todos os humanos, independentemente da posição política. Em sua defesa faz, largamente, recurso ao documento do Papa Paulo III para defender a humanidade dos indígenas e o direito a viverem em suas terras sem serem colonizados, mas somente evangelizados.

marcou o continente posteriormente. Podemos dizer que quinhentos anos de ocidentalização é tempo quase insignificante diante de mais de três mil anos de sedimentação cultural, como comumente se afirma a respeito da zona do império incaico sobre a Cordilheira dos Andes, apenas para citar um exemplo.

Assumindo aqui uma conclusão provisória no que se refere à violência como consequência de uma posição de *alodidade* polarizada pela cristalização ou indiferença frente à *alteridade*, poderíamos dizer que tal situação resultou, sim, em políticas concretamente violentas, porque amparadas filosoficamente. Eduardo Viveiros de Castro chama isso de "metafísica da autenticidade":

> Não há culturas inautênticas, pois não há culturas autênticas. Não há, aliás, índios autênticos. Índios, brancos, afrodescendentes, ou quem quer que seja – pois autêntico não é uma coisa que os humanos sejam. Ou talvez seja uma coisa que só os brancos podem ser (pior para eles). A autenticidade é uma autêntica invenção da metafísica ocidental, ou mesmo mais que isso – ela é seu fundamento, entenda-se, é o conceito mesmo de fundamento, conceito arquimetafísico. Só o fundamento é completamente autêntico; só o autêntico pode ser completamente fundamento. Pois o Autêntico é o avatar do Ser, uma das máscaras utilizadas pelo Ser no exercício de suas funções monárquicas dentro da onto-teo-antropologia dos brancos (2013, p. 113).

Nessa perspectiva, seria a *in*-autenticidade o que marca a experiência "autêntica" das culturas em geral e da filosofia intercultural? Parece que esse modo de fazer filosofia é uma descontinuidade do *uno* e do *ser* no modo como foram significados pela tradição, do fundamento único verso a um fundamento sem fundamento, verso a um início numa diversidade que não se apresenta como autêntica. Parece ser este um grande desafio para o pensamento hoje em perspectiva intercultural. Antes, é preciso conceber uma *in*autenticidade, talvez sufocada, ilusoriamente abandonada, mas irredutível nas manifestações do humano. Como exprimir um fundamento múltiplo? Isso é o que desafia a filosofia intercultural frente à crise que a ideia de *inter* impõe ao *ser*. Como veremos adiante, esse foi também o grande empenho filosófico assumido por Kusch, ao pensar a América, e por Lévinas, ao intender elevar a dimensão ética do judaísmo a uma explicitação filosófica. Isso parece nos apontar para a possibilidade de uma reflexão sobre a multiplicidade do sentido do *ser*. Por fim, a última das tipologias de Mies que advém da aproximação do face a face nos indicará um caminho ético para essa reflexão que será tomada como intercultural.

3.1.2 Alteridade como face a face: transcendência, resistência e apelo

Vimos que na situação de *terceiro*, a aproximação ao outro é aquela do *eu* que não se engaja, do *eu* que constitui o mundo desde um *ponto de vista*. Mies, após ter caracterizado essa posição como "*allotité*" (*alodidade*) e ter explicitado as acepções de "diferença" nesse tipo de aproximação e também a necessidade da racionalidade de intervir a partir dessa posição e, ao mesmo tempo, as consequências éticas e políticas que ela comporta, propõe um longo capítulo no qual trata de outra situação típica de aproximação ao *outro*: a situação de *face a face*, de *alteridade do outro como outro*, isto é, *alteridade paradigmática* (1994, p. 50). Se é paradigma, é também método, como já mencionado pela autora. Em sua investigação ela propõe também um estudo sobre "alteridades análogas",[5] mas vamos nos deter apenas em suas considerações sobre a ideia de *alteridade* como o "face a face com o outro", porque essa tipologia nos interessa em razão de que, junto com a tipologia de *alodidade*, responde à problemática da relação intercultural de que estamos tratando.

Mies especula algumas nuances que autores contemporâneos doam ao sentido de *alteridade*[6] e, por fim, recupera o sentido unívoco do conceito e de suas modalidades como a *transcendência*, a *resistência* e o *apelo* – todas categorias levinasianas –, contrapondo-o ao sentido polissêmico evocado pela fenomenologia de Ricœur que, ao lado da alteridade do outro, situa também a alteridade da carne e a da consciência (1994, p. 60). Na tipologia do face a face, que é a tipologia da *alteridade* propriamente dita, a autora busca situar o termo "outrem" (*autrui*, no original francês) em suas diferentes acepções doadas por alguns autores,[7] mas que na sua própria opção

5 No capítulo quinto de seu livro, Mies estuda a *alteridade* nas variantes que ela chama de "análogas" àquela atribuída ao *outro*, que considera como a intuição fundamental de Lévinas. Por "alteridades análogas", Mies intende dar uma resposta à pergunta sobre como as coisas, a natureza, o *self* como carne, a consciência, o mal e a morte participam analogicamente da alteridade como paradigmática da relação com o *outro*. Isso porque, na relação entre-dois, que ela estritamente atribui ao face a face com o outro, essas outras relações, ou seja, as outras alteridades que entram em relação com o humano só poderão ser análogas. Exceto o face a face com Deus, a relação com as alteridades análogas é denominada pela autora como uma posição de "*hétérité*" (*heteridade*) a fim de diferenciar da posição de *alteridade* e de *alodidade* (1994, p. 121-176).

6 Além de Lévinas e Ricœur, Mies leva em consideração também outras abordagens sobre alteridade, como a de M. Buber, J. Derrida, V. Descombes, F. Rosenzweig e E. Husserl.

7 Sobre a análise do termo *autrui*, que traduzimos por "outrem", Mies lembra o acento de Buber sobre a distinção do Tu dentre as coisas, pois, para esse autor, dizer Tu não é o mesmo que dizer de outras coisas que percebo em geral. Um Tu não é uma coisa, mas é, sim, não ter nenhuma coisa por objeto. "Tu" é sem contexto porque não faz fronteira

prevalece fundado na noção traçada por Lévinas em *Totalidade e infinito*, culminando em *De outro modo que ser*. Do quadro geral das acepções sobre o termo *autrui* e o seu desenvolvimento apresentado por Mies, consideraremos somente a abordagem levinasiana, que é a que tomaremos como o critério de nossas análises posteriores, como já enunciado no parágrafo anterior. Dito isso, tomamos como primeira acepção levinasiana a afirmação da *alteridade* como palavra que não é ainda discurso, que é Dizer e não um Dito (*OMS*, p. 16-20.6467). A passagem do irredutível do rosto de *outrem* – rosto exposto e nu (*TI*, p. 208) – à palavra que registra e atesta a irredutibilidade entre *eu* e *outrem* não é uma palavra que estabelece similitude entre-dois, e, no entanto, lembra a autora: "A palavra que me vem de *outrem*, todavia, me alcança, me afeta, cobrindo a distância" (1994, p. 52). Ainda que *outrem* não possa ser reduzido à minha especulação ou representação, sua palavra se dirige a mim sem que sua alteridade se dilua. Lévinas define essa situação como "relação sem relação" (*TI*, p. 292). Em Lévinas, o termo Rosto se sustenta por si mesmo como vocativo e imperativo na ordem do mandamento "não matarás".[8] Assim, a partir desse mandamento que, no fundo, expressa a impossibilidade de o outro ser eliminado – porque seu Rosto é apelo, provocação, afeição –, meu *eu* se torna refém, impossibilitado da comparação, mensuração ou julgamento. Isso porque, lembra Mies: "no instante cindível, o tempo da reflexão se anula, o tempo da consciência que, após ter explorado e julgado desde o exterior, faz retorno sobre ele mesmo" (1994, p. 57). De outro lado, permanece a tentação de se desengajar do *frente a frente* com *outrem* e de ser afetado para se adentrar no campo do saber e retomar a posição de "terceiro" que, desde seu ponto de vista, predica sobre *outrem*. Essa tentação foi chamada por Lévinas de "tentação das tentações" em uma de suas obras religiosas, *Quatro leituras talmúdicas* (2003, p. 66-102), porque se atém à experiência sem antes sentir, sem aderir à afeição do outro.

A categoria de afeição (*affection*), prescindindo de outras como a de *passividade,* usada por Ricœur para diferenciar de *alteridade* como termo

---

com nada, apenas oferece uma relação, o que, a nosso ver, se aproxima das distinções de Panikkar acerca do *I-It-Thou*. Por fim, Mies conclui: "É possível considerar *autrui* como objeto, mas ele perderá sua alteridade, não será mais visto, percebido, recebido como *autrui*. O face a face não é, portanto, entendido como uma relação do sujeito ao objeto, como uma relação transitiva, mas como uma relação fundada sobre a palavra, e essa é dialógica, endereçada – 'falada à' – vocativa ou dativa" (1994, p. 51).

8 Lévinas explicita a ideia desse interdito que se impõe pelo Rosto do outro em várias de suas obras e que, em sentido positivo, se poderia traduzir por "meu rosto te fala, inevitavelmente"; ou "deixa que meu rosto te apele" (*EI*, p. 90; *DL*, p. 23-26; *EN*, p. 218).

polissêmico ou *alteração* – e pelo fato de que possui acentos pejorativos nas línguas latinas –, é a que Mies elege para traduzir a resposta fenomenológica à alteridade: "A alteridade de outrem se atesta fenomenologicamente a partir da afeição. Mas as modalidades pelas quais elas me afetam são reveladoras de suas várias facetas. A essas modalidades correspondem diversos traços de alteridade. Entre eles, a transcendência, a resistência e o apelo" (1994, p. 63). Em síntese, trata-se da percepção do outro que se apresenta na sensação que temos de sua presença. A partir dessas modalidades, vamos agora analisar como o *eu* é "afetado" pela *alteridade*, quando em posição de face a face[9] quando, inevitavelmente, "sente" (pela sensibilidade) o *outro*.

O traço da *transcendência* que acompanha a *alteridade* está no fato mesmo que o rosto do outro como exterioridade faz com que ele/ela seja *outro por si mesmo* – o *outro* como distinto de mim, espacialmente e experiencialmente separado de mim. Por isso mesmo o *outro* escapa ao meu poder, à minha possibilidade de apoderar-me dele; e, ainda, sua exterioridade me escapa à consciência, ela excede a minha ideia e a possibilidade de representá-la. Lévinas define isso como "o contato com o intangível" (*TI*, p. 37). Mies, por sua vez, após fazer as necessárias distinções sobre o termo "transcendência" à causa dos traços de imanência que a tradição o carregou, bem como de seu uso pela teologia, se centra na abordagem fenomenológica do termo: "Outrem *é* transcendente. Mas, [essa transcendência] permanece, não obstante o movimento: Outrem não cessa jamais de se abstrair à imanência. Ele está além do limite e, ao mesmo tempo, não cessa jamais de cruzá-lo" (1994, p. 64, grifos da autora). O Rosto e a corporeidade do *outro* que estão diante de mim, mesmo sendo uma presença massiva – exterioridade que se me apresenta à visão –, me escapam à intencionalidade porque não me pertencem. E, de igual modo, me escapam também à consciência porque são, como dito acima, irrepresentáveis. Logo, o âmbito da fenomenologia se apresenta inadequado para explicitar a transcendência, anota Mies. E ainda: também a experiência de ser afetado no encontro com o *outro* é permeada da transcendência em sentido que ela não é uma experiência do intramundano, como usualmente se concebeu na tradição. Como explicitar, então, a transcendência da alteridade? Como explicitar que a alteridade como inegável e incomensurável exterioridade me afeta? Mies sugere o seguinte:

9 O termo "face a face" que estamos utilizando como tipologia do aproximar-se da alteridade remete-se à fenomenologia de Lévinas a respeito da concretude do Rosto, concretude sensível que revela uma anterioridade da consciência, precisamente, o que permite a acolhida do outro como alteridade (*TI*, p. 181-187).

> O *outro que eu* no face a face é o único que se exclui, é o único que, na sua unicidade, sai da série. [...] Outrem desfaz as próprias leis da percepção. Como Face ele contrasta com sua figura, ele rompe sua própria figura para significar sem contexto. E mais: se outrem me escapa, se ele se exclui como Face, se se demora no exterior de mim, desconhecido e próximo, quer dizer, sempre eminente, isto é também a partir de sua própria interioridade, então, outrem não é fenômeno, mas enigma (1994, p. 67, grifo nosso).

Disso advém que a transcendência como uma modalidade da alteridade em posição de face a face, em se tratando de uma alteridade que emerge numa cultura, incorre em uma dupla transcendência: escapa à minha intencionalidade e escapa também aos meus códigos epistemológicos, sendo enigma duplicado que afeta e "desafia o meu poder de poder" (*TI*, p. 192). Diante de *outrem* (sujeito ou cultura) se me descortina uma "resistência"[10] (*résistance*), diz Mies, seguindo Ricœur, para quem a resistência do outro atesta fenomenologicamente a sua indubitável existência. E esse é o segundo traço da alteridade junto com o da transcendência: o outro resiste ao meu poder de compreendê-lo, manipulá-lo e, enfim, representá-lo. Sua resistência está na sua presença corpórea, ocupando um espaço no qual não posso estar ao mesmo tempo em que ele está, na afirmação de seu próprio pensar. O outro resiste ao meu sistema e aos meus códigos, que não alcançam defini-lo. E tem ainda sua vontade, sua liberdade, seu "não" para mim, para o qual, recorda Mies, respondo com uma prece: "por favor!", que na maioria das vezes resulta vã.

O outro que me escapa, me excede e se exclui da série não só é transcendente e resistente, mas é também aquele que me "apela" (*m'appelle*). Mies diz que "não é necessário reduzir a alteridade à interpelação, mas como conceber a alteridade sem a linguagem, sem a dimensão vocativa e imperativa da língua, sem a palavra? [...] É, sobretudo, por este traço que a alteridade é suscetível de me afetar" (1994, p. 69). Mais precisamente, sempre sob a guia de Lévinas, podemos dizer que o outro – a alteridade que se desvela no Rosto – me revela o significado do mundo e me apela. Seu apelo é sempre ético porque é anterior, palavra original: "A palavra que já desponta no rosto que me vê olhar introduz a franqueza primeira da revelação. Em relação a ela, o mundo orienta-se, isto é, ganha uma significação" (*TI*, p. 89). E, ainda: "o rosto fala-me e convida-me assim a uma relação sem paralelo com um poder que se exerce, quer seja de

10 Mies lembra que Ricœur nomeia a alteridade com o termo passividade em *Soi-même comme un autre*, enquanto que ela aborda esse conceito de *resistance* em face à exterioridade da alteridade que me afeta e, portanto, me resiste, atestando fenomenologicamente, pois, a sua alteridade.

fruição quer seja de conhecimento" (*TI*, p. 192). Antes que a palavra – a minha palavra – represente e totalize o mundo, ela é rosto que significa originariamente, de modo que, sem a alteridade, a palavra é só abstração. Nesse sentido, o apelo que vem do outro, diz Lévinas, não só me chama à responsabilidade, mas também é ensino, pregação, exortação e profecia que me acorda para a presença da humanidade: apelo de justiça (*TI*, p. 208-209).

3.1.3 No extremo da "*allotité*", a imersão no elemental

Dizíamos no item 3.1 que a irrupção *in-pré-visível* da alteridade desperta os sentidos, dada a garantia do objeto diante de nossa visão ou foco. A irrupção do *outro* como exterioridade que interrompe o vivido tolhe o sujeito de sua imersão no elemento. Ao fazer isso, o *estranho* se diferencia, se destaca do fundo. Ou é quando a consciência se acorda para o estranho, o qual é irredutível? Lévinas nos oferece uma reflexão que contrasta com a da filosofia clássica a respeito da sensibilidade, a qual dava um acento negativo e irracional ao sensível e que devia ser superada por meio do pensamento. Ele fala do elemento como coisas, objetos e utensílios que estão no mundo ao nosso alcance, mundo ao qual pertencemos e ao qual somos interiores, no qual estamos imersos, como se lê neste fragmento:

> O homem mergulha no elemental a partir do domicílio, apropriação primeira [...]. É *interior* ao que possui, de modo que poderemos dizer que o domicílio, condição de toda a propriedade, torna possível a vida interior. O eu está deste modo em sua casa. Pela casa, nossa relação com o espaço como distância e como extensão substitui-se ao simples 'mergulhar no elemento'. Mas a relação adequada com o elemento é precisamente o fato de mergulhar. [...] Mergulhar no elemento é estar num mundo ao inverso e, neste caso, o avesso não vale o mesmo que o direito. [...] O elemento oferece-nos como que o avesso da realidade, sem origem num ser, embora se oferecendo na familiaridade – da fruição – como se nos mantivéssemos nas entranhas do ser (*TI*, p. 123-124, grifos do autor).

Parece que a mudança que Lévinas nos propõe acerca da concepção da sensibilidade é a de que ela se revela porque se mantém no ambiente do elemento. Sendo assim, "não é um conhecimento inferior que a razão deveria esforçar-se para elevá-la, clarificando-a e conduzindo-a ao nível da representação, à sua luz. Ela é a base, o fundamento da possibilidade da razão mesma, sendo, ao mesmo tempo, reticente à sua luz e ao seu domínio" (MARGARIA, 2005, p. 66). Para Lévinas, o elemental é, então, "toda a relação ou posse [que] se situa no âmbito do não possível, que envolve ou contém sem poder ser contido ou envolvido" (*TI*, p. 123). Em outras palavras, é relação indeterminada, informal.

Mies, por sua vez, considera a "imersão no elemental" como uma entre as tipologias de aproximação, a qual é também um modo de se evadir da representação e de excluir e diluir o distanciamento entre o *eu* e o *outro*. Sua reflexão reporta-se à fenomenologia de Merleau-Ponty em *O visível e o invisível* e à de Lévinas em *Totalidade e infinito*. Após exemplificar os vários modos em que o elemental pode se apresentar na experiência humana - experiência de imersão no elemento, seja ele, por exemplo, ar, água, calor ou música –, a autora aplica essa tipologia, cujo principado se revela como "indeterminado" e "não individuado", ao contato com a *alteridade*. Referindo-se ao mundo do elemental como o *il y a* (*EE*, p. 96) confuso, primordial e anônimo, Mies afirma que é possível pensar "a diferença como movimento de diferenciação; diferenciação antepredicativa que pode então ser retomada como diferença devida" (1994, p. 114). Mas a pergunta que emerge é a seguinte: é possível pensar a alteridade quando a fusão com o elemental é exclusiva? Certamente, diz Mies, porque não estamos obrigados a pensar a relação *eu/outro* dentro de uma polarização, isto é, como representação em que o outro é um entre os objetos do mundo ou como *eu/outro* indivisível. Há uma terceira via e esta é, precisamente, a da *alteridade*, ou seja, como posição do face a face com o *outro*. Logo, a coesão, o entrelaçamento indiferenciado, o vivido no qual nossas relações com o mundo, com o ambiente e com os outros estão em aparente conaturalidade; em suma, essa fusão com o elemental guarda um potencial de violência que só a irrupção do Rosto – a emergência da *alteridade* – pode conjurar (1994, p. 117). Um exemplo foi o da violência, que eliminou o outro porque era indígena (estranho), porque como "selvagem" foi confundido ou fundido na natureza. Ele e a natureza formavam um Uno, daí a dúvida se ele possuía alma, se se podia considerar que possuía humanidade. A violência também advém da crença no "enraizamento" da identidade com uma terra e sua relação com a ideia de "civilização". Identificando o pensamento do Uno/Ser com a terra e a civilização, isto é, com uma cultura ou um contexto, concluiu-se por justificar nacionalismos, absolutismos e universalismos que ainda ressoam em nossos modos de abordar a relação entre o eu, o mundo e o outro. Esse é o quiasmo harmônico que incumbe ao pensamento da *alteridade* romper: "É somente através desta ruptura que pode emergir um rosto, uma palavra à base não mais de uma harmonia pré-estabelecida, mas de uma aliança fundada na separação e no reconhecimento", afirma Mies (1994, p. 118). Mas a Modernidade não autonomizou o humano das determinações da natureza, não o liberou dessa conaturalidade para uma emancipação por meio da técnica? Se isso se confirma, a terceira via de que fala Mies seria a *alteridade* como desafio de desvelar a riqueza de relações diferenciadas – relações de alteridade? De outra parte, teria a Modernidade caído no outro extremo que é a imersão num novo elemental, ou seja, numa saturação racional que incapacita o *eu* de reconhecer-se e reconhecer o *rosto do outro*?

3.2 Filosofia intercultural: qual aproximação ao *outro cultural*?

Retornemos a algumas considerações sobre a filosofia intercultural realizada pelos autores que descrevemos no capítulo dois, à luz das considerações de Mies. Uma crítica provisória seria a de que os filósofos descritos parecem ainda partir de pressupostos racionais e metodológicos dados pelo pensamento ocidental, sobretudo de registro eurocêntrico-iluminista, para pensar a filosofia intercultural, ainda que todos critiquem esse mesmo registro. Talvez seja por isso que, em geral, propõem um percurso mais ou menos comum, tal como: a) iniciam pela crítica à história da filosofia ocidental e pelo que de absoluto esta se atribuiu a si, frente às outras tradições; b) passam pela argumentação que justifica e busca sustentar a "filosofia" como pensamento que excede aquele conceito estritamente greco-latino e, afirmando que ela é sempre contextual, concebem a filosofia intercultural como uma atitude fundamentalmente ética sem, contudo, determinar a natureza ou o fundamento dessa ética; c) chegam, por fim, à proposição de um método determinado para pôr em diálogo os pensamentos contextuais, buscando preservar ou ressaltar sua diferença, mas encontrando aqui enormes dificuldades para superar a tendência à mera comparabilidade, devido ao hábito racional de chegar à determinação ou universalização de mão única. Um exemplo é o caso de buscar termos reguladores para o diálogo, mas que permanecem na abstração, sem poder enfrentar a conflitividade que se dá no contexto fático e pré-reflexivo do mundo da vida, de onde parecem emergir as grandes demandas da filosofia intercultural.

Acompanhando essas etapas estão, evidentemente, a práxis dos filósofos, sobretudo na articulação de *diálogos* ou *polilogues* internacionais. Podemos dizer que, apesar do esforço que se tem feito, essas tendências da filosofia intercultural parecem ainda ligadas ao fazer filosófico acadêmico, que toma necessariamente a distanciada posição especulativa frente à *exterioridade enigmática* das culturas, à sua *alteridade*. Tendem, sobretudo, a permanecer no círculo tautológico próprio do racionalismo que querem superar. Contudo, sem desmerecer a importância da posição de *especulação* como tipologia de aproximação filosófica ao *outro cultural*, ou seja, a posição do olhar do terceiro que analisa e critica – pois a crítica e a análise são partes fundamentais do pensamento filosófico –, nessa posição permanecemos, todavia, não afetados ainda pela *alteridade*. Logo, chegamos a nos aproximar de uma transculturação, mas não ainda de uma interculturalidade filosófica.

Em se tratando de filosofia intercultural, cada posição, cada tipologia de aproximação ao *outro cultural* se faz necessária, uma vez que as culturas são uma alteridade altamente complexa e qualquer aproximação será sempre inacabada e incompleta pela própria natureza da relação de interculturalidade. Entretanto, a aproximação a *outrem* que Mies chamou de "tipologia da alteridade", com a qual o filósofo/a filósofa se engaja e se deixa afetar em uma relação frente a frente com a *alteridade cultural*, é a posição que nos interessa aqui tratar. Desde esse adentrar no mundo do outro que afeta a vida, a perspectiva cultural e a perspectiva filosófica do filósofo/da filósofa, a "tipologia da alteridade" é a que entrecruza ambas as perspectivas, a própria e a de *outrem*. A nosso ver, essa é a posição mais ética e adequada em filosofia intercultural, que supera a redução do *outro* à perspectiva do *mesmo* e que deixa emergir uma universalização mais rica e mais correspondente à pluralidade do humano e das culturas. Porém, uma universalização que não é tomada como absoluta, mas requer sempre ser completada pela universalidade de *outrem*. Esse parece ser o paradigma e o próprio método que nossas análises subsequentes sobre Lévinas e Kusch irão explicitar.

Concluindo, o estudo das tipologias de Mies é de grande utilidade em nossa abordagem pelas seguintes razões: a) a primeira é que as distinções que a autora faz nos ajudam a situar nossa análise frente à posição que, a nosso ver, a filosofia – no seu registro único e ocidental em geral – foi tomando frente à alteridade de outras culturas, isto é, a posição de *alodidade*, de *especulação* e de *terceiro*. Pode-se denotar que essa posição é ainda a corrente mais forte entre pensadores e pensadoras da filosofia intercultural, talvez porque ainda não se delineou um outro paradigma; b) a segunda é pela sua opção de considerar a questão da *alteridade* a partir da abordagem levinasiana como *face a face*, o que afirma e doa força à nossa tese de que uma filosofia intercultural, no sentido de *inter*-relação reflexiva, na qual se entrecruzam e se fecundam conhecimento e símbolo, somente emerge de uma experiência *com* e *desde* as culturas com as quais, pessoalmente – antes que filosoficamente –, pensadores e pensadoras estão comprometidos. Essa posição ou situação poderá nos desvelar as aporias que, de certo modo, povoam as várias tendências da filosofia intercultural e que, laboriosamente, se tem buscado superar; c) a terceira razão é que as tipologias de aproximação nos servem como critérios para interpretar as significações de *outro* e *alteridade* que emergem das várias tendências da filosofia intercultural e, na sequência de nossa investigação, esses critérios serão um pano de fundo para a abordagem intercultural da *ética* de Lévinas e do conceito de *estar* de Kusch, respectivamente, na segunda e terceira partes de nossa abordagem.

Até este momento, poderíamos dizer que a posição especulativa em algumas das correntes nas quais encontramos operando uma proposta *comparativa* entre tradições filosóficas é mais evidente que uma posição *alternativa*. Isso se deve, talvez, porque as *alteridades* – culturas ou filosofias que se relacionam – se posicionam em termos ainda relativos e sob o fundo de uma identidade. Por isso, mesmo buscando métodos que coloquem em comunicação equitativa todos os "diferentes", essa posição ainda estará pensando a partir de uma matriz que funciona com esse fundo identitário ocidental, já que, historicamente, essa posição foi a que mais se avantajou, dada a sua expansão mundial. Aqui cabe lembrar a problemática da mediação explicitada por alguns dos autores da filosofia intercultural, ou seja, o incomensurável, o totalmente diferente não pode ser conhecido porque não pode ser reconhecido. Mas poderíamos nos perguntar: reconhecido por quem e por qual racionalidade? Assim, parece que um certo grau de *alodidade* que permite comensurar se explicita como necessário na relação com o *outro*. Panikkar e Estermann falam claramente da linguagem como mediação capaz de fazer a ponte entre os diferentes, mas ela parece não corresponder a uma posição de *terceiro* no sentido em que Mies considera a *alodidade* e, sim, como mediação que permanece tradução.

Na continuidade de nossas análises, fixaremos a atenção na tipologia que Mies explicita como *alteridade de outrem em situação de face a face*. A partir da mesma, pretendemos abordar tradições filosóficas desde uma aproximação na qual elas se diferenciam e se deixam afetar mutuamente e alternativamente. A partir desse cruzamento, proporemos a emergência de uma possível, nova, fecunda e original perspectiva para a filosofia intercultural. Aqui, uma máxima levinasiana vem nos inspirar: a de que o discurso do outro é ensinamento.[11] Lembramos que o que ocupa nossa preocupação

11 Nossa afirmação se remete às próprias palavras de Lévinas: "Abordar Outrem no discurso é acolher a sua expressão onde ele ultrapassa em cada instante a ideia que dele tiraria um pensamento. É, pois, *receber* de Outrem para além da capacidade do Eu; o

de modo fundamental é o ponto de partida ético da filosofia intercultural. Hipotetizamos inicialmente que ele se explicita nos significados que *outro* e *alteridade* contêm. Se essa significação não garantir a ética, a relação intercultural pode se expor a novas formas de "colonização racional", na qual um paradigma se sobrepõe aos outros. Ou também de se expor ao risco da violência de uma elaboração que permanece na paz cômoda da lógica que provém do distanciamento especulativo sem, contudo, enfrentar a fadiga de uma elaboração *inter-logos* que prende em consideração a problemática das relações humanas naquele sentido que o *diálogo dialógico* de Panikkar prevê.

Por conseguinte, nossa proposição requer a análise de pensamentos que se dão nesse modo de aproximação de *alteridades culturais*. Assim, os dois pensamentos que escolhemos analisar parecem resultar do posicionamento do frente a frente com a *alteridade* cultural e do engajamento de tradições que se informam mutuamente em e para além de suas diferenças e, assim, constituem uma nova universalização a respeito do humano e de suas relações. O primeiro é o pensamento de Emmanuel Lévinas, que a partir uma complexa fenomenologia do Outro pelo seu Rosto – ou seja, desde um registro ocidental que possui sua base em Husserl e Heidegger – busca na tradição do pensamento judaico um novo fundamento metafísico para a ética, um *Outramente que ser*. O segundo é o pensamento de Rodolfo Kusch, que faz uma hermenêutica das culturas indígena e popular da América do Sul e conclui que elas operam com um pensamento que resiste e subsiste ao Ser da colonização por meio de um outro verbo, o *Estar*. A nosso ver, esses dois pensadores partem de uma pluralidade já em operação em si mesmos, e, se há em seus pensamentos o "momento da crítica", esta emerge porque a pluralidade subsiste por si, já que a mediação emerge da experiência fática do pensador, em situação contextual ou a partir de diferentes contextos mentais interiores às próprias experiências. Isso significa dizer: eles pensam em situação de *face a face*, afetados e comprometidos com a *alteridade*, seja ela exterior ou interior ao seu próprio contexto reflexivo. Disso poderá advir que a filosofia intercultural demande também um paradigma plural que subjaz, antes de tudo, no mundo da vida do sujeito pensante e, só posteriormente, em sua elaboração.

---

que significa exatamente: ter a ideia do infinito. Mas isso significa também ser ensinado. A relação com Outrem ou o Discurso é uma relação não alérgica, uma relação ética, mas o discurso acolhido como ensinamento. O ensinamento não se reduz, porém, à maiêutica. Vem do exterior e traz-me mais do que eu contenho. Na sua transitividade não violenta, produz-se a própria epifania do rosto" (*TI*, p. 38-39). E ainda: "O ensino é uma maneira para a verdade se produzir de forma que não seja obra minha, que eu não possa manter a partir da minha interioridade" (*TI*, p. 291).

SEGUNDA PARTE

LÉVINAS: O "OUTRO" E A "FILOSOFIA PRIMEIRA"

Falaram-me em homens, em humanidade,
Mas nunca vi homens nem vi humanidade.
Vi vários homens assombrosamente diferentes entre si,
Cada um separado do outro por um espaço de homens.

Alberto Caeiro
(*Poemas Inconjuntos*, 1925)

Nossa análise sobre a concepção e a "confusão" do conceito de *Outro* e de *Alteridade* na filosofia nos revelou seus vários desdobramentos, dependendo de como têm sido abordados e a que se destinam numa reflexão filosófica. O estudo de F. Mies nos situou nas várias nuances que o termo "alteridade" ganhou na filosofia contemporânea, sobretudo depois de Lévinas. Para aprofundar nossa análise acerca de como a alteridade é aplicada em situação na qual se impõe o problema da interculturalidade ao pensamento, nós confrontamos o conceito de *outro* e de *alteridade* com algumas linhas de pensamentos interculturais, as quais descrevemos de forma sintética e apenas representativa. O resultado dessa análise mostrou que *outro* e *alteridade* se exprimem como um problema subjacente, mas não claramente enfrentado. Se as filosofias ditas interculturais operam ainda em chave lógica e ontológica, próprias da filosofia ocidental, o problema ético se impõe à própria possibilidade da filosofia intercultural.

Com base no pensamento de Lévinas, Mies distingue entre: a) a abordagem que afirma a exigência da razão do comensurável ao abordar o "outro" a partir de um método comparativo e, portanto, num registro racional e especulativo; b) a situação de face a face com o "outro" coloca questões à abordagem acima devido à irredutibilidade das liberdades – do Rosto do outro, como afirma Lévinas. Essa abordagem exige a responsabilidade e, portanto, a atitude ética e o engajamento de quem faz a filosofia da alteridade; c) a abordagem de alteridades análogas com um terceiro, com Deus, com o sofrimento, com o mal, em que o Eu prova a sua vulnerabilidade. Nós nos centramos, no entanto, na descrição das duas primeiras, por interessarem diretamente às relações interculturais.

Essas distinções não são puras – como revelará a análise que faremos do pensamento intercultural de Lévinas – e revelam como se dá o modo de aproximação, o que manifesta, por sua vez, uma ética ou uma violência. A responsabilidade irredutível do face a face na relação com o outro impede que uma total especulação se cumpra: o *outro* será sempre e absolutamente alteridade que se mantém em si e por si. Daí que, para Lévinas, é necessária uma filosofia da alteridade ou a "filosofia primeira". Em outras palavras, *Ética* antes de um retorno ao *Mesmo* no conceito do *ser*. Portanto, nessa parte de nossa investigação, buscaremos traçar o caminho de Lévinas na sua formulação metafísica da noção de *outro* e de *alteridade* por meio de uma hermenêutica desses aspectos de seu pensamento. Ao final, esperamos verificar se a significação de outro e de alteridade em Lévinas poderá servir como fórmula para uma filosofia intercultural. Desse modo, a ética que Lévinas chama "filosofia primeira" pode alcançar uma claridade acerca do método pelo qual uma filosofia intercultural pode ser concebida, sem cair numa descrição especulativa do *outro* e da *alteridade cultural* – a posição de *alodidade* que pode, por exemplo, relativizar e apagar as diferenças porque toma o caminho da mera comparabilidade. Ou, no outro extremo, confinar a cultura dentro de uma fronteira, porque incomensurável.

A ética tratada por Lévinas nasce quando o clima filosófico fazia uma crítica à metafísica pela influência das categorias ontológicas objetivantes. Ele, ao contrário, elevou a concepção de *Outro* a uma categoria metafísica, isto é, radical. Para ele, a ética é essencialmente metafísica, pois ela diz respeito à relação com o *outro*, uma transcendência (exterioridade) que não pode ser objeto de conhecimento, mas de acolhida na justiça. Consequentemente, Lévinas opera uma abertura no próprio entendimento da metafísica como relação ética, ou seja, esta tem primazia sobre a ontologia. O início de seu pensamento se situa em um contexto trágico da história: o período anterior e entre as duas guerras mundiais, na prevalência do antissemitismo e do nazismo, até chegar ao terror do Holocausto. Eventos que, somados à ebulição que a fenomenologia de

Husserl e de Heidegger haviam portado à filosofia, permitiram uma meditação a respeito do desconforto que uma racionalidade do ser puro comportava, pois segundo Lévinas, "o ser enquanto ser é ser enquanto Mesmo". Certamente, nessa meditação ressoa a experiência da violência aos judeus até a *Shoah*. Mas há mais no ser que o próprio ser? O ser refletido sobre si dá lugar a uma *ex*-cedência (*DE*, p. 98) do Bem para além do ser (*EE*, p. 9), a Ética. Essa parece ter sido a percepção de Lévinas. Sua busca foi a de elaborar uma filosofia que pensasse para "além do ser". Sendo ele judeu num período em que o judaísmo viveu a grande prova, e buscando inteligir o sentido do judaísmo e da mesma filosofia ocidental diante do "impensável" evento da violência que se abateu sobre a Europa no curso de seu século, Lévinas parte em busca de uma reserva de Paz que as sabedorias grega e hebraica poderiam ainda conter. Ainda que seu itinerário seja claramente filosófico no sentido ocidental do termo, ele se deixa perpassar por noções que advêm de outras fontes de sabedoria – a grega, a hebraica, a literatura, a *Bíblia* – a fim de justificar a possibilidade de uma filosofia que principia na Paz, ou seja, num "além", numa *ex*cedência que a subjetividade humana revela e que o mesmo pensamento contém, como é a ideia de Infinito.

Além desse contexto, pois o sujeito pensante está sempre situado, vemos o modelo de Lévinas como indício de caminhos para a filosofia intercultural pelo fato que sua obra é permeada de imagens e palavras bíblicas que se transformam em um pensamento filosófico profundo sobre o humano, buscando o resgate do sentido ético no seio do Ser mesmo. Lévinas próprio reconhecerá: "eu cito muito a *Bíblia*, sem dúvida" (POIRIÉ, 1987, p. 100). Mas ele também explicitará, já nos primórdios de sua filosofia, que é necessário fazer uma escolha sobre o seu ponto de partida: "Partir do *Dasein* ou partir do J." (*CCAI*, p. 75). Partir do "J.",[1] certamente, significa partir do judaísmo em seus *Carnets de captivité*, ou seja, elevar o judaísmo a uma categoria do ser, ao nível do rigor filosófico, como sugere Rodolphe Calin no prefácio da obra: "o que emerge dos *Carnets de captivité* é que essa identidade redescoberta de forma tão dramática é uma situação da qual devemos partir para filosofar: devemos considerar o judaísmo ou o ser-judeu como uma categoria ontológica" (2009, p. 21). Por isso Lévinas deverá realizar uma ruptura com o pensamento ocidental, mesmo mantendo-se dentro dele, a fim de poder

1 Na mesma página do Caderno 2 dessa obra inédita na qual Lévinas se indaga sobre de onde partir, encontra-se a afirmação: "J. comme catégorie". Essa obra são os cadernos escritos durante os anos de prisão. Lévinas usa frequentemente a letra "J." seguida de um ponto para dizer "Judaísmo", certamente para assegurar-se de não ser descoberto pelos agentes nazistas.

pensá-lo e exprimi-lo, mas também fará rupturas em concepções do pensamento judaico porque visa sua peculiar inteligibilidade.

Do ponto de vista do pensamento intercultural, nós nos perguntamos: o que Lévinas faz é ruptura ou fecundação intercultural? A questão que ousamos formular pode não ter unanimidade entre muitos pensadores e pensadoras. A nosso ver, a dificuldade de tal questão está nos diferentes conceitos atribuídos à filosofia. Porém, a maioria dos intérpretes de Lévinas reconhece a influência do judaísmo em sua filosofia. A título de exemplo, citamos esta afirmação de S. Facioni na introdução à edição italiana dos *Carnets de captivité*:

> A experiência hebraica de Lévinas acompanha, de fato, como um fundo contínuo, cada fragmento singular de sua escritura [...]. Tudo nesses textos surge de uma experiência que assume como referência secreta, oblíqua, indireta, a prática de vida e estudo que permeou nos séculos a longa cadeia de transmissão que, através do estudo da Torá, desde Moisés, chegou até Kovno. [...] com relação à Lévinas como filósofo que nunca deixou de dialogar com a inteira tradição filosófica ocidental [...], a elaboração de um percurso de investigação do sentido do humano e da história, não é possível sem a integração da tradição que – em virtude da busca de sentido que lhe motiva a existência – podem deixar a particularidade histórica que lhe caracteriza para abrir-se à universalidade daquilo que pertence à experiência de cada homem (2011, p. 16-17, tradução livre).

Essa questão que inicialmente nos colocamos irá conduzir a nossa análise a fim de verificar de que forma Lévinas resgata uma dimensão que julga ter sido deixada de lado pelo pensamento ocidental, mas que esteve sempre presente em seu fundamento, que é a ideia de Infinito, a ideia da transcendência, a ideia do Bem – cada uma com sua distinção –, mas habitando um espaço comum no conceito do ser que ele chamará bem mais tarde de "além da essência". Tal noção provém da mesma visão da filosofia ocidental – seja a ideia do Bem em Platão, seja a de Deus ou do Infinito em Descartes – que o autor, por sua vez, utilizará na sua argumentação sobre o significado ético do Rosto. Significado que antecede o operar filosófico. Assim a "ética, como filosofia primeira" na qual se impõe um Dizer, o do Bem, irá incorporar o Dizer da Torá no Dito da sabedoria grega, originada e desenvolvida no seio da tradição greco-latina.

A Lévinas parece não ser possível, em razão do Rosto do Outro, continuar a praticar uma ontologia monista – digamos, a ontologia heideggeriana que parece ter sido foco de sua crítica. Não ter ultrapassado o pódio do Ser dos pré-socráticos e ter desconsiderado a *outridade*[2] da palavra bíblica (ou seja,

2 Utilizaremos, vez ou outra, esse neologismo para exprimir uma alteridade indeterminada ou pré-filosófica. Sendo que *Alteridade* é já uma noção filosófica, distinguiremos

palavra hebraica mais antiga que a grega) como fonte inesgotável e também atuante na cultura ocidental deixou em aberto o perigo da violência de um pensamento sem transcendência – um pensamento trágico. Já na metáfora da "evasão" em *De l'évasion*, podemos pressentir esse desconforto de Lévinas em relação a essa ontologia e um desejo de pensar "além" da essência.[3] Por fim, em *Humanismo do outro homem*, o questionamento de Lévinas acerca do ser e do seu além se explicitaria ainda mais claramente em confronto com a ontologia de Heidegger:

> Ousemos, enfim, levantar questões a propósito de Heidegger. A estranheza do homem ao mundo será o efeito de um processo começado com os pré-socráticos, que exprimiram a abertura do ser, sem impedir o esquecimento desta abertura através de Platão, de Aristóteles e Descartes? A alma exilada cá embaixo que Platão transmite ao pensamento metafísico já está a testemunhar o esquecimento do ser. Mas, a noção do sujeito refletirá unicamente o que Heidegger chama a história do ser e cujo esquecimento metafísico delinearia as épocas da história da filosofia? [...] Nós outros ocidentais, da Califórnia aos Urais, nutridos que somos de Bíblia ao menos tanto quanto que de pré-socráticos – não seremos nós estrangeiros ao mundo, mas de uma maneira que não deve nada à certeza do *cogito*, que, depois de Descartes, exprimia o ser do ente? Estranheza ao mundo que o fim da metafísica não consegue dissipar (*HOH*, p. 103).

O questionamento não termina aqui. É necessário desenhar o mapa dessa "insuficiência" que *De l'évasion* já denunciava. E ela se encontra no *palimpsesto* da própria cultura ocidental, o qual é preciso ter coragem de trazer à luz, reinterpretar. Trata-se de dar um passo mais atrás dos pré-socráticos e, corajosamente, admitir uma "outra palavra", diz Lévinas, pondo em xeque a língua heideggeriana:

> Os versículos bíblicos não têm aqui função de apresentar provas, mas de dar testemunho de uma tradição e de uma experiência. Não terão eles direito à citação pelo menos igual àquela de que se beneficiam Höderlin e

---

o termo filosófico de uma alteridade que se apresenta como um evento ou fenômeno a ser, todavia, pensado.

3 Na reedição de *De l'évasion*, J. Rolland se propõe a ler o texto de Lévinas como um *palimpsesto* ao inverso. Ou seja, não uma escritura do passado, mas uma inscrição do futuro. Assim considerando, a metáfora da "evasão", ainda que não precisamente explicada por Lévinas, o faz crer que ela pode ser interpretada em face a uma busca: "nós pensamos que o que está oculto por trás dessa metáfora é a exigência de pensar além de ser entendido no sentido verbal, uma exigência que, no entanto, encontrará sua expressão filosófica adequada apenas forjando o contra-conceito de *outro modo que ser*" (ROLLAND, 1982, p. 17).

> Trakl? A questão tem uma abrangência mais geral: as Sagradas Escrituras, lidas e comentadas no Ocidente, terão elas inclinado a escritura grega dos filósofos ou ter-se-ão unido a ela apenas teratologicamente? (*HOH*, p. 104).

Essa estranheza que provém de um "outro" livro, mais antigo que o livro grego, teria um caráter de anomalia? Um Ser que admite o estranho é anômalo? Mais tarde, Lévinas reincide na mesma questão: "o 'animal capacitado de linguagem' de Aristóteles não foi jamais pensado na sua ontologia sobre o *libro*, nem interrogado sobre a condição de sua relação religiosa com o *livro*" (*ADV*, p. 8, grifo nosso). O *livro*, isto é, a Torá, não teve categorias citadas e promovidas filosoficamente, como se seu conteúdo não tratasse da condição (ou não condição) humana. É desse vazio que se trata o perguntar-se sobre um "além" que habita o Ser e que, ao mesmo tempo, lhe é intrínseco. Uma *estraneidade* elevada a uma de suas categorias, portanto pensável como tal. Mas não na determinação de uma totalidade e, sim, de uma abertura à hospitalidade. Lévinas nos propõe, portanto, a adentrar nesse difícil caminho, "ao risco de reverter certas noções que, ao senso comum e à sabedoria das nações, parecem as mais evidentes" (*DE*, p. 127).

Essa atitude filosoficamente corajosa do jovem Lévinas de indagar sobre a possibilidade de um "outro livro" no pensamento do ser nos leva à seguinte questão: se a filosofia intercultural for uma filosofia possível, pelo que ela deve se relacionar com possíveis "outros livros", ou outros paradigmas ou epistemologias, então uma abertura no horizonte do ser será necessariamente exigida a fim de hospedar o estranho, a *outridade*? Mas o hospedeiro, o *ser* com a sua lógica não irá novamente sublimar ou dissimular seu próprio hóspede? Para que uma *outridade* subsista como "*outro modo que ser*", para que não venha a ser absorvida na totalidade do Ser, ou do *Mesmo,* é necessário que se dê a sua "expropriação" do *logos* grego (DERRIDA, 1967, p. 122-123)?

Começaremos a descrever essa problemática por meio do próprio Lévinas. Esperamos colher dessa análise indicações para um fazer filosófico intercultural fundado não em um método para o diálogo intercultural, mas em uma possibilidade mesma para a filosofia intercultural que parte e subsiste na noção de *Alteridade* e, consequentemente, de seu operar e seu dialogar nessa mesma noção. A especificidade do rigor da ética em Lévinas, enquanto ela nos permite afirmar uma abertura que possibilita um encontro que mantém a tensão e a riqueza das diferenças singulares, se apresenta a nós como um ponto de partida e um caminho. Cremos que a noção de *Alteridade* torna possível e frutífero esse encontro e, logo, torna possível a filosofia intercultural, quando o termo "frutífero" significa um encontro ético, sem a violência da possessão do *Outro* pelo *Mesmo* no ser do Eu que objetiva e sistematiza o evento do outro; ou ainda, enquanto ser que contém a ética e, portanto, se mantém numa diferença, num "além do ser".

Considerando que em Lévinas esse encontro filosófico entre diferentes sabedorias ou tradições (a grega e a judaica) solicita intrinsecamente que a relação seja uma relação de alteridades,[4] entendemos que não estamos aqui analisando uma *inter*-filosofia, mas antes uma elaboração filosófica que toma elementos do dinamismo presente nas culturas que manifestam diferentes arranjos de compreensão do real e do existente ou, ainda, diferentes epistemes. Tomando emprestada a noção de Fornet-Betancourt explicitada no capítulo II, as "vozes" da cultura que se exprimem como textos, artes, ritos e símbolos são todas vozes possíveis de serem individuadas e filosoficamente significadas. Segundo Lévinas, são o lugar em que se manifesta uma "via espiritual" não óbvia, mas também não frívola (*ADV*, p. 8). A filosofia, por sua vez, é o passo consciente que demonstra, significa e disponibiliza a universalidade dessa via, ou dessa pré-filosofia.

Portanto, em nossa Segunda parte, intentaremos: 1) analisar os primeiros escritos de Lévinas, nos quais ele esboça uma reflexão que deixa transparecer uma espécie de *palimpsesto*. Pela via da fenomenologia, ele busca descrever a "via espiritual" do humano que exprime, por meio da literatura moderna e contemporânea, verdades que a ontologia não alcança expressar suficientemente por revelarem-se como uma *ex*-cedência dentro do "ser"; 2) seguiremos, pois, analisando essa *ex-cedência* por meio das rupturas que Lévinas faz com a filosofia de seus mestres, sobretudo Husserl e Heidegger, a fim de afirmar a significação de *Outro* e de *Alteridade* como conceitos de uma ética radical. Ao mesmo tempo, centraremos nossa atenção na crítica a essa filosofia, que parece emergir de noções do judaísmo como contraponto e também ensinamento sobre a *Alteridade*, sendo que esse conceito aparece não apenas como um caso ético no seu pensamento, mas também como posição política; 3) necessariamente chegaremos à análise da hermenêutica levinasiana como possivelmente inspirada no modelo talmúdico de

4 Nossa proposta encontra eco nos mesmos intérpretes dessa interculturalidade que o texto de Lévinas revela e a qual estamos afirmando em nossa tese. A esse respeito, C. Chalier e M. Abensour, dois dos principais intérpretes de Lévinas, afirmam que "para Lévinas, ser ao mesmo tempo fiel aos profetas e aos filósofos é a única atitude que permite não se submeter aos falsos profetas do século, a fim de permanecer fiel à escuta de uma Palavra muito antiga, aquela em que duas culturas se encontram, se questionam e se enriquecem" (1991, p. 12).

interpretação no qual os princípios éticos de um judaísmo vivido se implicam com a argumentação rigorosa da filosofia. A nosso ver, esse seria o verdadeiro *palimpsesto* que revelaria o método de Lévinas e sua intrínseca interculturalidade; 4) nesse contexto, faremos considerações acerca da linguagem levinasiana que denota a busca de um dizer sobre o "além da essência" que se exprime tanto na tradição grega quanto na tradição judaica e que, apesar de ele buscar representá-la na ênfase da linguagem, esta se interrompe para dar lugar à ética.

Afirmar a filosofia intercultural como um proceder ético, provindo da abordagem metafísica, em que as noções de *Alteridade* e de *Outro* se impõem como ponto de partida, método e chegada, parece-nos ser uma busca para superar aquela dificuldade que a mesma noção levinasiana de *il y a* já denunciava: se esta causa o "terror" da impossibilidade mesmo da morte pela sua indeterminação – mas incessante presença impessoal –, a *Alteridade* vem se impor, inexoravelmente, como "responsabilidade absoluta". A estrada para uma filosofia intercultural parece aberta nessa hermenêutica levinasiana que se dá num processo de responsabilidade pelo *Outro*, isto é, não partindo de uma especulação do *Outro* pela intencionalidade, nem pela comparabilidade do comensurável, mas na medida da relação de *Alteridade* que desvela uma universalidade já no particular. Na medida em que esse Outro se mantém por ele mesmo é que a universalidade pode se tornar possível e perfectível na relação ética das *alteridades culturais*.

CAPÍTULO IV

FILOSOFAR É DECIFRAR UMA ESCRITURA VELADA

Como a voz da literatura pode desvelar os vividos do existente que o conceito se fatiga para exprimir? Não sabemos se Lévinas faz recurso à linguagem literária por encontrar dificuldades na linguagem filosófica ou se, ao contrário, intencionalmente ele quer demonstrar que os vividos do existente têm um caráter que foge à formulação sistemática porque exprimem um "além", uma espécie de evasão da determinação. Não se trata de permanecer no irracional, mas de exprimir tais vividos que são irrepresentáveis porque neles se adverte uma experiência de abertura ao outro, uma saída do si mesmo - aquém e além do intencional. Ou, ainda, estaria Lévinas criticando a mesma filosofia por meio de uma tentativa de elevar o significado da existência acima e além de sua lógica transcendental, a qual ele frequentava na academia, apontando para a necessidade ética a que os eventos do mundo - do mundo de seu tempo, um século de duas guerras mundiais - clamavam à razão? O recurso de Lévinas à literatura perpassa toda a sua obra, e ele mesmo intenta, ao menos inicialmente, ensaiar por meio da literatura a sua própria hermenêutica da existência, ou uma razão para uma existência atormentada pela iminência do "fim do mundo" - porque este parecia mesmo agonizar e porque a razão fracassara em dar sentido a ele -, como têm revelado as edições de seus escritos inéditos,[1] recentemente publicados. Aqui não temos a intenção de especular sobre tais questões, mas tão somente a de constatar que, na filosofia de Lévinas, a escritura está sempre tentando abranger o inefável. E como ela deve dizer seu próprio avesso, nosso autor lança mão da narrativa literária para realizar vários intentos: dentre eles está o rompimento com o modelo filosófico da tradição a fim de elevar ao nível filosófico aquilo que a tradição mesma parece ter abandonado, ou seja, o pensamento para além de si mesmo, o que significa um desafio

1 Trata-se de *Carnet de captivité et autres inédits*. Paris: Grasset/Imec, 2009; *Parole et silence*. Paris: Grasset/Imec, 2009; e *Eros, littérature et philosophie*. Paris: Grasset/Imec, 2013.

quando se quer pensar interculturalmente. Neste capítulo, pois, analisaremos o papel da literatura na filosofia de Lévinas, pois ela atravessa seus escritos e nela ele capta uma "via do espírito" ou uma via metafísica, para exprimir o Bem, o transcendental com o qual intende justificar a essência da subjetividade.[2]

4.1 A literatura como via por onde passa o espírito

O título deste capítulo refere-se à pergunta de Lévinas em *Humanismo do outro homem*: "filosofar não consiste em decifrar uma escritura escondida num palimpsesto?" (1993, p. 104). Mas filosofar não seria também decifrar uma via espiritual do humano nos mesmos atos do humano? Trata-se aqui de nos perguntarmos sobre as razões do filosofar, ou da pré-filosofia que precede a própria filosofia.

Em *De l'évasion*, que aprofundaremos mais adiante, nosso autor nos introduz na problemática de uma ontologia que começa a parecer-lhe insuficiente para abarcar a complexidade do humano. Isso é por ele evidenciado já a partir da literatura contemporânea. Ela denota um mal-estar ou uma sensibilidade que se exprime como necessidade de transpor o ser finito: "A *evasão*, da qual a literatura contemporânea manifesta a estranha inquietude, aparece à nossa geração como a mais radical condenação da filosofia do ser" (*DE*, p. 94). Mas veremos também em *Da existência ao existente* a abundância de citações literárias nas quais Lévinas busca decifrar tal inquietação metafísica de seu tempo. Notamos, ainda, que em *Totalidade e infinito* as referências à literatura também abundam já sem nem ao menos a preocupação de identificar seus autores, como é o caso da primeira e última frases dessa sua obra máxima que se inicia com a citação de Rimbaud: "A verdadeira vida está ausente", e segue parafraseando o seguinte fragmento do mesmo verso: "Mas nós estamos no mundo";[3] e conclui com um verso de Baudelaire, de *Les fleurs du mal*: "o tédio, fruto da morna incuriosidade que assume as proporções da imortalidade".[4] Uma vez mais ele reafirma a condição do

2 A experiência da guerra parece também influenciar Lévinas a utilizar o recurso da literatura para exprimir a "perplexidade teórica" que aquele momento impõe (CIARAMELLI, 2015, p. 165-180).

3 A respeito desse enigmático começo na primeira secção de *Totalidade e infinito*, remetemos ao comentário de E. Neppi, 2017, p. 103-104.

4 O poema diz: "Nada se iguala em comprimento aos dias coxos, quando sob os pesados flocos dos anos de neve, o tédio, fruto da morna incuriosidade, toma as proporções da imortalidade" (BAUDELAIRE, 1961, p. 69, tradução livre).

indivíduo imputado na ideia do ser puro que experimenta nada mais que o tédio, um tédio que não morre (*TI*, p. 305). A menção aos romances russos, os quais, segundo o próprio Lévinas, o prepararam para a filosofia,[5] também é frequente, não só para corroborar um conceito ou categoria, mas, em certa medida, Lévinas busca nessa literatura até mesmo suas categorias, como é o caso da afirmação da "responsabilidade absoluta" inspirada na conhecida fórmula de Dostoiévski no romance *Os irmãos Karamazóv*: "somos todos culpados de tudo e de todos diante de todos, e eu mais do que os outros" (2013, p. 330). Ora, lembra-nos uma das biógrafas de Lévinas:

> [...] a literatura permite aprofundar a definição do pré-filosófico como reconhecimento da inscrição da verdade dentro da história (fosse ela narração) e dentro do tempo. A interrogação sobre o sentido da vida, sobre o ser, sobre quem sou, sobre o que devo fazer surge ou se reflete nos argumentos, nas intrigas e problemáticas da ficção. O amor, o bem, o mal, a relação com o pai, a organização social, a atração mística, a ganância, o jogo de azar são todas 'paixões' humanas em busca de esclarecimentos. [...] a vocação filosófica provém da mesma forma de desejo de se orientar dentro das paixões e trivialidades constitutivas de uma existência e de lhes conferir uma ordem e um sentido. [...] Assim, se explicaria a simpatia imediata de Lévinas pelo modo fenomenológico de filosofar e as temáticas de seus primeiros escritos (LESCOURRET, 1994, p. 26-27).

Lescourret pergunta-se: "Qual é a pré-filosofia, a não filosofia que faz dele [Lévinas] o precursor da virada ética da fenomenologia após havê-la introduzido na França?" (p. 19). Sua questão tem a ver com o pressuposto de que Lévinas funda essas suas escolhas com o que ela chama de "inaugural", aplicando-lhes a fórmula de Wittgenstein: "o movimento do pensamento no meu filosofar deverá ser encontrado na história do meu espírito, de seus conceitos morais e na compreensão de minha situação" (1994, *N.d.A.*, n. 4, p. 18). A situação e o contexto vividos por Lévinas – como foram a ascensão de Hitler ao poder e a subsequente evolução política na Europa e no mundo – também se tornaram um marco inaugural que o impressionou, resultando na sua clarividente análise do hitlerismo: "assustadoramente perigoso, torna-se filosoficamente interessante",[6] como afirmou ele. Logo, a existência individual

---

5 Em uma entrevista a Myriam Anissimov, Lévinas afirma: "Os romances russos foram a minha preparação para a filosofia: Pouchkine, Lermantov, Tourgueniev, Dostoïevski e Tchékhov" (1985, p. 33).

6 Lévinas expressa essa frase num breve artigo intitulado "Quelques réflexions sur la philosophie de l'hitlérisme", que analisaremos cuidadosamente mais adiante. O artigo teve várias publicações, mas para a nossa análise utilizaremos a edição de 1997.

comporta aqui uma importância sempre determinante na posterior elaboração filosófica do indivíduo que filosofa. Nela encontraremos os seus interesses e as suas escolhas, e, quando não, o fio unitário da obra de uma vida. Mas essas raízes não denotam também a barbárie que o mesmo filósofo Lévinas denuncia? "A pré-filosofia aparece ao filósofo e aos bárbaros" (LESCOURRET, 1994, p. 20). Entretanto, segundo essa autora, a pré-filosofia de Lévinas deve ser buscada na quádrupla raiz cultural de sua existência: a raiz judia, a russa, a alemã e a francesa, nas quais ele foi educado e, consequentemente, recebeu forte influência. Em *Signature* (*DL*, p. 433-440), Lévinas descreve com uma densa brevidade a sua autobiografia intelectual, em cuja primeira frase ele exprime o começo de seu pensar: a *Bíblia*, Alexander Pushkin, Liev Tolstói e a Revolução Russa. Perguntado algumas vezes sobre o que o guiou à filosofia, ele responde sempre que foram, inicialmente, os romances russos,[7] os quais exprimiam a ansiedade da existência, o amor, a bondade em meio ao ódio. Esses sentimentos do espírito humano inspiraram a elaboração filosófica de Lévinas por meio, evidentemente, de um método – a fenomenologia, tanto no modelo de Husserl como no de Heidegger – e de uma linguagem que podemos dizer "levinasiana" como resultado de sua formação acadêmica em Estrasburgo (1923-1930), em Friburgo (1928-1929) e, subsequentemente, na redescoberta mais sistemática do estudo do judaísmo por meio do Talmude com o mestre Chouchani.[8] A vivência e a formação judaicas o levaram, sem dúvida, a atuar assiduamente nos Colóquios de Intelectuais Judeus Franceses

7 Sobre esse início da obra de Lévinas, há vários testemunhos seus dados em entrevistas, mas que também podem ser lidos em *EI*, p. 16-17.

8 Chouchani ou Schouschani é um nome que se escreve de muitas formas e que talvez nem mesmo um nome seja, mas sim a referência de um local, Susa, antiga capital do Reino de Elan, que corresponde atualmente a uma região do Irã. Chouchani, um judeu errante que assim se autodenominou, aparece em Paris na década de 1940 e ensina uma específica interpretação talmúdica a Lévinas, dentre outros discípulos seus. Foi um personagem enigmático que viajava sem cessar e que guardava absoluto segredo sobre sua origem e identidade. Lévinas menciona Chouchani e seu ensino poucas vezes nas obras confessionais, mas responde às perguntas de seus entrevistadores, sem poder revelar muito de seu mestre. É concorde em muitos autores a ideia de que Chouchani teve uma decisiva influência sobre o procedimento hermenêutico de Lévinas e sobre sua obra posterior às lições talmúdicas por ele seguidas. Chouchani partiu de Paris e se fixou em Montevidéu, Uruguai, onde faleceu em janeiro de 1968. Sua tumba é local de peregrinações. Atualmente há um grande interesse investigativo a respeito de seus ensinamentos orais, não apenas do Talmude, mas de muitas outras ciências nas quais ele era esperto. Muitas lendas se criaram em torno à sua pessoa e hoje elas suscitam interesse também em narrações teatrais, como se pode ver em M. Camerini no texto *Chouchani, in cerca di un maestro* (2014). Ainda, uma tentativa de reunir informações biográficas sobre Chouchani é encontrada em Salomon Malka (1994).

e a publicar obras não apenas filosóficas, mas também religiosas. Em *Difficile Liberté*, Lévinas afirma ter feito uma tentativa de sistematizar filosoficamente algumas experiências do humano que justamente se opõem ao pensamento filosófico que reduz o *Outro* ao *Mesmo* (*DL*, p. 377). Ele teve essa inspiração a partir da *Guerra e Paz* de Tolstói, na qual encontra o sentimento de amor, de humanidade e de autonomia para além da violência dos totalitarismos. Lescourret sublinha que "a literatura russa forneceu um *corpus* de psicologia descritiva, uma galeria de atitudes existenciais, determinadas por interrogações morais ou metafísicas" (1994, p. 22) a Lévinas, as quais ele submeteu a uma hermenêutica herdada, por sua vez, da raiz do judaísmo lituano. O mesmo Lévinas nos informa sobre o ambiente plural lituano onde ele nasceu e viveu parte de sua infância até migrar, com a família, para a Carcóvia (Ucrânia), em 1914, por causa da Primeira Guerra Mundial:

> Quando alguém pronuncia a palavra Lituânia, talvez não faça ideia de que ela designa uma das partes do leste europeu onde o judaísmo conheceu o mais alto desenvolvimento espiritual. O nível dos estudos talmúdicos era alto, e a vida inteira era baseada nestes estudos e experimentada como estudo. Esse não era, por nada, um judaísmo místico. Ao contrário, era ligado à dialética rabínica do pensamento através dos comentários desdobrados em torno do Talmude e dentro do Talmude. Este é o país do famoso e genial talmudista, Gaon de Vilna [...]. A modalidade intelectual mais aberta à cultura em geral e à civilização moderna imposta no meu tempo não apagou o prestígio deste passado (POIRIÉ, 1987, p. 64).

Lescourret nos faz saber que Gaon (1720-1797), crítico do judaísmo hassídico, rejeitava a piedade e a aproximação sentimental ou intuitiva ao texto bíblico (1994, p. 23). Este deveria ser interpretado com a razão, ou seja, fazia-se hermenêutica como busca do sentido do real a fim de compreender o mundo e o devir. Outra linha de pensamento desse judaísmo foi a do rabi Haim de Volozhin (1759-1821), discípulo de Gaon e leitor da Cabala, que sublinhou a responsabilidade pelo outro homem como princípio inscrito na Torá. Esse humanismo é o que veremos abundar na obra de Lévinas, e dessa hermenêutica resulta que ele enfatiza "a vontade de desmitologização, de atualização, de santidade em vez do sagrado. Hermenêutica que é aplicada a todos os textos, seja santo ou profano, à cultura russa como à tradição bíblica e que fornece uma outra descrição do que seja o pré-filosófico" (LESCOURRET, 1994, p. 24). E mais, esse judaísmo lituano não denota apenas um adjetivo, mas possui uma coordenada própria existencial e marca um dos momentos essenciais do judaísmo moderno que, segundo David Banon,

> [...] suspeitará do imediatismo e do entusiasmo, de uma certa intoxicação do espírito característico do hassidismo popular; que refutará todas as formas de misticismo consideradas como fusão e confusão com o outro, fusão que teria arruinado e separação da subjetividade e da transcendência da alteridade. Um judaísmo que manterá à distância a posse, o fideísmo e a piedade como tais; que se definirá antes como disciplina intelectual medida à luz do Talmude onde o reino do rigor exaltará o intelectualismo da razão (BANON, 1987, p. 104).

Foi esse o ambiente judaico em que nasceu e foi educado Lévinas. Juntando-se à quádrupla raiz cultural, a língua hebraica que ele aprendeu muito cedo parece também ter sido um dos mais importantes registros no seu caminho filosófico. Lévinas narra que, desde os seis anos de idade, recebeu lições de hebraico moderno e, em seguida, de *Bíblia* (POIRIÉ, 1987, p. 67), mas não imaginava que posteriormente isso iria influenciar seu pensamento:

> Em um tempo em que o judaísmo se aproximou da modernidade e o sionismo estava no ar, o fato de ser judeu era tão natural como ter olhos e ouvidos. A interpretação estava ligada à palavra escrita. Não era chamada como hoje de hermenêutica, mas a interpretação era ligada ao texto da Bíblia. Mais tarde eu estudei o Talmude. Eu não fazia ideia de que isso era uma preparação para a filosofia, mas eu sempre atribuo meus gostos filosóficos a esta precocidade da interpretação ligada ao texto (ANISSIMOV, 1985, p. 29-30).

Ainda que antes de sua chegada a Estrasburgo, na França, em 1923, nosso autor afirme não ter tido uma iniciação à filosofia tal como ela é conceituada no Ocidente, ele experimentara nos Liceus onde estudou, na Rússia e na Lituânia, o que chamou de "abundância de inquietude metafísica" (POIRIÉ, 1987, p. 69). Precisamente esses temas que o interpelavam ao sentido da vida e ao amor como transcendência e que apareciam nas tramas romanescas russas já acenavam ao sentido filosófico que eles continham. Ora, tais "inquietudes metafísicas", afirma ele, apelavam, por sua vez, aos textos judaicos na busca de respostas:

> [...] em meu caso, solicitação de textos judaicos que desde minhas primeiras leituras de filosofia se apresentaram aos meus pensamentos e, sem que eu me desse conta, parecem ter me guiado àquilo que eu chamo de filosofia. Não estou seguro se isto foi uma preparação a Platão e Aristóteles, mas, em todo o caso, é isso que corresponde ao meu gosto pela filosofia em geral (POIRIÉ, 1987, p. 70).

Mas como irá se entrelaçar, em termos filosóficos, essa dupla raiz cultural, judaico-lituana e russa, com as outras duas, a alemã e a francesa, quando

Lévinas encontra-se, a partir de 1923, com mestres[9] como Maurice Pradines (1874-1958), Charles Blondel (1876-1939), Maurice Halbwachs (1877-1945) e Henri Carteron (1891-1929), que o introduzirão no conhecimento da filosofia grega, medieval e moderna? Como começará a se envolver com a fenomenologia de Bergson, de Husserl e de Heidegger nos anos que se seguem em Estrasburgo, depois em Friburgo e nos anos de prisão no Stalag com a bagagem judaica e russa que perpassa o pensamento do jovem e, posteriormente, do maduro filósofo Lévinas? Consideramos que respondendo a essas perguntas nos aproximaremos de uma de nossas intenções, que é a de demonstrar a possibilidade de uma filosofia intercultural como uma elaboração que se origina na própria vivência de quem filosofa – como uma espécie de vivência numa fronteira interior a si mesmo[10] – e de sua decisão a respeito dos temas que intenciona significar. Porém, tais temas não emergiriam precisamente porque provêm de alteridades culturais que habitam a vida do próprio filósofo? Qual o marco inaugural de uma filosofia intercultural realizada por um pensador como Lévinas?

4.1.1 Lévinas entre a literatura e a filosofia

Antes de abordarmos a fenomenologia da subjetividade que Lévinas elabora nos primórdios de seu pensamento – em parte, inspirada na literatura –, é preciso reconhecer nele uma vocação literária que emerge simultaneamente com a filosofia, senão antes. Numa breve imersão nos inéditos publicados recentemente pelo Comitê Científico para a publicação das Obras de Lévinas,[11] encontramos um Lévinas poeta e escritor de romances, ainda que inacabados. Porém, quando ele vai para a França estudar será, sem dúvida, a filosofia que ocupará o centro de seus escritos. Mesmo assim, a literatura lhe fornecerá a inspiração, senão mesmo, as metáforas e as categorias para exprimir seu pensamento.

---

9 Lévinas descreve seus mestres e sua descoberta da fenomenologia de Husserl e Heidegger na entrevista dada a F. Poirié em 1986 (POIRIÉ, 1987, p. 70-76).

10 Parece que a fronteira de Lévinas, situada na França, transita entre Jerusalém e Grécia, segundo argumenta S. Facioni em seu artigo "Il pensiero in esilio" (2009, p. 145-162).

11 Esse comitê é, até esta data, coordenado por Jean-Luc Marion, da Académie Française, e fazem parte dele: M. Abensour, R. Calin, B. Casper, C. Chalier, M. Deguy, M. B. Delaunay, M. Faesseler, G. Ferreti, M. García-Barró, K. Hart, J.-L. Nancy, G. Petitdemange e C. Romano. O Comitê tem a missão de publicar as *Obras completas* de E. Lévinas depositadas nos arquivos do IMEC em Paris.

Em seus *Carnets de Captivité* (1940-1945),[12] escritos durante o período em que esteve na prisão e contemporâneos à elaboração de *Da existência ao existente* (1947), encontramos uma espécie de "indecisão" - se assim podemos chamá-la - a respeito do tipo de expressão que melhor lhe conviria para expor seu pensamento. Assim, nos mencionados *Carnets* encontramos fragmentos tais como: "Um elemento essencial de minha filosofia - e é por isso que ela difere da filosofia de Heidegger - é a importância do Outro. *Eros* como momento central. De outra parte, ela segue o ritmo do j. - porque através paternidade - sentimento magnânimo. Patriarcas e seus rebanhos - filhos - profetas" (*CCAI*, p. 134, grifo do autor).[13] *Eros* é o título de um de seus escritos literários, ou seja, de um romance inacabado que no curso dos *Carnets* passa, em uma lista de obras por serem escritas, desse para outro título, *Triste opulence*, e, por fim, para o título *L'irréalité et l'amour* (*CCAI*, p. 74 - transcrição completa em *ELPh*, p. 35-113). Como dissemos anteriormente, no fragmento acima, a letra "j." está para "judaísmo", o que parece deixar claro que a meditação de Lévinas parte, conscientemente, da vertente do judaísmo e dessa sua sensibilidade ao espírito humano que se manifesta na metáfora ou no símbolo expresso na literatura da qual ele se informa. Mas não só isso: a literatura ou a forma de exprimir o pensamento deve, precisamente, ir além da forma e da representação, ou seja, deve apresentar-se como transcendência da ideia. Denota-se isso claramente em outros fragmentos, tais como os dois que seguem nos *Carnets*. Acerca do símbolo, ele diz: "A função do símbolo e da prefiguração no cumprimento - a sua propriedade de dar-lhe um sentido, de transformar o substantivo em cumprimento - explica o papel da filosofia na procura do Bem supremo" (*CCAI*, p. 176). Mais adiante ele vai falar acerca da transcendência que a sua filosofia está em busca: "A transcendência que eu pus como base de

12 Lévinas esteve prisioneiro no Stalag XIB, na região de Hanôver, de 1939 a 1945. Os sete "Cadernos", publicados sob o título, em francês, de *Carnets de Captivité et autres inédits*, foram redigidos entre 1937 e 1950, sendo que, conforme nos informa o editor, o essencial foi escrito durante os anos de prisão. Esses "Cadernos" mereceriam por si só uma análise sobre a relação das várias vertentes culturais que dão dinamismo às reflexões de Lévinas, mas por razões objetivas ao projeto de nosso livro, não é possível abordá-la. Sobre isso, remetemos aos *Carnets*, sobretudo às páginas 51-198. É possível também aceder a alguns comentários sobre as recentes publicações de textos inéditos de Lévinas, tais como: HOUSSET, E.; CALIN, R. (eds.). "Lévinas: Au-delà du visible. Études sur les inédits de Lévinas des Carnets de captivité à Totalité et infini". *Cahiers de Philosophie de l'Université de Caen*, vol. 49 (2012); FACIONI, S.; LABATE, S.; VERGANI, M. (eds.). *Levinas inedito: Studi critici* (2015).

13 Os *Carnets* são anotações, lembretes, muitas vezes breves e inacabadas. Outras vezes, são longas como os romances iniciados e inacabados. Porém, essas anotações mantêm um caráter de tema a ser desenvolvido mais tarde.

minha φ – é <sic> nem a transcendência em direção ao objeto – nem a transcendência em direção ao devir – nem a transcendência em direção ao amor – mas, a transcendência da expressão" (*CCAI*, p. 195). Lévinas está em busca dessa expressão que transcende o Ser e que é o Bem, ou, ainda, que transcende o dito e que, dizendo, comunica o que mais tarde em sua filosofia se chamará Infinito, Rosto, Glória. Mas considerando suas abundantes citações literárias nas obras filosóficas, somos levados a concluir que não apenas a literatura russa dos tempos de sua adolescência e juventude será fonte de reflexão, mas também a literatura ocidental do século XVIII e XIX e, especificamente, a literatura francesa, que passa a lhe servir como base na qual se expressa a problemática sobre a qual ele medita e que resulta nas descrições fenomenológicas da existência – diga-se: sua crítica a uma subjetividade que ele crê submissa ao Ser, por isso fatigada e nauseada e que aspira a uma evasão. Na literatura, Lévinas parece encontrar esse desejo manifesto ou pré-filosófico que o leva à crítica da ontologia e a propor uma transcendência ou uma *excedência* no mesmo Ser, sobretudo em seus primeiros escritos.

4.1.2 A política que funda as escolhas levinasianas

Quando adentramos na via da literatura para analisar as obras de Lévinas, damo-nos conta de que não é apenas a "via do espírito" e a metáfora que ele busca para exprimir um determinado fenômeno do humano que o leva a descrições fenomenológicas da existência, na qual a complexidade humana é evidenciada e analisada. O evento literário comporta também posições que parecem transbordar à ordem da própria análise. Em outras palavras, parece que Lévinas faz algumas escolhas porque estas vêm a calhar com uma narração do real que desvela um além do real, ou seja, a tragédia romanesca ou a poética não só desvelam o existente em sua subjetividade como, também, uma espécie de posição política subversiva ao próprio real. A relação intelectual entre Lévinas e seu amigo, o escritor e filósofo Maurice Blanchot, deixa claro o quanto o problema político estava na ordem do dia em suas reflexões juvenis.

Blanchot certamente influenciou a tendência da filosofia de Lévinas em base à literatura, além, evidentemente, da tendência filosófica que nesse período era comum, pois não foi somente Lévinas quem fez recurso a conceitos da literatura para fazer filosofia.[14] Com Blanchot, Lévinas estreitou uma

---

14 Em *De l'évasion*, a descrição da náusea, por exemplo, é o que move o conceito de "evasão", conceito metafísico que Lévinas toma da experiência existencial. Em seguida a essa sua original transmutação filosófica da náusea, também J.-P. Sartre publicará um romance

amizade que durou por toda a vida, assim como um diálogo filosófico desde que eles se conheceram em 1926, em Estrasburgo. Segundo sua biógrafa Lescourret, Blanchot introduziu Lévinas na literatura francesa contemporânea, sobretudo a de Paul Valéry (1871-1945) e a de Marcel Proust (1871-1922). Lévinas, por sua vez, deu a conhecer a Blanchot a ontologia heideggeriana. Quase quarenta anos mais tarde, Lévinas publicará o texto "Sur Maurice Blanchot".[15] Uma análise comparativa entre as analogias conceituais dos dois autores foi realizada por Enzo Neppi, da qual ele sublinha três de particular importância. A primeira se refere à concepção do Ser[16] nos dois autores:

> [...] o ser concebido por Blanchot como eterno retomar, como obsessão da existência e impossibilidade de morrer, cobre perfeitamente a noção de *il y a* que Lévinas, por sua vez, define como 'evento impessoal', como 'fervilhar' noturno e 'murmúrio' anônimo, como impossibilidade da morte e condenação à realidade perpétua (NEPPI, 2007, p. 112, grifos do autor).

Assim vemos que em ambos os autores a mesma ontologia se expressa em termos diferentes, mas sentidos semelhantes. A segunda analogia conceitual não se refere tanto à ontologia, mas à fenomenologia sobre a obra de arte que os dois autores realizaram. Em Blanchot, a escritura é definida como fascinação e ausência de tempo, como nos informa Neppi: "como um recomeçar infinito daquilo que nunca teve uma primeira vez, como uma neutralidade de um 'Ele' sem figura, como um 'ser anônimo, impessoal, não-Verdade e não-Real', como 'tempo morto onde a morte é presente, chega e nunca cessa de chegar'" (2007, p. 112, grifos do autor).[17] Em Lévinas, porém, é onde certamente Blanchot encontra o senso destes conceitos (*LIH*, p. 107-127, grifos do autor), com a diferença que nos faz notar Neppi:

---

intitulado *La Nausée* (1935) e depois argumentará o tema da vergonha em *L'être et le Néant* (1943). Lembramos ainda a fenomenologia dos paradoxos existenciais nas obras de arte de M. Merleau-Ponty, contemporâneo a Sartre. Nesse período, era uma constante entre muitos autores recorrer à análise da arte na qual se apresentavam os enigmas existenciais. Também Kusch na Argentina iniciará sua análise do pensamento indígena a partir desse ponto, como veremos adiante na Terceira parte.

15 Trata-se do escrito "Sur Maurice Blanchot" (1975). Veja-se também o resultado do colóquio organizado pela ACCEL (Association pour la Célébration du Centenaire Emmanuel Lévinas) em HOPPENOT, E.; MILON, A. (eds.). *Emmanuel Lévinas-Maurice Blanchot, penser la différence* (2007); GRAMONT, J. *Blanchot et la phénoménologie: L'effacement, l'événement* (2011).

16 Os conceitos de Lévinas a respeito do Ser podem ser lidos em: *EE*, p. 99-100. O mesmo em Blanchot, 1949, p. 293-331.

17 Tal descrição pode ser lida em Blanchot, 1955, p. 13-32.

> [...] em Blanchot essa fenomenologia da obra literária é afetada por um signo positivo (ao menos no plano epistemológico): a escritura manifesta a essência do ser e a sua verdade última, ao passo que para Lévinas, desde meados de 1940, ela representa uma sorte de degradação e de contrafação do ser. A verdade ontológica é ética, face a face e pluralidade (2007, p. 112-113).

O terceiro aspecto que aproxima Lévinas e Blanchot se refere às mesmas fontes literárias citadas nos escritos de ambos. As obras de Edgar Poe (1809--1849), Charles Baudelaire (1821-1867), Arthur Rimbaud (1854-1891) e Paul Valéry (1871-1945) são citadas por Blanchot em pelo menos duas de suas obras, *La part du feu* e *L'écriture du desastre*, enquanto que, em Lévinas, nós as encontramos distribuídas em muitos de seus escritos, sobretudo em *Da existência ao existente*. Temas como a náusea, a existência sufocante e anônima, a evasão, a vergonha e a impossibilidade da morte podem ser lidos em ambos, igualmente. No entanto, apesar dessa proximidade tanto temática quanto conceitual com a literatura – longe de confundi-la com a filosofia –, devemos sublinhar que Lévinas parece não se impressionar e nem desejar uma atitude apaixonada frente ao evento da existência e, muito menos, frente aos eventos da história, herança de um judaísmo assaz intelectual e crítico herdado na Lituânia e do qual ele provém. Por isso, contrariamente aos seus contemporâneos, como Sartre e Blanchot, que reagiram com a literatura frente aos conturbados eventos políticos do período entre as duas Guerras Mundiais, Lévinas responde aos mesmos filosoficamente (LESCOURRET, 1994, p. 27), e é quando vamos encontrar, até esse momento, o único escrito que evoca o hitlerismo como uma filosofia.[18] Disso trataremos a seguir.

No entanto, a turbulência do mundo ao redor de Lévinas e a sua condição de judeu não teriam também influenciado num certo modo de filosofar as suas opções temáticas? Parece evidente que tais inquietudes encontrem reflexos nos personagens que protagonizam as tragédias romanescas ou poéticas por ele lidas. E, para além delas, sua perspicácia intelectual parece dar um passo a mais: um ser que se concebe suficiente não pode desejar senão a evasão dessa própria suficiência, evasão como possibilidade de uma transcendência do próprio ser. E não apenas a literatura será uma espécie de espelho no qual essa crise do ser se reflete, mas, talvez, e muito mais, será a experiência existencial de judeu:

> Para o judeu que o hitlerismo pregou ao seu judaísmo, haverá em algum lugar que não seja o self, um espaço de acolhimento? Mas, para os gentios,

18 Trata-se de *QRH*, p. 7-27. Ainda sobre o hitlerismo, há um outro artigo de Lévinas de 1938, "L'inspiration religieuse de l'alliance" (Chalier; Abensour (eds.), 1991, p. 144-146).

> para *esta civilização que aceita o ser, o desespero trágico que ele comporta e os crimes que ele justifica* e que, por esse fato, *merece o nome de bárbaro*, haverá uma escapatória? Esse contexto de racismo biológico, que se prolonga com os eventos da juventude, encoraja a redefinição levinasiana do humano em direção ao amor pela paz adquirida, não no repouso da identidade, mas na práxis, na exteriorização. Não em direção à eternidade, mas ao infinito (LESCOURRET, 1994, p. 32-33, grifos nossos).

Se Lévinas toma emprestado as expressões da literatura romanesca e poética, parece-nos que seja por duas razões: de uma parte, ela se apresenta como uma plataforma onde o trágico da existência encontra uma expressão adequada, pelo fato de que pode mostrar o real excedido de suas possibilidades por meio da linguagem metafórica desses textos que, assim, oferecem a possibilidade de uma descrição fenomenológica sobre uma excedência do ser – uma espécie de "evasão" dele que a abordagem da totalidade não permitiria; de outra parte, a literatura narra com sua metáfora precisamente aquilo que Lévinas vem "pressentindo",[19] a saber, o real apresenta-se por demais ameaçador. Referimo-nos aqui a tudo o que antecede a Segunda Guerra Mundial, ou seja: o crescente antissemitismo seguido das perseguições aos judeus, da instalação do regime nazista, da guerra em si e do imponderável evento do holocausto, uma intuição que o próprio Lévinas afirma ter captado, seja dos eventos que vão se desenrolando, seja da revelação do livro.[20] E tudo isso lhe pareceu fugir à racionalidade do ser como tal. Não fugia, porém, à literatura que exprimia essa crise na narração desses dramas. Parece-nos que esse conjunto de situações inspirará primordialmente suas temáticas filosóficas, possibilitadas pela descrição pungente da fenomenologia.

Por fim, se a tendência a "confiar nos livros" – livros como literatura, *Bíblia* e filosofia – provém da formação para a interpretação que o judaísmo lituano lhe forneceu, resta-nos perguntar: por que essas e não outras obras literárias influem sobre nosso autor, quando a tragicidade é um recurso próprio das narrações novelistas em geral? A isso o próprio Lévinas nos responde:

---

19 Lévinas usa o termo *pressentiments* quando fala das razões pelas quais foi à França para estudar e viver, ou mesmo quando explica o conceito de *evasão* nos seus primeiros escritos filosóficos. Certamente não é apenas uma expressão emocional, mas fruto de sua análise dos fenômenos históricos (POIRIÉ, 1987, p. 69.82-83).

20 Ele afirma isso em uma entrevista: "Eu digo com muita frequência que os livros são mais interiores do que interioridade, o que não é um paradoxo, mas pressupõe uma percepção de graus de interioridade e uma desconfiança de enganos inocentes e incultos" (POIRIÉ, 1987, p. 67).

> De minha parte, eu estudei a cultura russa e fiquei deslumbrado. Para entender esse universo você deveria ler Vassily Grossman. Eu o admiro muitíssimo. Em *Vida e Destino* ele fala sobre sua mãe que não seguiu o resto da família que emigrou para a América do Sul porque, para ela, a poesia de Nekrasov e Pushkin era essencial. Ela conta o quanto se emocionou durante a apresentação da peça *Uncle Vanya*. Muitos judeus eram como ela. O antissemitismo era comum na Rússia, mas havia uma *intelligentsia* que era muito de esquerda, muito acolhedora. Não havia guetos na Lituânia, mas socialmente os judeus viviam num gueto (ANISSIMOV, 1985, p. 33).

Nesse fragmento aparece também a consciência política por trás da narração "esquerdista" dos romances. Mas Lévinas repete algo parecido com respeito também à posição política de seu amigo e literato Blanchot. Inicialmente, parece que não foi o posicionamento político que aproximou os dois estudantes de Estrasburgo, mas, mais tarde, Lévinas nos faz saber que Blanchot

> [...] fez parte dos *cento e vinte e um* [intelectuais] no tempo da guerra na Argélia. Ele era muito radical, mas deixou de lado alguns movimentos aos quais era associado em 1968 porque contestavam Israel. Isso que ele fez lá é grandioso. Blanchot não é um homem comum, um homem que você pode encontrar na rua. Aos seus olhos o critério, em política, de justiça ou injustiça é o reconhecimento incondicional de Israel (ANISSIMOV, 1985, p. 35).

Podemos afirmar, portanto, que havia nas escolhas de Lévinas não apenas um interesse literário que o levava a pensar fenomenologicamente, mas também uma opção política. Esta lhe servia de motivo para a denúncia de uma filosofia que justificava a violência – violência que ameaçava a existência dos judeus em primeiro lugar, mas de igual modo toda a humanidade – à medida que ele vai elevando o judaísmo e o seu humanismo a uma universalização; violência de um pensar que dissimula na totalização de todas as diferenças. Assim, outro aspecto que parece orientar o seu pensamento a fazer uma virada dentro do pensamento como fundado no ser será a descoberta do gesto político e revolucionário dos protagonistas dos romances. É, ainda, o caso de uma narração de Grossman que conduz Lévinas a pensar o Bem como transcendente ao Ser:

> Eu li Grossman no texto original. O essencial nesse livro é simplesmente o que diz o caráter de Ikonnikov: 'Não há Deus, nem o Bem, mas há a bondade', o que é também a minha tese. Isso é tudo o que resta para a humanidade. Todo o romance é tecido desse modo. Grossman tem uma visão da humanidade, uma 'humanidade' que raramente ou nunca foi alcançada. Mesmo ele jamais a alcançou, ou não é? Ele afirma ainda:

> 'Existem atos de bondade que são absolutamente gratuitos, inesperados'. Por exemplo, [...] quando Stalingrado já está libertada, prisioneiros alemães, entre os quais um oficial, estão limpando um porão e removendo os corpos em decomposição. O oficial sofre de modo particular por essa miséria. Uma mulher do meio da multidão que odeia os alemães sente prazer ao ver este homem tão infeliz como nenhum outro. Então ela doa a ele o último pedaço de pão que possui. Isso é extraordinário. No ódio existe uma misericórdia mais forte que o próprio ódio. Eu dou um significado religioso a este ato. Este é meu modo de dizer que a misericórdia de Deus ocorre através do homem singular, não porque ele se organiza de certo modo ou porque pertence a uma sociedade ou instituição. Ele tem atos de bondade gratuitos. O humano perfura a crosta do ser (ANISSIMOV, 1985, p. 32-33, grifos da autora).

Nesse fragmento vemos Lévinas operando um entrecruzamento de tradições: a) do judaísmo ético, por meio da explicitação de conceitos como o homem individual, singular, que pessoalmente assume a responsabilidade pelo outro; b) da filosofia ocidental desde o pensamento platônico do Bem até o seu repensar cartesiano acerca do Infinito; c) e a da literatura russa que desvela a miséria e a grandeza do humano, mas também a clara posição politicamente revolucionária que, para Lévinas, denuncia uma situação particularmente experienciada pelos judeus nesse momento histórico. Esses entrelaçamentos parecem possibilitar ao nosso autor um *insight* de que o humano (o existente) é perpassado de uma complexidade tal e irredutível que não esgota seu significado e explicação tão somente nas noções ontológicas correntes e nem mesmo no alcance da fenomenologia. Assim, ele realiza a passagem da "existência" ao "existente", isto é, é necessário conceber o existente, evadindo-se do fundo neutro e geral do ser, do *il y a* (há), sendo estas questões que nascem da problemática filosófica que a ontologia heideggeriana abriu. Ou seja, Lévinas está preocupado em exprimir um "além" no humano que a linguagem filosófica de registro ontológico não cobre ou não alcança (*EE*, p. 17). Onde situar o existente em sua singularidade se ele está diluído na nudez do fato que há ser? Lévinas, pois, tenta determinar o núcleo desse problema na introdução de *Da existência ao existente*:

> A dificuldade de separar ser e 'ente' e a tendência em ancorar um no outro certamente nada têm de acidental. Elas vêm do hábito de situar o instante, átomo de tempo, além de todo o evento. A relação entre 'ente' e 'ser' não liga dois termos independentes. O 'ente' fez contrato com o ser; não pode isolá-lo. Ele é. Ele já exerce sobre o ser o próprio domínio que o sujeito exerce sobre o atributo. Ele o exerce num instante em que, para a análise fenomenológica, é indecomponível. [...] O que é o evento de ser, o ser em geral,

> destacado do 'ente' que o domina? O que significa a sua generalidade? [...] A ideia do 'ente' em geral já merece o nome de transcendente que os aristotélicos medievais aplicavam ao um, ao ser e ao bem. Mas a generalidade do ser – daquilo que faz a existência do existente – não equivale àquela transcendência. O ser recusa-se a toda especificação e nada especifica. [...] Não é necessário desse modo ver a marca do caráter impessoal do ser em geral na própria dificuldade em compreender a categoria segundo a qual o ser pertence a um 'ente'? (1998, p. 15-16).

Enunciando assim a problemática, ele propõe tratar dessa relação entre existência e ser, ainda que inspirado na filosofia de Heidegger, manifesta a pretensão de sair dela. Segundo Lévinas, em Heidegger a existência é concebida como

> [...] êxtase *para o fim*. Como consequência, em situar o trágico da existência nessa finitude e nesse nada no qual o homem se lança à medida que existe. A angústia, compreensão do nada, só é compreensão do ser na medida em que o próprio ser determina-se pelo nada. [...] A dialética do ser e do nada continua a dominar a ontologia heideggeriana em que o mal é sempre defeito – isto é, deficiência –, falta de ser, isto é, nada. Vamos tentar colocar em questão a ideia de que o mal é defeito. [...] O ser e o nada equivalentes ou coordenados na filosofia de Heidegger não são fases de um fato de existência mais geral, que o nada não constitui de forma alguma, que dominaremos o fato do *há* e em que se acham confundidas a existência subjetiva e a existência objetiva do antigo realismo? É porque o *há* nos prende totalmente que não podemos tomar levianamente o nada e a morte e que trememos diante deles. O medo do nada somente mede o nosso engajamento no ser. É por ele mesmo, e não em virtude de sua finitude, que a existência encerra uma tragédia que a morte não pode resolver (1998, p. 18, grifos do autor).

Essa contradição interna que Lévinas vê na ontologia heideggeriana leva-o a buscar um caminho ainda dentro do ser impessoal e neutro, a emergência do existente, do sujeito, por meio da noção do instante: "é possível perguntar-se se essa aderência do 'ente' ao ser é simplesmente dada no instante; [...] se o instante não é o próprio evento pelo qual o puro ato, no puro verbo de ser, no *ser em geral*, põe-se um 'ente', um substantivo, que se assenhoreia dele" (1998, p. 16, grifos do autor). A compreensão de Lévinas acerca da relação entre o ser e o ente – a diferença ontológica que a reflexão heideggeriana propõe e que é sinalizada pela angústia – talvez seja bastante reduzida por Lévinas, uma vez que ele parece ter dificuldade de reconhecer nela a afirmação da transcendência da existência que não é jamais aferrada na própria experiência desta no mundo. Mas não se poderia também dizer o contrário, que Lévinas percebe a insuficiência da abordagem heideggeriana, e que, não conseguindo exprimi-la filosoficamente, recorre, então, à poesia? E não estaria o mesmo Lévinas condenado a essa alternativa ao recorrer ele mesmo à literatura? Ou seria isso uma etapa na busca de uma expressividade filosófica que se encontra aqui em plena investigação?

Podemos dizer que essa tentativa de passagem é apenas uma entre as primeiras que nosso autor efetuará. Muitas outras se seguirão até a "evasão do ser", ou seja, até a evasão da ontologia e, por fim, à torção da mesma fenomenologia e da linguagem[21] para estabelecer o existente "de outro modo que ser", fora do sistema do *Mesmo* e "além da essência": o existente ético. Sendo que ele pretende exprimir sua fórmula no âmbito da filosofia, se manterá dizendo um Dizer "de outro modo" no Dito que ela lhe empresta: a fórmula grega. Lévinas deverá, antes, fazer uma espécie de diagnóstico da significação do ser – diríamos: uma fenomenologia do estado atual do ser –, expor sua crise e sua contradição (sua tautologia) para, depois, adentrar-se numa contenda ainda maior, que será a de filosofar o que foi considerado uma *des*-razão: o *outro* e a *alteridade*.

21 Sobre a "torção" e "interrupção" (ontológica e fenomenológica) na escritura de Lévinas, veja: DERRIDA, J. *En ce moment même dans cet ouvrage me voici* (1998), p. 159-202; *Adeus à Emmanuel Lévinas* (2008), p. 67-68 ; e também a crítica de Ricœur sobre *OMS* em *Outramente* (2008).

CAPÍTULO V

A FENOMENOLOGIA E A CRISE DO SER

"O humano [que] perfura a crosta do ser" (ANISSIMOV, 1985, p. 33) requer uma "outra" filosofia. Vemos aqui uma questão que parece inquietar Lévinas a respeito da abordagem fenomenológica de Husserl e da ontologia de Heidegger. Buscaremos, pois, analisar como se dá em Lévinas a descoberta dessa insatisfação por meio de algumas de suas análises em que ele descreve "a crise do ser". Consideramos que os textos nos quais essa "crise" é evidenciada funcionam também como uma espécie de *palimpsesto* pelo modo como ele metodologicamente opera. A nosso ver, dois aspectos parecem influenciá-lo: o primeiro é a fenomenologia por meio da qual ele descreve o que podemos chamar de "evidências" dessa crise, a saber, alguns eventos do humano que denotam a insuficiência da ontologia fundamental – e aqui estamos falando de sua réplica (TAMINIAUX, 1991, p. 275-284; 2012, p. 77) e crítica à ontologia heideggeriana – para definir o mesmo humano e para interpretar a sua complexidade; o segundo aspecto é a análise do mesmo fenômeno, isto é, a crise do ser deixa transparecer o seu judaísmo vivido, ou seja, uma habilidade de crítica adquirida do judaísmo lituano que influenciou sua formação juvenil e que, por meio dela, Lévinas chegará a "ultrapassar" o limite da fenomenologia para alcançar a ética. Isso se pode denotar quando, ao pensar o ser "para além", ele retoma a noção platônica do Bem ou a ideia do Infinito em Descartes. Embora esse segundo aspecto seja tomado da tradição ocidental, nossa percepção é a de que Lévinas, movido por uma intuição pré-filosófica da ética hebraica que lhe habita, justamente busca na racionalidade ocidental uma via por onde expressar aquela. Trataremos disso analisando os primeiros escritos de Lévinas, antes de ele frequentar o ensinamento talmúdico do mestre Chouchani, cujo encontro ocorrerá somente após a Segunda Guerra, por volta de 1946-1947. Nessa análise, incluiremos os primeiros artigos e obras, enquanto eles se referem a essa espécie de inter-relação de intencionalidades e múltiplas linguagens[1] praticadas por Lévinas em sua busca de fazer emergir o *Outro*, ainda dentro dos registros da fenomenologia e da ontologia. Mas nos textos que analisaremos a seguir, poderemos já vislumbrar que dar ao *Outro* um lugar na filosofia comporta também uma denúncia: a *Alteridade* não é só um conceito filosófico, é também um problema político.

5.1 Fenomenologia, ontologia e a possibilidades da alteridade

Iniciamos considerando o sentido do "mundo" que a fenomenologia possibilita: é o retorno às coisas mesmas, o mundo do vivido e a constituição do mundo pela intencionalidade, pela consciência como lugar da presença - presença do ser (*DVI*, p. 90). São noções da fenomenologia que vão de par e par com um outro sentido em Lévinas: o sentido do mundo, que para o judaísmo é o lugar da ação ética e, ao mesmo tempo, um não lugar ou um lugar de "suspeita".[2] O passo que Lévinas faz da fenomenologia à ética parece se explicar se considerarmos o aporte judaico que, de um modo geral, é aceito como uma das originalidades que nosso autor acresce ao método fenomenológico e, certamente, à filosofia contemporânea. Nos escritos que antecedem as suas duas grandes obras *Totalidade e infinito* e *De outro modo que ser ou para lá da essência*, ele não apenas adere à fenomenologia, mas também à ontologia de Heidegger, buscando uma possibilidade para o pensamento da alteridade. Mas esta virá inscrita ainda no sentido dado pela ontologia de Heidegger. Como afirma I. Kajon, o tema do Outro, compreendido como outro ser humano ou como outro modo com respeito ao ser, será descrito mediante uma análise fenomenológica, mas tanto no sentido dado por Husserl como por Heidegger:

> Os escritos levinasianos desse período se concentram primeiro sobre a questão da consciência como lugar do ser em Husserl, depois sobre o tema da existência como lugar do ser em Heidegger e, finalmente, sobre a noção do existente, determinado em primeiro lugar em si mesmo, ou

1 Quando dizemos "múltiplas linguagens", fazemos referência à metáfora literária, à performance dos personagens romanescos, à posição política e, propriamente, à elaboração filosófica. Todas essas expressões nos parecem evidentes nos textos que serão analisados.

2 Assim conclui Lévinas em um escrito de 1935, no qual põe em questão uma noção do ser que se apodera do mundo frente ao desenraizamento do judaísmo, que não pode assumir o ser como único critério de valor e julgamento, pois é o Bem a noção que transcende o mundo: "O sentimento de Israel em relação ao mundo é bem diferente. Ele é pleno de suspeitas. [...] Por mais que o mundo apareça inabalável, aos chamados mentes sãs, para o judeu ele contém um traço do provisório e do criado" (*AM*, p. 142).

> como elemento que se isola e se distancia da existência e, em segundo lugar, e sobretudo, como um 'eu' que, na socialidade, entra em relação com o Outro (KAJON, 2002, p. 135).

No entanto, aos poucos veremos acontecer em Lévinas uma superação da abordagem do próprio Husserl quando a concepção de *outro* é ampliada ou elevada à noção ética da relação à *Autrui*.[3] Essa passagem ocasiona uma ruptura com a fenomenologia, como o próprio Lévinas explicaria alguns anos depois de ter publicado *Totalidade e infinito* e *De outro modo que ser*, duas obras que, por excelência, apresentam a relação com o mundo como relação intersubjetiva e esta, por sua vez, como relação ética. Respondendo a Philippe Nemo, que na sua pergunta distingue entre a fenomenologia como constituição do mundo pela intencionalidade e a abordagem da ética como uma metafísica feita por Lévinas,[4] nosso autor esclarece:

> De Husserl você esquece a importância da intencionalidade axiológica [...]. O caráter de valor não é atribuído aos seres pela modificação de um *saber*, mas deriva de uma atitude específica da consciência. Trata-se de uma possibilidade do pensamento de Husserl que pode ser desenvolvida para além do que o mesmo Husserl afirmou a respeito do problema ético e da relação com os outros e que permanece ainda no plano da representação [...]. A relação com os outros pode ser indagada como intencionalidade irredutível, mesmo que ao final se percebe uma ruptura da mesma intencionalidade (*EI*, p. 27-28, grifo do autor).

Inicialmente Lévinas entra por essa brecha da fenomenologia husserliana por onde pode abordar uma dimensão que lhe põe muitas questões

3 O problema de Lévinas com a filosofia ocidental em geral, sobretudo com a filosofia moderna de Kant a Heidegger, é a concepção do conhecimento no registro do idealismo transcendental. Este concebe o objeto não conforme as determinações do mesmo, mas, sim, das estruturas *a priori* do sujeito que o mesmo projeta sobre o objeto. Assim, o objeto se adéqua à própria constituição das formas *a priori* e de suas funções de unidade do sujeito. Nessa perspectiva, o *outro* não subsiste como *outro*, pois é objetivado como todas as outras coisas. É contra essa concepção que Lévinas irá afirmar a absoluta alteridade do *outro*. No prefácio à edição alemã de *Totalidade e infinito* ele explicita essa problemática: "Este livro contesta a síntese do saber, a totalidade do ser abraçada pelo *eu transcendental*, a presença captada na representação e o conceito na interrogação sobre a semântica da forma verbal do ser – estações inevitáveis da Razão – sejam as instâncias últimas do significativo (*sensé*)" (*EN*, p. 253, grifos do autor). A esse respeito, veja também A. P. Quintana, 2008, p. 69-90.

4 A questão posta a Lévinas por Nemo foi a seguinte: "Para alguém como você, no entanto, que concentrou todo o seu trabalho na metafísica como ética, aparentemente há pouco a tirar diretamente de Husserl, cujo domínio privilegiado da reflexão é o mundo e sua constituição mais do que o homem e seu destino" (*EI*, p. 27).

à filosofia e com a qual se encontra em Estrasburgo e depois em Friburgo. As análises fenomenológicas da subjetividade de Lévinas apontam para os problemas que ele vê na abordagem do ser. Ou seja, ele utiliza o método para descrever a irresolução da ontologia fundamental quando se trata de conceber o outro como alteridade. Por isso, inevitavelmente, à medida que descreve situações existenciais como a náusea, a insônia e outras mais, emerge dessa análise a sua crítica ao que ele chamou de "clima filosófico", que é, sobretudo, a abordagem ontológica de Heidegger. Dá-se uma crítica, porém, dentro do mesmo registro, seja à fenomenologia como à ontologia correntes. Um breve aceno a essa situação nos será útil para explicitar as passagens e superações que Lévinas vai fazendo subsequentemente, embora a sua crítica filosófica à filosofia ocidental se dê ao longo de todo o seu pensamento.

Segundo nosso ponto de vista, é em *Totalidade e infinito* que emergem suas respostas à crise do ser no campo metafísico que se abre para a ética. Em *De outro modo que ser*, ele propõe uma resolução que culmina numa ética radical ou metafísica. As duas obras são o ápice da crítica que apenas mencionamos, mas também propõem as soluções levinasianas que aos poucos iremos descrevendo. Buscaremos inicialmente analisar alguns aspectos da crítica para depois salientar alguns princípios do judaísmo, que em seus textos já despontam como uma via de certa forma inédita pela qual ele tomará distância do "clima filosófico". Assim procedendo, esperamos chegar a determinar como a confluência entre fenomenologia – método filosófico ocidental no qual o jovem Lévinas se aperfeiçoa – e uma hermenêutica crítica (se assim podemos chamar), ou o cerne do judaísmo herdado e vivido por ele, se implicam já nos primórdios de seu pensamento, deixando transparecer um certo entrelaçamento de alteridades (tradições) que, posteriormente, vai ganhando clareza e especificidade propriamente levinasianas. Nessa análise de seus primeiros escritos verificaremos se suas visões de subjetividade já se encontram, se contrapõem e se explicitam. E, depois, à medida que Lévinas vai elaborando uma profundidade sempre maior e mais radical na análise da intersubjetividade, essa inter-relação de visões vai exigindo um rompimento com a fenomenologia dentro da mesma fenomenologia, a fim de afirmar a ética como filosofia primeira.

5.1.1 A alteridade impossível na totalidade do ser do "si mesmo"

Em 1940, na Sorbona, Lévinas proferiu a conferência "L'ontologie dans le temporel" a convite de Jean Wahl. Tratava-se de uma introdução à obra *Ser e tempo* de Heidegger. Lévinas, além de explicitar as principais noções da obra e lembrar que ela se religa à tradição da filosofia antiga, faz uma distinção e uma crítica entre aquela e a ontologia de Heidegger. Este repropõe o pensamento do ser, mas como resposta aos problemas da Modernidade e a fim de garantir a autonomia do sujeito. Entretanto, nota Lévinas, o lugar da transcendência, que na tradição sempre esteve presente, em Heidegger é anulado:

> [...] no idealismo ocidental, a soberania do eu não esteve nunca separada do prestígio do Transcendente, seja ele Deus ou, simplesmente, o Eterno, mas, em todo o caso, um Existente. [...] Na sua aspiração à realização da verdade ôntica, todo o pensamento é uma janela para o Eterno. Colocando o problema da ontologia onde Heidegger entrevê justamente o essencial de sua obra, ele subordinou a verdade ôntica que se move em direção ao Outro, à questão ontológica que surge no seio do Mesmo, daquele si-mesmo que, pela sua existência tem uma relação com aquele ser que é seu ser. Esta relação com o ser é a verdadeira interioridade originária. A filosofia de Heidegger é, portanto, uma tentativa de colocar a pessoa como lugar onde se realiza a compreensão do ser, renunciando completamente a se apoiar no eterno (*DEHH*, p. 127-128).

Ora, uma ontologia na qual o existente é em relação apenas ao ser de seu próprio ser não pode senão repousar sobre o "si mesmo". É uma filosofia ainda e sempre egológica, sem abertura ao Outro. E é nesse ponto que sua lição na Sorbona se conclui com uma crítica e uma espécie de promessa:

> Na temporalidade originária, ou no ser para a morte – condição de cada ser –, ela [a filosofia heideggeriana] descobre o nada sobre o qual repousa. Isso significa que ela repousa não mais do que sobre si mesma. Realeza que deriva de nossa indigência, ela é priva de triunfo e de recompensa. Assim sendo, a ontologia de Heidegger adquire um acento dos mais trágicos e se torna testemunha de uma época e de um mundo que, talvez, poderá ser superado num amanhã (*DEHH*, p. 128).

Dissemos "promessa" porque a afirmação de Lévinas de que uma ontologia como a de Heidegger poderá ser superada num amanhã nos deixa uma questão: teria isso relação com um projeto ou uma visão da existência e da subjetividade que ele espera explicitar diferentemente da de Heidegger? Ou essa promessa não estaria revelando uma ruptura com a ontologia heideggeriana, já feita em suas reflexões em dois ensaios anteriores a essa conferência, a saber, em "Quelques réflexions sur la philosophie de l'hitlérisme" e *De l'évasion*, de 1934 e 1935, respectivamente? É o que vamos analisar agora.

Para além das muitas análises que se pode fazer e que se têm feito da relação filosófica entre Lévinas e a ontologia heideggeriana,[5] queremos nos

5 Para um maior aprofundamento, citamos alguns entre os inúmeros estudos a respeito da relação entre ontologia e ética de Heidegger e de Lévinas e mesmo das oposições com

centrar sobre os dois textos citados e que são rigorosamente filosóficos, nos quais nosso autor parece entrecruzar noções ontológicas com noções do judaísmo, sendo que estas se subscrevem naquelas, interrompendo ou criticando ou, ainda, replicando-se a respeito de uma visão do humano. A fenomenologia ontológica de Heidegger, apesar de sua novidade e alcance evoluindo do idealismo alemão e do método fenomenológico, aparece a Lévinas não suficientemente capaz de afrontar ou de prevenir a violência que prefigura o evento do hitlerismo em curso e o qual prescreve na sua essência uma ameaça à mesma tradição filosófica ocidental. Esses escritos que antecedem a sua prisão e nos quais a análise fenomenológica se interpõe com uma hermenêutica crítica dos eventos históricos e políticos deixam transparecer não só uma racionalidade intercultural, mas, talvez, e precisamente por causa dela, a noção de *alteridade*. A nosso ver, ela é captada e explicitada a partir de uma outra sensibilidade.

5.1.2 O destino do ser no hitlerismo e na tradição filosófica ocidental

Em 1934, Lévinas publica "Quelques réflexions sur la philosophie de l'hitlérisme". Segundo G. Agamben (1996, p. 7-17), esse artigo se configura num dos únicos escritos filosóficos de 1900 bem-sucedidos e que enfrenta o nazismo como uma novidade dentro da tradição filosófica ocidental. Nele, a análise de Lévinas não possui um tom político ou sociológico, mas trata do hitlerismo como uma "alteridade" no seu reverso que emerge no curso do pensamento ocidental. De sua parte, M. Abensour afirma que esse é o único texto em toda a obra de Lévinas que ensaia uma fenomenologia sobre um fenômeno social e histórico, com a excepcionalidade de não só estar em curso, mas também de apresentar o fenômeno como "sem precedente" (*QRH*, p. 28).[6] No breve texto composto de três partes, Lévinas lembra, na primeira, a noção que define a cultura e a civilização ocidentais, que é a mobilidade e o dinamismo que se explicitam com a tradição filosófica grega (*QRH*, p. 8-9), noções estas inseparáveis do sentido da liberdade que a tradição judaico-cristã lhe deixou. Ele lembra que o judaísmo, por sua vez, deixa

as quais, frequentemente, os dois filósofos têm sido abordados: TAMINIAUX, 1991, p. 275-284; ROLLAND, 1982, p. 16-88; 1984, p. 37-49; PETROSINO, 1992, p. 17-63; SANSONETTI, 1998; KAJON, 2002, p. 165-178; HANSEL, 2006, p. 37-53; PEPERZAK, 2006, p. 99-121; GAK, 2014, p. 145-180; SEVERSON, 2014, p. 123-143.

6 Existe uma outra análise contemporânea à de Lévinas acerca do hitlerismo, mas não do ponto de vista filosófico. Trata-se de um artigo de G. Bataille intitulado "La structure psychologique du fascisme" e publicado na revista *Critique Sociale*, 10 (1933).

a mensagem da possibilidade de apagar o passado no perdão que modifica, repara e regenera o presente. Do mesmo modo, diante do sentimento de impotência do homem frente ao descontrole do tempo, bem expresso nas tragédias gregas, o cristianismo, por sua vez, por meio da cruz que liberta e da Eucaristia que reevoca e renova essa libertação no tempo cotidiano, se constitui como promessa de recomeço que se cumpre no transcorrer dos instantes (*QRH*, p. 10). Logo, a essência do humano é a liberdade e a mobilidade da abertura à possibilidade e voltada para a superação do tempo em oposição ao sentimento de impotência frente ao tempo que lhe escapa ou que lhe prende ao passado. Assim, essa antropologia da tradição ocidental

> [...] proclama a liberdade e a torna possível em toda a sua plenitude. Não somente a escolha do destino é livre. A escolha feita não se torna um vínculo. O homem conserva a possibilidade [...] de rescindir o contrato ao qual ele está livremente engajado. [...] Essa liberdade infinita em relação a qualquer vínculo e, pela qual, nenhum vínculo será definitivo, essa liberdade está na base da noção cristã de alma. Mesmo permanecendo a realidade extremamente concreta, ela exprime o fundamento último do indivíduo, e possui a austera pureza de um anelo transcendente (*QRH*, p. 10-11).

Ora, a liberdade como poder de renovação e de possibilidade permite que a alma sempre se distancie e se abstraia das vicissitudes do mundo real e da sua facticidade, reencontrando sempre aquela originalidade primeira que a mensagem da salvação cristã comporta. Na Modernidade, é a soberania da razão que substitui a noção de liberação do drama grego e do discurso religioso judeu-cristão. Logo, no lugar da liberação por meio da graça, o liberalismo moderno coloca a autonomia do sujeito. É esse sujeito que traça o seu próprio destino e o sentido da história. Como afirma Lévinas, "todo o pensamento filosófico e político da Modernidade tende a elevar o espírito humano a um nível superior à realidade e gera um abismo entre o homem e o mundo" (*QRH*, p. 12). Por isso ele lembra que não há determinismo para o homem moderno e liberal, mas apenas possibilidades que se oferecem à sua razão; que se mantêm à distância e que exorcizam o irracional que habita o mundo externo e também seu mundo interior. Logicamente, o homem moderno exacerbou uma visão materialista do mundo e também da liberdade, absolutizando a mesma. O marxismo irá colocar em questão essa antropologia com a noção de "necessidade material", da qual o corpo não pode se eximir. A razão, então, é destronada de sua total autonomia, pois o homem tem um corpo e está ineludivelmente ligado às situações determinadas tanto com o mundo quanto com os outros homens – é a experiência do corpo que doa, portanto, a consciência de que a liberdade não é absoluta, embora o marxismo não radicalize essa intuição da "situação determinada" com a qual o espírito humano está em relação, como lembra Lévinas na segunda parte de sua análise. Por isso, o marxismo irá contestar o cristianismo e todo o tipo de idealismo. Entretanto, depois de mais de meio século que o separa da primeira edição do texto, Lévinas repensa essa consideração a respeito da liberdade moderna para reafirmar a convicção de que o amor e a ética precedem a liberdade no rosto do próximo, que é lugar da Revelação.[7]

Na terceira parte do texto, nosso autor discorre sobre a experiência de ser preso ao próprio corpo, descrevendo a experiência da enfermidade, a qual demonstra ineludivelmente essa aderência. No entanto, e para além dela, o espírito se opõe desesperadamente a essa determinação, buscando liberar-se. Não se pode fugir a essa aderência do corpo ao Eu (ao espírito). Essa realidade, para Lévinas, se opõe à concepção de estraneidade que o cristianismo e o liberalismo cultivaram com relação ao corpo, tomado como obstáculo na tradição e no cristianismo e, depois, confundido com o Eu pelos materialistas. Mas nada pode alterar o sentimento de identidade entre o eu e o corpo. Ao contrário, é nesse acorrentamento que o espírito encontra a sua essência, pois ele está envolvido nessa experiência do concreto. É nesse ponto que Lévinas começa a pontuar que o hitlerismo rompe com essa concepção do corpo, do espírito e da liberdade que prevalece no Ocidente:

> A importância atribuída ao sentimento do corpo, com a qual o espírito ocidental jamais quis se contentar, está na base de uma nova concepção do homem. O biológico, com toda a fatalidade que ele comporta, torna-se mais que um *objeto* da vida espiritual, ele se tornou o seu núcleo. A voz misteriosa do sangue, os apelos da hereditariedade e do passado cujo corpo é o enigmático portador perdem a sua natureza de problemas submissos à solução de um Eu soberanamente livre. O Eu não dispõe senão das mesmas incógnitas desses problemas para resolvê-los. Ele os constitui. A essência do homem não está mais numa espécie de encadeamento. Ser verdadeiramente a Si mesmo não significa reassumir-se sobre as contingências sempre estranhas à liberdade do Eu, ao contrário: significa tomar consciência do acorrentamento original, inelutável, único ao nosso corpo; significa, acima de tudo, aceitar esse acorrentamento (*QRH*, p. 18-19, grifo do autor).

Em contraste com uma existência natural, a tradição ocidental não concebe uma existência que se consuma no enraizamento do eu no biológico. Lévinas lembra que a filosofia moderna não só assimilou a liberdade, como

7 Veja-se o seu "*Post-scriptum*" em *QRH*, 1997, p. 25-26.

também privilegia a autonomia do eu como uma de suas maiores conquistas. Autonomia de tudo o que poderia amarrar o eu na concretude do mundo, desviando o discurso mítico do drama grego e do registro religioso, mas que na sua base, segundo ele, permanece judaico-cristão, ou seja, é a liberdade que ainda prescreve o destino do eu. Noutras palavras, é a noção profundamente antropológica do Ocidente que está em questão frente ao hitlerismo. Por isso, a crítica fenomenológica que Lévinas trabalha parece desvelar o fenômeno do hitlerismo mostrando o seu naturalismo ameaçador, acorrentado num destino cego que é o de realizar a missão da raça que subjaz a ele e cuja expressão, por excelência, é o racismo. A análise dos fenômenos sociais ou políticos tais como o racismo não levaria além da constatação de contradições lógicas em seu sistema. Mas é o que as produzem que necessita de uma análise bem mais profunda, porque elas se movem a partir de um estrato elemental da alma e seu destino de realização no mundo. Diz Lévinas:

> [...] o hitlerismo é um despertar de sentimentos elementares. Então o que é assustadoramente perigoso torna-se filosoficamente interessante porque os sentimentos elementares comportam uma filosofia. Eles exprimem a atitude primeira de uma alma face ao conjunto do real e de seu próprio destino. Eles predeterminam e prefiguram o sentido da aventura que a alma vai correr neste mundo (*QRH*, p. 7).

Julgamos que essa percepção de Lévinas certamente provém do exercício da fenomenologia na análise dos eventos, mas também de sua "habilidade crítica" adquirida do judaísmo lituano. Por isso, o fenômeno do hitlerismo ameaçador de uma inteira concepção do humano construída ao longo de tantos séculos necessita de uma inteligibilidade, mas esta exige também a inteligibilidade da fragilidade das concepções agora postas em questão por ele. Na lucidez da maturidade filosófica ele constata que seu texto de 1934 continha a convicção de que tanto a supervalorização da razão quanto a falta dela, como no hitlerismo, pregou o humano na obscuridade da raça e colocou a perder o estatuto mesmo do humano, porque este se brutalizou na violência. Assim lemos no "Prefatory note"[8] de "Quelques refléxions sur la philosophie de l'hitlérisme" para a sua edição inglesa:

> O artigo procede de uma convicção que a fonte da barbárie sangrenta do Nacional Socialismo não é uma anomalia contingente do raciocínio humano, nem um qualquer mal-entendido acidental. Há nesse artigo a convicção de que essa fonte detém uma possibilidade essencial do *Mal Elemental,*

8 Publicado pela Universidade de Chicago em *Critical Inquiry*, vol. 17, n. 4 (1990), p. 63.

> a que uma boa lógica pode conduzir e contra a qual a filosofia ocidental não se assegurou o suficiente (*QRH*, p. 25, grifo do autor).

Essa violência denota a insuficiência e a crise do pensamento do ser? Seria a filosofia do hitlerismo uma resolução desumana que corresponde a uma filosofia desumanizadora, enquanto interpreta o ser sem rosto, o ser-aí, jogado na existência – o *Dasein* como ser de possibilidades depois de sua queda, mas aderido à raça e aos mistérios assombrosos da consanguinidade? Lévinas lembra ainda em seu *Post-scriptum* que a possibilidade do "mal elemental" se inscreve na mesma ontologia do "Ser que cuida de ser", do ser a ser alcançado, a ser dominado pelo sujeito do idealismo transcendental, do sujeito liberal (*QRH*, p. 26). Abensour, por sua vez, em seu ensaio sobre *Quelques refléxions sur la philosophie de l'hitlérisme* para a sua reedição, pergunta-se:

> Como não perceber em *Quelques réflexions sur la philosophie de l'hitlérisme*, posterior somente pouco mais de um ano ao discurso do reitorado de 27 de maio de 1933 sobre *A autoafirmação da universidade alemã*, a decisão de pôr em prática a força heurística e a força crítica do método fenomenológico, provando-as com o hitlerismo? É como se o seu autor inclinasse ao mestre em fenomenologia um espelho para ver se este último seria capaz de reconhecer a imagem que seu discípulo, o intérprete do hitlerismo, havia feito aparecer (1997, p. 32, grifos do autor).

Essa crítica frontal, e, ao mesmo tempo, ao contrário da fenomenologia do ser de Heidegger, parece se constituir num ponto de partida para as reflexões que se sucederão. Assim, vemos que se a concepção do ser – descrita como uma identificação com o si mesmo, como posição absoluta, neutral e aderente ao eu –, tal qual nós encontraremos mais tarde em *Da existência ao existente*, já é uma ampliação da crítica delineada em "Quelques refléxions sur la philosophie de l'hitlérisme" – no qual ele percebe o ser como identificado com o corpo, o biológico, a raça –, não sendo, portanto, possível, nessa concepção, pensar o Infinito e nem a Alteridade. Daí que Lévinas conclui seu *Post-scriptum* perguntando-se: "Devemos nos perguntar se o liberalismo é suficiente à dignidade autêntica do sujeito humano. O sujeito alcança a condição humana antes de assumir a responsabilidade pelo outro homem na eleição que o eleva a esse grau? Eleição proveniente de um deus – ou de Deus – que olha no rosto do outro homem, seu próximo, lugar original da Revelação" (*QRH*, p. 25-26). Essa reversão que o Rosto do outro enuncia é a ética que é primeira em relação à autonomia do sujeito ou à sua aderência ao elemental. Ainda sobre esses textos dos anos trinta, em outro artigo de 1935, no qual descreve o fundamento religioso que inspira a missão da Alliance

Israélite Universelle, para além do horizonte político ou ideológico, Lévinas lembra o evento do hitlerismo como "a maior prova que o judaísmo teve que atravessar", tanto pela barbárie ideológica quanto pelo fato de que se funda sobre o símbolo primitivo da raça, quando Hitler teria recordado aos judeus "que não se deserta jamais do judaísmo" (*IRA*, p. 144-146). Logo, além de prender o judaísmo ao biológico, Hitler lhe propõe uma razão terrestre que se contrapõe à razão religiosa fundante do mesmo. Ora, essa ameaça ao judaísmo não se reduziu só a ele, mas converteu-se numa ameaça à sabedoria de uma civilização, à humanidade. Por isso, a nosso ver, "Quelques refléxions sur la philosophie de l'hitlérisme" se constitui num marco inaugural de um percurso filosófico e crítico que resiste contra toda a "resistência", seja ela a do Mal Elemental inscrito como possibilidade no Ser, ou ainda como uma *im*-possibilidade para um Dizer mais antigo e mais além no Dito filosófico da tradição, uma filosofia da resistência que buscará resgatar o antagonismo do ser, isto é, o Outro nele inscrito como Infinito ou traço de Deus, a fim de tirá-lo de sua tautologia e dar lugar à responsabilidade e à ética como "filosofia primeira". Para isso, é preciso deixar todo um "clima da filosofia", mas não renunciar a ela, e sim partir de um novo ponto dentro dela mesma, que é a presença da Palavra ou da tradição judaica no Ocidente.[9] É preciso não renunciar a inteligir o fenômeno – o mundo mesmo que estava para ser abalado[10] – que emerge na experiência e na consciência.

Por fim, como já citamos, muitos são os autores que aproximam os escritos de Lévinas, senão toda a sua filosofia, como uma crítica e explicação à ontologia de Heidegger. Apesar da importância que esse tema largamente tratado possui para a análise da inteira filosofia do século XX, nós não vamos nos deter nele, pois não somos de todo de acordo que a filosofia de Lévinas seja uma reação àquele. A nosso ver, inicialmente, nosso autor parece se sentir impulsionado a meditar sobre os acontecimentos com as bases filosóficas de que dispunha, mas já no princípio nota-se na sua crítica uma conversão

9 Chalier lembra que os textos de Lévinas de 1935-1939 revelam essa necessidade de uma inteligibilidade dos eventos que se anunciam aos judeus e que, diante deles, a atitude de Lévinas é a de "radicalmente repensar as próprias referências filosóficas". Por isso ele não só tratará de filosofar essa situação como também reconhecerá a necessidade de pensar o judaísmo (CHALIER; ABENSOUR, (eds.), 1991, p. 139).

10 Lévinas comentará sobre o pressentimento de que Heidegger preanunciava em Davos, em 1929, a tragédia que estava por sobrevir nos anos seguintes, ou seja, o apoio a Hitler e depois o nazismo e o Holocausto. E o pressentia a partir de sua atitude e de sua filosofia mesma. Disso se seguirá uma posição frente a um duplo totalitarismo: o ontológico e o político (POIRIÉ, 1987, p. 78).

das mesmas a partir de dentro da experiência judaica. Experimentando o racismo em sua própria existência, Lévinas vai mais além de uma crítica ao "outro" dado como hitlerismo. Ele nota que o fenômeno do "acorrentamento" tem um poder ameaçador em geral, por isso evoca uma reação e uma necessidade de saída (ABENSOUR, 1997, p. 33). É quando surge a categoria da "evasão" como crítica que emerge do interno mesmo da afirmação do ser e da experiência do hitlerismo. Essa dimensão da existência, percebida no sentimento de ser acorrentado, em um estado imóvel e irremissível, faz lembrar a noção de *Geworfenheit* de Heidegger (ROLLAND, 1982, p. 131). Porém, no ano seguinte a "Quelques refléxions sur la philosophie de l'hitlérisme", em 1935, lemos em outro artigo de Lévinas a seguinte análise:

> Mas, o que dá ao antissemitismo hitleriano um acento único e constitui, de qualquer modo, uma originalidade é a situação sem precedente onde colocou a consciência judaica. Pois ela não é somente machucada pelo ultraje que lhe é infligido. O insulto na sua forma racista acrescenta à humilhação um pungente sabor de desespero: a sorte patética de ser judeu torna-se uma fatalidade. Nós não podemos fugir. O judeu é inelutavelmente pregado ao seu judaísmo (*IRA*, p. 144).

Nessas palavras e na análise que Lévinas desenvolve da categoria propriamente dita de "saída" em *De l'évasion* e, para além da meditação heideggeriana de *Geworfenheit*, Rolland se pergunta se "ela não teria toda uma outra origem: a judaicidade que o antissemitismo nazista foi capaz de desvelar naqueles anos, o seu caráter precisamente e brutalmente irremissível" (1982, p. 131). Entre as perguntas que nos movem nessa reflexão, encontramos aqui um ponto de sustentação para elas: as sucessivas análises fenomenológicas de Lévinas - ainda que elaboradas numa contextualidade determinada - remetem a uma forma diferenciada de abordar os eventos, os seus sentimentos e os seus sentidos, tanto os políticos como os da consciência, pois essa abordagem parece ser impulsionada também pelo judaísmo que subjaz em sua intencionalidade e em sua experiência vital. É aqui também que emerge a concepção de *Outro* frente a uma espécie de saturação do *Ser* ou de uma filosofia acorrentada ao ser e identificada com o *Mesmo*, isto é, tautológica, o que veremos a seguir.

5.1.3 A crise do ser e sua resolução na "evasão"

Um pensamento filosófico concebido como esse acima descrito e com a noção do Eu que dele emerge não pode relacionar-se com o Outro, ou seja, perdeu o sentido que a tradição filosófica, o cristianismo e o judaísmo afirmaram, a saber, o existente possui em si um antagonismo que a liberdade exprime. Agora esse existente espera uma liberação, pois o antagonismo inscrito em seu profundo é manifesto, sobretudo, pela náusea. Esta funciona como resistência ao sufocamento da totalidade do ser. É, então, que encontramos a alternativa posta por Lévinas: é necessária uma "evasão", e é por meio do Outro que ela se dá.

Mas o *Outro* como evasão e como liberação remete ao problema da origem no Ser. No "clima filosófico" em que se insere nosso autor, a concepção do ser sempre remete ao próprio ser, essa tautologia a qual Lévinas contesta: se o ser não pode pensar além de si, se não pode originar-se do nada, pois é um discurso que pressupõe o ser; se a sua origem não se resolve na criação *ex-nihilo*, uma vez que supõe um Ser (Deus) que opera na sua origem, então, pergunta-se ele: "o ser se basta? O problema da origem do ser não é o problema de sua processão do nada, mas de sua suficiência ou insuficiência. Ele é ditado por tudo o que há de revoltante na posição do ser" (*DE*, p. 122). Em *De l'évasion*, Lévinas desenvolve, de modo filosoficamente mais original, a descrição da "crise do ser", na qual podemos notar tanto a abordagem fenomenológica quanto a ontológica heideggeriana, porém com a diferença que para Lévinas essa ontologia se configura como "trágica", pois apresenta o ser na sua suficiência absoluta e termina por testemunhar a tragédia de uma época.

Se a suficiência do ser não permite pensar em nada além dele, então o Infinito é a sua insuficiência, é a questão não pensada da filosofia. Logo, pensar o infinito é o único modo de quebrar a brutalidade de sua concepção absoluta. À Modernidade escapou-lhe a possibilidade de infinito. A estrutura da evasão contida na estrutura do ser é a questão mesma do infinito que pode devolver ao ser aquele seu antagonismo vital e fecundo.

Para o Lévinas de *De l'évasion*, a universalização do "ser suficiente" revela a sua falsidade quando ela se apresenta apenas como a marca ou a característica fundante de uma civilização que se instalou no fato do ser para *pensar* e *agir* e que, persistindo nessa razão aderida ao ser - e nisso consiste, incontestavelmente, o valor da civilização europeia –, ela se encontra diante da necessidade da evasão ou da ideia de "infinito", ou, ainda, do "outro" para dar sentido a uma existência sufocada pelo peso do ser. Além disso, afirma ele, "toda a civilização que aceita o ser, o desespero trágico que ele comporta e os crimes que justifica, merece o nome de bárbara" (*DE*, p. 127). Lévinas aponta aqui para a violência que essa concepção potencializa e permite na realidade das relações. Em 1986, ao comentar *De l'évasion* na conversação autobiográfica com F. Poirié, ele vai lembrar:

> No texto original, escrito em 1935, pôde-se distinguir a angústia da guerra que se avizinhava e o 'cansaço de ser', o estado de ânimo daquele período. Uma desconfiança em relação ao ser que, sob uma outra forma, se prolongou naquilo que eu pude fazer depois daquela data, a uma época que, na sua inteireza, vivia em toda parte o pressentimento do hitlerismo eminente (POIRIÉ, 1987, p. 82-83).

Com a afirmação de que "a desconfiança em relação ao ser" se prolonga em tudo o que ele pôde fazer depois, chegamos à sua convicção declarada no mesmo período em que escreveu *De l'évasion*, mas dessa vez em *L'actualité de Maïmonide*, na qual nosso autor contrapõe criticamente diferentes tradições no que concerne à problemática da relação do ser com o seu si mesmo e com a "saída" que essa relação implica. A convicção de que falamos é a do papel da filosofia nesse tempo crítico. Lemos nos primeiros parágrafos:

> O valor de uma verdadeira filosofia não se move dentro de uma eternidade impessoal. A sua face luminosa se volta para os seres temporais que somos nós. Sua solicitude por nossas angústias faz parte de sua divina essência. O aspecto verdadeiramente filosófico de uma filosofia se mede por sua atualidade. A mais pura homenagem que alguém pode lhe render é misturar suas preocupações àquelas do momento presente. As de nossa época são particularmente pungentes. Elas se referem à essência mesma de nossa existência enquanto judeus e enquanto humanos. A civilização judeu-cristã é colocada em questão por uma barbárie arrogante que se instala no coração da Europa (*AM*, p. 142).

A concepção de filosofia ou a função da mesma frente aos eventos do mundo, para Lévinas, é a de se misturar a eles. Pode-se dizer que essa concepção quer arrancar a filosofia de um discurso neutro, impessoal e de totalidade e colocá-la no nível ético, aquele no qual se dá o evento das relações e, nesse preciso momento, na experiência do judaísmo como "paixão". Referindo-se às perplexidades teóricas que levaram Maimônides a escrever *Guia dos perplexos* no século XII, Lévinas recorda que a perplexidade presente deixa entrever na consciência judaica uma nostalgia das fontes primeiras, nas quais ela reencontra sua dignidade e missão. O mundo dos eventos não é, para Lévinas, como aquele que se apresenta para a fenomenologia de Husserl e Heidegger. É conforme a sua concepção judaica em oposição à concepção do paganismo cuja característica é a impossibilidade radical de destacar-se do mundo:

> O sentimento de Israel em relação ao mundo é diferente: ele é impregnado de suspeita. O judeu não tem no mundo o fundamento definitivo dos pagãos. No meio da mais completa confiança dada às coisas, o judeu é corroído por uma surda inquietude. Por inquebrantável que o mundo

> apareça àqueles chamados de mentes saudáveis, ele contém para os judeus o traço do provisório e do criado (*AM*, p. 144).

Ora, se a noção de "acorrentamento" como uma nova relação de aderência ao corpo e ao mundo, ou seja, o "ser-pregado" irreparavelmente na raça e no sangue que emana da "filosofia do hitlerismo", aproximada à noção heideggeirana do ser-acorrentado-ao-ser da *Geworfenheit* (ROLLAND, 1982, p. 132), evoca uma saída, a do judaísmo é outra invocação que concentra uma fonte inexplorada, porque o ser aderido ao judaísmo do qual não se pode desertar não se identifica com a facticidade do ser da *Geworfenheit*. Esse modelo não funciona "porque [para o judaísmo] é positivamente a *eleição*, ou seja, o *serviço* e, para além, é já *liberação ética*, em relação com o ser como *marcha*", como observa Rolland (1982, p. 133, grifo nosso). E ainda mais: entre a tradição judaica e a filosofia presente não só a relação com o mundo difere ou se distancia, como também a noção do ser: "o ser-judeu, o fato que algo como tal exista no mundo, e não somente como o antissemitismo a ele referido como queria Sartre, mas de acordo com suas modalidades, [o ser-judeu] não é um fato empírico, mas uma estrutura do espírito e da significação, 'uma possibilidade - ou uma impossibilidade - extrema' do humano como tal" (ROLLAND, 1982, p. 134, grifo do autor). Vemos aqui uma intenção mais precisa de Lévinas no que se refere à significação da concepção da antropologia judaica frente à fragilidade da ontologia do hitlerismo e também de Heidegger, as quais não resistem à possibilidade da violência ao *outro*.

Nesse momento em que ele busca no judaísmo ameaçado uma "fonte outra" ou o reconhecimento e resgate dessa fonte, ele realiza, ao mesmo tempo, uma análise crítica da situação filosófica presente. Vejamos como isso se dá: Lévinas, reconhecendo "a gravidade do fato de ser um judeu diante da realidade do hitlerismo" (*IRA*, p. 145), parece reconhecer, contemporaneamente, uma inquietação frente à ontologia heideggeriana de *Ser e Tempo*, sobretudo nas lições de 1928-29 que ele seguia em Friburgo e, segundo ele, ambas transpiravam uma "catequese" perigosa. Ele comentará sobre isso numa entrevista cuja publicação ocorrerá em 1989.[11] Inicialmente, a questão em discussão eram os argumentos que demandavam em favor do compromisso de Heidegger com o nazismo – ao que Lévinas corrige: "compromisso com

11 Lévinas concedeu uma entrevista a Christoph von Wolzogen, publicada como apêndice na tradução alemã de *Humanisme de l'autre homme*, sob o título "Intention, Ereignis und der Andere" (1989), p. 131-150. Usaremos a versão em inglês dessa entrevista, traduzida por Andrew Schmitz: "Intention, Event, and the Other" (*apud* ROBBINS, 2001, p. 140-157).

Hitler" –, compromisso que poderia ter derivado do mesmo pensamento de Heidegger. Nessa ocasião, ele relata:

> Eu ouvia Hitler pelo rádio e, para mim, ele sempre soava um pouco como Heidegger. Isto é, no sentido em que alguém aprova algo e passa a gritar sobre isso. Eu atribuí isso, naturalmente, à atmosfera germânica em Baden. Eu também estive com Heidegger durante um semestre em Friburgo. Eu devo dizer algo a você agora: em 1928-29, enquanto eu o lia pela primeira vez, ele me soou e ressoou *teológico* também, sabe, 'senso de culpa'. Parecia-me como se isso fosse a secularização da teologia. Você já ouviu o dizer de Max Scheler: 'É uma mistura de gênio com catequese dominical'? Aquilo era o eco. [...] Era cristão. [...] Mas, para quê? Em qual momento em *Ser e Tempo* estava este sentimento da atmosfera pré-hitleriana? Em 'Destruktion!'[12] (ROBBINS, 2001, p. 141, grifos do autor).

Esse fragmento, como uma das raras menções de Lévinas[13] em que ele situa explicitamente a questão filosófica entre a ontologia de Heidegger e o fato de sua adesão a Hitler, parece esclarecer também as razões profundas de uma guinada não só política em sua posição filosófica, mas para além do político e para além de Heidegger, uma filosofia que reconheça o ser-judeu como categoria do ser e, por meio disso, uma filosofia ética. Ou seja, uma filosofia na qual o Bem é além do ser[14] e que se desenvolverá centrando-se na concepção de *Outro* como lugar onde o Eu se reconhece a si mesmo como eu-para-o-outro. Portanto, uma filosofia em que a responsabilidade ética rompe com a tautologia do ser e sua fragilidade frente à proeminência da violência. Aqui vemos a dupla dimensão da filosofia levinasiana se prefigurando, isto é, a inter-relação de duas visões: a filosofia ocidental e o pensamento judaico. Isso permitirá a Lévinas alcançar uma linguagem da *Alteridade*, tão estranha à filosofia, porquanto ela se manterá filosófica e na

---

12 Trata-se da sessão 6 do capítulo II de *Ser e Tempo*, na qual Heidegger critica a tradição filosófica.

13 Anteriormente, quando entrevistado por F. Poirié, em 1986, Lévinas relata a sua impressão sobre Heidegger e a simpatia deste pelo hitlerismo, o que levantou nele uma suspeita de que, exceto por sua análise do ser feita em *Ser e Tempo*, que sempre lhe causou admiração, a ontologia e o tom autoritário com que Heidegger a enunciava em suas lições davam-lhe a impressão de que, desde muito antes de seu apoio a Hitler, Heidegger fosse já hitleriano (ver: POIRIÉ, 1987, p. 78-79.83).

14 Assim lemos em sua obra magna: "Uma das vias da metafísica grega consistia em procurar o regresso à Unidade, a confusão com ela. Mas a metafísica grega concebe o Bem como separado da totalidade da essência e, desse modo, entrevê (sem qualquer contributo de um pretenso pensamento oriental) uma estrutura tal que a totalidade possa admitir um além. O Bem é Bem *em si*, e não em relação à necessidade a que ele faz falta" (*TI*, p. 93, grifo do autor).

sua estranheza mesma. Ele tira o conceito de Alteridade da teorização da tradição para significá-lo plenamente de sentido ético. Essa relação de alteridades entre pensamento ocidental e judaísmo é o que queremos aprofundar, porque, a nosso ver, ela comporta uma contribuição de Lévinas que pode inspirar a filosofia intercultural.

5.2 Passagens: da intencionalidade ao "outro" e à "alteridade"

Dissemos inicialmente que Lévinas deveria fazer muitas "passagens" para chegar a exprimir a *alteridade como alteridade* e o *outro como outro*, como "outro modo que ser". Para tratar da influência do judaísmo como um fundo que transpassa o pensamento levinasiano, necessitamos adentrar numa outra passagem: trata-se de seu problema com a fenomenologia. Ou, mais precisamente, de seu problema com o pensamento transcendental moderno com o qual tanto a fenomenologia de Husserl quanto a ontologia de Heidegger estão comprometidas e com as quais ele deve fazer uma ruptura a fim de conceber o *outro como outro*.

Analisaremos os prefácios das obras de Lévinas, nos quais frequentemente encontramos enunciados que induzem a tais *rupturas* ou *superações* que ele intende realizar na filosofia ao tratar de certos temas. Assim, temos o termo *ex-cedência* para o movimento de um existente em direção ao Bem – Bem além do ser, conforme a fórmula platônica a qual Lévinas, no preâmbulo da edição de *Da existência ao existente* de 1947, explicita. No prefácio da segunda edição de 1978, depois de já ter feito o caminho de *Totalidade e infinito* e *De outro modo que ser*, ele descreve esse movimento como *des-neutralização* (*EE*, p. 9), que é a descrição do *há* (*Il y a*) desértico do ser, a sua impessoalidade a ser superada pela *hipóstase*. Noutras palavras, a passagem é a da existência neutra ao existente singular: o sujeito como único e como lugar da ética. Essa passagem permitirá que o *eu* descubra a proximidade dos outros numa dissimetria, isto é, numa posição em que não poderá retornar ao *há*, mas, sim, se encontrará no interior de uma significação ética, numa sociabilidade originária. Assim, Lévinas considera poder fazer uma *inversão* (*EE*, p. 13) para além da diferença ontológica que abriria para a ética – uma ética mais antiga que a ontologia presente, aquela da fórmula platônica, como explicitada acima.

Em *Le temps et l'autre*, nosso autor enuncia que, por meio de uma análise ontológica da solidão como uma categoria do ser, buscará afirmar um pluralismo que não se resolverá na unidade, ainda que isso signifique *romper* (*TA*,

p. 20) com Parmênides. Em vez disso, trinta anos mais tarde, no prefácio para uma nova edição desse livro, e com um longo percurso já consolidado filosoficamente, Lévinas descreve a tese dessas conferências de 1946-47 como uma reflexão sobre o tempo como relação àquilo que, em si, é absolutamente outro, inassimilável, incompreensível - em outras palavras, o infinito da dia-cronia, do "sempre" da relação que a intencionalidade não alcança. Ele, portanto, introduz termos já elaborados nas obras anteriores, uma vez que as rupturas e superações vão se dando num contínuo retomar desses termos e de ampliar seus significados, abrindo-os para o "além do ser". Assim, a tese de *Le temps et l'autre* se traduz neste fragmento que remete a *De outro modo que ser*: "O 'movimento' do tempo como transcendência ao Infinito do 'totalmente Outro' não se temporaliza de modo linear, não tem o caráter retilíneo do raio intencional. O seu modo de significar, sinalado pelo *mistério* da morte, afasta-se no momento no qual entra na aventura ética da relação com o outro homem" (*TA*, p. 11, grifos do autor). É notável a insistência de Lévinas em cumprir aquela "evasão" enunciada no princípio, ainda que não explicitada em quais termos ela poderia se dar. Mas é sua obra magna, *Totalidade e infinito*, que conduzirá às interrupções e aberturas realizadas até aqui, às rupturas ou às torções necessárias na filosofia do ser e sua totalidade, a fim de que a Alteridade emerja *Alteridade em si*, fora de um sistema, dada como Rosto e transcendência. Dela provém a moral que a experiência do ser puro havia suspendido: "A face do ser que se mostra na guerra fixa-se no conceito de totalidade que domina a filosofia ocidental" (*TI*, p. 8). E "o estado de guerra suspende a moral" (*TI*, p. 7). Nisso se configura a acusação hiperbólica de Lévinas não só à filosofia transcendental moderna que, segundo ele, representa o mundo, a coisa, reduzindo sua transcendência à identidade com o "eu penso", incluindo o *Outro*.[15] Ou seja, essa é também uma acusação a toda a filosofia ocidental que assimilou o *Outro* na identificação com o *Mesmo* (*EN*, p. 167-168). Assim, a *alteridade* resultou como um defeito no ser ou foi absorvida na sua compreensão como identificada com o conhecimento. Na coleção de artigos publicados sob o título de *Entre nós: Ensaios sobre a alteridade*, Lévinas retoma o pensamento de Husserl e Heidegger e confronta-se com eles, mas não abre mão de afirmar que a problemática do outro não se resolve no conhecimento, e sim na ética do Rosto, que possibilita

15 Aqui devemos lembrar que Lévinas contesta também a ontologia heideggeriana dos parágrafos 24-25 de *Ser e tempo*, e que concebe os outros a partir do mundo onde o *Dasein* se mantém essencialmente no cuidado do ser. Mas a relação entre *Dasein* e o outro se dá no horizonte do mundo ou no do ser, e assim o Outro como Outro permanece de novo inacessível (*EN*, p. 224-235).

superar o ser-para-a-morte heideggeriano e também o procedimento fenomenológico, que visa a intelecção do ser. Assim lemos: "a maravilha do eu reivindicado no rosto do próximo – ou a maravilha do eu desembaraçado de si e temendo por outrem – é também como a suspensão – como a *epoché* – do eterno e irreversível retorno ao idêntico a si-mesmo e da intangibilidade de seu privilégio lógico e ontológico. Suspensão de sua prioridade ideal, negadora de toda a alteridade pelo assassinato ou pelo pensamento englobante e totalizante" (*EN*, p. 176). No modelo em que a alteridade resulta como defeito no ser, o Outro não se inscreve, pois é reduzido a um dado de compreensão, enquanto que, em verdade, ele a excede: o Outro é acessível no "face a face" ou, ainda, na intersubjetividade que pronuncia a única palavra que pode pronunciar, ou seja, a palavra ética. Portanto, no prefácio de *Totalidade e infinito* nosso autor começa opondo a "ontologia da guerra" à "escatologia da paz": a primeira dilui os indivíduos em portadores de formas dentro de uma totalidade e sacrificados à unidade; a segunda suscita nos seres uma pessoalidade para além da totalidade, na qual há um "excedente sempre exterior à totalidade", não englobável porque implica um ser em si mesmo, logo, "adulto" ou apto a assumir a responsabilidade porque pode falar por si, em vez de falar a palavra anônima da totalidade ou da história. Utilizando duas noções, uma que é a filosofia que ele critica e a outra que provém da noção hebraica da escatologia profética, Lévinas expressa, então, o que pretende descontinuar por meio desta obra:

> A visão escatológica rompe a totalidade das guerras e dos impérios em que não se fala. Não visa o fim da história no ser compreendido como totalidade – mas põe em relação com o infinito do ser que ultrapassa a totalidade. A primeira 'visão' da escatologia (assim distinta das opiniões reveladas das religiões positivas) atinge a própria possibilidade da escatologia, isto é, a ruptura da totalidade, a possibilidade de uma *significação sem contexto*. A experiência da moral não decorre dessa visão: *consuma* essa visão – a ética é uma óptica. Mas a 'visão' sem imagem, desprovida das virtudes objetivantes sinópticas e totalizantes da visão, relação ou intencionalidade de um tipo inteiramente diverso e que este trabalho tenta precisamente descrever (*TI*, p. 10, grifos do autor).

Essa oposição de noções denota a oposição entre guerra e paz, entre verdade e bem que Lévinas chama de "dilaceração profunda de um mundo ligado ao mesmo tempo aos filósofos e aos profetas", e que ele não pretende "substituir a escatologia à filosofia" e nem "demonstrar filosoficamente as verdades da escatologia", mas sim restaurar, a partir da mesma totalidade, uma situação que a rompe e a condiciona: "Uma tal situação é o brilho da exterioridade ou da transcendência no rosto de outrem. O conceito dessa transcendência, rigorosamente desenvolvido, exprime-se pelo termo infinito".[16] A ideia de Infinito que extravasa o pensamento, que contém o que o pensamento não pode conter, se produz em sua própria *infinição*. Esse é seu modo de ser, diz Lévinas. Por isso, o modo de abordar o infinito não pode ser em termos de objetivação. Não é a identidade do Eu que é capaz de receber ou produzir o infinito: "O infinito não existe antes para se revelar *depois*. A sua infinição produz-se como revelação, como uma colocação em *mim* da sua ideia" (*TI*, p. 13, grifos do autor). Logo, ele é um fato no Eu, que contém mais do que este pode conter.

Esse é o humano, a subjetividade que Lévinas quer descrever em sua obra magna. Não haveria aqui uma correlação entre o Infinito cujo outro nome é Outrem, que vem à ideia como uma "inadequação", mas que apresenta a subjetividade como "hospitalidade" – pois o Eu recebe o Infinito sem intencioná-lo – e a Torá da Revelação sinaítica, que estabelece uma "ordem mais antiga do que aquela que se instala no pensamento tentado pela tentação" (*QTL*, p. 75) da razão filosófica do Ocidente? Não haveria um entrelaçamento de noções entre a doação da Torá – "acolhida antes de ser conhecida" (*QTL*, p. 86), escândalo para a lógica – e a doação do Infinito à ideia que não pode ser forjada pela subjetividade? O mesmo Lévinas, numa lição talmúdica em que trata do intelectualismo ocidental como tentação da tentação para o judaísmo, atualiza o ensinamento dos rabis afirmando a relação entre o acolhimento da Revelação e a ética: "A Torá é dada na Luz de um rosto. A epifania do outro é *ipsus facto* minha responsabilidade com respeito ao outro: a visão do outro é desde já uma obrigação a seu respeito. A ótica direta – sem mediação de nenhuma ideia – só pode se realizar como ética. O conhecimento integral ou Revelação (recepção da Torá) é comportamento ético" (*QTL*, p. 97, grifo do autor). Se retornamos às interrupções que Lévinas pretende fazer em sua filosofia da *exterioridade* – que é alteridade, rosto, infinito –, vamos encontrar quase a mesma estrutura de elaboração: "A subjetividade realiza essas exigências impossíveis: o fato surpreendente de conter mais do que é possível conter. Este livro apresentará a subjetividade como acolhida a Outrem, como hospitalidade. Nela se consuma a ideia de infinito" (*TI*, p. 13). Então vamos notar que Lévinas enuncia essas *interrupções* no registro da noção de ética do judaísmo, na qual, na Revelação sinaítica, encontramos a responsabilidade como dada antes que o entendimento incidisse na noção do infinito – infinito como o outro nome do Rosto o qual a subjetividade hospeda antes de compreender.

16 Todos os fragmentos entre aspas até esta nota em *TI*, p. 11.

Contudo, isso não quer dizer que a anterioridade da Torá e do Infinito seja irracional. Assim, o evento da Torá é inteligível não a partir de uma certeza da coincidência do evento com o si mesmo, mas como a configuração ética de uma subjetividade apegada ao absoluto revelado no Sinai. Do mesmo modo, sobre a aspiração à exterioridade radical (o Infinito dado à ideia), Lévinas a chama de "metafísica" e explica: "o respeito dessa exterioridade metafísica - que é preciso acima de tudo 'deixar ser' - constitui a verdade. Ela anima este trabalho e atesta a sua fidelidade ao intelectualismo da razão" (*TI*, p. 15, grifo do autor). Logo, ele não está renunciando à filosofia, mas enunciando um "outro" modo de inteligir a existência.

Derrida observará que a interrupção na fenomenologia levinasiana é uma necessidade que emerge no interior dela mesma, exigida pela ética da hospitalidade: "A fenomenologia *interrompe a si mesma*. Esta interrupção de si por si-mesmo, se alguma coisa de parecido é possível, pode ou deve ser assumida pelo pensamento: é o discurso ético – e é também, como limite da tematização, a hospitalidade. A hospitalidade não é uma interrupção de si?" (2008, p. 68, grifo do autor). E ainda:

> A interrupção não se impõe à fenomenologia como por decreto. É no próprio curso da descrição fenomenológica, seguindo uma análise intencional fiel ao seu movimento, ao seu estilo e às suas próprias normas, que a interrupção se *produz*. Ela *se decide* em nome da ética, como interrupção de si por si-mesma. Interrupção de si por uma fenomenologia que se entrega assim à sua própria necessidade, à sua própria lei, onde esta lei ordena-lhe interromper a tematização, quer dizer, ordena-lhe ser fiel a si por fidelidade a si, por esta fidelidade *à análise intencional* que Lévinas sempre reivindicará. Esta fidelidade que torna infiel é o respeito da consciência-de como hospitalidade (DERRIDA, 2008, p. 69, grifos do autor).

Dissemos acima que, pela oposição "guerra *versus* paz" como *dilaceração* entre filósofos e profetas, nosso autor propunha uma ruptura na totalidade, ou seja, "opor ao objetivismo da guerra uma subjetividade tirada da visão escatológica" (*TI*, p. 12). Ora, em 1987 ele escreve o prefácio de *Totalidade e infinito* para a edição alemã e exprime uma vez mais: "Este livro contesta que a síntese do saber, a totalidade do ser abraçado pelo *eu transcendental*, a presença captada na representação e o conceito e a interrogação sobre a semântica da forma verbal do ser – estações inevitáveis da Razão – sejam as últimas instâncias do *significativo*" (*EN*, p. 253, grifo do autor). A passagem para uma instância de significado para além do conceito é enunciada de forma ainda mais clara e precisa, e ela se refere aqui ao problema da paz e da razão. Lévinas questiona se é necessário que a razão desvele sempre todas as coisas, se ela deve garantir, afirmar e confirmar e, enfim, dispor das mesmas para serem possuídas e instrumentalizadas, utilizadas e comercializadas. Porque para ele a paz, aquela da esfera ética e da relação com o outro, faz as contas com uma conjuntura "mais antiga", mais anterior: e é a nudez com que o humano se apresenta no Rosto:

> Para além do *em-si* e do *para-si* do desvelado, eis a nudez humana, mais exterior que o fora do mundo – das paisagens e instituições – a nudez que brada sua estranheza ao mundo, sua solidão, a morte dissimulada no seu ser – ela brada, no aparecer, a vergonha de sua miséria escondida, brada *com sua morte na alma*; a nudez humana interpela-me – interpela o eu que sou – interpela-me por sua fraqueza, sem proteção, sem defesa, por sua nudez; mas interpela-me também por estranha autoridade, imperativa e desarmada, palavra de Deus e verbo no rosto humano (*EN*, p. 253-254, grifo do autor).

Assim, a irrupção do Rosto me impõe uma responsabilidade irrecusável e altera a ordem do "eu" e do ente como pertencentes a uma categoria do ser na lógica da extensão dos gêneros para um eu único, eleito, que, investido pela responsabilidade como uma gratuidade, "interrompe o ser preocupado com o próprio ser e com sua perseverança no ser. Interrupção absoluta da onto-logia, mas um-pelo-outro da santidade, da socialidade, da paz" (*EN*, p. 254). Aqui, portanto, se justifica a anterioridade da metafísica em relação à lógica do conceito, na aparição do Rosto como exterioridade que me interpela e libera o *eu* de seu *si-mesmo*.

Uma última passagem será a relação do significado da linguagem, a distinção entre o Dizer e o Dito, pois uma ética que emerge como metafísica requer outra significação a fim de não correr o risco do retorno ao círculo fechado do ser. Assim, chegamos ao enunciado do projeto que se cumprirá em *De outro modo que ser ou para lá da essência*:

> O termo *essência* exprime nela o *ser* diferente do *ente*, o *Sein* alemão, distinto do *Seiendes*, o *esse* latino distinto do *ens* escolástico. Não se ousou escrever *essância* como exigiria a história da língua, na qual o sufixo *ância*, procedente de *antia* ou de *entia*, deu lugar a nomes abstratos de ação. Evitar-se-á cuidadosamente empregar o termo essência e os seus derivados na sua utilização tradicional. Para *essência*, *essencial*, *essencialemente*, dir-se-á eidos, eidético, eideticamente ou natureza, quididade, fundamental etc. (*OMS*, p. 21, grifos do autor).

Os termos que Lévinas pretende substituir são aqueles que se reportam à ontologia. Nessa obra ele quer evitá-los porque o que é acessível é o Rosto, que significa por si mesmo. Mas também quer evitar que a exterioridade seja tomada como um empirismo. Trata-se muito mais de:

> Reconhecer na subjetividade de uma ex-cepção que desordena a conjunção da *essência*, do *ente* e da '*diferença*'; perceber na substancialidade do sujeito, no núcleo duro do "único" em mim, na minha identidade desemparelhada, a substituição a outrem; pensar essa abnegação, antes do querer, como uma exposição, sem piedade, ao traumatismo da transcendência de acordo com a susceptibilidade mais – e de outro modo – passiva que a receptividade, a paixão, a finitude; fazer derivar desta susceptibilidade inassumível a *práxis* e o saber interiores ao mundo – eis as proposições desse livro que nomeia o *para lá da essência* (*OMS*, p. 21-22, grifos do autor).

A totalidade do ser ou o retorno ao si-mesmo na relação com o outro será a interrupção mais audaz e radical que Lévinas pretende fazer nessa obra, introduzindo a ética numa esfera metafísica – a "filosofia primeira" – por meio de uma linguagem não mais ligada à ontologia e irredutível ao regime do filosófico, ou seja, do Dito.

Vemos delinear-se aqui uma linguagem hiperbólica em Lévinas que nos induz a adentrar em noções extremadas a respeito da subjetividade humana e das relações intersubjetivas, tais como: *responsabilidade absoluta*, *substituição*, *refém*, *um-por-outro*, *des-interesse*, *dia-cronia*, *an-arquia*, *outrem do outro* ou o *terceiro*. Elas funcionam como um recurso audaz de nosso autor naquela "contenda" que enunciamos na conclusão de nosso capítulo anterior, ou seja, a contenda entre a razão e a linguagem, a fim de poder dizer o Infinito, que é maior do que o pensamento pode pensar. A nosso ver, essas e outras categorias só são possíveis porque a escritura de Lévinas é perpassada de noções bíblicas que o seu judaísmo permite condensar no texto filosófico. Pois, como dizer um Dizer (como o da responsabilidade) que não se torne um Dito? Como filosofar utilizando a linguagem e a inteligibilidade filosófica, evitando o risco da totalidade que um tal discurso exige?

A seguir, descreveremos algumas possibilidades hermenêuticas para compreender a complexidade dessa pretensão de Lévinas e também considerar como ele opera, fazendo interagir as várias linguagens: a da ética e a da fenomenologia num só texto, que se caracteriza como entrelaçamento não só linguístico, mas que pela mediação da linguagem deixa entrever uma inter-relação de tradições – a judaica e a grega –, que resulta numa abordagem "outra" da existência, isto é, existência como ética, responsabilidade.

CAPÍTULO VI

O *PALIMPSESTO*: JUDAÍSMO E FILOSOFIA NA ESCRITURA DE LÉVINAS

O fenomenólogo Lévinas, no prefácio de *Totalidade e infinito*, deixa claro que deve à fenomenologia husserliana a apresentação e o desenvolvimento de uma passagem que ele pretende fazer, a saber, da ética para a exterioridade metafísica, como acabamos de descrever. No mesmo prefácio, ele também enuncia o limite do método quando se trata de descrever relações para além do rosto, ou seja, relações com o mundo do humano (que não podem descrever-se como *noeses* que visam *noemas*" (*TI*, p. 14). Ainda na época em que Lévinas se aprofundava no conhecimento do método fenomenológico, ele parece ter intuído a abertura que o método lhe possibilitava:

> O Mundo vai além dos limites da Natureza, reassume todo o relevo e toda a riqueza que ele possui em nossa vida concreta: este é um mundo de coisas interessantes e enfadonhas, úteis e inúteis, belas e feias, amadas e odiadas, ridículas e assustadoras. O método fenomenológico quer destruir o mundo distorcido e empobrecido pelas tendências naturalistas do nosso tempo – que, certamente, têm seus direitos, mas também as suas limitações – ele quer reconstruir, quer reencontrar o mundo perdido da nossa vida concreta (*LIH*, p. 88).

A partir desses pilares da fenomenologia é que a obra de Lévinas se construirá e se apresentará não mais como um pensamento que se adéqua ao objeto, mas enquanto intencionalidade que supõe já a ideia do infinito, a *inadequação* por excelência, ou, ainda, como pensamento em defesa da subjetividade, fundada na ideia de infinito (*TI*, p. 12-13).

Os exílios de nosso autor por razões políticas parecem ter deixado um indelével paradoxo em sua vivência e com o qual joga em sua reflexão filosófica. De um lado, encontramos essas experiências interculturais que as situações políticas lhe impuseram; de outro, a sua opção pela França, um lugar e uma cultura que ele, entretanto, não considerou uma ocasião de instalação em uma terra. Ao contrário, foi a partir de onde ele criticou a ideia de "enraizamento" do hitlerismo, afirmando que é a "estranheza ao mundo" que distingue tanto o destino do cristianismo quanto o do judaísmo[1] e, portanto, da civilização ocidental.

Lembrando o enunciado que fizemos, o *lugar hermenêutico* dessa nossa análise é o do conceito de *Outro*. Tal evolução no pensamento de Lévinas se radicaliza ao ponto de não apresentar um caminho de retorno. A nosso ver – e essa é nossa tese –, Lévinas não é só movido pela pergunta crítica e filosófica ou, se quisermos, pela virada fenomenológica da filosofia movida por Husserl e Heidegger nos primórdios de seu caminho filosófico. Parece que não era apenas uma questão teórica que movia as perguntas de Lévinas a respeito do Ser em *De l'évasion*,[2] mas o mover-se fora do "clima filosófico" de seu tempo, se prefigurar com o emergir de uma base bem mais anterior, a saber: a) o da concepção judaica da vida – ele era um judeu praticante e estudioso em sua tradição; b) o do evento paradoxal e irrepresentável das guerras; c) o do trauma do *stalag* e do extermínio dos judeus pelo nazismo do qual ele mesmo terá a experiência quando sua família é dizimada na Lituânia. Tudo isso parece marcar definitivamente sua existência e seu pensamento, dando vasão à sua busca de responder não apenas àquelas perguntas levantadas em *De l'évasion*, mas também ao contexto da violência concreta e imponderável daquele período.

Para Lévinas, que além de filósofo era um educador, a experiência singular na qual viviam os judeus ocidentais naquele contexto de violência, o "esquecimento" ou a "ignorância" que estes tinham a respeito das fontes tradicionais judaicas, as quais – para além de todos os terrores da história – permaneciam como "fontes" para um judaísmo extremado pela violência, e tudo isso se constituiu num projeto filosófico. Suas lições talmúdicas parecem converter-se em ponto de partida para universalizar um sentido que o pensamento do Ser puro parecia não atingir: faz-se necessário ir além dele. Faz-se necessária uma *alteridade* no seio da filosofia, por isso ele irá

1 O autor escreve sobre isso num breve artigo em 1938, "L' essence spirituelle de l'antisémitisme (d'après Jacques Maritain)" (Chalier; Abensour, 1991, p. 150).

2 Vemos claramente esse questionamento do autor no seguinte fragmento: "Qual é a estrutura deste ser puro? Tem ela a universalidade que Aristóteles lhe confere? É o fundo e o limite de nossas preocupações, como pretendem alguns filósofos modernos? Ou ao contrário: não é senão a marca de uma certa civilização, instalada no fato consumado do ser, sem poder dele sair? E, nessas condições, a ascendência é possível e como ela se cumpre? Qual é o ideal de felicidade e dignidade humana que promete?" (DE, p. 99).

perseguir um projeto que transcenderá os limites de onde este se origina, guiando-o para "além da essência". Ele transcenderá também o judaísmo, a fim de propor uma modalidade para compreender o humano, fundada e orientada pelo pensamento do Infinito na finitude do humano. Disso resultará a sua ética metafísica, cuja expressão mais intensa é a *responsabilidade infinita* pelo outro que, devido a uma espécie de saturação das noções ocidentais e judaicas que fecunda entre si, chega ao extremo da *substituição-de-um-pelo-outro* em *De outro modo que ser*.

Na sequência de nossa análise, pretendemos considerar primeiramente como Lévinas compreende o "pensamento judaico" e em que consiste a afirmação de que o pensamento levinasiano é um *palimpsesto* no qual podem ser lidos diferentes registros, sendo um deles o do judaísmo. Em seguida, descreveremos os traços desse judaísmo presentes no conceito de Alteridade e em algumas das principais noções levinasianas, as quais exprimem uma contorção da expressão filosófica da tradição. Assim, ele faz emergir uma originalidade tanto no registro da tradição quanto naquele judaico com relação à compreensão dos termos *Outro* e *Alteridade*.

6.1 O judaísmo inscrito no pensamento de Lévinas

Nossa análise agora se detém sobre a hermenêutica de alguns entre os muitos intérpretes do judaísmo na obra de Lévinas para obter uma visão mais ampla sobre o método de nosso autor. Aqui cabe fazermos uma distinção entre os termos hebraísmo e judaísmo: alguns autores não os diferenciam, mas para nossa interpretação utilizaremos o termo "judaísmo" como aquele registro no pensamento de Lévinas que se entrelaça com o registro da filosofia ocidental. Deixaremos o termo "hebraísmo" para nos referir ao período da história de Israel, que comumente é citado como anterior ao retorno do exílio babilônico.

Do ponto de vista de uma filosofia intercultural, buscaremos identificar elementos fundamentais que constituem as tradições grega e judaica, sejam eles filosóficos, sapienciais ou religiosos, os quais ele entrelaça a fim de dar novos sentidos aos conceitos de *Outro* e de *Alteridade*. De um lado, podemos dizer que ele trata certas problemáticas filosóficas comuns ao pensamento grego e ao pensamento judaico como, por exemplo, o Bem, o particular, o universal, e, de outro, o resultado dessa posta em comum de determinadas noções que não resulta numa síntese, mas em novas problemáticas, ou, ainda, em uma expansão ou nova significação das problemáticas de origem. Por fim, buscaremos indagar se o procedimento levinasiano poderia inspirar um método em filosofia intercultural desde as significações de *Outro* e de *Alteridade*.

6.1.1 O pensamento judaico na existência e concepção de Lévinas

Um primeiro esclarecimento se faz necessário no que se refere ao conceito de pensamento judaico, pois aqui estamos diante de uma rica diversidade de abordagens.[3] Um segundo esclarecimento é a compreensão sobre como Lévinas aborda filosoficamente o judaísmo. G. Bensussan faz as seguintes distinções:

> [...] *o judaísmo* propriamente dito, a experiência e as práticas simbólicas e comunitárias que elas designam, a religião ou o político-religioso; *o pensamento judaico*, ou seja, o corpus escrito e quase oceânico (Lei escrita e oral, interpretações multiformes, midráshicas, cabalísticas, comentários sem interrupção atribuíveis) que se registra na profusão dessa experiência e dessas práticas religiosas; *a filosofia judaica*, enfim, que tematiza essas expressões escritas da tradição sob o efeito dos outros textos, recebidos de uma outra transmissão, aqueles da tradição da filosofia. A filosofia judaica se inscreve assim numa espécie de segundo grau. Ela transcreve no seu registro próprio a expressão (pensamento) de uma experiência (vivência), a voz que vem da outra margem, como diz Lévinas (2001, p. 49, grifos do autor).

Ora, para Lévinas, no entanto, as distinções não aparecem tão rígidas. A "outra margem" que Bensussan menciona é a tradição grega que, para nosso autor, não parece opor-se à tradição judaica. Antes, afirma ele em uma entrevista à F. Armengaud:

> A distinção entre judaísmo e reflexão filosófica emerge desde o início como um conflito maior? Pode-se começar – esse é o meu caso, uma vez que quereis falar sobre mim – a partir de um mundo no qual o judaísmo foi experimentado de um modo natural: não é de todo ou não apenas, naquilo que se denomina piedade ou ritualismo rigoroso, mas, sobretudo, na consciência de que pertencer à humanidade é relevar uma ordem de suprema responsabilidade (*LHN*, p. 198).

---

3 S. Trigano, por exemplo, distingue entre uma "tradição judaica", que tem sua expressão no Talmude aramaico e no pensamento rabínico e que, por sua vez, não é o pensamento cabalístico e difere também do que se entende por "filosofia judaica" e por "pensamento ético do judaísmo". Aliás, lembra ele, o termo judaísmo surge como oposição ao conceito de helenismo e já denota uma pluralidade e o encontro de diferentes civilizações ou epistemologias, sobretudo após a tradução grega da *Bíblia dos Setenta*. Para um maior aprofundamento sobre uma epistemologia judaica e uma crítica histórica dos processos que fizeram emergir a Modernidade judaica até a assimilação ocidental por parte do judaísmo contemporâneo e, por consequência, da necessidade de fazer essas distinções, remetemos ao seu estudo *La demeure oublieè: Genèse religieuse du politique* (1994).

Essa afirmação nos deixa entrever que a profundidade do judaísmo em Lévinas não se opunha ao que ele concebia por filosofia. Aliás, nessa mesma conversação temos a referência a uma afirmação dele de que a filosofia deriva da religião porque a religião em desvio de rumo apelaria à filosofia (*DSS*, p. 169), e, mais precisamente, diz ele: "o recurso da religião à filosofia não deve significar algum servilismo da filosofia, nem alguma *in*-inteligência própria da religião. Não se trata de dois momentos distintos, mas solidários do processo espiritual único que é *a aproximação* à transcendência" (*LHN*, p. 204). Por essas declarações vamos percebendo que a concepção de filosofia de Lévinas não se distancia de sua concepção de judaísmo. Ambas as concepções se caracterizam por serem caminhos que o espírito humano percorre a fim de alcançar a compreensão da transcendência sem, no entanto, esgotá-la numa objetivação. Chegamos, desse modo, à sua afirmação a respeito da "sabedoria" como noção que reúne todos os conhecimentos que a inteligibilidade almeja e, logo, acomuna duas tradições de sabedoria, a judaica e a grega: "O que eu chamo sabedoria [...] implica precisamente toda a cultura do conhecimento das coisas e dos homens. É um pensamento guiado pela preocupação da objetividade e da verdade, mas onde, nesta preocupação, não se perde a lembrança da justiça que os suscitou; que se refere ao direito infinito do próximo, à responsabilidade pelos outros" (*LHN*, p. 207). Sobre a relação entre essas duas sabedorias com as quais está envolvido, lemos em um dos Colóquios dos Intelectuais Judeus, em 1984, a sua lição talmúdica a respeito da tradução das escrituras.[4] Ele toma o Tratado talmúdico sobre a problemática da tradução do Pentateuco hebraico para o grego na Alexandria do século II a. C. para interpretar o problema atual da assimilação dos judeus europeus. Mais que isso: para justificar a necessidade do grego como a "beleza de Jafé habitando nas tendas de Sem". E a razão pela qual Lévinas interpreta esse Tratado é explicitada ao final de sua lição:

> [...] é, para mim, onde reside a beleza da Grécia que deverá habitar nas tendas de Sem: a linguagem da decifração. Ela desmistifica. Ela desmitologiza. Ela

4 Trata-se de uma passagem do Talmude (Tratado de Meguila 8*b* e 9 *a*-9*b*), no qual o rabi Simeon ben Gamliel afirma na parte da Mishná que a tradução dos livros santos é autorizada somente para a língua grega. Na Guemará, no entanto, essa afirmação é interpretada por outro rabi, Johanan, que explica a razão dessa autorização: ela se encontra no livro do Gênesis 9,27, que diz: "Que Deus dilate Jafé, que ele habite nas tendas de Sem" (cf. *Bíblia de Jerusalém*). Jafé e Sem são os filhos de Noé aos quais foi destinado, a cada um, diferente território onde habitar. Jafé significa "o grego", e sua descendência poderá habitar nas tendas de Sem, o hebreu. Para além da rica interpretação do Tratado, Lévinas também reenvia à tradução dos "Setenta", isto é, da *Bíblia* hebraica à tradução grega. Veja-se a tradução do Tratado pelo próprio Lévinas em *LHN*, p. 43-46.

> despoetiza também. O grego é a prosa; é a prosa do comentário, da exegese, da hermenêutica. Interpretação hermenêutica que, embora frequentemente utilize metáforas, mesmo assim, a língua que "desmetaforiza" as metáforas, que lhes conceitualiza, precisa sempre recomeçar o esforço. [...] É preciso paciência. Mas, então, é esta escola de falar paciente que é também preciosa à nossa herança grega (*LHN*, p. 65, grifo do autor).

Entretanto, numa lição talmúdica anterior a essa, intitulada "Modèle de l'occident" (*ADV*, p. 29-50), ele havia refletido sobre a situação contrária, ou seja, sobre os limites da sabedoria grega, uma vez que o Tratado talmúdico por ele comentado (*Mena'hoth*, 99 b-100 a) se referia à Lei litúrgica sobre os "pães da deposição", e em cuja Guemará era citada a interpretação do rabi Yischmaël acerca da pergunta de Ben Dima, seu sobrinho: "Um homem como eu que aprendeu toda a Torá, o que é para ele o estudo da sabedoria grega?" (*ADV*, p. 30), ao que lhe responde o rabi após ler o verso de Josué 1, 8, que diz: "Que o livro desta Lei esteja sempre em seus lábios: medite nele dia e noite", e acrescenta: "Encontre-me uma hora que não seja nem do dia e nem da noite e estude a sabedoria grega". Ao comentar essa passagem, Lévinas, por sua vez, afirma que não se trata de um fechamento à sabedoria grega por parte do universo judaico, mas sim de pôr em questão uma linguagem que é suscetível à eloquência humana, como é a linguagem grega:

> A sabedoria grega é, portanto, uma abertura, mas é também a possibilidade de falar por sinais que não são universalmente compreendidos, e sinais de cumplicidade têm, assim, o poder de trair. A sabedoria grega, envolta pela ambiguidade de uma certa língua é, por isso, uma arma de astúcia e dominação. Na filosofia, isso faz com que ela se abra à sofística; na ciência, que ela sirva à força e à política. Haveria na sabedoria puramente humana o poder de ela se inverter em falsidade e ideologia. Aqui a razão pela qual, na resposta à Ben Dima, a exclusão da sabedoria grega é radical. Não é porque ela será saber, mas porque no saber puramente humano sem a Torá, no puro humanismo, já se deslizam os desvios para a retórica e todas aquelas traições que Platão lutou contra (*ADV*, p. 44).

Lévinas enuncia aqui uma espécie de prudência em relação a todo o saber, porque considera que a Torá possui a primeira palavra, o Dizer que, depois do qual, todo o resto é um dito a ser sempre e, permanentemente, desdito. Mesmo os comentários do Talmude, diz ele, podem ser considerados uma luta contra a tentação da retórica. Contra uma eloquência que perde, precisamente, o traço do Rosto do outro e que se desvia, portanto, da justiça e da responsabilidade.

É, talvez, por essa razão que sua filosofia é perpassada de um "além da essência", de uma suspeita a respeito de toda a ontologia como teoria, como perigo de uma eloquência e, portanto, insuficiente para significar a totalidade da vida humana. Na sequência de suas reflexões sobre o Tratado Talmúdico apenas mencionado, nosso autor faz a ressalva de que não se trata de um interdito do mesmo à sabedoria grega, pois não é possível para o judaísmo se afastar das fontes ocidentais. Conforme o versículo de Josué, o Livro da Lei deve permanecer nos lábios, e é essa permanência da Torá que não deve ser confundida como uma obrigação, mas consiste, sim, numa bênção fora da temporalidade. De acordo com Lévinas, "como a Torá recobre a totalidade de uma vida devido à superabundância, à fecundidade da Torá, o que entra na mente durante o tempo dedicado a ela traz frutos durante os intervalos entre os estudos: recompensa essa gratuita que a razão recolhe para além do seu exercício efetivo" (*ADV*, p. 45). Há, portanto, uma relação entre o proceder da razão que estuda a Torá e aquela que especula o ser. Não se excluem, nem se opõem, mas se esclarecem mutuamente.

Segundo S. Trigano, o pensamento de Lévinas é "o esforço de 'traduzir' o judaísmo em língua filosófica (grega), ou de pensar a mensagem sinaítica desde as categorias gregas, ou de realizar uma síntese da Grécia e de Israel, ou de filosofar desde uma inspiração judaica e, por isso, necessariamente, dentro de todas essas figuras, fazer 'desbordar' o hebraísmo. Este é um esforço antigo de vinte séculos" (2003, p. 156-157, grifos do autor). Como se lê, o que Lévinas tem feito não é algo de todo novo, mas está em continuidade com uma tradição preocupada em realizar esse diálogo entre duas tradições. Esse autor lembra, ainda, que o desejo de inscrever a judeidade no coração de outrem – da Grécia – emerge com Fílon de Alexandria, que inaugura uma comunicação inédita entre dois universos intelectuais e culturais diferentes ao interpretar a *Bíblia dos Setenta* a partir da filosofia platônica. Mas, apesar de todo o esforço dos filósofos judeus em afirmar as ideias do judaísmo, essa experiência sempre se deu no exílio, sempre se instalou na inteligibilidade do estranho, do outro, na língua dos outros, na linguagem grega. Assim, temos uma linhagem de grandes pensadores ocidentais, como Saadya Gaon (882-942), Maimônides (1135-1204), Mendelsson (1729-1786), Hermann Cohen (1842-1918) e Rosenzweig (1886-1929) – este último contemporâneo de Lévinas –, que deixaram sua marca na formação da inteligibilidade ocidental. Mas Trigano afirma que é necessário pontuar a diferença entre as duas inteligibilidades ou procedimentos filosóficos: o filósofo grego põe a questão do ser como o princípio de seu filosofar e, assim fazendo, sua experiência sensível e intelectual se torna tábula rasa; o filósofo judeu, em vez, inicia da Torá como um dom: ela contém a Criação, a Lei e a ausência do Criador. Dois pontos de partida diferentes que desenvolvem problemáticas tão distintas quão distintas serão também suas resoluções.

Mas com qual critério classificar o pensamento e o procedimento judaico de Lévinas a respeito da especificidade da "filosofia judaica"? Trigano lembra que em Lévinas é a referência à filosofia que predomina, em vez da referência aos textos judaicos, exceto por suas lições talmúdicas e raras citações bíblicas. Isso, segundo ele, se explica na origem intelectual do judaísmo lituano, ligado tradicionalmente ao rabinismo do Talmude, totalmente apoiado no mesmo, sem referência ao texto bíblico, a não ser pela sua hermenêutica. Mesmo assim, afirma ele, em Lévinas, "o estudo filosófico, frequentemente, é uma leitura a livro aberto da língua hebraica na língua francesa. A melhor verificação de tal hipótese, das modalidades e arranjos surpreendentes da língua e do pensamento levinasianos encontra uma explicação quando os substituímos dentro da perspectiva do hebreu" (2003, p. 163). Assim, Lévinas reveste de um significado todo novo e contextualizado temáticas tanto hebraicas quanto filosofemas judaicos que têm estado presentes na tradição dos pensadores judeus ocidentais, tais como: proximidade, rosto, "*il y a*", infinito. Porém, há algo de inédito na leitura filosófica que faz Lévinas de noções hebraicas, diz Trigano. Ela "é fruto de uma alquimia sutil, de um trabalho de ir e vir permanente entre dois registros. O hebraico 'caído' na língua filosófica ilumina toda a sua riqueza intelectual" (2003, p. 167, grifo do autor). O inédito em Lévinas é que ele não está preocupado com a justificação de uma judeidade particular, mas ele lê no gesto da "eleição", por exemplo, um apelo ao humano em geral, a cada homem em particular, como criatura que não pode ser substituída na sua responsabilidade pelo outro homem. O eu-único de cada homem, que se explica na sua subjetividade no *um-pelo-outro* da responsabilidade, é particular que contém em si o universal: "o Si é Sub-jectum: ele encontra-se sob o peso do universo – responsável por tudo" (*OMS*, p. 131).

Nesse sentido, pareceu-nos possível considerar que o pensamento levinasiano, quando assim universaliza o particular sem, contudo, tirá-lo de sua condição, se configura como um método para pensar a filosofia intercultural. Desse modo, no seguimento, analisaremos as possibilidades hermenêuticas que nos ajudariam a interpretar a filosofia de Lévinas como uma filosofia intercultural.

6.1.2 O "díptico" e a "dobradiça" do pensamento levinasiano

David Banon, filósofo especialista do pensamento de Lévinas e da *Midrash*, analisa a obra de Lévinas como sendo um *díptico* cujas partes se solicitam, se respondem, se confrontam e se fecundam internamente. Tal *díptico* corresponde a dois painéis: um é aquele no qual as obras essencialmente filosóficas são expostas e o outro é o das obras religiosas ou judaicas. Mas, no seu entender, eles não são dissociáveis em seus elementos, ainda que esses possam ser identificados. Ele usa a metáfora da dobradiça, que mantém a unidade do *díptico* e serve como ponte que possibilita atravessar os dois painéis. De um lado e de outro se pode constatar, segundo esse autor, uma torção ou uma posição *contre-courant*, que se explicita como um novo lugar de sentido: de um lado do *díptico*, Lévinas põe em questão a ontologia ocidental, mas reabilitando a metafísica a partir de uma relação não com o ser que persevera no ser, mas com o Bem, a ética, a Transcendência, o Outro e, enfim, com uma sociabilidade. De outro lado, substituindo a ontologia por uma ética metafísica, ele reabilita o pensamento judaico em uma nova chave interpretativa, nos traços talmúdicos e em consonância com o judaísmo lituano. Porém, ele serve-se, de um lado, de certos temas, como uma pré-filosofia de onde emerge o sentido radical da justiça e cuja fonte é a preocupação pelo Outro; e de outro, procede criticamente conforme o legado daquele judaísmo singular. No entender de Banon, Lévinas não estaria deixando a Grécia para aquilo que não tem sequer um lugar: Israel, como se questionava Derrida (1967, p. 122), mas em sua *díade* ele conservaria sem negar – Atenas e Jerusalém, a judeus e a gregos –, reconhecendo ambas as sabedorias. Daí que ele se propõe diferentes tarefas a fim de aproximá-las. Em suas lições talmúdicas, ele diz pretender traduzir "o grande ensinamento" em uma "formulação moderna" (*QLT*, p. 27); já em *Au-delà du verset*, ele lembra que a herança judaica, a sua singularidade, não é menos humana que aquela do Ocidente, e que ela requer uma tradução ao grego, ou seja, ao "pensamento" que o Ocidente ensina. Mas, de outra parte, o judaísmo tem "a grande tarefa de enunciar em grego os princípios que a Grécia ignorava" (*ADV*, p. 234), pois os textos das Escrituras com seus bimilenares comentários certamente têm ainda algo a ensinar ao mesmo Ocidente e aos judeus depois do Holocausto; isto é, para além daquelas leituras feitas num registro de assimilação dos modelos europeus que os judeus haviam interpretado até então. Parece que Lévinas toma para si a responsabilidade de fecundar essas duas raízes que fundam a civilização ocidental, como afirma Banon:

> De fato, Lévinas busca demonstrar a especificidade do pensamento judaico entrando em um debate com a tradição metafísica do Ocidente. Ele alerta, no entanto, sobre a tentativa de recorrer às antíteses fáceis e retóricas que opõem os termos um ao outro como, por exemplo, justiça e caridade, ou filosofia e profecia ou ainda, moral e política. Não é neste nível que ele intende situar a confrontação, porque não há nada em uma grande espiritualidade que esteja absolutamente ausente em outra grande espiritualidade (1984, p. 101).

Mas como Lévinas estabelece a tênue ou a abissal diferença entre uma e outra espiritualidade? É, pois, por meio da interrogação do Talmude. Como já mencionamos, Lévinas foi introduzido sistematicamente à interpretação do Talmude durante alguns anos após seu retorno do *stalag* pelo mestre Chouchani. Mas, em si, recorda Banon, as Escrituras judaicas não são lidas senão por meio da tradição oral, cujo núcleo é o Talmude e que é um modo de leitura que retoma e reinveste de sentido atual o texto bíblico. Esse processo de leitura do Talmude obedece a alguns parâmetros: a) inicia considerando que a *Bíblia* é um só livro e que suas partes não se opõem e nem se contradizem, mas se completam e se esclarecem mutuamente; b) a visão global do texto orienta a investigação analítica e permite uma visão sintética do desenvolvimento da história; c) a interpretação dá atenção a cada detalhe, pois tudo no texto tem valor de significação; d) acresce-se a essa aproximação o texto como um todo e como uma unidade, uma exegese fragmentária ou local, ou seja, palavras, frases explicitadas pelo mesmo fragmento e, às vezes, fora ou dentro de seu contexto, mantendo a estrutura linguística. Em síntese, é nesse *intertexto* e nessa minuciosa atenção também às lacunas e aos espaços em branco que emergem os apelos à interpretação. Por fim, esse proceder, afirma Banon, "atesta – por uma atenção extrema aos outros e por uma análise meticulosa de todas as situações particulares onde elas se encontram engajadas – a ideia do Bem para além do ser e se aprova o seu não narcisismo fundamental, que é a definição mesma da ética" (1984, p. 103).

O modo como Lévinas se aproxima do Talmude é também digno de observação. Já dissemos anteriormente que o judaísmo de Lévinas provém de um registro muito intelectual, no qual não há lugar para o misticismo ou o pietismo. Ora, o Talmude,[5] como interpretação das Escrituras dos doutores

5 David Banon escreveu uma dissertação intitulada *La lecture infinie: Les voies de l'interpretation midrachique*, que é uma introdução à história e metodologia da interpretação talmúdica, a qual foi defendida na Universidade de Genebra, em 1986, em presença de E. Lévinas, que escreveu o prefácio da mesma. Veja, ainda: OUAKNIN, M.-A. *Le libre brûlé: La philosophie du Talmud* (1986).

rabínicos que ao longo dos séculos agregaram seus comentários à Torá escrita – o Pentateuco e a *Bíblia* hebraica –, fala ao intelecto e solicita interpretação. Banon lembra que o procedimento interpretativo do Talmude ensinado pelos rabis lituanos, como o grande Hayim Volozhine, guiava o aprendiz a buscar o contato com os mestres e os seus ensinamentos, cobrindo-se, porém, da "poeira de seus pés", ou seja, não se distanciando da raiz, da fonte, ainda que o aprendiz tivesse objeções ao ensinamento ali contido. Se assim fosse, o aprendiz, com sua objeção e sua nova interpretação, seria absorvido na tradição como um galho ligado à árvore (BANON, 1984, p. 103).

Mas qual procedimento irá assumir Lévinas em suas lições talmúdicas depois de seus cursos com o mestre Chouchani? O mesmo Lévinas nos dá um indício na introdução à primeira edição de algumas dessas lições talmúdicas:

> Os comentários que preparamos não respondem absolutamente às exigências que acabamos de assinalar. A esse título, também, eles permanecem como imprudentes. Mas um mestre prestigioso, Sr. Chouchani, cuja morte na América do Sul foi-nos comunicada durante a impressão da presente obra, mostrou-nos o poder do verdadeiro método. Para nós, ele tornou impossível para sempre o acesso dogmático puramente fidelista, ou mesmo teológico, ao *Talmud*. Nosso ensaio deve atestar essa busca de liberdade, aliás, uma liberdade conquistada. [...] Nossas lições, apesar de seus defeitos, pretendem configurar um plano no qual seria possível uma leitura do *Talmud* que não se limitaria nem à filologia, nem à piedade em relação a um passado 'amado, mas ultrapassado', nem ao ato religioso da adoração; visa uma leitura em busca de problemas e verdades e que – não menos do que o retorno a uma vida política independente em Israel – parece-nos necessária a um Israel desejoso de conservar a consciência de si próprio no mundo moderno, embora possa hesitar diante desse retorno que se quereria puramente político (*QTL*, p. 23-25, grifos do autor).

Vemos as linhas que a intepretação levinasiana quer acentuar: evadir-se de uma interpretação tradicional para uma interpretação moderna, quando por "moderna" entende-se uma linguagem da tradição grega e ocidental, sem, no entanto, cair na dissolução do próprio judaísmo, mas também na ilusão de uma resolução unicamente política. Isso ele atesta ao concluir sua introdução:

> A fidelidade à cultura judaica fechada ao diálogo com o Ocidente destina os judeus ao gueto, à exterminação física; a entrada na Cidade os faz desaparecer na civilização de seus hospedeiros. Sob a forma de uma existência política e cultural autônoma, o sionismo torna possível, em toda parte, um judeu ocidental, judeu e grego. Assim, a tradução em grego da sabedoria do *Talmud* é a tarefa essencial da Universidade do Estado

> judeu [...]. O judaísmo da Diáspora e toda a humanidade espantada pelo renascimento político de Israel esperam a Torá de Jerusalém. A Diáspora, atingida em suas forças vivas pelo hitlerismo, não tem mais nem o saber nem a coragem, necessários à realização de tal projeto (*QTL*, p. 26).

Essa preocupação de Lévinas se exprime também em *L'au-delà du verset*, em que lembra que, para um número incontável de judeus que viviam na diáspora, assimilados pelos contextos em que se encontravam, "na ignorância total das fontes e de seus fundamentos" (1982, p. 22), a criação do Estado de Israel suscita esperanças depois da "paixão de Israel" que se cumpriu no Holocausto. Mas é necessário reaprender a "soprar as brasas" cobertas de cinzas cuja imagem é aplicada ao comentário da Torá, isto é, o Talmude. Isso é invocado por ele quando justifica o procedimento de uma de suas lições talmúdicas (*ADV*, *N.d.A.*, n. 7, p. 135-136). Porém, à parte a técnica da interpretação, essa imagem no fundo expressa o apelo do Dizer da Torá como fontc inesgotável de sentido, da qual o Talmude, que contém a hermenêutica rabínica bimilenar, é testemunho. Cada comentário ou ensinamento dos sábios reenvia à Torá, mas solicita outro comentário e mais outro. E, por fim, completa Lévinas, "esta solicitação emana das pessoas que, com ouvidos e olhos à espreita, estão atentas ao conjunto da escritura de onde provém o extrato, e estão igualmente abertas sobre a vida: a cidade, a estrada, os outros homens" (*ADV*, p. 136).

Segundo Banon, esse princípio da solicitação é o princípio que guia Lévinas no mergulho da interpretação talmúdica como sendo um texto da tradição judaica, mas possível de ser interpretado a partir da tradição grega. Na introdução de uma de suas lições talmúdicas pronunciada em um colóquio dedicado à "Juventude de Israel", ele sugere um procedimento interpretativo:

> Aceitemos de saída os dados do texto, sem nos preocuparmos logo com a psicanálise de seu autor – ou de seus autores – e sem submeter quem quer que seja a um processo de intenções; suponhamos a sinceridade do texto e perguntemo-nos sobre o seu significado; suponhamos que, nos termos nele usados, há pensamento e que, em consequência, seu dizer e suas representações podem ser transpostas para outra linguagem e para outros conceitos. É nessa transposição que provavelmente se opera a interpretação [...]. Jamais compreendi, de resto, a diferença radical que se faz entre a filosofia e o simples pensamento, como se todas as filosofias não brotassem de fontes não filosóficas. Frequentemente basta definir uma terminologia insólita por palavras gregas para convencer os mais difíceis que acabamos de entrar na filosofia (*DSS*, p. 64).

À parte de sua ironia, parece evidente que, para Lévinas, a transposição de uma linguagem - a do Talmude - para outra linguagem - a da filosofia - é, propriamente, o lugar onde a interpretação ganha uma nova vida, ou seja, onde as "brasas se acendem" e clareiam as situações do real. Banon, em sua análise desse *intertexto* levinasiano, afirma:

> Por sua agudeza de leitura, Lévinas foi bem sucedido em pôr em evidência os temas subjacentes jamais expostos explicitamente nos textos talmúdicos; ao transpor em linguagem moderna, ou seja, liberar a linguagem religiosa de sua matriz teológica para revelar seu sentido profano/ético que ela contém; situá-la na perspectiva da filosofia, a fim de abrir para questões permanentes de nossa civilização (BANON, 1984, p. 111).

Ora, as lições talmúdicas de Lévinas, por sua vez, são perpassadas da análise fenomenológica do tema em particular, ao qual ele se propõe refletir. Assim, temos, por exemplo, no colóquio "A tentação das tentações", em que Lévinas comenta um texto do *Shabat* do Talmude (*QTL*, p. 63-102), a descrição do problema do conhecimento desde a noção do ser - conhecimento, portanto, ocidental. Diferente, porém, é a concepção do conhecimento que advém da Torá e, mais precisamente, o da Revelação a cujo fragmento do Talmude ele alude e sobre o qual discorre nessa lição. Como sempre, no início de suas lições talmúdicas ele explicita o método de interpretação e as razões pelas quais escolheu o tal fragmento para comentar. Além disso, Lévinas sempre se desculpa diante da grandeza do texto, colocando-se ele também como um aprendiz incompleto. Isso porque o Talmude não cessa jamais de dar sentido, pois a interpretação, embora enraizada na tradição, é sempre aberta ao presente da comunidade. Mas é também aberto ao indivíduo singular que o interpreta e que encontra o senso do texto, cada um de forma inimitável (*ADV*, p. 136). Portanto, o sentido é disponível sem cair no sem-sentido e nem no relativismo. O método não é o de desconstruir, mas, ao contrário, trata-se, sim, de descobrir a unidade a fim de fazer emergir o ensinamento à luz do tema - do olhar - com o qual o texto será auscultado. No caso de Lévinas, o auscultar não é religioso e nem místico, embora esse seja o conteúdo mais evidente do Talmude. Ele, em vez, busca o sentido filosófico antes de tudo, pois, como já dissemos, ele está preocupado em transpor o paradigma interpretativo do Talmude na linguagem grega. Assim ele explicita o método interpretativo para chegar ao seu objetivo:

> [...] diante do texto que se compõe de uma série de observações, aparentemente desconexas, consistirá em procurar sua unidade e a progressão

> do pensamento que elas configuram. Para aqueles que me escutam pela primeira vez quero sublinhar que meu comentário não se propõe a decifrar uma pretensa linguagem cifrada. [...] no meu comentário, a Palavra de Deus aparecerá raramente. De um ponto de vista religioso, ela exprime a noção mais clara; filosoficamente, a mais obscura. Esta noção poderia ser elucidada pelos filósofos a partir de situações éticas. O caminho inverso seria, seguramente, mais edificante e mais piedoso; ele não seria, todavia, mais filosófico (*QLT*, p. 67).

Assim procedendo, e utilizando o método fenomenológico, ele enuncia, ao mesmo tempo, a crítica que pretende fazer:

> A tentação da tentação talvez descreva a condição do homem ocidental. [...] nós outros, os judeus, tentamos todos, ser ocidentais. [...] À tentação da tentação – à sua lucidez integral – apenas se poderia opor a inocência, conceito essencialmente negativo ao qual estão associadas a ingenuidade e a infância, imprimindo-lhe a marca do provisório. Seria, porém, proibido buscar outra antítese à tentação da tentação? Este comentário aventurar-se-á a isso (*QLT*, p. 67-68).

Como dirá Sucasas (2008, p. 137), a crítica de Lévinas nessa lição talmúdica não é só ao *pathos* intelectualista do Ocidente, mas também é o enunciado do que ele quer propor e lembrar aos seus ouvintes judeus: que a tradição judaica postula a receptividade da verdade como pressuposto insondável da "eleição", o que sinaliza que o texto hebraico não emerge de uma vontade ou da liberdade, mas, precisamente, da não liberdade que está além da liberdade.

Ainda em outra lição talmúdica ao 29º Colóquio dos Intelectuais Judeus, em 1988, Lévinas comenta o Tratado de *Tamid* (31b-32b), extraído de *Aggadoth* do Talmude da Babilônia, cujo título de seu comentário é "Para além do Estado no Estado" (*NIT*, 2002, p. 43-77). Esse fragmento narra o encontro entre Alexandre da Macedônia, conquistador e imperador, discípulo de Aristóteles – que representa o Ocidente por excelência – com os "Anciãos do Neguev", os judeus, portanto. Mas judeus da Era Helenística, o que torna ainda mais sugestivo esse "encontro" que Lévinas pretende descrever e interpretar desde dentro do Talmude e, sobretudo, a partir do real encontro que se dá entre duas sabedorias que, depois dos eventos brutais do século XX, agora se repensam. É preciso descrever as diferenças entre os dois saberes e seus modos de ações, mas também os limites e em que eles se fecundam. Nesse rico comentário, Lévinas vai descrevendo tal encontro entre um ir-e-vir dentro da tradição e um ir-e-vir no presente da vida – na política –, mas, em si, no presente da existência. Ora, o diálogo entre os Anciãos do Neguev e Alexandre, o Grande, denota a problemática da relação hebraico-helênica exposta já nos textos da tradição e discutida pelos rabis. Em outras palavras, o sábio Alexandre encarna um paradigma de sistema e os sábios do Neguev encarnam um paradigma da face, sendo assim transpostos na hermenêutica de Lévinas à problemática do judaísmo no presente:

> A sabedoria não foi definida para Alexandre senão como pensamento dedutivo, como ciência que domina o que está para vir. Sabedoria – pensamento racional, certamente, ideal do Ocidente que não ama o imprevisto, admira os caráteres fortes e é capaz de desprezar as riquezas; mas também permanece sensível à nobreza da espada conquistadora e não terá jamais a paz. É no fim da página comentada que o grande Alexandre aprenderá a aprender com todo o homem; e até mesmo com uma cidade toda de mulheres! Será preciso sublinhar toda a atualidade dessa diferença entre a racionalidade, 'interpretação do futuro no presente' e a sabedoria que se instrui ainda com toda nova face humana? Inicialmente, a sabedoria se expõe à ideologia, às abstrações do totalitarismo; pode levar ao 'socialismo científico', ao stalinismo. O sábio da segunda sabedoria não se imobiliza num sistema, resiste às abstrações cruéis, pode se renovar, aberto a cada novo encontro (*NIT*, p. 60-61, grifos do autor).

A nosso ver, Lévinas contrapõe a problemática da relação dos judeus com seu próprio judaísmo, e a problemática dos ocidentais com sua própria ocidentalização. Mas um e outro são impelidos a se repensarem numa mútua solicitude, num face a face fecundo. Se o texto da tradição solicita a realidade e esta solicita o texto da tradição, Lévinas, como afirma também Banon, termina por transformar "o conceito operador de *solicitação* em conceito ético de *solicitude*, na preocupação com os Outros, em serviço" (BANON, 1984, p. 114-115), em síntese, como hospitalidade. Assim, o *díptico* judaísmo-filosofia não parece ser tão separado quanto o quis Lévinas ao publicar em editoras diferentes os seus escritos religiosos e os filosóficos. Como dobradiça que une essencialmente a obra filosófica à obra religiosa, a sua ética metafísica mantém as duas partes dessas obras como uma unidade inseparável.

6.2 O Talmude como primeiro registro do *palimpsesto* levinasiano

Alberto Sucasas utiliza, por sua vez, a noção de "palimpsesto" para descrever o caráter dual do texto levinasiano, por meio do qual ele busca determinar o substrato hebraico de sua filosofia. Esse autor realizou um amplo estudo das obras filosóficas de Lévinas, e defende uma *dualidade fundamental* nelas contida. Ele distingue entre o bloco filosófico e o bloco religioso, mas tanto um quanto outro se deixam atravessar pelo que ele chamou de "filosofia judaica". Assim concebendo, Sucasas questiona, inicialmente, a posição de Banon a respeito de uma unidade num *díptico*, pois assim enfraqueceria a dualidade e diluiria o judaísmo como inspiração central das duas modalidades, uma vez que foi o próprio Lévinas quem distinguiu suas obras filosóficas das religiosas (1994, p. 73). Por isso, segundo Sucasas, o "pensamento judaico" que atravessa a dualidade se configura como uma estratégia reflexiva utilizada por Lévinas e regida por dois pressupostos: 1) a hermenêutica levinasiana é inscrita na hermenêutica bíblica, que alcançou no Talmude a sua máxima expressão;[6] 2) a significação paradigmática do judaísmo, cujas verdades podem ser universalizadas para todo humano, uma vez que elas transcendem as contingências históricas.[7] Nesse sentido, a exegese talmúdica para Lévinas é um exercício concreto de talmudismo e também uma prática intelectual (SUCASAS, 2008, p. 139).

Mas em que consiste a tese de Sucasas a respeito da dualidade dissipada da obra levinasiana ao modo de um *palimpsesto*? O que parece mais interessar a esse autor é identificar os traços do judaísmo na obra filosófica, mais do que constatar na parte confessional a exegese rabínica a que Lévinas dá continuidade, mas de uma forma muito particular e muitas vezes procedendo com o método fenomenológico da filosofia. Em seu estudo, Sucasas

---

6 Na primeira edição de comentários talmúdicos publicados por Lévinas, ele afirma: "O *Talmud*, segundo os mestres desta ciência, só pode ser compreendido a partir da vida. E isso vale não apenas para o próprio ensinamento que ele traz e supõe a experiência de vida (quer dizer, muita imaginação): isso vale também para a inteligência e para a percepção dos próprios sinais. Realidades concretas, eles são isto ou aquilo de acordo com o contexto da vida. Assim, estes sinais – versículos bíblicos, objetos, pessoas, situações, ritos – funcionarão como sinais perfeitos: quaisquer que sejam as modificações que o devir possa introduzir em sua textura sensível, eles mantêm o seu privilégio de revelar os mesmos significados ou ainda os aspectos novos desses mesmos significados. Sinais perfeitos, insubstituíveis e, neste sentido – puramente hermenêuticos –, sinais sagrados, letras sagradas, Santas Escrituras" (*QLT*, p. 21-22).

7 Assim exprime Lévinas: "A partir do pensamento talmúdico, uma luz se projeta sobre os símbolos que transportam a letra e reanima seu poder simbólico. Além disso, porém, esses símbolos que são realidades e frequentemente figuras e pessoas concretas, recebem os significados que eles se prestam a suscitar – um esclarecimento sobre sua textura de objetos, sobre os relatos bíblicos aos quais coisas e seres estão mesclados. [...] As possibilidades de significar a partir de um objeto concreto liberado de sua história – fonte de um método a que chamamos paradigmático – são inumeráveis. Ao requerer o uso de faculdades especulativas pouco comuns, elas se desenvolvem num espaço multidimensional. A dialética do *Talmud* assume um ritmo oceânico" (*QLT*, p. 22-23).

demonstra que a inscrição do judaísmo nas obras filosóficas é velada e diz respeito aos conteúdos, ou elementos conceituais por ele elaborados, os quais advêm das verdades fundantes do mesmo judaísmo. Assim sendo,

> [...] a filosofia de Lévinas será considerada como prova de caráter paradigmático do judaísmo. Assumindo tal pressuposto com caráter de fundamento último, o discurso filosófico o justifica por seu próprio exercício. Por reclamar, enquanto filosófico, um posto no espaço universal do pensamento, ele permite às significações judaicas que o sustentam, pôr à prova a sua pretensão de universalidade. Desse modo, o monoteísmo adquire carta de natureza, no sentido da tradição filosófica (e sem necessidade de passar pela 'conversão'). De outra parte, sendo a fé judaica leitura sem cessar e sempre retomada e decifração contínua de textos, cujo sentido não lhe é dado de uma vez por todas, a reflexão filosófica resulta de um esforço hermenêutico para arrancar da tradição bíblico-talmúdica, significações conceituais (1994, p. 82, grifos do autor).

Mas não só isso: Sucasas dá a entender que Lévinas procede em filosofia como se procede no texto talmúdico, isto é, o texto filosófico seria uma sobreimpressão semântica que ele rastreia na literatura hebraica. Assim sendo, os enunciados filosóficos como sentido manifesto no texto emergiriam de um sentido não dito, isto é, do significado judaico latente como uma espécie de "escritura inspirada" e, logo, solicitariam uma exegese. Tal tese se funda na mesma dualidade com a qual é constituída a unidade do Talmude. Este é composto de dois grupos de textos: a *Halaka*, que orienta a interpretação da Lei e estabelece as normas e prescrições rituais e de condutas sociais da vida dos judeus; e a *Haggada*, que é um corpo de parábolas, adágios e apologias que expressam uma filosofia talmúdica ou suas questões metafísicas e antropológicas (1994, p. 83). Porém, Sucasas usa apenas essas duas distinções para definir o Talmude e sustentar a sua tese, que é a seguinte: Lévinas aplica a sabedoria talmúdica aos problemas práticos (éticos e políticos) da atualidade e, portanto, seus escritos judaicos seriam assim um prolongamento da *Halaka*. Em suas obras filosóficas, no entanto, ele tematiza os princípios que possibilitam submeter ao juízo e à análise tais problemas. Desse modo, os escritos filosóficos prolongariam a *Haggada*. Os dois prolongamentos emprestam continuamente noções um do outro e isso refletiria a índole talmúdica da escritura levinasiana. A unidade da obra de nosso autor se encontraria, nesse caso, dada pela obra judaica, a qual é possível constatar em seu estilo metafilosófico de escritura.

No entanto, se a estrutura do Talmude pode ser assim dividida, parece que a sua complexidade permanece um tanto oculta na analogia de Sucasas.

Do mesmo modo, os textos filosóficos que, embora tematizem conteúdos que provêm da tradição do judaísmo, não obedecem propriamente a uma configuração simples como a afirmada. O próprio Lévinas, na introdução de *Quatro leituras talmúdicas* (p. 10-16), nos dispõe para uma compreensão mais ampla da constituição do Talmude. Este se divide em dois níveis: o nível chamado *Tanaim,* que é o dos rabinos que transmitiram oralmente em hebraico os ensinamentos e foram constituídos nos séculos I e II de nossa Era. Esses dizeres foram selecionados e transcritos pelo rabi Iehuda Hanassi e se constituem no outro nível, que é o da *Mishná.* Esta, por sua vez, foi novamente discutida e comentada em aramaico por doutores do judaísmo, os *Amoraim* (que em aramaico significa explicar, interpretar), desde o final do século II até a finalização do Talmude de Jerusalém e do Talmude da Babilônia, por volta do final do século IV e início do século V. Por sua vez, os doutores *Amoraim* utilizam, sobretudo, os dizeres que rabi Iehuda Hanassi não havia considerado em sua seleção para constituir a *Mishná.* Desse modo, esses comentários, chamados de *Beraitot,* foram confrontados com a *Mishná* para esclarecê-la e, assim, se tornaram os comentários chamados *Guemará*, os quais foram fixados por escrito em torno ao século V. Os dois níveis, *Mishná* e *Guemará*, foram revestidos de comentários por Raschi (Salomon ben Isaac), nascido na França, que viveu entre nos anos 1040-1105 e forneceu também a transliteração de alguns comentários em hebraico para o francês. Por fim, os discípulos de Rashi, por meio de um método próprio das escolas francesa e alemã chamado *tossafista,* foram mais uma vez complementando ou acrescendo comentários às interpretações do mestre. Com o conjunto das *tossafot* – que quer dizer complementos – se encerra o que constitui atualmente o Talmude. Portanto, o Talmude, que no seu interior se constitui de comentários dos doutores e sábios de uma longa história, ainda que admitida a sua classificação dual em *Halaka* e *Haggada*, não pode ser assim concebido absolutamente, pois o mesmo Lévinas reivindica um prolongamento filosófico à *Halaka*, mesmo que se trate imediatamente dos "atos de fazer" ou "de não fazer", ou seja, da Lei. Ora, essa parece ser a contribuição de Lévinas aprendida do mestre Chouchani a respeito da interpretação. Portanto, é compreensível que ele critique até mesmo os talmudistas contemporâneos por não alcançarem o fundamento para além do imediato das condutas rituais. Por isso, esclarece aos seus leitores:

> É certo que discutindo sobre o direito de consumir ou não consumir 'um ovo botado num dia de festa', ou de receber indenizações devidas a prejuízos

> causados por 'um boi furioso', os sábios do *Talmud* não discutem nem sobre um ovo, nem sobre um boi, mas implicitamente colocam em questão ideias fundamentais. [...] Passar destes problemas rituais – bastante importantes para a continuação do judaísmo – aos problemas filosóficos desde há muito tempo esquecidos pelos talmudistas atuais exigiria, efetivamente, hoje em dia, um esforço considerável (*QLT*, p. 14, grifos do autor).

Contudo, a análise de Sucasas a respeito da unidade aparente da obra levinasiana, na qual funciona uma dualidade fundacional, nos ajuda a compreender o registro intercultural inscrito nela. Desse modo, descreveremos agora o pressuposto hermenêutico desse autor a fim de, mais adiante, argumentar nossa investigação acerca da expansão do conceito de *Outro* e de *Alteridade* operado por Lévinas por meio do recurso de entrecruzar conceitos fundamentais de duas tradições para exprimir uma ética que ele quer constituir como uma metafísica.

Sucasas nomeou de *fenotexto* o caráter manifesto que constitui as obras nomeadamente filosóficas e de *prototexto* os escritos que constituem a literatura religiosa judaica, tanto bíblica quanto talmúdica. Para ele, é essa dualidade que esclarece o estatuto da filosofia judaica, ou seja, o primeiro, o *fenotexto*, está vinculado à filosofia ocidental, enquanto que o *prototexto* se inscreve no centro desta, fornecendo-lhe a inspiração. Assim fazendo, diz ele:

> [...] o fundo categorial básico do judaísmo aporta a substância semântica que refletirá o texto explícito (de acordo com as convenções e exigências da tradição filosófica). Uma escritura oculta – o prototexto judaico – promove o desenvolvimento discursivo de uma escritura manifesta – o fenotexto filosófico. A Escritura, substrato da escritura. Raiz hebraica do fruto grego. Essa dualidade constitutiva do texto levinasiano permite considerá-lo um *palimpsesto*: os sinais se escrevem sobre uma página já escrita, sobrepondo-se à antiga escritura e, assim, por sua vez, a oculta e a sugere. [...] Este exige uma leitura em profundidade que devolva o fenotexto ao seu prototexto originário (1994, p. 85, grifo do autor).

É, pois, a partir dessa estrutura que esse autor realiza a sua hermenêutica do discurso filosófico levinasiano, rastreando nos filosofemas explícitos o seu *a priori* semântico, que é a revelação monoteísta oculta. Nesse sentido, Lévinas não foi o primeiro, lembra Sucasas, pois Buber e Rosenzweig já haviam utilizado essa estratégia na tradução da *Bíblia*, quando buscaram dar às velhas palavras uma profundidade semântica com termos não convencionais (1994, p. 86). Mas se a estrutura de *palimpsesto* permite uma interpretação sistemática da obra levinasiana que ajuda a compreender uma ética exasperada, então será possível e importante retornar a uma das mais elaboradas críticas à filosofia levinasiana como a que foi feita por J. Derrida em *Violence et métaphysique* (1964).

Especificamente, a crítica de Derrida se dirige à *Totalidade e infinito* e é publicada em 1964. No ano anterior, em 1963, Lévinas havia publicado *Difficile liberté: Essais sur le judaïsme.* Não sabemos se Derrida levou em consideração esses escritos, mas sabemos com segurança que ele não poderia ter tido uma visão do *corpus* dos escritos religiosos nesse momento, uma vez que eles foram publicados somente ao final da mesma década. Logo, partindo de qualquer hermenêutica, esse outro nível significativo da globalidade do pensamento de Lévinas era ainda desconhecido. No entanto, a crítica de Derrida permaneceu na história como uma grande questão para Lévinas, à medida que aquele identifica essa tensão entre as duas línguas na intencionalidade levinasiana, a grega e a hebraica, num texto que se quer filosófico, ou seja, escrito em grego, mas guardando em silêncio uma espécie de "remendo" ou de fios judaicos costurados nas interrupções do tecido grego (DERRIDA, 1997, p. 178). Nesse sentido, estamos de acordo com Sucasas, que reconhece na análise de Derrida o fato de ele ter partido de uma visão da filosofia com sentido homogêneo e inexpugnável, ainda que tenha defendido em seu último artigo, "En ce moment même dans cet ouvrage me voici", o fato mesmo da possibilidade da "contaminação" (1997, p. 168). Como afirma Sucasas, "o que Derrida não leva em consideração é a ambivalência da atitude levinasiana em relação à filosofia. Como já vimos, a sua obra não contém apenas uma atitude de crítica, mas contempla igualmente a presença escondida das verdades monoteístas na escritura filosófica" (1994, p. 88). Por isso, é necessário partir de uma outra hermenêutica que dê conta de uma composição que podemos afirmar como intercultural, na qual se fecundam mutuamente dois registros, em vez de uma "negociação dissimulada" entre duas linguagens que, inevitavelmente, se contaminam, mas onde o seu sentido grego é que comanda e sempre subtrai a outra.[8] Por isso, a noção de *palimpsesto*, e ainda a noção de *díptico,* como vimos anteriormente, parecem-nos mais adequadas para enfrentar a complexidade do texto levinasiano que não se contradiz, nem se opõe, nem se cinde, mas mantém

8 Também Silvano Petrosino, no artigo "D'un livre à l'autre", reconhece esse limite da crítica de Derrida, que, ao escrever o segundo artigo, "En ce moment même dans cet ou vrage me voici", voltado para *De outro modo que ser*, se posiciona como "porta-voz" da tradição filosófica a qual Lévinas precisamente critica (1984, p. 196). Comenta sobre isso também em sua introdução à tradução italiana à *Autrement qu'être* (2006, p. XII).

uma unidade numa tensão fecunda. Assim se pode bem explicar a natureza talmúdica da escritura de Lévinas em forma de hermenêutica interminável, como interpreta o mesmo Sucasas. Por isso, esse autor recorre a um procedimento hermenêutico inverso ao procedimento de Derrida. Se Derrida parte sempre da filosofia e da tradição ocidental para afirmar que Lévinas não realiza o parricídio ao pretender evadir-se do ser (*TI*, p. 268) ou dizer da alteridade como outro modo que ser,[9] Sucasas parte do oposto:

> A leitura será em tal medida a réplica invertida do movimento de escritura de Lévinas: se este parte do universo categorial judaico para implantar um discurso filosófico, a tarefa interpretativa consistirá em abordá-lo como indicação que permita recuperar sua matriz hebraica originária. O pressuposto subjacente estabelece que o enunciado filosófico esteja cifrado (*fenotexto*) e reclama uma decifração levando a desvelar sua chave *proto-textual*. Tal pressuposto só pode justificar o desenvolvimento da exegese mostrando de modo efetivo o substrato judaico que ocultamente enverga a conceituação levinasiana (1994, p. 92, grifos do autor).

No entanto, não seria mesmo esse procedimento que Derrida teria mais tarde sugerido, como lembra ainda Petrosino (1984, p. 196), isto é, a necessidade de uma "indagação suplementar"? O texto de Lévinas não estaria solicitando um deciframento a partir de uma luminosidade que, por sua vez, intrínseca à evolução do *logos* ocidental, não foi levada em consideração pela filosofia mesma? É o que reivindica o próprio Lévinas, isto é, que o *logos* hebraico com seu paradigma ético seja dizível filosoficamente. *Logos* mais antigo, que não se pode chamar de *logos* ao modo grego, senão concebendo nele um tempo irrecuperável em que a ação *é* antes do conhecimento. Em uma de suas lições talmúdicas baseada no Tratado de *Schabat* 88a-88b, Lévinas reafirma essa verdade do judaísmo, a qual se confronta com a lógica racional. Um fragmento do texto diz: "Rav Hama bar Hanina disse (Cântico 2, 3): Como a macieira entre as árvores da floresta, assim é meu bem-amado entre os jovens. Por que Israel é comparado a uma macieira? Resposta: para ensinar-lhes que, como na macieira os frutos precedem as folhas, Israel se engajou a fazer antes de entender" (*QLT*, p. 93). O comentário de Lévinas sobre o fragmento evidencia o significado da Torá como fruto dado desde toda a eternidade. Ele diz:

9 Para Derrida, o Outro, a alteridade é absorvida pelo Mesmo no sentido seguinte: "O Estrangeiro do Sofista que, como Lévinas parece romper com o eleatismo em nome da alteridade, sabe que a alteridade só é pensada como negatividade, não dita, sobretudo como negatividade – é isso que Lévinas começa a refutar" (1967, p. 186).

> [...] a ideia de um fruto precedendo as folhas (e as flores) é evidentemente essencial: a Torá foi recebida fora de qualquer iniciativa exploradora, fora de qualquer desenvolvimento progressivo. [...] O verdadeiro que se oferece de uma tal maneira, é o bem que precisamente não deixa, a quem o acolhe, o tempo de se voltar e de explorar, cuja urgência não é um limite imposto à liberdade, mas que atesta, mais do que a liberdade, mais do que o sujeito isolado, que a liberdade constitui uma responsabilidade irrecusável para além dos envolvimentos assumidos onde talvez se conteste o eu absolutamente separado, pretendendo deter o último segredo da subjetividade (*QLT*, p. 93-94).

Assim, a prioridade do fazer sobre o entender inverte a ordem lógica da filosofia ocidental, e Lévinas deve articular essa *an-arquia* do tempo. Isso significa que o Outro por quem o Eu é desenhado (um-e-pelo-outro) na concepção de Lévinas é comprometido eticamente antes da intencionalidade. Essa reversão na ordem lógica da razão ocidental feita por ele só pode ser entendida a partir de sua concepção de "eleição". Ele considera que Israel é uma singularidade que, porém, não cai num provincianismo, mas se justifica na sua longa história de fé e sentimento. Porém, esses já não bastam, é necessário a sua inteligibilidade, que o lançará numa compreensão universal, portanto alcançável a todos. Nesse sentido, o judaísmo necessita se enunciar como filosofia (*ADV*, p. 233-234). Isso nos deixa a impressão de que a concepção de Eleição de Lévinas se desprende da noção de identidade, pois tanto em sua filosofia quanto nos escritos confessionais ele aplica esse fundamento hebraico ao humano, o qual necessita ser repensado mesmo no judaísmo. O judeu recebe a Torá. O pacto realizado na Revelação antecede a sua aceitação deliberada e consciente e também o cumprimento da Lei – o pacto e a acolhida da Torá precedem a razão. Ainda na lição do Tratado de *Schabat* 88a-88b, Lévinas explica de que tipo de conhecimento trata a ética que provém da acolhida da Torá *sem a ideia*. Ele afirma: "A Torá é dada na luz de um rosto. A epifania do outro é *ipsus facto* minha responsabilidade com respeito ao outro: a visão do outro é desde já uma obrigação a seu respeito. A ótica direta – sem mediação da ideia – só pode se realizar como ética. [...] 'Nós faremos e nós entenderemos'" (*QLT*, p. 97, grifo do autor). Entretanto, é necessário compreender que essa não é uma obediência cega a um fazer anterior ao pensamento e, sim, como explica ele, "trata-se, pelo contrário, de uma lucidez atenta como a dúvida, mas engajada com o fazer [...]; trata-se de uma lucidez sem tatear, não precedida de um saber-hipótese, de uma ideia, de um saber-ensaio. Porém, um tal saber é aquele do qual o mensageiro é, ao mesmo tempo, a própria mensagem" (*QLT*, p. 98).

Em *De outro modo que ser* vemos que a concepção do Eu aparece esvaziada de seu Si: o eu-pelo-outro é que justifica a subjetividade e tem essa conotação de uma não identidade, como se lê no fragmento:

> Instauração de um ser que não é *para si*, que é *para todos* – simultaneamente ser e desinteressamento; significando o *para si* consciência de si; o *para todos*, responsabilidade pelos outros, suporte do universo. Esta forma de responder sem compromisso prévio – responsabilidade por outrem – é a própria fraternidade humana, anterior à liberdade. O rosto do outro na proximidade – mais que representação – é rastro do irrepresentável, modo do Infinito. Não é porque entre os seres existe um Eu, ser que persegue fins, que o Ser ganha uma significação e se torna universo. É porque na aproximação se inscreve ou se escreve o rastro do Infinito. [...] O não intercambiável por excelência, o Eu, o único, substitui-se aos outros. Não é jogo. É assim que se transcende o ser (*OMS*, p. 132, grifos do autor).

Sucasas, em sua hermenêutica baseada na estrutura de palimpsesto, defende, pois, que Lévinas plasma em seus textos filosóficos essa mesma dinâmica elucidada nos textos confessionais e provinda da fé religiosa: "Em suas obras filosóficas, Lévinas renova esse pacto: partindo da fé bíblica, ele faz preceder a uma autonomia discursiva uma heteronomia judaica" (1994, p. 89).

Aqui não tivemos a pretensão de fazer emergir extensivamente uma pré-filosofia, mas evidenciar o judaísmo que não só se entrelaça na expressão filosófica levinasiana como, sobremaneira, inspira-a. Propomo-nos a explicitar, então, alguns dos conceitos levinasianos que consideramos importantes para nossa abordagem intercultural de seu pensamento por duas razões: a primeira, porque eles nos ajudam na compreensão do procedimento da complexa escritura do autor, que obedece a uma outra estilística em vez daquela da lógica argumentativa da filosofia; a segunda, porque queremos demonstrar que o fruto desse seu procedimento resulta em um novo sentido da ética que emerge das noções de Outro e Alteridade, o que, segundo nossa tese, é fundamental para a filosofia intercultural.

CAPÍTULO VII

O "SER" E O "DE OUTRO MODO QUE SER"

Se a filosofia de Lévinas provém de um enredo de duas tradições que se emprestam noções; se sua elaboração resulta num fruto novo, distinto de sua inspiração primeira, ou das noções que se prestam como pré-filosofia; se também difere do "clima filosófico" em cujo contexto ele estava imerso e do qual ele buscava evadir-se; se uma tal elaboração emerge como uma filosofia intercultural como queremos demonstrar; e, por fim, se essa elaboração rompe (ou ao menos tece uma severa crítica) ao estatuto da filosofia como tal, então nos perguntamos: seria ainda preciso analisar o texto levinasiano por meio de uma hermenêutica que intentasse explicitar seus entrelaçamentos? Decifrar o texto levinasiano não seria de novo uma atitude em si violenta,[1] uma vez que exigiria descompor e determinar um texto que foge à sistematização da tradição? Não seria retornar ao que Lévinas tentou combater, isto é, à diluição na totalidade à qual o pensamento do ser submete aquilo ao que ele acede?

Entretanto, nossa investigação possui dois propósitos: um deles é o de verificar se o pensamento de Lévinas, como fruto de um entrelaçamento de diferentes "livros", pode nos indicar um caminho para a filosofia intercultural; e, intrínseco a essa possibilidade, o outro propósito é o de verificar se Lévinas, agindo de tal modo e num registro que ele chamou de Bem ou de "outro modo que ser" – uma ética como filosofia primeira –, qualificou a concepção de *Alteridade* na história contemporânea da filosofia, trazendo uma solução para a totalidade do ser ou à sua "tautologia" e em cujo problema encontramos o

1 Sucasas se coloca diante da complexidade do texto levinasiano questionando-se sobre a possibilidade de um acesso interpretativo a um texto resistente como o dele: "O palimpsesto levinasiano cancelaria todo o possível acesso interpretativo: seu modo de significar, na relação latente entre prototexto y fenotexto, excluiria patentear aquele, e a partir dele, derivar este. Fazer um comentário seria ato violento enquanto obriga o texto a dizer aquilo que este prefere manter em silencio. Se o próprio Lévinas opta por velar a raiz judaica de seu discurso, o intérprete não profana o texto que comenta ao obrigá-lo a oferecer à luz diurna a sua zona de sombra?" (1994, p. 95).

principal obstáculo a uma filosofia que parte de uma multiplicidade como é o pensamento intercultural. Notamos que, mesmo não se distanciando da fenomenologia e da ontologia, como se pode constatar nas primeiras obras de Lévinas, é notável a gênese de uma intuição que somente ao longo da totalidade de sua obra se exprimirá sempre mais claramente. É o caso de seu questionamento à filosofia como unicamente focada na universalidade do ser e também a sua argumentação em favor do Bem como um "além do ser" que apontam para a ética como metafísica, como parece claro no seguinte fragmento: "se a filosofia é a questão do ser, ela já é assunção do ser. E se ela é mais do que essa questão, é porque ela permite ultrapassar a questão e não responder a ela. O que pode haver a mais do que a questão do ser não é uma verdade, mas o bem" (*EE*, p. 23). Consideramos, pois, essencial que a *Alteridade* deva subsistir por ela mesma já no principiar de uma filosofia intercultural. Se assim for, cremos que haverá condições para uma tensão fecunda que nos levará não só a uma universalização mais rica, mas em cujo princípio se encontra a paz, porque não incorre no risco de uma absorção do *Outro* pelo *Mesmo*, e onde as diferenças em correlação não sejam reduzidas num sistema que as dissolve.

7.1 A *evasão* ou *excedência* do ser no "outro modo que ser"

Abordaremos agora a segunda grande obra de Lévinas, *De outro modo que ser e para lá da essência*, a qual interessa à nossa investigação juntamente com outros escritos que a precederam, porque ela explicita, como num *palimpsesto*, os traços do judaísmo filosoficamente elaborados e porque nessa obra a linguagem de Lévinas se faz ainda mais radical em vista de evadir-se do domínio da "totalidade do ser". Algumas noções no texto de Lévinas podem nos ajudar a compreender seu procedimento intercultural. Partimos, pois, dessa dupla escolha de movimento, como atesta também C. Chalier sobre essa dupla escolha, isto é, o lugar grego, a filosofia, afim fazer ouvir a singularidade de um sopro que vem de outro lugar: de princípios da língua hebraica preservados ao longo dos séculos. Nesse sentido, o texto de Lévinas terá que ser pensado duas vezes: de uma parte, deve-se considerar o seu desejo de dar ao judaísmo a sua filosofia e de trabalhar para que todos tenham acesso ao gênio dessa tradição; de outra parte, emerge a exigência de revelar à filosofia outras possibilidades, ou seja, de a necessidade de investi-la para, resolutamente, perturbá-la e devotá-la a essa tarefa eminentemente paradoxal de dizer outramente que ser (CHALIER, 1984, p. 82). Destarte, concerne-nos acompanhar Lévinas nas suas próprias escolhas: "sair do ser por uma nova via" (*DE*, p. 127); e também de sair de uma história singular de Israel deixada por longo tempo "ao estado de sentimento e de fé" para explicitá-la agora por meio do *pensamento* (*ADV*, p. 233). Assim, o pensamento de Lévinas não apenas se adentra em um "além" da filosofia do ser desde o ponto como vinha sendo pensada com relação à subjetividade e à alteridade, mas opera, de um lado, um novo modo de interpretar a sabedoria dos sábios gregos como Platão e, depois, Descartes, Husserl e Heidegger; e, de outro lado, também interpreta em nova chave hermenêutica a sabedoria do próprio judaísmo. Os eventos da *Shoah* e do subsequente pensamento político de Israel parecem também ter influenciado esse movimento.

7.1.1 Um diálogo em nome da paz

Como diz Chalier, "duas palavras (a grega e a judaica) são tão indispensáveis quanto irredutíveis e, por isso, o estranho diálogo, se ele é alcançado, deve reivindicar o nome da paz" (1994, p. 84). Em *Totalidade e infinito*, nosso autor fala da face do ser que se mostra na guerra e domina a filosofia ocidental, a qual ele intende contrapor com a escatologia da paz messiânica que põe o ser não mais em relação com a totalidade, mas, sim, com o "além", com uma transcendência exterior à totalidade. Em *De outro modo que ser*, ele reafirma a paz para além da essência: o Bem no qual reina a Paz (*TI*, p. 8-9; *OMS*, p. 26-27). Paul Ricœur, num diálogo assaz dinâmico e respeitoso com Lévinas, faz uma leitura de *Autrement qu'être*, enfrentando a problemática desse diálogo ao qual se refere Chalier. Com esse breve escrito, Ricœur deseja compreender Lévinas no grande desafio que este se propõe nessa obra e que, segundo ele, é o de "ligar o destino da relação a ser estabelecida entre a ética da responsabilidade e a ontologia ao destino da linguagem de uma e de outra: o *Dizer* do lado da ética, o *dito* do lado da ontologia" (2008, p. 15). A análise de Ricœur, porém, se limita a descrever ou compreender a pretensão de Lévinas, de exprimir filosófica e metafisicamente a ética como uma *exceção* que perturba o regime do ser, o qual exige tematizar, determinar e unificar. Mas se a ética metafísica não se explicita, então como poderá se fazer captar? E, contudo, Lévinas deve evitar a aporia, que seria já a prova do falimento dessa possibilidade para a ética. Como bem nota Ricœur, tudo se condensa no advérbio *autrement*. Para nossa análise, desse momento em diante, traduziremos esse advérbio pelo neologismo *outramente*.[2]

---

2 Embora a tradução portuguesa de *Autrement qu'être* feita por J. L. Pérez e L. L. Pereira, publicada em 2011, preferiu exprimir o advérbio *Autrement* por *De outro modo*, nós adotaremos aqui, vez ou outra, o neologismo "outramente", que foi introduzido por Pergentino S. Pivatto em sua tradução portuguesa da leitura de Ricoeur. Ele assim justifica

Ricœur assim explicita a questão da ética metafísica e da ontologia de Lévinas:

> [...] deve-se, em efeito, desvincular-se mediante o *outramente que...* daquilo que se prepara para suspender, interrompendo o seu reino. Mas, ao mesmo tempo, deve-se dar uma articulação linguística àquilo, em nome do qual se é obrigado e certo de poder, de dever pronunciar: a anterioridade da ética da responsabilidade com respeito ao 'jogo que o ser conduz, o jogo da essência' (2002, p. 16, grifo do autor).

Em *De outro modo que ser*, Lévinas irá radicalizar a noção ética da subjetividade que já vinha se aprofundando nessa direção desde suas obras anteriores. Se em *De l'évasion* a subjetividade experimentada na náusea demanda uma liberação, em *Da existência ao existente* e em *Le temps et l'autre* esta começa a ganhar uma liberação do *há* (*il y a*) pela da *hipóstase*, elevando-a para movimentos que vão da "fecundação" e da "diacronia" até alcançar a "responsabilidade". Em *Totalidade e infinito*, por sua vez, a fenomenologia do Rosto como epifania infunde na subjetividade o caráter ético e transcendente, de modo a chegar a esse nível pelo processo da fruição (o Mesmo ainda egoísta) e, dali, à separação pela qual é possível a transcendência. Porém, em *Totalidade e infinito* a subjetividade ética é ainda descrita em termos ontológicos, mas Lévinas já enuncia nessa obra, por meio das análises do desejo e da hospitalidade, a insuficiência da ontologia por causa da abertura da subjetividade para o "além" do ser: o Bem e a bondade. Ele necessita, por isso, distinguir o Dizer do Dito numa manobra que a anfibologia lhe permite fazer a fim de que o enunciado do *outro do ser* se exprima como uma diferença: um "para lá" do não ser ou do nada. Precisamente, será necessário explicitar a diferença da transcendência, uma vez que o *há* sempre reassumirá em si todas as negações e todos os vazios do ser, como ele afirma. É a essa profundidade da dificuldade que *De outro modo que ser* nos conduzirá, uma vez que, segundo afirma o mesmo Lévinas, "as nossas línguas, tecidas em torno do verbo ser não refletiriam esta realeza indestronável – mais forte do que a dos deuses –, elas seriam a própria púrpura dessa realeza" (*OMS*, p. 26). Rei que precisa ser destronado[3]

---

o neologismo: "Expressões como: diferentemente, de outro modo, de outra forma etc., são insuficientes para traduzir a radicalidade de *autrement* e podem induzir à traição e não à versão do pensamento do autor. A fim de resguardar intuições centrais do pensamento de Lévinas, introduzimos o neologismo *outramente* para traduzir *autrement* e, assim, preservar o que é específico e nuclear nesta expressão" (2008, p. 5).

3 Sobre isso, veja o artigo de BURGGRAEVE, R. "'Un roi déposé': Une voie de libération du moi par Autrui". *In*: HANSEL, J. (ed.). *Lévinas: D'être à l'autre*. Paris: PUF, 2006, p. 55-74.

da existência do existente; destronado da subjetividade concebida como ética antes da intencionalidade. Como destronar esse "rei", quando nem mesmo a morte tem poder sobre ele? A descoberta de Lévinas a respeito do *outro* ou da *alteridade* que subsistem por si como a possibilidade da liberação da subjetividade do anônimo e imortal *há* - que já em *Da existência ao existente* se apresentava como uma intuição a ser explorada acerca da fecundidade, na qual o sair de si não retorna ao si-mesmo e, portanto, não retorna ao ser, que parecia abrir uma perspectiva de pensar uma saída em direção do *outro* –; essa descoberta é radicalizada numa ética metafísica por meio de uma linguagem exasperada e enfática em *De outro modo que ser*. Assim se exprime Lévinas sobre essa descoberta: "Essa autodeposição da soberania do *me* (eu) é a relação social com os outros, a relação desinteressada. Eu escrevi em três palavras para sublinhar o tipo de ser que isso significa. [...] o ser-para-outro" (*EI*, 50-51). Desse modo, o aprofundamento daqueles aspectos da subjetividade que vemos em *Totalidade e infinito*, citados acima, vão se ampliar e ao mesmo tempo sofrer uma redução ao se constituírem num complexo *palimpsesto* entre uma razão e uma linguagem filosófica novas, fecundadas pelas noções de subjetividade de uma *outra palavra*: a do judaísmo. É a alguns aspectos desse "palimpsesto" que agora vamos dar atenção, a fim de demonstrar essa operação feita por Lévinas. Os aspectos que escolhemos se devem ao fato de que os julgamos os mais fundamentais para focalizar a interculturalidade que se cumpre, mas eles não esgotam na obra de nosso autor as inúmeras injunções, interrupções ou ressignificações categoriais operadas, colocando em diálogo as tradições grega e judaica.

7.1.2 Subjetividade como um-por-outro: ética como filosofia primeira

Lévinas, ao afirmar a subjetividade como o lugar da ética no "um-por--outro", encontra tanto na sabedoria dos gregos quanto na do judaísmo a justificação dessa afirmação. Ele toma de Platão a ideia do Bem e a desenvolve em *De outro modo que ser* como "o além do ser e da essência", de onde advém o título dessa obra. Queremos analisar de que modo nosso autor propõe a ideia do Bem platônico, que transcende a essência como um "além", em consonância com a ética do judaísmo, o que vai lhe permitir afirmar a ética como "filosofia primeira": como metafísica.[4]

Lévinas parece buscar no Livro VI de *A República* de Platão o sentido ético que está "além" do ser na filosofia, como depois afirmou no prefácio

4 Lévinas, respondendo aos filósofos holandeses em 1975 na Universidade de Leyden, explicita a ética como "mais ontológica que a ontologia, uma ênfase da ontologia. [...] mais *sublime* que a ontologia no sentido que ela precede a ontologia" (*DVI*, p. 115-139).

à edição alemã de *Totalidade e infinito* a respeito desse além como sendo "a socialidade utópica que comanda toda a humanidade em nós e na qual os gregos vislumbraram a ética" (*EN*, p. 254). Em Platão, o Bem é o princípio de todas as ideias, é a causa das mesmas. O Bem dá o conhecimento e dá a propriedade do ser conhecido; dá a existência e a essência, mas, ao final do verso, o diálogo platônico introduz uma interrupção no pleno sentido do Bem: "é por ele que o Ser e a essência lhes são condicionados, apesar de o bem não ser uma essência, mas estar acima e para além da essência, pela sua dignidade e poder" (*República*, VI, 509b, 1914, p. 310). Lévinas, por sua vez, compreende a afirmação platônica do seguinte modo: "Ser bom é déficit, enfraquecimento e loucura no ser; ser bom é excelência e altura além do ser – a ética não é um momento do ser – é outro modo que ser, a própria possibilidade do além" (*DVI*, p. 102-103). Explicando essa passagem no pé da página, ele esclarece: "É a significação do além, da transcendência e não a ética que nossa pesquisa busca. Encontra-a na ética. Significação, pois a ética estrutura-se como um-para-o-outro; significação além do ser, pois fora de toda finalidade numa responsabilidade que sempre cresce – des-interessamento em que o ser se desfaz de seu ser" (*N.d.A.*, n. 15, p. 103).

J.-F. Mattéi, em seu estudo sobre a relação de Lévinas com a filosofia platônica, observa que essa *falha do Bem*, chamada por ele de "falha da *épékeina*" (2000, p. 76), está em correspondência com a afirmação crítica de Lévinas a respeito da "falência" da filosofia ocidental no que diz respeito à transcendência. O *épékeina tes ousías* ("para lá da essência") aparece, segundo Mattéi, como um *hapax*[5] na obra de Platão, e é aqui que se encontra a "falha" ou a deficiência, expressadas no "para lá". Ele observa que esse caráter de insuficiência no Bem como "para lá da essência" aparecerá novamente sob uma perspectiva ética no Livro IX de *A república* (578c, p. 422), mas na forma de "transgressão" no sentido da possibilidade que o homem tem de tornar-se tirano ou alcançar a tirania. Logo, no homem a transgressão do Bem se instala. E, ainda, o termo *épékeina* aparece também no diálogo de Fédon (LX, 112b, p. 4) para exprimir "o outro lado da terra" ou "a região para lá". Pois bem, diz Mattéi: "os empregos de *épékeina* implicam a ideia de uma passagem ao limite, de uma transgressão de fronteiras ou da ordem natural, sem esquecer a dimensão ética e trágica" (2000, p. 77). Lévinas, por sua vez, irá ligar as noções que provêm da *épékeina tes ousías* platônica à noção de "*outramente* que ser" e a ela também a noção de "altura". Essas noções

5 Termo que aparece somente uma vez na obra de um autor.

ganham determinação filosófica em categorias como "refém", "traumatismo", "perseguição" e "exposição", as quais nos lembram as noções trágicas do humano na literatura. Não só isso: essas categorias são atribuídas por ele ao sujeito quando faz a análise da subjetividade como responsabilidade. Responsabilidade pelos outros, anterior à consciência, que se extrema e se excede. Responsabilidade à qual a subjetividade não pode se eximir, o que significa que ela provém de uma eleição. Aqui encontramos as injunções que exprimem as hipérboles e que, em verdade, revelam aquele *palimpsesto* ou aquele *díptico* que descrevemos. Nessas hipérboles, as injunções expressam o entrecruzamento de noções platônicas com as do judaísmo.

Vejamos, pois, como se dão essas injunções que interrompem o significado da subjetividade a partir do ser. Iniciamos por lembrar que em Platão o Bem é "além", em *poder e dignidade*; alteza, portanto, como o Sol no Mito da Caverna que causa a luz e a sombra – o Sol causa as estações e os anos e tudo dirige no mundo visível, e é responsável por tudo o que se via como uma imitação pelos prisioneiros da caverna (*República*, VI, 516b, p. 317). Aqui se dá a hipérbole platônica, segundo Mattéi, "da altura de ser a uma altura ainda superior" (2000, p. 77), desde a qual os prisioneiros da caverna poderiam contemplá-lo desde o seu próprio lugar. A compreensão ascendente, que parte da experiência de prisioneiro na caverna até a contemplação da altura do Sol como Bem, cruza e cobre a totalidade do espaço de eticidade, dá a significação antes do significado. Em *Totalidade e infinito*, Lévinas aplica essa mesma fórmula ao reafirmar a exterioridade da alteridade:

> A 'curvatura do espaço' exprime a relação entre os seres humanos. O fato de Outrem se colocar mais alto do que o Eu significaria um erro puro e simples, se o acolhimento que eu lhe faço consistisse em 'perceber' uma natureza. [...] O homem enquanto Outrem chega-nos de fora, separado – ou santo – rosto. A sua exterioridade – quer dizer, o seu apelo a mim – é a sua verdade. A minha resposta não se junta a um núcleo da sua objetividade como um acidente, mas produz apenas a sua verdade (que o seu 'ponto de vista' sobre mim não poderá abolir). O excedente da verdade sobre o ser e sobre a sua ideia, que sugerimos pela 'curvatura do espaço intersubjetivo', significa a intenção divina de toda a verdade. Essa 'curvatura do espaço' é talvez a própria presença de Deus (*TI*, p. 287-288, grifos do autor).

E, assim, conclui Mattéi: "A *épékeine* platônica dita a saliência vertiginosa da ética, seu topo ou seu abismo, no fundo da qual a *ousía*, a essência, perde toda a sua soberba" (2000, p. 79) e dá lugar ao Bem como "além", necessariamente.

Entretanto, para Lévinas, a compreensão do Bem como alteza em Platão vem corroborar a sua busca de exprimir uma subjetividade para a paz, e não para a guerra, conforme sua acusação à filosofia do ser. Mas não só isso: no prólogo de *Humanismo do outro homem*, escrito em 1972, ele nos ajuda a compreender o caminho enfático da ética que ele vem traçando. O prólogo serve à publicação das conferências pronunciadas entre 1961 e 1963 e que, em *De outro modo que ser*, se ampliarão e ganharão a forma de livro. Assim, aquele prólogo reporta àquela clareza alcançada nessa última obra, a qual exprime todo o esforço de uma linguagem traumatizada e desdita por uma significação, um Dizer não tematizável, não englobável que a subjetividade revela. Um Dizer como "eleição" e "dever" "para além dos limites do ser e de seu aniquilamento, para além da morte, como exposição em déficit de ser e de seus recursos" (*HOH*, p. 16). Eleição da qual não pode furtar-se, vinda a mim no rosto do outro, que não permite retorno ao si-mesmo e que, por si, é sinal. Sinal a outrem, mensagem e significado, sinal ético. A noção de "eleição", bem sabemos, provém do hebraísmo e ganha na ética de Lévinas a expressão filosófica no conceito de responsabilidade insubstituível e absoluta. E o entrelaçamento entre a sabedoria platônica e a bíblica não se esgota numa única afirmação, pois em *Humanismo do outro homem* Lévinas vai dizer uma vez mais: "Platão recordou-nos as longas provações do olho que quer fixar o sol em seu percurso. Mas o sol não é subtraído para sempre pelo olhar. O invisível da Bíblia é a ideia do Bem além do ser. O fato de ser obrigado à responsabilidade não tem começo" (p. 84).

Em Platão, pois, Lévinas encontra essa intuição do "além". E descrevendo o antiplatonismo da filosofia contemporânea, ele sublinha que "o mundo das significações precede, para Platão, a linguagem e a cultura que o exprimem; ele é indiferente ao sistema dos signos que se pode inventar para tornar presente este mundo ao pensamento" (*HOH*, p. 33). Ora, é essa noção de pensamento puro face à significação da filosofia platônica que interessa e dá justificação à busca de Lévinas. Por isso, se a filosofia contemporânea, ordenada à significação do ser, que requer a redução, o arranjo e o ato de unificar o seu acontecimento num sistema ou numa totalidade subordinada ao intelecto que opera com esse fim, a filosofia platônica que Lévinas interpreta se constitui numa possibilidade de nova concepção da subjetividade e da existência; uma possibilidade de aceder à transcendência de si mesma em sentido ético.

Entendemos que, para Lévinas, o Bem é precisamente esse irrepresentável que não se oferece à minha liberdade, que não é tema – porque imponderável, que me escolheu antes que eu o tivesse escolhido: "a subjetividade não tem tempo de escolher o Bem e, por conseguinte, é penetrada inadvertidamente pelos seus raios, o que desenha a estrutura formal da não-liberdade; a subjetividade vê resgatar, excepcionalmente, esta não-liberdade pela bondade do Bem. A exceção é única" (*OMS*, p. 32), diz Lévinas. O Bem é, portanto, essa transcendência irredutível. Mas a transcendência, se ela tem um sentido, diz ele, é para significar o fato do acontecimento do ser, de passar ao outro do ser. Ele nota que em Platão o não ser, de algum modo, *é*. Para demonstrar a exceção do Bem como o "para lá do não ser" – o *outramente* –, Lévinas a aplicará à subjetividade como ruptura desta com a identidade do *si-mesmo*, uma diferença ou uma interrupção entre o ser e o nada. A demonstração dessa diferença se exprime na descrição de uma subjetividade que aloja em si uma transcendência que ela não pode conter, como a ideia do Infinito. Por isso, a ideia do Bem, do Infinito e da transcendência é a expressão para a "Significação antes do significado", mas que sinaliza a Outrem. Da mesma forma, o Dizer não se esgota no dito e nem está submetido a ele. O Bem, o Infinito e o Dizer escapam ao finito. O Infinito escapa *significando* e excluindo-se do nada e da ordem do Uno. Aqui é onde Lévinas apresenta o sentido ético dessa interrupção do *si-mesmo* ou da lógica do ser que tematiza ao demonstrar o desprendimento do Infinito do pensamento e da linguagem que o fixa num dito. Esse movimento se dá do seguinte modo:

> A exterioridade do Infinito faz-se de algum modo interioridade na sinceridade do testemunho. [...] O infinitamente exterior torna-se voz 'interior', mas uma voz que dá testemunho da cisão do segredo interior que faz sinal a Outrem – sinal desta própria doação de sinal. [...] O testemunho – essa forma do mandamento ressoar na boca daquele mesmo que obedece, de se 'revelar' antes de qualquer aparecer, antes de qualquer 'apresentação diante do sujeito' – não é uma 'maravilha psicológica', mas a modalidade pela qual o Infinito *an-árquico* escapa ao seu começo. Não é um recurso engenhoso ao homem, enquanto intermediário, para se revelar e, aos seus salmos, para se glorificar – mas a própria forma pela qual o Infinito, na sua glória, escapa ao finito, ou a forma pela qual ele *se* escapa, não entrando na significação do um-para-o-outro no ser do tema; mas significando e, desse modo, excluindo-se do nada (*OMS*, p. 162, grifos do autor).

É nesse paradoxo que emerge a ética, ou seja, nessa relação entre Infinito e finito em que o Infinito *se* escapa porque não decorre de um projeto elaborado no fundamento transcendental da experiência ética e não está na ordem da liberdade, da decisão, da consciência. Ele, precisamente, é

> [...] rompimento da unidade originária da apercepção transcendental – isto é, para lá da experiência. Testemunhado – e não tematizado – no sinal feito a outrem, o Infinito significa a partir da responsabilidade por outrem, do um para o outro, de um sujeito que suporta tudo – sujeito a tudo –, ou seja, sofrendo por todos, mas encarregado de tudo, sem que tivesse decidido sobre este tomar em mãos que se amplifica gloriosamente na medida em que se impõe. Obediência que precede toda e qualquer escuta do mandamento, possibilidade de encontrar a ordem, anacronicamente, na própria obediência, e de receber a ordem a partir de si-mesmo – esta inversão da heteronomia em autonomia é o próprio modo em que o Infinito se escapa (*OMS*, p. 163).

Para compreendermos a profundidade dessas afirmações acerca do Infinito e também do Bem como o *outramente que ser* é mister acompanhar Lévinas na sua incursão no pensamento bíblico e nas concepções do judaísmo que aqui encontram expressão e configuração filosófica, a fim de dar à subjetividade uma altura e uma profundidade com um "além". Em nosso entender, essas incursões comportam um diferencial que inspira a filosofia intercultural no pensamento de Lévinas, pelo que resultam dessa interpenetração de noções que visam assegurar a ética radical.

7.2 Significação, testemunho, profetismo: as ênfases levinasianas

A subjetividade concebida na ordem do Bem e do Infinito ganha a configuração de profecia, diz Lévinas, porque não está na condição transcendental da experiência ética e rompe com a apercepção transcendental, que é condição de todo ser (*DVI*, p. 110). Para afirmar essa ideia do profetismo, Lévinas recorre à palavra bíblica do profeta Isaías "Eis-me aqui" (Is 6,8), resposta do profeta à pergunta de *Iahweh* no mesmo verso: "A quem enviarei? Quem irá de nossa parte?", a fim de descrever a inversão na percepção da ordem – *outra* ordem. Lévinas explica: "Pode-se chamar profetismo a esta inversão na qual a percepção da *ordem* coincide com a significação desta ordem feita por aquele a quem ela obedece. E, deste modo, o profetismo seria o próprio psiquismo da alma: o outro no mesmo; e toda a espiritualidade do homem seria profética" (*OMS*, p. 164). Ora, o Infinito não se anuncia naquele que diz "eis-me aqui", que é a testemunha. Ele é exterior ou está no seu "avesso":

> Justamente: dar testemunho de Deus não é enunciar esta palavra extraordinária, como se a glória pudesse alojar-se num tema e pôr-se como tese, ou tornar-se essência do ser. Sinal dado ao outro desta própria significação, o 'eis-me' significa, para mim, em nome de Deus, ao serviço dos homens que

> me olham, sem nada ter que me identificar, a não ser com o som de minha voz ou com a figura do meu gesto – com o próprio dizer. Esta recorrência é o oposto do regresso a si, da consciência de si. Ela é sinceridade, efusão de si, 'extradição' de si para o próximo (*OMS*, p. 164, grifos do autor).

Nesse sentido, o significado ético encontra-se no fato de que o Infinito me ordena em direção ao outro como Rosto, sem que este tenha se exposto a mim pela sua fenomenalidade. É, por sua vez, pela sua proximidade que a minha própria resposta "eis-me" – como um sinal ao outro – faz-me sair de meu *si-mesmo*. É o Infinito, pois, que significa num Dizer que ordena inversamente, isto é, o retorno se configura num "ir" e num "apelo" nos quais está contida a resposta. Mas qual é o fundo dessa ordem?[6] A questão que sempre colocamos é aquela do princípio, isto é, a da ordem do ser ou da compreensão do ser como última estrutura da realidade e da subjetividade. Porém, para Lévinas, é precisamente essa questão que deve ser superada, pois há uma questão antes da questão:

> [...] esta forma de a ordem vir 'não sei de onde', este vir que não é *recordação*, que não é regresso de um presente modificado – ou envelhecido – em passado, esta não-fenomenalidade da ordem que, para lá da representação, me afasta inadvertidamente, 'introduzindo-se em mim como um ladrão' – chamamo-la *ileidade*: chegada da ordem à qual estou sujeito antes de a escutar, ou que escuto no meu próprio Dizer (*OMS*, p. 165, grifos do autor).

O neologismo *illéité* (dos pronomes *il* ou *ille*) é introduzido por Lévinas em um texto de 1963 (*DEHH*, p. 278-282) para dizer de uma forma que não se conjuga com o Eu. Aplicando à relação entre o Ser e o Rosto, o termo *illéité* é utilizado para dar conta do "além do ser", denominado como uma diferença, uma terceira pessoa que não vem definida por sua *ipseidade*, mas como um terceiro (de fora ou ilegítimo); o "para além" de onde vem a mim o Rosto e que foge à fenomenalidade. É seu vestígio, seu traço (*trace*) que passou, mas como um passado inapelável, irremissível. O "além" de onde me vem o Rosto significa enquanto é vestígio; o Rosto se encontra no traço do Ausente como "presença" daquilo que passou (*DEHH*, p. 280). A ordem, então, se configura num traumatismo, surpresa absoluta de um passado dentro do passado, irrepresentável; é uma obediência que precede a ordem, obedece antes

6 Sobre essa ordem da relação entre unidade e alteridade com o mundo, S. Petrosino nos lembra que a unicidade do outro e da alteridade é, precisamente, o subtrair-se dessa ordem, isto é, um estranhamento a qualquer mesura. O real, o ser do mundo, a ordem do mundo escapa ao seu gozo e se torna excedência com relação ao próprio mundo. Daí que não se pode situar a alteridade, nem a visualizar e, tampouco, individuá-la porque excede tudo, sendo ela uma multiplicidade que resiste ao Uno (1992, p. 166).

de escutá-la: "É no profetismo que se passa – e desperta – o Infinito e que, recusando a objetivação e o diálogo, significa de maneira ética. Ele significa no sentido que diz significar uma ordem: ele ordena" (*DVI*, p. 111). Lévinas ainda explica que "a ileidade do para-lá-do-ser é o fato de a sua vinda em direção a mim ser um ponto de partida que me deixa realizar um movimento rumo ao próximo. A positividade desse ponto de partida, esta diaconia não é um termo da teologia negativa, é a minha responsabilidade pelos outros. Ou, se quisermos, o fato de eles se mostrarem no seu rosto" (*OMS*, p. 34).

Mas como uma ética assim pode dizer-se? Como um "outramente dito" pode ainda ser considerado um "outramente" se ele, ao ser dito, entra na ordem do ser, isto é, deve ser tematizado? Para compreender essa torsão é preciso recordar de novo que Lévinas luta com a expressão: "O problema filosófico de Lévinas se refere exatamente à individuação desta excedência e a definição de sua expressão, as formas de sua enunciação" (PETROSINO, 1992, p. 141). Essa é uma questão que sempre se repete frente às hipérboles de Lévinas. Ele chama isso de método da "ênfase": na construção do argumento usa-se um modo de desdobrar e associar novas ideias de uma nova maneira até se chegar a desdobrar, por sua vez, os conceitos de um novo modo. Respondendo, precisamente, a uma pergunta sobre a dificuldade e possibilidade de uma metodologia que exprimisse a metafísica do *Outro*, ele responde:

> O método transcendental consiste sempre em buscar o fundamento. 'Fundamento', aliás, é um termo da arquitetura, termo que existe para um mundo que se habita, mundo que é antes de tudo o que ele suporta, mundo astronômico da percepção, mundo imóvel, o repouso por excelência, o Mesmo por excelência. A partir daí, uma ideia é justificada quando ela encontrou seu fundamento, quando se mostrou as condições de sua possibilidade. Por outro lado, na minha forma de proceder que parte do humano e da aproximação do humano, do humano que não é simplesmente o que habita o mundo, mas que envelhece no mundo, que dele se retira de maneira diferente do que por oposição, que dele se retira pela passividade do envelhecimento (retirada que confere, talvez, à própria morte seu sentido, em vez de pensá-la a partir da negação que é julgamento) – há outra maneira de justificação de uma ideia pela outra: passar de uma ideia a seu superlativo, até sua ênfase. Eis que uma nova ideia – de forma alguma implicada na primeira – decorre ou emana da ênfase. A nova ideia encontra-se justificada não sobre a base da primeira, mas por sua sublimação (*DVI*, p. 126-127, grifos do autor).

Embora a linguagem de Lévinas seja, sem dúvida, filosófica – como também no seu procedimento pode-se perceber a marca da prática interpretativa talmúdica perpassando o seu método –, nela um novo dito é fundado sempre sobre o Dizer da tradição, o Dizer antigo, anterior. Unindo-se a este, o novo dito se configura numa nova interpretação – se desdiz, por sua vez – a fim de que um novo sentido para uma nova situação e novo contexto possa surgir daquele, sem, contudo, tocá-lo na sua transcendência, que permanece lá, aberta, para além, disponível. Em outro momento, Lévinas é ainda mais enfático quando afirma que a filosofia, ao tematizar o Dizer do Infinito, que fala pelo testemunho, pela significação, quando ela se esforça para que a significação se mostre – e a significação tem de se mostrar porque, como o Bem de Platão, ela subsiste para além do ser, mas não para além do conhecimento – e quando ela traduz diante de nós o Infinito que fala pelo testemunho, a filosofia não passa de sofisma. Ou seja, a filosofia é o rastro do excesso da transcendência. É a partir desse sofisma que o filósofo começa. A filosofia terá de operar a redução "em virtude do rastro de sinceridade que as próprias palavras comportam e que elas retiram do Dizer enquanto testemunho, mesmo quando o Dito dissimula o Dizer na correlação que se instaura entre o Dizer e o Dito. Dissimulação que o Dizer procura sempre desdizer" (*OMS*, p. 167). Por isso, o Dizer "deve ser acompanhado de um desdito, e o desdito deve ainda ser desdito à sua maneira, sem parar; não há formulações definitivas" (*DVI*, p. 126).

Por sua vez, I. Kajon, ainda que partindo de um marco de comparabilidade, nos lembra que é possível construir uma história da filosofia hebraica a partir da unidade que o platonismo ético contém:

> O que acomuna Platão e as fontes hebraicas – especialmente se estas últimas vêm consideradas à luz do tema do messianismo afirmado pelos profetas – é, como Cohen trouxe à luz com grande energia e eloquência, a sua noção da realidade do Bem, para além do mundo empírico ou histórico: para Platão de *A República*, o Bem não se confunde com outras ideias, mesmo sendo ele também uma ideia, pois ele constitui o ponto último no qual chega a mente humana; aquilo que não constitui a base, a *hypothesis* de nenhuma outra ideia; logo a *an-hypotheton*; o pressuposto do qual depende a mesma mente e que dá luz às suas visões. Para as fontes hebraicas, Deus é em primeiro lugar Aquele que dá a Torá, ou ensinamentos de caráter moral ao homem – este, à Sua imagem e semelhança, pois criado no Seu mesmo espírito de santidade, ou seja, de justiça e misericórdia. E somente em segundo lugar é Aquele que governa o ser, pois o ser mesmo é orientado por medidas éticas (2011, p. 18-19).

Por fim, nos perguntamos: se essa fórmula levinasiana pode ser aplicada a uma hermenêutica intercultural ou a um fazer filosófico que resulta de um engajamento ético com a palavra antiga (a sabedoria de uma cultura), então ela se configuraria também num processo sempre inacabado e perfectível? Se cada cultura na sua autoreferencialidade guarda um Dizer particular no sentido de que ela é um arranjo único – o que quer dizer diferença –, a sua relação com uma *alteridade cultural* será sempre um dito aberto ao seu próprio "des-dito". Não pelo fato de que o conhecimento não o alcance, mas pela condição ética a que essa relação está exposta.

7.2.1 O Dizer como ponto de partida e a "ênfase" como recurso

Lévinas, seguindo um caminho já traçado por pensadores judeus que o precederam, enfatiza até o extremo da linguagem e da possibilidade da filosofia os sentidos éticos que nas duas tradições, grega e judaica, são um Dizer sempre disponível. Mas de que modo esse método da ênfase lhe permite um diálogo intercultural que principia na paz, como dizíamos no início deste capítulo? Como demonstra o mesmo Lévinas, a ideia da paz pode ser igualmente concebida como um *outramente*:

> [...] é uma ideia que significa, mas por uma significância anterior à presença, toda presença, anterior a toda origem na consciência e, assim, an-árquica, acessível ao seu vestígio; ideia que significa significância mais antiga que sua exibição, que não se esgota na exibição, que não tira seu sentido de sua manifestação, rompendo assim com a coincidência do ser e do aparecer em que, para a filosofia ocidental, reside o sentido e a racionalidade, rompendo a sinopse; ideia mais antiga que o pensamento rememorável que a representação retém na sua presença (*DVI*, p. 97).

Assim, é um diálogo que só pode se estabelecer a partir da passividade do Dizer na qual se inscreve cada tradição, e que vamos acolhendo no vestígio deixado nas suas expressões culturais. Assim sendo, o diálogo pode proceder ou resultar em comparabilidade, equidade ou complementariedade. Mas ele não começa aí, e sim numa anterioridade, num vestígio irredutível: na ideia de Infinito, no Bem e na ideia da Paz.

Lévinas parece ter procurado durante toda uma vida dar expressão de uma filosofia que reencontrasse sua dimensão ética profunda e radical, de uma parte; e de outra, um judaísmo que expressasse sua inspiração ética como filosofia. Como sugere ainda Kajon,

> Seja na profecia hebraica como no platonismo, o homem como ente finito, habitante da terra, tende ao Infinito através da razão, radicada na afetividade que se estende até o ponto de compreender o bem e o mal. A profecia hebraica pensa o homem como indivíduo singular e, por isso, membro do gênero humano, antes de sua pertença a um povo determinado. O

> platonismo pensa o homem como cidadão de uma *polis*, submisso ainda às suas leis, mesmo quando este se transforma no puro filósofo que volta seus olhos somente ao suprassensível. A profecia hebraica se exprime prevalentemente em metáforas, convidando a distinguir entre a representação sensível e o sentido espiritual; o pensamento platônico se exprime prevalentemente através de discursos, argumentações e raciocínios. No comum resultado, ainda que no dualismo de ambos, permanece, todavia, a afirmação da realidade do Bem como infinita atividade divina, para além do tempo e como ordem de base a orientar o tempo; e da realidade do homem enquanto voltado à justiça e compaixão, capaz de exercitar a sua faculdade de julgar segundo tais parâmetros (2011, p. 27-28).

Lévinas teve de extremar a linguagem para poder entrelaçar, a partir do interior, as duas possibilidades, ou seja, as duas tradições - a hebraica e a ocidental - sem deixar que se perdesse o aspecto positivo, transcendente e metafísico da compreensão da existência e do divino. Poderíamos dizer que isso, de algum modo, expressa não somente a força ética de seu pensamento, mas que exprime também uma contracultura aos existencialismos de seu tempo. No transfundo, não está a morte e o nada, mas está o Outro.

7.2.2 Universal e particular: o sujeito que "leva o universo sobre si"

Resta mencionar que um dos paradoxos da filosofia intercultural que descrevemos na parte primeira desta dissertação foi a relação problemática entre particular e universal com respeito às diferenças culturais. Como dialogar na situação de autoreferencialidade das culturas quando o "vestígio" se tornou presença e significado contextual? No pensamento de Lévinas, esse paradoxo não parece ganhar relevância, pois ele não está interessado nessa lógica. Antes, toda a sua filosofia é uma busca de superação da totalidade que se impõe pela lógica da determinação. Parece paradoxal, mas para o paradigma da Face (ou o do Dizer, ou ainda, o do Infinito) - registro inscrito no judaísmo -, o que se verá, se dirá ou se definirá será sempre uma visão de um traço, um dito que se desdiz, uma exterioridade que se dá a uma interioridade que não a pode conter, mas que é revelação: epifania que reenvia. Reenvia ao "outro" e retorna a si como "responsabilidade". Ora, a concepção ética de Lévinas parte do sujeito particular já como uma socialidade porque *ele é para o outro*. Ele é único. O responsável por outrem em modo irredutível, insubstituível, e ele "leva o universo sobre si", como mencionado. Embora o problema do universalismo tenha sido um tema da filosofia judaica, em Lévinas, em vez, encontramos na noção de "eleição" uma investidura ética do sujeito particular e único. Ou seja, ele é chamado a uma responsabilidade absoluta, Ele é "incumbido", sem tempo de uma posição de sua consciência. Essa eleição, essa intimação à responsabilidade por outrem é aplicada tanto ao indivíduo quanto à humanidade: "uma ordem dirigida a mim, uma ordem que lança 'uma semente de loucura' na universalidade do Eu" (*OMS*, p. 109, grifo do autor). Ele também evita a todo o custo a apologia do universalismo hebraico a partir de sua particularidade. Assim lemos num dos poucos fragmentos referentes a isso:

> A ideia de um povo eleito não pode ser tomada por um orgulho. Não significa a consciência de direitos excepcionais, mas de deveres excepcionais. É o apanágio da consciência moral mesma. Ela se sabe ao centro do mundo, e para ela o mundo não é homogêneo: uma vez que eu sou sempre o único que pode responder ao chamado, sou insubstituível para assumir responsabilidades. A eleição é um excedente de obrigações pelo qual o 'eu' da consciência moral se profere (*DL*, p. 266-267, grifo do autor).

Com isso, Lévinas busca elevar a concepção de "eleição", significando-a no interior da compreensão ético-metafísica em que todo o seu pensamento se desenvolve, o que significa também dizer que a autocompreensão do próprio judaísmo é chamada a uma inteligibilidade, com suas consequências políticas, embora isso pareça permanecer aqui implícito.

Para concluir, podemos afirmar que, a nosso ver – não reduzindo as grandes problemáticas e o seu método –, a filosofia de Lévinas nos coloca frente à responsabilidade também diante da *alteridade cultural*, pois o face a face de tradições ou culturas impõe o mesmo mandamento que o Rosto do outro impõe: "não matarás". E como enunciava F. Mies, se o filósofo ou a filósofa permanecer afetado por essa *outridade*, certamente não se afastará da verdade (1994, p. 182), isto é, verdade que acima de tudo é investida pela ética – "filosofia primeira" – antes mesmo que a filosofia lhe conceda um sentido.

Enunciamos na introdução de nossa interpretação do pensamento de Lévinas que ele continha uma interculturalidade, cujo modelo de racionalidade e método poderia inspirar a filosofia intercultural em geral. Ao final de nossa análise, podemos dizer que é possível que o resultado de uma filosofia intercultural, em outras situações ou contextos, não chegue a uma significação universal como comumente somos habituados a buscar no modelo sistemático ocidental. No texto levinasiano, estamos envolvidos de saberes antigos, distinguíveis pelas suas elaborações racionais, seja o do judaísmo, o das várias vertentes da literatura como o do grego e, sobretudo, o do método fenomenológico, o que nos faz admitir que a sua filosofia se dê num modo de *inter*-tradições ou *inter*-livros. Certamente, a alteridade de cada tradição ou de cada cultura, ainda que não elaborada rigorosamente, permanece como o ponto de partida, como um Dizer irredutível no sentido que é uma "significação" que sinaliza ao Outro, que escapa à representação e à totalização e, portanto, *se* escapa à própria presença. Panikkar também concebia que é na relação que se desvelam os "mitos" da própria compreensão do real. Essa *outridade* da *alteridade cultural* que pode se constituir depois numa elaboração filosófica – *alteridade por si mesma* que a subjetividade deseja – é o Dizer, que não se configura como resultado, mas é o ponto de partida, o começo já universal de um dito que principia na paz, e não na comparação, na busca de determinação numa totalidade, em cujo movimento já contém o germe da guerra.

O modelo que Lévinas parece nos sugerir em sua análise da subjetividade, no qual a responsabilidade emerge de um fundo passivo, "mais passivo que a passividade", é o da hospitalidade como uma oferenda do *si*, um sair do *si-mesmo*. Esse esvaziamento é também dito *des-inter-esse*, isto é, tornar-se para o outro. Ou, como diz Lévinas, é "desnudamento até ao *um* inqualificável, até ao puro alguém, único, e eleito, isto é, exposição ao outro, sem escapatória possível, o Dizer na sinceridade de sinal dado a Outrem, absolve-me de toda identidade que pudesse ressurgir como coágulo que coagulasse para si, que coincidisse comigo. Absolvição que inverte a essência: não negação da essência, mas *des-interessamento*" (*OMS*, p. 71, grifos do autor). Esse modelo acolhe o Infinito: o *Rosto* do *outro*. Esse encontro se dá nesse universal que é Rosto, paradoxalmente único e irrepresentável. Por isso, o dito será desdito à medida de sua expressão, mas sem esgotar o Infinito sempre disponível. Será dito no seu vestígio deixado no arranjo de significações que o homem construiu e chamou cultura; universalidade ao seu avesso. Nesse não lugar e nesse não tempo do Infinito, a ética se instala, pois, como Paz. É intersubjetividade como hospitalidade. Uma *excedência* no ser que deverá encontrar sua forma e expressão na Lei (Torá). Assim, vemos a hermenêutica talmúdica envolvendo a filosofia de Lévinas no seu proceder interpretativo infinito, isto é: hospitalidade do Livro, hospitalidade da tradição. Mas, também, responsabilidade infinita pelo *outro*. Nesse sentido, a intersubjetividade é a acolhida da *alteridade*.

TERCEIRA PARTE

AMÉRICA: LUGAR DE UM ENCONTRO EXEMPLAR

A tua raça de aventura
quis ter a terra, o céu, o mar.
Na minha, há uma delícia obscura
em não querer, em não ganhar...
A tua raça quer partir,
guerrear, sofrer, vencer, voltar.
A minha, não quer ir nem vir.
a minha raça quer passar.

Cecília Meireles
(*Epigrama*, 1939)

Em 1982, o filósofo e literato T. Todorov reevocou a reflexão sobre a alteridade em seu livro *La conquête de l'Amérique: La question de l'autre*. Em nota introdutória à tradução italiana dessa obra, P. L. Crovetto se pergunta: "Como puderam pequenas minorias de europeus terem dominado racionalmente imensas multidões?" (2014, p. xi). Muitas foram as respostas dadas e justificativas apresentadas a essa questão, sobretudo por historiadores, mas nunca esgotaram o assombro dos relatos que estão na base dos estereótipos que o nome "América" ainda suscita. Seria talvez pelo que – de legendário e mítico – esse encontro fixou na alma do ocidental? Não seria por esse assombro ainda encontrar ressonâncias de juízos feitos em base a um conceito de *alteridade* ligado à noção de "defeito no ser", como tratamos no primeiro capítulo de nossa dissertação?

A obra de Todorov é uma revisitação à história, mas não com o escopo de recontá-la ou reinterpretá-la, e sim de reevocar esse permanente e irredutível problema da *alteridade*. A dedicatória de seu livro é patente: "Dedico este livro à memória de uma mulher maya devorada pelos cães" (1982, p. 7). A notoriedade dessa dedicatória está no fato de essa mulher indígena ser uma desconhecida que viveu quinhentos anos atrás e de quem não se sabe mais do que a razão de sua condenação: ter se renegado a entregar-se ao colonizador. O fato é narrado pelo bispo católico Diego de Landa em seus escritos sobre a civilização maya, o qual conta que "o capitão Alonso López de Avila, indo para a guerra de Bacalar, fez prisioneira uma jovem índia, bonita e graciosa, a qual havia prometido ao marido que temia ser morto na guerra de não se entregar a outro homem e que preferia morrer do que se sujar por outro homem. Desse modo, deram-na de comer aos cães" (1982, p. 56). O peso desse fato traduz uma verdade: milhões de indígenas "sem nome" foram devorados, seja pelos cães, feras, bactérias, vírus ou por "homens bestializados" – a expressão é do mesmo Todorov (1982, p. 252). E porque essa mulher resistiu, como certamente resistiram muitos outros milhões de desaparecidos, ela pagou com sua vida. Mas sua morte não é uma morte comum por duas razões – como exprime o mesmo Todorov:

> Uma mulher maya é morta devorada pelos cães. Na sua história, reduzida a poucas linhas, se concentra uma hipótese extrema da relação com o outro. Seu marido, para o qual ela é seu 'outro interior', não lhe deixa nenhuma possibilidade de afirmar-se como sujeito livre: temendo ser assassinado na guerra, ele quer desconjurar o perigo privando a mulher de sua vontade, pois a guerra será um caso entre homens: mesmo morto, a mulher deve continuar lhe pertencendo. Quando vem o conquistador espanhol, esta mulher não passa de um lugar no qual se afrontam os desejos e a vontade de dois homens. [...] A mulher escolhe obedecer a seu marido e às regras da própria sociedade, usando tudo o que lhe resta de vontade pessoal para se defender da violência de que é objeto. Mas, precisamente, a estranheza cultural determinará o desenrolar deste drama: ela não será violentada como ocorreria a uma espanhola em tempo de guerra, mas será jogada como comida aos cães porque é mulher não consenciente e porque é indígena (1982, p. 250, grifo do autor).

O escopo de Todorov parece ser o de descobrir como o "outro" foi descoberto, ou melhor, como se deu esse "encontro extraordinário e exemplar" (p. 12) com o "outro absoluto" na América como soa na primeira frase de seu livro: "Quero falar da descoberta que o *eu* faz do *outro*" (p. 11, grifos do autor), o que nos faz pensar que ele, como também os autores que irá analisar, falam sempre desde um lugar: a Europa, ou da compreensão do Ocidente. Ou ainda: desde o *eu* como uma afirmação ocidental que descobre o *outro*, o não ocidental. Porém, é preciso reconhecer um detalhe que o diferencia nessa aproximação. Ele fala como um europeu que experimenta o sabor amargo e, ao mesmo tempo, culturalmente fecundo do exílio:

> Hoje, o exilado é aquele que encarna melhor, ainda que modificando o senso originário, aquele ideal que Ugo de São Victor formulava no séc. XII: 'O homem que acha doce a sua pátria não é mais que um tenro principiante; aquele para o qual cada terra é como a própria terra, é já um homem forte; mas só é perfeito aquele para o qual o mundo não é mais que um país estrangeiro' (eu, que sou um búlgaro que habita na França, tomo emprestado esta citação de Edward Asïd, palestino que vive nos Estados Unidos e que, por sua vez, o havia encontrado em Erich Auerbach, alemão exilado na Turquia) (1982, p. 253, grifo do autor).

Nesse fragmento, que encontramos quase ao final de seu epílogo, o autor exprime o seu envolvimento pessoal com a questão, experimentada como exemplaridade que expressa uma universalidade como a que aconteceu há quinhentos anos. Se exemplar, não é passado porque ainda projeta luz sobre o presente, enquanto que a descoberta do outro permanece uma experiência singular, assumida e realizada por cada pessoa, grupo ou cultura. Nas palavras do mesmo Todorov, "a descoberta do outro deve ser assumida internamente por cada indivíduo, e se recomeça eternamente" (1982, p. 251).

O que queremos abordar é essa problemática da alteridade na filosofia que alcança seu ponto extremo, ou seja, o do assombro do fato que o *outro* existe e, paradoxalmente, é um *semelhante*. E, aqui, poderíamos evocar tantos outros relatos desse encontro entre o ocidental e o originário americano, os quais se "descobrem" mutuamente, ainda que com a desvantagem do segundo. Mas esse não é o objetivo imediato de nossa análise e, para não nos desviarmos de nosso propósito, poderíamos apenas acenar àquilo que já Lévi-Strauss havia sinalizado em *Race et histoire*, quando recupera uma anedota das crônicas de Gonzalo Férnandez de Oviedo[1] para demonstrar que a problemática étnica e o relativismo cultural estão entre as mais distintivas características do humano: "Nas Antilhas, alguns anos após o descobrimento da América, enquanto os espanhóis despachavam comissões de inquérito para saber se os indígenas possuíam alma ou não, estes tratavam de submergir prisioneiros brancos, para verificar, com base numa longa e cuidadosa

1 Gonzalo Férnandez de Oviedo y Valdés escreveu *Historia general y natural de las Indias*, composta por cinco volumes, no século XVI e só publicada em 1851.

observação, se seus cadáveres apodreciam ou não" (LÉVI-STRAUSS, 1952, p. 12). Ele faz notar que, se o problema ocidental residia em solucionar a existência da alma para atribuir a humanidade ao corpo do "selvagem", o problema dos indígenas, em vez, era o de saber se à humanidade da corporeidade do ocidental se poderia atribuir a divindade e a imortalidade pelo fato de sua não decomposição. Alma ou corpo? Para uns e para outros, essas propriedades do humano são tomadas como dois diferentes pontos de partida, que configuram também o ponto de chegada de cada um,[2] com sua carga de sentidos que se perdem na antiguidade dos mitos, símbolos e significados que cada civilização ou cultura lhes constituiu e lhes atribuiu.

Em nossa investigação temos buscado analisar como a problemática do *outro* e da *alteridade* se fixou e se desenvolveu na filosofia. Já na sua gênese clássica, a concepção desses termos respondia ao problema da univocidade do *ser*, mas na evolução do pensamento ocidental, sobretudo o da Modernidade, a *alteridade* emerge como uma estrutura que impacta e determina as relações humanas em suas múltiplas possibilidades: interpessoais, políticas, culturais, interdisciplinares, epistemológicas. O homem pensado pela filosofia tradicional determina o homem ocidental e, nessa antropologia, o "outro homem" – o não ocidental – deverá ser sacrificado a uma série de traços que lhe serão impostos para dizer de sua humanidade. Termos como "selvagem", "bárbaro", "primitivo", "subdesenvolvido" e outros mais emergem para dar conta do diferente da *persona* e de sua cultura, de nações ou continentes inteiros exteriores ao Ocidente, a fim de determinar a sua condição de humano. Aqui recordamos uma outra observação de Lévi-Strauss sobre como a Antiguidade dissimulou todos os que não eram gregos, denominando-os "bárbaros", inscrição que se estendeu por toda a civilização ocidental. O termo "civilização" define o Ocidente greco-romano como evoluído e põe numa posição o "outro", o bárbaro: "é provável que a palavra bárbaro se refira etimologicamente à confusão e à desarticulação do canto das aves, opostas ao valor significante da linguagem humana; e selvagem, que significa 'da floresta', evoca também um gênero de vida animal, por oposição à cultura humana" (LÉVI-STRAUSS, 1952, p. 11). Assim, pode ocorrer que as crônicas sobre o *novo mundo* tenham acentuado uma visão do indígena como "selvagem" em

2 O antropólogo E. Viveiros de Castro afirma que "o favorecimento da própria humanidade às custas da humanidade do outro manifesta uma semelhança essencial com esse desprezado: como o outro do Mesmo (dos europeus) se mostra ser o mesmo que o outro do Outro (do indígena), o Mesmo termina se mostrando, sem se dar conta, o mesmo que o Outro" (2015, p. 35, grifos do autor).

senso evolutivo e polar que vai do primitivo ao civilizado, evolução essa que se degradou em racismos. Mas ocorre reler nas mesmas crônicas algo sobre o outro lado: os povos originários e sua visão frente à diferença do ocidental. Talvez isso não tenha sido suficientemente considerado, quem sabe por um problema de apercepção que a mesma autodefesa étnica não deixa captar. Mas o que os povos originários pensavam do europeu? Castro, comentando a anedota de Oviedo apenas citada por Lévi-Strauss, afirma que nada no mundo é mais bem compartilhado que a etnologia, isso porque a natureza humana resiste à sua própria generalidade. No caso do encontro entre ocidentais e indígenas, diz ele: "O etnocentrismo dos europeus consistia em duvidar que os corpos dos outros contivessem uma alma formalmente semelhante às que habitavam os seus próprios corpos; o etnocentrismo ameríndio, ao contrário, consistia em duvidar que outras almas ou espíritos fossem dotados de um corpo materialmente semelhante aos corpos indígenas" (2015, p. 37).

Por isso, depois de termos clarificado as nuances que ainda persistem na concepção de *outro* e de *alteridade* no pensamento contemporâneo, e após termos analisado alguns modelos de abordagens dessa problemática na grande rede de abordagens da filosofia intercultural, nós nos adentramos na análise da concepção de alteridade no pensamento de Emmanuel Lévinas. Essa análise nos conduziu a uma visão da concepção de *outro* e de *alteridade* não apenas do ponto de vista da filosofia prática, mas também da dificuldade teórica que a concepção greco-ocidental comporta a esse respeito. A filosofia de Lévinas nos sugere que a abordagem da concepção de *outro* exige uma meditação metafísica e concepção radical da ética. Devido a isso, sua análise será uma espécie de metafenomenologia. Desse modo, ao final de nossa descrição reflexiva sobre o pensamento da *alteridade* em Lévinas, abordamos – na questão do "além do ser" – uma *excedência* cuja estrutura escapa à intencionalidade, uma vez que sua temporalidade é inalcançável porque o conceito de *alteridade* é aplicado ao sujeito particular e único, investido de responsabilidade absoluta pelo outro sujeito, anterior à sua busca de sentido. Trata-se, então, de um problema ético. É a partir desse nível de complexidade e profundidade que, a nosso ver, as questões que se põem à filosofia intercultural se ampliam. Nossa intenção aqui não é resolver tais questões, mas demonstrar que elas não são apenas um problema de metodologia dialógica e tanto menos um problema de hermenêutica histórica no caso da América. Intendemos aqui dar visibilidade a uma problemática que afeta a concepção do *ser* e, portanto, do significado mesmo que a filosofia como uma estrutura e predisposição do humano, ainda que nomeada com esse termo grego, ganha na realidade americana que, nesse caso, é "exemplar", sobre o qual vamos refletir mais adiante.

Dito isso, nossa proposição na Terceira parte de nossas análises é a de explicitar o pensamento intercultural do filósofo argentino Rodolfo Kusch (1922-1979) junto àquele de Lévinas, que corresponde a uma de nossas teses, ou seja, de que ambos entrecruzaram outras sabedorias culturais com a tradição filosófica ocidental, especificamente o método fenomenológico e, assim fazendo, se depararam com a *alteridade* e os problemas metafísicos, éticos, metodológicos e linguísticos para exprimir essa estrutura. Tanto um quanto o outro parecem combater com a intencionalidade e o método fenomenológico ao abordar a excedência da *alteridade*, quando essa se apresenta ao pensamento. Ambos, inevitavelmente, devem criticar a filosofia do Ser da tradição e repropor outro ponto de partida para justificar e explicitar a alteridade em referência à ética: em Lévinas, será o *Outro*; em Kusch, será o *Estar*.

No caso específico de Kusch, veremos que o resultado de seu pensamento provém de sua meditação sobre o processo de ocidentalização que se deu na América, entrecruzado com aquele substrato cultural e, portanto, mental que resiste e subsiste à mesma, que é o pensamento indígena. Quando fala do "pensamento indígena", Kusch não está se referindo ao pensamento pré-colombiano, pois aquele deixou de existir com a colonização, mas, sim, de seus traços que persistem e resistem como um substrato que atua ainda hoje, porém numa nova configuração cultural, isto é, na pluriculturalidade vigente e operante no continente. Ele chega a essa constatação envolvendo-se pessoalmente como filósofo, ao ponto de imbuir-se também existencialmente na realidade dentro da qual elaborou a sua reflexão. Azcuy, um dos biógrafos de Kusch, confirma que o itinerário tanto pessoal quanto filosófico de Kusch, isto é, sua vida e sua obra, tornam-se paulatinamente inseparáveis. Podemos constatar isso numa brevíssima crônica escrita para uma amiga jornalista: *Vivir en Maimará* (1983), na qual ele descreve como a experiência de viver e pensar a cultura popular, indígena, mestiça ou crioula remodela o pensamento por sua capacidade "fagocitante" (1989, p. 7). Gazqués, por sua vez, afirma que: "pensar o que é próprio do América exige, para Kusch, não só uma disciplinada conduta para estudar o americano, mas fundamentalmente uma opção vital que dê conta de um compromisso existencial com a realidade de nossa América. Para Kusch, pensar o americano foi, em suma, *decidir-se pelo americano*" (1989, p. 11, grifo do autor). Nesse sentido, poderíamos dizer que Kusch não só realizou uma filosofia intercultural, mas desvelou a mestiçagem que ela implica, isto é, sua transformação. Esse imbuir-se no contexto da investigação em termos de pensamento intercultural, isto é, o imbuir-se com a *outridade* do Outro cultural foi o critério que guiou nossa escolha pela sua filosofia, pois parece que esse *factum* vai mais além de um diálogo ou de uma teorização que mantém um distanciamento. Mantendo-se numa "vivência" que transita entre dois mundos mentais e culturais (paradigmas), que resultado filosófico emerge? Essa parece ter sido a experiência de Kusch, mas também do humano que se sabe habitando numa fronteira ou em muitas fronteiras.

Buscaremos, então, verificar se o pensamento de Kusch sobre a "questão americana" pode nos ensinar uma via para uma filosofia intercultural em geral, no sentido dessa vivência-em-vários-mundos, para além do diálogo. Mas se quisermos manter o termo diálogo (ou polílogo) para a filosofia intercultural, teremos de abordá-lo, então, desde a interioridade dos sujeitos, onde se dá, em suma, uma "*co*-vivência" de *logos*. Por isso, não apenas apresentaremos a sua filosofia, mas buscaremos aprender de seu modo de proceder em filosofia intercultural. Ao final, queremos verificar se essa análise do pensamento de Kusch contribui para a ampliação dos significados de *outro* e *alteridade*, garantindo assim um ponto de partida ético para a filosofia intercultural, que anteceda sua preocupação teórico-metodológica.

Com Lévinas, vimos que o *outro* não consiste num *a priori*, mas num "desejo metafísico paradoxal" que funda uma ética radical. Em Kusch, veremos que a *alteridade* não se limita à consciência de um sujeito transcendental e nem é uma metáfora mediadora, mas uma estrutura que ele chamará de *estar*, irredutível e indeterminável, que se dá como seminalidade e se subtrai ao ser mencionada. Contudo, inevitavelmente, nela *estamos-todos*, num comum arraigo geocultural no qual *estamos-sendo*, continuamente e no plural. Não parte do *eu*, mas do *nós*. E, talvez, aqui nos dê a pensar sobre o significado de um outro começo, não em termos heideggerianos como o do "segundo início", mas de um início que não pode conter no paradigma egológico moderno ocidental e deve buscar dentro de uma comunidade a mediação do símbolo que, disponível, pode religar a existência com essa abissalidade do *estar*.

Ainda uma outra razão pela qual Kusch nos inspira é o seu compromisso filosófico com a América, expresso em muitas de suas afirmações, sobretudo porque ele faz da mesma o tema de sua filosofia, uma vez que crê que a racionalidade americana tem um contributo a oferecer ao humano em geral: "o acontecer é o profundo da América; esta oferece uma terceira possibilidade ao Ocidente" (*GHA*, p. 229). Trata-se de uma possibilidade provinda de um "terceiro mundo"[3] ou do "terceiro excluído". A referência ao "terceiro excluído" na teoria do "princípio de não contradição" de Aristóteles, em sua obra *Metafísica* (IV, 7, 1011b, 23-1012a, 25), é tomada por Kusch no sentido de que, para tomar a totalidade da existência americana, é necessário admitir a contradição e considerar o princípio aristotélico como "episódio lógico, porém, não existencial" (*GHA*, p. 147) da lógica aristotélica, que, entretanto, não funciona como tal na mente profunda da América; ou, ainda, o "terceiro" - entendido aqui como instância do *estar*. Ele pode se abrir ainda a outras analogias como continente conquistado pelo Ocidente, que se converte naquele "terceiro" que Lévinas atribui a *altrui*, isto é, o juiz entre o *eu* ocidental e o *outro*, o habitante originário que se "ocidentalizou" em parte e se tornou o americano: uma *alteridade*.[4] Esse "terceiro" revelaria a América, mas também um aspecto do Ocidente relegado. E, por fim, uma espécie de "terceiro espaço", que se dá no interstício entre "ruínas gregas" e "ruínas pré-colombianas" (CASTRO-GÓMEZ, 2011, p. 155-159), um novo espaço pleno de possibilidades que espera pela filosofia.

Chamaremos América, nome ocidental para o que foi Abya Ayala[5] antes da chegada dos europeus ao continente e, pouco a pouco, após a evolução dos pensamentos decolonizadores do século XX até a atualidade,[6] Abya

3 A expressão "terceiro mundo" foi cunhada pelo demógrafo Alfred Sauvy em seu artigo, no qual punha em evidência a situação dos países não envolvidos no eixo EUA *versus* Rússia no período da chamada "Guerra Fria" (SAUVY, 1952, p. 14). A expressão, porém, evolui dessa primeira conotação para se tornar um conceito, sobretudo dado pelos pensadores da decolonização. Atualmente, pensadores provindos da sociologia como Walter Mignolo e Boaventura de Souza Santos assumem o pensamento decolonial como pensamento do "terceiro mundo" ou "fronteiriço".

4 Sobre uma compreensão da relação entre "terceiro" e "justiça", veja: SCANNONE, Juan Carlos. "El reconocimiento mutuo y el tercero". *In*: PONCE, Fernando; SCANNONE, Juan Carlos; SILVA, Eduardo. *En las bases de la justicia*. Bogotá: Siglo del Hombre, 2013, p. 117-131.

5 Retornamos aqui ao nome de origem *kuna*, Abya Ayala, já mencionado, e que significa "tierra madura" ou "tierra de sangre vital" ou, ainda, "tierra en florecimiento". Em Kusch não encontramos o nome Abya Ayala, mas somente América. Em sua obra *América Profunda*, porém, aparece a componente da mentalidade pré-colombiana que subjaz à ocidentalidade da América. Abya Ayala conserva o caráter de pluriculturalidade que os seus habitantes têm buscado recuperar. Intercalaremos esses dois nomes: *América* e *americano* no mesmo sentido que Kusch utiliza e *Abya Ayala* e *abyayalense* quando nos referirmos metaforicamente à América pré-colombiana ou à consciência intercultural emergente no continente.

6 O pensamento "decolonizador" emerge com as questões identitárias levantadas depois dos movimentos independentistas nas Américas e se estende por todo o século XX. Kusch está entre os destacados pensadores desse movimento, ao lado dos pensadores da Filosofia da Libertação. Esse debate também aparece em outros continentes, como África e Ásia. Têm sido significativos os trabalhos do *Latin America Subaltern Study Group*

Ayala reaparece como a força de uma autoconsciência intercultural que se afirma, sobretudo, entre as culturas indígenas do continente. Trata-se de um *solo* não no sentido geográfico, mas metafísico, e de um pensar prenhe de *outridade* que Kusch exprime com o termo "geocultura", o qual implica uma dimensão estática (*geo*) e outra dinâmica (*cultura*). Apresenta-se também como uma *de-formação* ou variante do *ser*, que se situa no abismo inseguro do *Estar* (*GHA*, p. 370), verbo ibérico que em Kusch se transforma em um termo central e metafísico, porque ele o considera o verbo da América e, em certo sentido, também o verbo de Abya Ayala. Ainda que Abya Ayala não falasse a língua ibérica, para Kusch é o seu modo de ser que necessita de um termo. *Estar* é esse termo filosófico, situado entre a estaticidade do modo de ser pré-colombiano e o significado semântico ibero-americano, com o qual ele buscará analisar o fenômeno da existência na América e além dela. Logo, a tese dessa parte é a de que a *alteridade* que até aqui viemos discorrendo na análise semântico-metafísica da tradição e desde a fenomenologia levinasiana, em Kusch, se afirma como uma estrutura do real e subsiste como uma estrutura metafísica. Se em Lévinas o *Rosto* do outro é irredutível à intencionalidade e interrompe a fenomenologia para tornar-se ética – imputação de responsabilidade absoluta ao eu, anterior ao movimento do pensamento –, em Kusch o *Estar* e, posteriormente, o *estar-sendo* revelam a *alteridade* como estrutura irredutível com a qual o pensamento deve confrontar-se: o *estar* resiste e se retrai à totalidade da análise pelo que nele reside de símbolo e equivocidade ou – em palavras kuscheanas – de *seminalidade*.

Portanto, Abya Ayala, que se tornou América, recupera em Kusch seu sentido de Abya Ayala como uma *alteridade* radical e com a qual o *ser* – se era o princípio absoluto – deve agora coabitar com o *estar*. Nela, o *ser* se converte num episódio que se determina em base a um fundo bem mais rico e complexo: e esse é o *estar* de Abya Ayala que se apresenta como pluralidade pré-ôntica. Daqui, pois, partimos para afirmar a filosofia intercultural como imputada de problemática ética e complexidade teórica. Ou, em outras palavras, a filosofia intercultural é desafiada a admitir a *alteridade*, a *mestiçagem* inscrita no seu começamento e, para isso, necessita reinventar a filosofia.

A determinação "*é*" pousa, portanto, sobre esse fundo incógnito de uma estrutura irredutível à razão ocidental, mas também americana, naquele

---

e seus estudos interdisciplinares: antropológico, filosófico, linguístico, sociológico e educacional, e desde uma crítica analítica sobre "colonialidade" e "decolonialidade" nas Américas. Entre seus autores salientamos: Walter Mignolo, Nelson Maldonado-Torres, Catherine Walsh e Aníbal Quijano.

grau de ocidentalidade que ela comporta em si mesma. Kusch descobre esse fundo analisando sistematicamente a racionalidade profunda que subjaz no humano americano. Mas sua particularidade se apresenta também como um aspecto da estrutura do humano em geral. E daí é que a filosofia intercultural em Kusch é possível. Ela assim aparece na medida em que ele descreve e analisa duas racionalidades que coabitam no humano americano: o seu aspecto indígena e mestiço no qual o registro ocidental encontra-se presente, mas dando-se numa modalidade ao seu avesso. É o que ele chama de "lógica da negação", não no sentido dialético, mas porque se afirma num modo inverso e possui um humanismo próprio e intrinsecamente aferrado ao *solo* como símbolo, isto é, nessa predisposição igualmente universal do humano que se denomina "arraigo".

Assim sendo, prosseguindo nossa análise, contextualizaremos a *Alteridade* americana no encontro de seus povos originários com os colonizadores europeus por meio de uma espécie de genealogia do verbo *estar* como uma matriz subjetiva de ambas as culturas, sobre a qual Kusch intui a potencialidade filosófica desse termo para definir a existência do americano. Para além da análise semântico-linguística dos verbos *Ser* e *Estar* que sensibilizaram Kusch e para compreender sua trajetória filosófica, precisamos também adentrar em sua hermenêutica da arte ameríndia como busca da "América profunda", passando tanto pela literatura como pelo teatro e à opção pela filosofia. Esse é um itinerário investigativo empreendido pelo nosso autor a fim de responder às suas intuições acerca de um duplo vetor que habita o "espírito" americano, prevalentemente presente no indígena e no popular. Só então é que entraremos na meditação mais nuclear que é a fenomenologia do pensamento indígena, no qual Kusch denota o *mero estar* quando analisa as cosmogonias pré-colombianas até chegar à sua definição de *estar* como um movimento originário que determina um modo de racionalidade: a razão americana, como sugere. Desde esse ponto, abordaremos seu pensamento intercultural. Abordaremos, enfim, a sua análise da "lógica da negação", ou seja, a teoria do conhecimento que decorre do paradigma do *estar* até sua última explicitação, a do *estar-sendo* como característica fundamental daquele duplo vetor que argumenta em suas análises iniciais.

Nesse percurso, priorizaremos o aspecto metafísico do pensamento de Kusch e como ele evoluiu. Esse aspecto não esgota a totalidade da abordagem de suas obras que também podem ser analisadas a partir das ciências da antropologia, da religião, da ecologia, da arte, da pedagogia e da política.

CAPÍTULO VIII

ESTAR E *SER*: UM MUNDO CINDIDO

Em nosso capítulo II, ao tratarmos da filosofia cultural de Panikkar, mencionamos a sua noção de *diálogo dialógico* por meio do qual a relação com o outro deve "perfurar" o *logos*, atravessando-o até chegar ao mito que subjaz velado, guardando as pressuposições da tradição que permitem, ao mesmo tempo, a compreensão e a representação do mundo. Em Lévinas, encontramos essa mesma noção de "perfuração", mas referida ao *ser* ao se tratar da irredutibilidade do humano que descrevemos no capítulo V. Ora, essas afirmações, ou constatações, rebelando-se frente à relação *logos igual ao ser*, induzem-nos a suspeitar de uma insuficiência dessa fórmula que a razão ocidental moderna buscou praticar de modo geral, fazendo com que o humano também entrasse para o mundo do conhecimento como um objeto. Mas o humano parece desafiar sempre e inexoravelmente o *logos*. E aqui se põe um limite até mesmo às ciências humanas e a toda forma de compreensão racional que pretendam uma definição.

Poderíamos adentrar-nos na crítica às antropologias formuladas desde essa relação: *logos* identificado com o *ser*, na qual o conhecimento se obtém dentro da relação Sujeito-Objeto, ainda que o objeto seja precisamente o outro homem, o semelhante do investigador. Mas ainda mais grave é quando o investigador toma como objeto o homem não ocidental e transforma-o em um objeto exótico ou turístico. Porém, esse não é o foco de nossa análise. O que podemos dizer é que essas tentativas das quais emergem buscas de "descrições do outro" e em cujo registro se inscreve o pronome "*eles*" não só pervadem ainda nossas instituições de saber científico e acadêmico, como revelam um sentimento geral que a linguagem denuncia em termos como "étnico". Em muitos momentos, Kusch adverte para esse perigo de uma filosofia *asseada* em oposição à de *fetidez*, da realidade empírica, aquela que se encontra *fora* de certa logicidade e determinação (*IPD*, p. 235-241; *AP*, p.

3-6). A metáfora da *fetidez*, em contraposição ao *asseio*, remonta à problemática eleática do *ser* e do *não ser*, que tratamos em nosso primeiro capítulo. Certamente, uma filosofia tem sempre diante de si o humano e é feita por humanos, mulheres e homens concretos que pensam contextualmente e correm o risco de nem sempre conseguir superar completamente os estereótipos provindos de seus próprios mitos, sendo que um deles pode também ser o próprio *logos*.

Kusch, por sua vez, afirma que "a razão se quebra no puro viver" (*EAFA*, p. 412). Esses limites e, sobretudo, a suspeita que Lévinas e Panikkar levantaram com o termo "perfurar" – seja o *logos* como o *ser* – com relação ao humano nos conduzem a levantar nossa própria questão: pensar o humano requer, indubitavelmente, antepor a ética ao pensamento? Ética aquém e além do conhecimento e de sua sistematização? Se assim for – e essas questões Lévinas buscou responder com sua "ética radical"; e se o que "*é*" é uma afirmação do *ser* –, qual o lugar do *ser* se a ética vem antes? E ainda: como dizer do humano numa língua que fundamentalmente é estrutura predicativa, ou seja, é afirmativa e determinativa: a língua do *ser*? A nosso ver, alguns poucos pensadores que levantaram a suspeita de que o conceito não é suficiente para abordar o humano provêm, sobretudo, das correntes fenomenológicas do século que apenas nos precedeu. É nesse mesmo período que nascem também as preocupações com a filosofia intercultural.[1] Mas no mesmo momento em que o retorno de uma antropologia filosófica se entrelaça com questões difíceis para o *logos*, os filósofos ainda descrevem a crise da filosofia em base ao registro do *ser*, ou seja, do conceito. Lévinas, por sua vez, demonstra que a crise é o esquecimento do "outro" e do "Infinito", o que deixou a construção do edifício da razão ocidental vulnerável à violência inumana. Para Rodolfo Kusch, a crise da filosofia ou do Ocidente é a "supersaturação do ser" e a desconsideração do "absoluto". Kusch afirma que a "saturação ontológica" ou o "excesso de ontologização" do Ocidente fez com que o absoluto tenha se residuado na América. O termo absoluto diz respeito à uma cosmovisão que vai além das determinações, ou seja, atinge também o nível do equívoco: o simbólico, o mítico, o religioso (*EAFA*, p. 370-371). O absoluto de Kusch e o Infinito de Lévinas não distam na significação, pois – como veremos mais adiante – ambos fazem menção a

1 Para uma cronologia do nascimento e desenvolvimento da perspectiva intercultural da filosofia, veja: PALANCA, D. V. *Cultura, multiculturalidad e interculturalidad: Hacia una nueva racionalidad intercultural*. Madri: El Perpetuo Socorro, 2000, p. 181-185. Essa autora traça o caminho da filosofia intercultural desde sua origem nos anos oitenta e início dos anos noventa até a conclusão de sua investigação doutoral, em 2000.

uma outra estrutura com a qual buscam abarcar a vastidão do humano, apontando para sua liberdade, seu mistério irredutível e a ética como absoluta. Se o pensamento de Lévinas se dá como num *palimpsesto* no qual se inscreve uma palavra mais antiga que a grega, a hebraica, o pensamento de Kusch se volta para uma palavra também tão antiga quanto a grega, mas, sobretudo, mais antiga que a Modernidade, que é a palavra de Abya Ayala. A palavra grega e a palavra de Abya Ayala estão expressas aqui em analogia à expressão de Lévinas com relação à palavra da Torá. Entretanto, a Torá e a filosofia grega são expressas em livros, enquanto que a "palavra de Abya Ayala" é uma sabedoria que perdura na estrutura mental americana, que se exprime nas variadas expressões da arte e da lógica da negação, como veremos na filosofia de Kusch. A palavra grega conquistou e, aparentemente, aniquilou a originalidade de Abya Ayala. Dizemos "aparentemente", pois Kusch vai contra essa afirmação de que Abya Ayala tenha sido dissimulada. Ele vai em busca dessa *palavra antiga* que, a seu ver, subjaz viva e atuante para além da colonização e do aniquilamento das civilizações originárias do continente.

É a respeito dessa descoberta, ou seja, de uma "racionalidade abyayalense",[2] que se afirma como *negação* e que se constitui numa espécie de "epistemologia de fronteira", como define W. Mignolo (2017, p. 16), a qual não se guia pela necessidade da determinação, mas subsiste e resiste como uma "instalação", na qual o *ser* é um "episódio" afanoso por *ser-alguém*. O "ser como episódio" é uma noção à qual Kusch se refere frequentemente em sua fenomenologia do "estar". O qualificativo de "episódio" não se refere ao ente e nem mesmo a uma representação do *ser*, mas refere-se a uma ordem de prioridade pela qual o existente se dá como instalação num magma. Esse magma é o *estar* que se sempre retrai ao ser enunciado. O sentido de "episódio" para o *ser* é o sentido dado desde o *estar* a tudo o que *é*. O que *é*, é um *estar-sendo*. O *estar* irredutível e retraído não pede determinação, mas o existente sim. Porém, ela é sempre precária e nunca definitiva, dada a qualidade de *estar-sendo* num *solo*. Kusch procura esclarecer isso retomando o ensino aristotélico de ser em ato e ser em potência (*EAFA*, p. 360). A esse respeito, aprofundaremos

2 A respeito do termo "racionalidade abyayalense", nós o abordaremos sob o ponto de vista da crítica que a filosofia intercultural requer a respeito de certos conceitos dos quais o pensamento ocidental se apropriou como, por exemplo, o de "racionalidade". Nossa intenção, aqui, é resgatar alguns desses termos que implicitamente foram tomados de modo *totalitário*, seguindo a crítica de Lévinas (*TI*, p. 21-40), mas que, no entanto, pertencem à estrutura e experiência do humano em geral e à lógica de sua representação e interpretação da realidade. É no aspecto sociocultural que essa racionalidade se manifesta.

mais adiante. Por agora, basta sinalizar que é a isso que Kusch dedica sua reflexão. Esse paradigma do *estar* – verbo forte das línguas ibéricas, espanhol e português, faladas em todo o continente sul-americano e em parte do caribenho, ao lado de centenas de línguas autóctones – se converteu num fundo mais fundo que o *ser*. É a respeito da descoberta dessa estrutura que trataremos. Antes, porém, consideramos necessário sublinhar alguns aspectos da vida de nosso filósofo, enquanto nos parecem relevantes no resultado de sua produção filosófica e também porque respondem a um aspecto de nossa investigação, que é o de explicitar o compromisso existencial e ético que o caminho do pensar intercultural requer por parte de quem o assume.

8.1 Kusch e as filosofias que vão da *decolonização* à *geocultura*

O pensamento filosófico carrega os traços de seu tempo. Sabemos que a filosofia é, precisamente, a obra de uma liberação do círculo estabelecido pelo pensamento num contexto e em seu tempo. É a tendência natural do humano pelo saber, como afirma Aristóteles na primeira frase de sua *Metafísica*. Com Kusch sucede algo semelhante. Contudo, sua filosofia comporta, sim, uma novidade no contexto em que emerge e para além dele. Para fazer essa distinção entre o contexto e a originalidade de seu pensamento, descreveremos brevemente as tendências filosóficas latino-americanas que influenciaram nosso autor ou que impulsionaram suas escolhas. Essa distinção se faz necessária por razões que emergem do interior mesmo de seu pensamento, pois Kusch faz uma crítica severa à racionalidade do continente. Crítica, todavia, atual e válida, sobretudo quando ela quer ser um pensamento intercultural como o que ele propõe e o qual estamos buscando expor aqui. Por isso nosso subtítulo consta de dois conceitos: o primeiro é o de "decolonização", com o qual queremos caracterizar o movimento da filosofia americana como mencionado na introdução dessa parte de nossa investigação. Aqui vamos nos centrar brevemente no período mais próximo que antecede a filosofia de Kusch, ou seja, desde o fim do século XIX, embora o pensamento da "decolonização" continue se aprofundando atualmente. O segundo conceito é o de "geocultura", cunhado por Kusch e posteriormente aplicado a diferentes análises filosóficas por alguns de seus colegas e continuadores, como J. C. Scannone e C. Cullen, o que veremos na parte conclusiva de nossa obra. Não se trata de distinguir tais termos, mesmo porque a problemática da "decolonização" foge aos objetivos de nossa análise, mas podemos dizer que o primeiro está mais referido à sociologia, enquanto que o segundo é restrito à filosofia e especificamente kuscheano. Seguindo Mignolo (2010, p. xviii), é possível afirmar que o itinerário de Kusch se inicia com uma autoconsciência de imigrante europeu que, cortando os laços com a colonialidade de seu pensar, tenha evoluído para o sentido geocultural. Para podermos justificar algumas posições de nosso autor e explicitar sua filosofia intercultural no sentido que aqui estamos tratando, consideramos importante apresentar, pois, o fundo "geocultural" que impulsionou as suas opções temáticas e metodológicas.

8.1.1 Kusch e sua existência intercultural

A interculturalidade é vivida por Kusch inicialmente por condição e, filosoficamente, por opção. Ele nasce em Buenos Aires, em 1922, filho único de um casal de imigrantes alemães que possuíam uma boa posição socioeconômica, uma vez que seu pai, hábil em várias línguas, era representante de uma importante empresa de eletricidade alemã instalada na Argentina. Aos quatro anos de idade ele perde o pai em um acidente. Sua mãe, possuidora de vasta cultura, intenciona retornar à Alemanha, mas foi aconselhada pelos parentes a permanecer na Argentina devido aos problemas econômicos que o país enfrentava ao fim da Primeira Guerra Mundial.[3] Seguramente, a língua materna de nosso autor é o alemão aprendido em casa. Depois, o castelhano argentino será a língua na qual ele viveu e escreveu suas obras. Mas encontramos citações de várias línguas europeias e estudos de línguas indígenas, tais como quéchua e aymará, o que indica que Kusch era um poliglota. Ele não só estudou as línguas, mas também as culturas por meio de diversas viagens de estudo pelo altiplano da Bolívia, Argentina e Peru entre 1958 e 1973. Além disso, Kusch conviveu com as mesmas ao ponto de se transladar com a família para uma aldeia Maimará, no norte da Argentina, em 1976, permanecendo ali até o ano de sua morte, 1979. Seu túmulo se encontra nessa aldeia, assim como seus arquivos.

A formação intelectual de Kusch se deu em Buenos Aires, onde ele exerceu o magistério em escolas secundárias e se dedicou à literatura teatral. A fenomenologia nos rastros dos mestres Husserl e Heidegger tem traços

3 Carlos María Pagano Fernández escreveu uma ampla biografia de Kusch que se constituiu em sua tese doutoral, *Un modelo de filosofía intercultural: Rodolfo Kusch (1922-1979)*, defendida e publicada na Faculdade de Filosofia Rheinisch-Westfälische Technische Hochschule de Aachen, em 1999. Na mesma, encontra-se um apêndice com notas da vida de Kusch escritas por sua companheira, Sra. Elizabeth María Teresa Lanata de Kusch.

evidentes em seu pensamento. Mas também é influenciado pelos hermeneutas da América. Seu primeiro escrito data de 1948 – aos 23 anos, ainda estudante –, intitulado *El caso Novalis* (1945) e publicado no jornal *Correo Literário* de Buenos Aires. Ele denota conhecer a obra de Rilke e Novalis, e em 1934 pronunciou dezenove conferências na Universidade Nacional de Buenos Aires sob o título “La cosmovisión de Reiner María Rilke” (FERNÁNDEZ, 1999, p. 29). Segundo testemunhos de colegas acadêmicos, como Graciela Maturo (1989, p. 78-79),[4] Kusch também se nutriu da mística alemã de Nicolau de Cusa, Mestre Eckhart e Böhme. Essa autora ainda cita – como mestres de Kusch – Gadamer, Jaspers, Marcel, Abbagnano e Astrada. Ele se aproximou também da obra cultural de C. G. Jung e, sem dúvida, esta o guiou nas suas análises sobre o pensamento indígena nas primeiras obras. Mais tarde ele cita extensivamente Paul Ricœur, enquanto esse autor lhe abre caminhos para pensar uma hermenêutica do simbólico.

É, sobretudo, a literatura hispano-americana do fim de 1800 e início da primeira metade do século XX que, decisivamente, incide nos interesses temáticos de Kusch. Essa literatura e os movimentos voltados ao problema da identidade cultural latino-americana parecem ter sido o motor de propulsão de toda a sua produção intelectual inicial, pois Kusch dela participou ativa e originalmente. A ela vamos dedicar uma análise, já que comporta uma busca de expressão de uma linguagem que só mais tarde a filosofia lhe iria possibilitar. Certamente o clima político da Argentina desse período (o “peronismo”) também influenciou em suas escolhas temáticas.

Como veremos, ao modo de Lévinas, Kusch intui uma necessidade de superação dos discursos teoréticos e universalizantes, sobretudo naquele aspecto excludente de outras racionalidades por parte da filosofia ocidental moderna, adentrando-se no “mundo da vida” possibilitado pelo método fenomenológico. Desse modo, também ele vai além dos mestres da fenomenologia, uma vez que se embrenha numa hermenêutica das narrações orais de “informantes”, ou seja, personagens escolhidos – homens e mulheres concretos – que traduzem, desde sua oralidade, uma racionalidade da América. Não apenas a singularidade das culturas indígenas e mestiças da América,

4 Essa autora, que participou com Kusch dos intensos debates e da crítica literária do Centro de Estudos Latino-Americanos nos anos sessenta na Argentina, nos informa sobre a importância do histórico Primer Congreso Nacional de Filosofía em Buenos Aires, em 1949, no qual a filosofia de Heidegger e dos outros autores citados acima foi decisiva para Kusch, no sentido de sua acolhida como a de um “mandato”, o que deve ter influenciado inicialmente sua decisão pela filosofia, sobretudo a partir do Heidegger de *Ser e tempo*.

cuja compreensão exige-lhe uma espécie de evasão do paradigma do *ser* e dos métodos canonicamente estabelecidos pela filosofia, mas também de uma universalidade que elas exprimem a respeito de algumas dimensões do humano como é a emocionalidade, o religioso e o simbólico. Ou, para usar os mesmos termos kuscheanos, ele descobre com essa análise que o *Ser* da filosofia ocidental como um verbo que demanda determinação é expressão da "pequena história" da humanidade, situada dentro da "grande história", aquela que subjaz na estrutura das culturas que atuam em base a uma sabedoria milenária. Na América, essa é a história do *estar*.

Temos evidências de que Kusch leu Lévinas, pois ele o cita em dois escritos: em *Pensamiento popular desde el punto de vista filosófico* (p. 444), no qual compara o significado que dá à categoria de "absoluto" como "um algo" que se instala com o "Outro" de Lévinas, descartando a similaridade, e em *Geocultura del hombre americano* (p. 16), no contexto da crítica que traça a filosofia ocidental como refém da técnica do filosofar e como um fazer de setores médios que não levam em consideração o real dos setores sociais marginais. Para ele, Lévinas, apesar de representar uma tendência esquerdista da filosofia, termina por negar a possibilidade de filosofar e conclui tecendo a seguinte crítica: "se pode tecer a novela ao modo de Lévinas sobre o Outro, seu Rosto, porém, situado sempre a nível de técnica filosófica, ou seja, no plano onde os setores médios se refugiam para não sentir o medo que lhes atormenta, provocado pelo mesmo povo, onde o Outro nunca é totalmente o povo". Lévinas, por sua vez, conheceu, em linhas gerais, o pensamento de Kusch dois anos após o falecimento do mesmo por meio de um evento que se denominou "Diálogo de Paris", ocorrido em março de 1981, onde se reuniram dois grupos interdisciplinares de estudos sobre filosofia da religião: um grupo europeu – que convidou Lévinas para o evento – e um grupo argentino do qual Kusch foi membro desde sua fundação em 1977 até seu falecimento em 1979. Nesse colóquio, as linhas gerais da filosofia de Kusch foram apresentadas por Enrique Mareque, mas quase todos os trabalhos do grupo argentino traziam a marca dos conceitos kuscheanos, isto é, fundamentalmente o conceito "estar".[5] Não há indícios de que tenha havido algum impacto maior de um sobre o outro. Mesmo assim, certas noções, categorias e conceitos próprios de cada um poderiam propor questões similares, como a problemática do *ser* e do *outro*, a relação ética, a interculturalidade e,

5 Os resultados desse colóquio podem ser lidos em: SCANNONE, J. C. (org.). *Sabiduría popular, símbolo y filosofía: Dialogo internacional en torno de una interpretación latinoamericana*. Buenos Aires: Guadalupe, 1984.

sobretudo, a crítica ao pensamento ocidental como pensamento do *ser* que se absolutizou historicamente sobre outras concepções possíveis do humano. Deduzimos que a razão disso é o enraizamento de ambos os filósofos na fenomenologia de Husserl e de Heidegger.

8.1.2 Existe uma filosofia americana?

Nosso subtítulo parafraseia o nome de uma importante obra de A. S. Bondy (1924-1965), *¿Existe una filosofía de nuestra América?* (1968), publicada após sua morte, a qual reunia, sob esse título, os temas de seus cursos de filosofia proferidos em universidades do Peru, México e Estados Unidos. L. Zea (1912-2004) respondeu aos temas que Bondy comentava, restritivamente, aos processos do pensamento hispano-americano no mesmo ano, com o escrito *La filosofía americana como filosofía sin más* (1969). A polêmica entre esses dois pensadores a respeito da existência de uma filosofia de "*nuestra América*" era bem anterior: o historiador L. Beorleghi situa a mesma como um dos marcos no qual começaram a se formalizar os sucessivos debates que deram origem às várias tendências da *filosofia da libertação* (2004, p. 669), embora sabe-se que quem primeiro esboçou formalmente a pergunta sobre uma filosofia latino-americana foi o argentino Juan Bautista Alberdi (1810-1884), quando partiu da seguinte premissa: "Não há uma filosofia universal porque não há uma solução universal de todas as questões que no fundo a constituem. Cada país, cada época, cada filósofo possui sua filosofia peculiar que se espalhou mais ou menos, que durou mais ou menos, porque cada país, cada época e cada escola deram soluções distintas ao problema do espírito humano" (1842, p. 5). Porém, a preocupação sobre a existência de uma "*nuestra*" filosofia era já expressa na metade do século XIX pelo "projeto civilizador" de pensadores do continente (ZEA, 1978, p. 244-268). Outro termo importante nesse movimento identitário é, precisamente, "*nuestra América*", o qual foi cunhado pelo cubano J. Martí (1853-1898) quando, em 1889, pronunciou um discurso em Nova Iorque (2012, p. 43-59) que influenciou grandemente os pensadores do período sucessivo em que a filosofia do continente emerge com o qualificativo de filosofia latino-americana. L. Zea foi um dos mais eminentes dessa corrente por meio de sua crítica à história americana, resumindo, no seguinte trecho, as intencionalidades do projeto civilizador: "O projeto civilizador vai se caracterizar por sua preocupação em alcançar os seguintes objetivos: mudança de sangue, mudança de mente e também mudança de dependência. [...] Outro sangue, outros mestres e outros senhores substituirão o sangue, os mestres e as heranças da colônia" (1969, p. 257).

Eduardo Devés Valdés fez um estudo desse período específico do pensamento continental. Em sua análise, propõe o binômio *modernização-identidade*, afirmando a tese de que essas duas dimensões do pensamento latino-americano se intersectam a partir de 1845 até 1980, ora evidenciando um, ora outro (1997, p. 11-12). A análise de Valdés se situa nos primeiros vinte anos do século XX e revela que a alternância entre a tendência daqueles autores que defendem a modernização e a dos que elaboram o problema da identidade se deve, de modo geral, à falta de uma visão integrada do pensamento latino-americano e de sua evolução. Por isso, os temas sempre retornam, adquirindo novas nuances e novas polêmicas. Esse autor defende ainda que em si, todo o pensamento sul americano desse período corresponde a um ciclo identitário (1997, p. 17). Essa posição corresponde a uma crítica e resistência às correntes positivistas que fundamentavam os processos políticos e econômicos de modernização, provindos dos Estados Unidos e da Inglaterra, pela "geração dos civilizadores".[6] Estes, além de pensadores e escritores, eram, de algum modo, estadistas que propunham a inserção dos países latino-americanos recém-saídos das guerras e lutas de independências, dentro do capitalismo corrente dos países do norte. Entre essas posições resistentes à chamada "modernização" dos "civilizadores" estavam os partidos conservadores e a hierarquia católica, que julgavam a modernização como utilitarista, materialista e ameaçadora da tradição e herança europeias - diga-se hispano-ibéricas. Esse movimento julgou que o atraso econômico, social e cultural da América Latina se devia, substancialmente, à dependência do pensamento colonial, à sub-raça dos indígenas, negros e mestiços influenciados pelos erros da colonização ibérica, que reduziu esses povos à miséria e ao estado de barbárie. Segundo esses pensadores, fazia-se necessária uma regeneração racial na América a fim de colocar o continente no encalço do progresso.

É nesse contexto que emergem as ideias identitárias não mais como um ideário moral, mas como projeto cultural (VALDÉS, 1997, p. 23). A obra *Ariel* de J. E. Rodó (1900)[7] é apontada como um divisor de águas entre esses ideários

6 A chamada "geração dos civilizadores" teve os seguintes principais idealizadores: Domingos Faustino Sarmiento e Juan Bautista Alberdi, ambos argentinos; Francisco Bilbao, Victorino Lastarria e Valentín Letelier, chilenos; Gabino Barreda, mexicano; Francisco de Paula González Vigil, peruano; Justo Arosemena, colombiano; Eugenio María de Hostos, dominicano; e o grupo abolicionista e republicano do Brasil.

7 A obra toma como metáfora os personagens de *The Tempest* de W. Shakespeare para traduzir o "drama filosófico" da América, ou seja, a passagem de um ciclo positivista, após as acusações de seus protagonistas ao abstracionismo ensinado nas escolas pelos religiosos católicos do período colonial, para um ciclo humanista que inicia na aurora do novo século.

de "entrada" no modelo civilizatório da Modernidade industrial e do ideário identitário que construirá o humanismo latino-americano; entre o debate da decolonização do pensamento e a busca de uma razão própria que integrasse a riqueza do substrato mental que subjaz nas culturas dos povos do continente. Na visão de Valdés, *Ariel* é um chamado ao protagonismo da juventude a fim de ativar um ideal situado (1997, p. 18).

Uma outra face da tendência identitária do continente emerge com escritos que refletem aspectos do nacionalismo como questões psicológicas, geográficas e étnicas.[8] Tais escritos centram-se na análise das "enfermidades" dos países, na problemática das imigrações, no chamado "caudilhismo" e na situação das massas autóctones, escritos que passam a ter um papel fundamental a respeito do que se pode chamar autoconsciência e busca de unidade e integração nacional das sociedades analisadas. É nesse contexto que emerge o caudilhismo, ou seja, a figura política crioula: são líderes mestiços que exercem pressão e ao mesmo tempo uma espécie de paternalismo das massas marginais que buscam autonomia. Ora, com as análises psicológicas dos habitantes das Américas feitas por essa vasta literatura do início do século XX, um novo paradigma emerge, lembra Valdés, e é precisamente o nascimento dos nacionalismos latino-americanos com ênfase no patriotismo, na análise da crise moral, na língua nacional, no caráter dos habitantes autóctones e no caudilhismo, temas considerados como os mais importantes (1997, p. 67).

É na continuidade dessa busca de identidade, mas, seguramente, na busca de uma crítica que vai além das políticas fundadas nos ideais de modernização da América que vamos encontrar R. Kusch. O título de sua primeira obra é significativo: *La seducíón de la barbarie: Análise herético de un continente mestizo*, editada em 1953, em cujo prólogo escrito por F. J. Solero lê-se no título: "Perguntar pelo que somos" (*SB*, p. 9-15). É evidente que Kusch começa sua busca parafraseando os temas que involucram as crises do pensamento latino-americano daquele momento, mas ele não se limitará a descrever situações ou ideias filosóficas em debate, e sim se envolverá com a realidade de Abya Ayala que habita as profundezas da América. Passarão quase três décadas até que o conceito de "geocultura" apareça em uma de suas últimas obras: *Geocultura del hombre americano*, em 1975, a qual apresenta

8 Destacamos, dentre outras, algumas dessas obras: CUNHA, E. da. *Os sertões*. Rio de Janeiro: Laemmert, 1902; ARGUEDAS, A. *Pueblo enfermo: Contribución a la psicología de los pueblos hispanoamericanos*. Barcelona: Vda Luiz Tasso, 1909; ENCINA, F. *Nuestra inferioridad económica*. Santiago: Universitaria, 1912; CALDERÓN, F. G. *Las democracias latinas de América*. Paris: Flammarion, 1912.

uma análise que reitera os mais importantes conceitos kuscheanos. Essa obra parece mostrar muito mais que uma reinvindicação de identidade, adentrando-se na interioridade da existência americana, a fim de colher e explicitar sua essência mestiça. Logo, Kusch sai do criticismo para explicitar uma autoconsciência.

8.2 "Ser" e "Estar": o enigma do idioma no enigma da filosofia

O conceito fundamental de Kusch, o "Estar", parece ser antes de tudo um conceito metafísico. Porém, para entrarmos em sua significação e, sobretudo, no que ele nos tem a dizer em relação à evolução e ao aprofundamento da noção de *outro* e de *alteridade* e de sua centralidade para um pensamento em situação intercultural, faz-se necessário que abordemos a problemática semântico-gramatical desse verbo na língua em que Kusch escreve, o espanhol. Partindo dessa análise, queremos demonstrar também a força filosófica que esse termo comporta e, portanto, do potencial revelador de um aspecto do humano ainda por ser mais bem considerado filosoficamente.

Foi, aparentemente, o historiador e filólogo hispano-francês Georges Cirot (1870-1946) quem primeiramente explicitou a dificuldade do ensino dos verbos *ser* e *estar* na língua espanhola aos estrangeiros e chamou o fenômeno de *pequeño misterio* ao qual muitos gramáticos ainda se referem (RUIZ, 1963, p. 127; BALLESTEROS, 1988, p. 13). A primeira distinção do uso desses verbos, porém, aparece no poema *Cantar de mio Cid*,[9] considerado um dos escritos fundantes do idioma espanhol, embora ali a sua aplicação apareça ainda confusa (PIDAL, 1977; SAUSSOL, 1977). Mas as tentativas de sistematização dos usos de *ser* e *estar* começam no século XIX com os gramáticos que ensinavam a língua espanhola aos habitantes da América hispana. Eles eram influenciados pelas ideias nacionalistas e de identidade continental, sendo que seu objetivo era que os hispanos da América não fossem criticados pelas gramáticas peninsulares por causa de seus idiomáticos locais e, ao mesmo tempo, que tivessem o direito de corrigir os erros idiomáticos dos espanhóis (BELLO, 1847; ALONSO, 1847; SALVÁ, 1831). A partir desses autores, sucederam-se as críticas e aprofundamentos que se estendem até os dias atuais. Em geral, para os falantes das línguas ibéricas, diferenciar o uso de *ser* e *estar* não constitui um

9 O poema aparece entre os séculos XII e XIII. São várias as linhas de indagações sobre as origens, a autoria e os objetivos do poema, mas nenhuma pode ser definida como a última e nem mesmo comprovada. O uso de *ser* e *estar* nas línguas espanhola, portuguesa e catalã se desenvolve na Modernidade, originando-se tanto na sua expressão escrita quanto oral.

problema, e dificilmente incorrerão em erro, mas a atenção a esse *enigma* se expressa sobretudo por parte de autores que ensinam os idiomas espanhol e português aos estrangeiros. De fato, fazer uma distinção precisa não é tarefa fácil quando em espanhol e português, e, com menos possibilidades, em catalão, o uso de *estar* ganha o *status* de *ser*. Temos ainda uma certa distinção entre esses verbos no italiano e no francês antigo, mas somente em espanhol e português *estar* ganha a significação e o mesmo uso de cópula igual ao *ser*. Em muitas situações são dificilmente reguláveis pela gramática. Entretanto, apesar da abundante bibliografia e tentativas de regular o uso de *estar* e *ser*, nenhuma até o momento presente esgotou as possibilidades de uso desses verbos num enquadramento unívoco. Assim conclui Ballesteros:

> Sem nenhuma dúvida, a explicação dos verbos *ser* e *estar* é um difícil e complicado labor. Não têm faltado linguistas que, depois de escrever um artigo sobre o tema, não tenham concluído que é difícil, senão impossível, dar normas sobre os distintos usos destes dois verbos. Nós temos tentado combinar a enumeração e o inventário dos mencionados usos de *ser* e *estar* com a sistematização explicativa e a apresentação das dificuldades de seu emprego graduadas de menor a maior. [...] Poderíamos ter seguido a classificação tradicional que distribui os usos de *ser* e *estar* em predicativos, auxiliares e atributivos, ou ter intentado uma fórmula mágica a partir da qual, com uma ou outra exceção, pudessem derivar todos os usos dos verbos, dos quais nós nos ocupamos. Temos renunciado a seguir à classificação tradicional devido ao grande número de matizes teóricos dos quais estes verbos têm sido objeto, os quais requereriam discutir previamente a sua utilização. E, infelizmente, devemos confessar que até agora não conseguimos encontrar uma fórmula mágica que solucione nem este e nem nenhum dos muitos problemas linguísticos que quiséramos resolver (1988, p. 29).

Especulando sobre a possível dificuldade de Kusch, que como descendente de alemães teve de aprender a lidar com esse *enigma* da língua espanhola, Fernández afirma que o fenômeno linguístico do *ser* e *estar* certamente pode ter impressionado Kusch. Por isso, o *estar* tornou-se uma espécie de *obsessão* (1999, p. 67) que levou nosso filósofo a dar a esse termo o peso filosófico que até então não havia recebido, pois os estudos sobre o mesmo haviam enfatizado sua posição no campo da etimologia, história, semântica e sintaxe, mas não no da filosofia. Kusch foi o primeiro filósofo a tratar a noção de "estar" filosoficamente. Depois dele, Xavier Zubiri – talvez por ser um filósofo espanhol – fez uma distinção entre "ser" e "estar" ao tratar da atualidade do real na intelecção. Ele distingue *actualidade* e *actuidade* e denuncia uma confusão entre essas duas noções desde a filosofia clássica até Kant, que concebeu a inteligência como *tabula rasa* sendo que, o que nela se inscreve, se inscreve pelas coisas. Para ele, a confusão está que isso seria o mecanismo da intelecção, isto é, são as coisas atuando sobre a inteligência enquanto que a explicação de como isso se produz é, então, um ato de intelecção. Em síntese, é o problema do idealismo frente à irredutibilidade do real. Zubiri, por sua vez, introduz a posição do "estar" para as coisas (o real) para tentar resolver esse problema, de modo que o "estar" seria um momento próprio da coisa mesma porque *ela está*. Esse estar da coisa consistiria na essência formal da inteleção, uma vez que para Zubiri o real (ou as coisas) apresenta o caráter de estar presente a si mesmo ou desde si mesmo. Assim, o momento intrínseco da coisa real (ou da realidade) é que o real "está" se fazendo presente desde si mesmo. Logo, para esse autor, o real não "é", mas "está" (ZUBIRI, 1980, p. 140).

Kusch, à parte de sua elaboração filosófica sobre *estar* e *ser* retorna constantemente sobre a problemática idiomática em suas obras e nos faz crer que não se dava por satisfeito com sua própria explicação acerca do fenômeno, reiterando-o ou requerendo dele novos aprofundamentos a fim de explicitar novas notas que se acresciam àquelas já elaboradas (*AP*, p. 109-111; *MVP*, p. 344-347; *PIPA*, p. 526-531; *GHA*, p. 157-169; *EAFA*, p. 344 e 347). Parece claro que em sua concepção ela comporta uma complexidade bem mais profunda, de âmbito metafísico. Talvez, disso advenha a dificuldade de uma resolução no sistema de regras da língua, pois o fenômeno escapa a uma sintaxe generalizada. De outra parte, os mesmos linguistas admitem que a forma de uso de *ser* e *estar* em espanhol e português se fixou na Modernidade e, talvez, expresse essa prudência que a mesma Modernidade nos ensina sobre a determinação de certos aspectos do real e da existência, como diz M. C. de Val:

> [...] é uma lei fundamental na linguagem, a flexível natureza dos signos verbais que escapam, quiçá porque encerram uma impossibilidade de toda a pretensão definitiva e demasiado concreta. Seria absurdo que não se refletisse na linguagem este íntimo convencimento que a filosofia moderna se encarregou de revelar, de que nos é impossível ligar a uma imagem e a um conhecimento claro o que são o tempo, a duração e o espaço e suas relações verdadeiras (1948, p. 122).

8.2.1 "Estar": semântica e morfossintaxe

Fernández dedicou um capítulo de sua dissertação ao estudo do desenvolvimento do senso de "estar" nas línguas espanhola e portuguesa, com o fim de esclarecer o problema idiomático "para entender a perspectiva filosófica de Kusch" (1999, p. 67-71). Muito embora esse não seja o único autor que comenta essa problemática linguística referindo-se a Kusch, nós seguiremos esse estudo, porque o julgamos um dos mais completos.[10]

A etimologia de *ser* e *estar*, como se sabe, provém do latim. *Sedere*, fundido com formas de *esse*, significa *estar sentado*, enquanto que *stare* significa estar em pé, estar imóvel, segundo o que se lê nessas vozes no *Diccionario crítico etimológico castellano e hispánico* (COROMINAS; PASCUAL, 1984). Em relação a essa definição, vai se produzindo, tanto no espanhol quanto no português, uma debilitação do senso forte de *sedere* até chegar ao que hoje é seu sinônimo: *estar*, que é o mesmo que *ser*. É preciso mencionar aqui que, tanto em espanhol quanto em português, *ser* está ligado a uma antiga raiz: *seer*. Na evolução dessas línguas, tanto orais como escritas, se produz uma vacilação entre o sentido de *ser*, que procedia de *sedere* como locativo, igual à raiz *stare* de *estar*, que, por sua vez, em algumas literaturas incorpora tanto a expressão locativa quanto de espaço e outros aspectos perfectivos e de duração (FERNÁNDEZ, 1999, p. 70). Com relação à definição e usos de *estar*, encontra-se em português alguma distinção mais precisa e estreita do que em espanhol, mas a definição de *ser*, ao contrário, se confunde em algumas notas com a de *estar*: "achar-se, encontrar-se, em um dado momento; estar" (BUARQUE DE HOLANDA, 1999, p. 1841). Fernández ainda lembra que *sedere* é encontrado em outras línguas como o italiano (*sedere*), o romeno (*sedea*), o provençal (*seger*), o inglês (*siege*, *sit*) e o alemão (*sitzen*). Do mesmo modo, afirma ele, "os significados correspondentes de *sum*, *esse* – grego ἐστί, sânscrito *ásti*, gótico *ist*, inglês *be*, catalão *ésser*, italiano *essere*, provençal *esser*, *etre*, francês *être* [...] – são: ser, existir, haver, estar, encontrar-se em algum lugar, situação ou estado, ter sua razão de ser, consistir, depender de, ser, servir, ser motivo de, causa de" (1999, p. 69).

Com relação ao verbo *estar*, acrescendo à definição dada por Corominas e Pascual, os dicionários etimológicos da língua portuguesa o definem também como: manter-se ancorado, aguentar-se firme, insistir, ateimar (CUNHA, 2011; MACHADO, 2003). Como já dissemos, *estar* possui também o significado de *ser*, de ficar. Mas, diferentemente de outras línguas que também possuem o verbo *estar*, o espanhol e o português ampliaram significativamente o *background* etimológico e suas intersecções semânticas. Em sua investigação, Fernández explicita uma hipótese que levou à fusão

10 Também trataram da problemática idiomática e linguística de *ser* e *estar*, referindo-se à filosofia de Kusch, J. C. Scannone (1984, p. 51-74; 1990, p. 45-48); N. B. R. Paz (1997, p. 48); e D. von Matuschka (1994, p. 154-155).

semântica de *ser* e *estar*, com base nos estudos da evolução histórica do idioma de M. C. de Val (1969). De uma parte, se deve, diz ele:

> [...] pela semelhança morfológica dos derivados de *sedeo* (*sedere*) e de *sum* (*esse*) [se] produz um vazio e por tal desmedida polissêmica no auxiliar *ser* ao assumir duas raízes, *ser* e *seer*. Logo, se fez necessário recorrer a um substituto morfologicamente diferenciado, porém com significado equivalente a *ser*, capaz de expressar o conteúdo semântico do relativo-extrínseco que [...] é também próprio de *sedeo*. *Seer* foi proporcionando a *estar* valores semânticos, o que deu lugar à polarização da significação essencialista de *ser*. E parte da função de *ser* foi assimilada por *estar* (1999, p. 71, grifos do autor).

De outra parte, ele lembra que o espanhol apresentou uma "preferência" e uma "decisão" pelo uso de *estar* desde sua raiz antiga, mas é, sobretudo, a partir dos séculos XVI e XVII que o verbo se tornou ilógico e abusivo, preferentemente no que diz respeito aos adjetivos. Enquanto isso, o português, que teve uma evolução equivalente ao espanhol até os referidos séculos supracitados, permaneceu mais equilibrado que a evolução posterior do espanhol. Por isso, o *estar* espanhol apresenta uma semântica e um uso mais estendidos e de difícil classificação e normatização que o português. Temos que lembrar também que, para além dessa liberdade de uso dos falantes da língua espanhola e, em certo sentido, também dos falantes da língua portuguesa, se acrescentam as variações regionais, como pontua Fernández: "a complexidade neste campo se deve também à grande diversidade de situações em que a língua se encontrou ao longo de sua história. Entre as que se deve contar está o ingrediente de seu transporte a terras ultramar" (1999, p. 76). A prudência a que Fernández sinaliza em sua análise se deve ao fato de que as duas línguas ibéricas - espanhol e português - foram expostas a idiomáticos regionais tão amplos, e por isso facilmente se pode cair na ilusão de poder estabelecer normas universais desde a limitação de uma gramática situada na Espanha ou em Portugal. Ora, *ser* e *estar* são afetados de polissemia - diga-se dos sentidos com que os muitos povos das colônias espanhola e portuguesa enriqueceram os termos, especialmente a respeito do uso desses verbos com adjetivos. Essa menção à problemática semântica e gramatical do verbo "estar" nos abre para uma fórmula que é central na última filosofia de Kusch: *estar-sendo*, a qual veremos adiante. Uma última consideração sobre o verbo "estar" é a análise de Américo Castro em *La realidad histórica de España* (1954/1980). Esse historiador descreve a formação das culturas luso-ibéricas em torno de um paradigma diverso daquele do restante da Europa ocidental, possivelmente o mesmo daquele que descobre Kusch na Abya Ayala que se torna América.

8.2.2 Ser e Estar como matrizes subjetivas

R. N. Ruiz afirma que *ser* e *estar* não podem ser classificados numa lógica dualista, ou seja, respectivamente como permanente/transitório. Antes, não há como categorizar o fenômeno numa lógica porque ele se caracteriza por fundamento interior e subjetivo. Diz ele: "*Estar* tem uma força afetiva, um matiz profundamente subjetivo. *Ser* e *estar* são, em suma, uma interessante amostra do que se chamou forma interior de linguagem. Haver tomado em conta essas ideias teria evitado estéreis divagações em torno desses dois verbos" (1963, p. 137). Américo Castro, por sua vez, valoriza o conceito de *morada vital*, para o qual essa dimensão interior e da história constitutiva de uma cultura e de sua linguagem explicitam uma "espiritualidade" exprimida e filosoficamente pouco explorada. Se para Lévinas a literatura exprimia um "espírito" do humano, ou uma metafísica não explicitada, esse historiador, que reflete sobre a filosofia, parte do "espírito" que habita a linguagem de uma cultura, que revela uma metafísica da mesma.

A concepção de história e o ponto de partida desse autor são significativos para a continuidade de nossa análise sobre como a linguagem guarda um aspecto da *alteridade* como estrutura inexorável da existência e da gênese de uma cultura. Castro parte da vida, na qual o conjunto de uma cultura vai se tramando. Ele chama "morada da vida" ao modo como um povo (comunidade) vai tomando consciência de existir na mesma vida, ou seja, seu modo de vivência. Nesse sentido, todos os povos possuem o que ele chama de "morada vital". Entre esses povos há aparentes analogias e até um análogo "mobiliário" humano. Assim são os templos, as escolas, o governo, os livros etc. Seguindo nessa lógica, ele se pergunta:

> Mas, como ocorre que a 'morada' interior e orientadora de um grupo humano desapareça e seja substituída por outra? Que isso ocorre é inegável, pois alguns dos principais grupos humanos no Ocidente (italianos, franceses, espanhóis) são manifestas novidades históricas. A língua que começaram a escrever aqueles povos foi uma máxima inovação e indica uma ruptura, um violento desvio na sucessão dos estados de consciência coletivos. Não entender o latim de Roma significou ter deixado de ser romano (1980, p. 111, grifos do autor).

Assim emergem, então, as possibilidades e os limites de uma nova "morada vital" ou de uma nova consciência de si para os povos. Por isso o seu conceito de "morada vital", em contraste com os de identidade ou de "caráter nacional", apresenta o dinamismo do que ele considera "um modo de conduzir-se cuja dimensão de valor é indissolúvel de sua realidade conceitual. Não é somente um *é*, mas também *um estar fazendo-se*, cuja importância me faz considerar como uma morada vital, uma *vividura*" (1980, p. 114, grifos do autor). Se assim é, poderíamos dizer então que Kusch, ao analisar filosoficamente o sentido de *estar*, realiza essa aventura de internar-se na *morada vital* de um povo que se constitui a partir de 1500 não pelo fato de ter deixado de falar a língua de um império, mas, pelo contrário, por assumir a língua do império, espanhol ou português. Esses são os habitantes originários de Abya Ayala. Como mencionamos anteriormente, veremos que essa incursão nos aporta à surpresa do encontro de *alteridades* que reúne, de forma singular e também universal, os traços do humano que urgem serem reconhecidos nessa situação que é intercultural por excelência.

Seguindo ainda a hermenêutica histórica de Castro, é preciso aceder a alguns traços da "morada vital" luso-ibérica, transportados para Abya Ayala, para discernir seus análogos não só daquele "mobiliário" humano que ele afirma, mas naquele fundo que o *estar* traduz. Por isso, um "pensar de Abya Ayala" revelará essas duas camadas sobrepostas do que chamamos *alteridade* como um sigilo do real. Talvez seja isso que T. Todorov tenha intuído – sem, contudo, explicitar claramente – ao chamar a América de "outro absoluto".

Para Castro, o espanhol chegou a ter consciência de si à medida que manejou suas próprias possibilidades de ser diante do que não era, uma consciência, portanto, de estar-sendo. Os análogos da "morada vital" luso-hispânica e de Abya Ayala aparecem como os elementos de um *estar sendo*. A hermenêutica de Castro vai revelando as razões hispânicas como razões de um processo existencial de um povo, em sentido positivo: "a Espanha se fez e continua se fazendo num tear de angústias" (1980, p. 139), enquanto que o *estar sendo* análogo de Abya Ayala – não menos angustioso, pois a angústia nesse caso é o analogado – foi descrito de modo pejorativo pelos "civilizadores" do século XIX, como já mencionamos. Se os espanhóis, como afirma Castro, não eram dados às ciências, mas a "outras" coisas do humano, como se dizia deles (1980, p. 138), os povos originários e mestiços eram descritos como "preguiçosos", "neurastênicos", uma "raça desacreditada" (VALDÉS, 1997, p. 45-55). E, por fim, o último e, a nosso ver, o mais contundente analogado que liga a "morada vital" desses povos e que faz pensar é o que Castro chama de *crença*. Para ele, a única razão de vida do espanhol nesse período de formação de sua "espanholidade" se funda em sua crença, que lhe deu identidade e proteção frente à ameaça de muçulmanos, judeus, protestantes e descrentes. Enquanto os povos do norte e centro da Europa abriram mão da crença em favor de "divindades temporais" como a ciência, as instituições político-sociais, a cidadania e até mesmo a literatura, os hispano-portugueses se mantiveram aferrados à crença, diz o autor: "A alternativa para eles é e foi: ou crença ou inexistência, segundo a percepção de quem está familiarizado com a vida na Península Ibérica, no Brasil ou no México. Abaixo do quanto se quer explicar isso como um fenômeno universal 'destes tempos' subjaz o outro, a estância[11] em uma peculiar morada de vida" (CASTRO, 1980, p. 10, grifos do autor). Talvez Kusch tenha tido essa mesma intuição acerca da percepção do que ele chamou de "ira dos deuses", uma categoria que ele irá desenvolver ao longo de sua obra e que mais tarde seus continuadores tirarão suas consequências por meio da investigação sobre a "sabedoria popular" e a "religiosidade popular" americanas.

De sua parte, Bernardo Canal Feijóo, um dos autores que inspiraram o pensamento de Kusch (*AP*, p. 6), tece críticas a essa distinção ou similitude no uso de *ser* e *estar* por parte dos falantes das línguas luso-ibéricas. Antes, segundo esse autor, esse modo de uso da língua é uma desvantagem. Descontada a sua ironia, se trata mais de um "desencontro" na identidade mesma do espanhol do que um fato de orgulho. Certamente, ao migrar para a América, o espanhol tenha buscado um modo para dizer de sua experiência de *estar* fisicamente em um lugar fora de sua terra natal onde, porém, ele continuava a *ser*. E assim o *estar* resultou nesse desencontro do *ser*, em sua própria ausência. E ainda: hoje, para remediar, o espanhol costuma dizer frequentemente em lugar de "eu estou aqui", "eu me encontro aqui" (FEIJÓO, 2007, p. 129), lembra o autor. Talvez isso se deva a que o espanhol é um europeu entre os que mais se perdem ao sair de sua pátria, no sentido que, mesmo estando em outro lugar, autopercebe-se sempre em seu próprio reino: na Espanha. Há quem afirme ser pobreza o fato de as outras línguas possuírem somente um verbo para expressar coisas tão diferentes que o espanhol separa nitidamente, mas afirma Feijóo: "Eu creio que a pobreza essencial está, no caso, deste lado. Onde o espanhol

11 "Estância" (do latim *estandia*) é um termo derivado de *estar* com significado de *lugar* onde se está por algum tempo, estabelecimento ou, ainda, residência rural, segundo os dicionários etimológicos da língua portuguesa e também espanhola. Kusch utiliza esse termo referindo-se ao oposto de essência nacional, ou seja: estância como "mera subjetividade de sentir minha essência como projeto desde meu puro estar a nível de *nosotros*" (*HAA*, p. 5, grifos nossos).

põe o ser quando pensa no estar?" (p. 128). Sobre a posição desse autor, D. von Matuschka observa que essa separação entre ser e estar "significa a fixação do 'desenraizamento' da gramática já que permite que alguém possa 'estar' física ou eticamente com independência de seu 'ser', reservando o 'ser' para o lugar de origem" (1985, p. 154, grifos do autor). Segundo Feijóo, a razão desse desencontro provém do seguinte:

> Não há seres e estares possíveis em estado quimicamente puros, mas somente seres-estando: *êtres*, pois; *beings*... O famoso realismo espanhol fica aqui esmagadoramente superado pelo empirismo inglês e o racionalismo francês que, ao mesmo tempo, se superam: o empirismo no idealismo – o ser infundindo o estar; o racionalismo no idealismo – o estar infundindo o ser. E esta transubstanciação inerente do ser no estar e vice-versa devolve uma vez mais o problema da cultura como vida ao problema do sujeito vital concreto, do ser humano que não *é* completamente, senão quando *está* totalmente [...], ou seja, de uma conjunção misteriosa entre seu eu e o mundo (2007, p. 128, grifos do autor).

Portanto, o problema parece residir na integração entre *ser* e *estar* na autoconsciência do sujeito enquanto também integrado numa cultura, mesmo no exílio ou no desterro e mantendo impermeável essa identidade. Entretanto, ele esquece que precisamente essa aderência ao *ser* que absorve o *estar* leva "outros" europeus não espanhóis a portarem consigo ou a forjarem em outra pátria a mesma pátria que deixaram. O que pode se traduzir num problema de "desintegração" ao seu inverso, ou seja, um desterro nunca solucionado ou, pior que isso, pode conduzir à violência pela absorção ou pela indiferença ao outro ou de outra possibilidade de ser a si mesmo, como nos atesta o famoso epílogo de Todorov em *La conquête de l'Amérique: La question de l'autre* a respeito da profecia de Las Casas (1992, p. 251-253). L. Zea, por sua vez, denunciou a ilusão que os "civilizadores" do século XIX possuíam de que, fazendo uma "transfusão de sangue" na população afro-ameríndia pelos imigrantes europeus, o continente entraria no chamado "desenvolvimento". Mas a política da imigração não se confirmou. Os europeus trouxeram consigo sua Europa, ou seu ideal moderno de progresso, e estabeleceram seu próprio mundo no "outro mundo". Tal situação urge ser melhor considerada em nossos dias, pois de problemáticas ela é prenhe, sobretudo no que se refere aos racismos e etnocentrismos internos aos países em que o fenômeno das imigrações se deu.

A posição de Feijóo certamente influenciará Kusch na sua reflexão sobre a relação homem-espaço, que gera uma cultura dinâmica ou estática, dependendo de como se estrutura a partir do "estar" e do "ser". Kusch usará a possibilidade que a língua espanhola dá quando distingue ou funde as funções de *ser* e *estar* e, ao mesmo tempo, quando emprega *estar* para traduzir os empregos de *ser*. Porém, *Estar*, para nosso autor, será uma noção filosófica, não desconectada ou absolutamente oposta ao *Ser*, porque o que ele intende é exprimir uma experiência originária do humano que se expressa, porém, na particular experiência do humano americano que a filosofia deixou subtraída do *Ser*. Isso se verá em nossa análise por meio de sua última fórmula: *estar-sendo*.

Antes de entrarmos nela, resta uma pergunta a ser respondida: por que Kusch escolhe nomear uma estrutura considerada *abyayalense* com um termo de uma língua ocidental? Para respondermos, será necessário fazer o caminho com o mesmo Kusch, pois nesse momento a resposta não alcançaria o seu sentido sem a argumentação kuscheana que foi evoluindo do *mero estar* ao *estar* até o *estar-sendo*. É somente conhecendo esse caminho que se pode compreender essa sua escolha.

8.2.3 "Estar" mais "gerúndio": a fórmula de Kusch

Se os verbos *ser* e *estar* têm um papel tão importante e complexo na estrutura da língua espanhola (e também portuguesa); e se a substantivação do *ser* se tornou o cume da filosofia a ponto de tudo ser compreendido a partir desse fundamento, o que ocorre com o seu par, o *estar*? Kusch usa o gerúndio do *ser*, ligado ao *estar* em uma de suas mais profundas elaborações filosóficas, lembrando a regra do uso de *ser* e *estar* em espanhol, a qual estabelece que "com as formas de gerúndio se utiliza sempre o verbo *estar*" (BALLESTEROS, 1988, p. 32), o que não apresenta problemas como os outros usos. A ela Kusch vai ligar e afirmar uma fórmula com sua razão fundamental: "a fórmula *estar-sendo* implica o paradoxo do humano mesmo" (*EAFA*, p. 410, grifos do autor). Por agora, basta-nos sinalizar a problemática filosófica que a fórmula gramatical gerundiva apresenta, mas que não possui grande importância entre os gramáticos. Porém, a fórmula existencial carrega-se de um problema bem mais complexo que a filosofia kuscheana buscará dar conta.

8.3 Arte e literatura: o *tenebroso* indígena e o *formal* ocidental

A obra de Kusch foi pensada e escrita no arco de uma breve vida e começa com a literatura teatral por meio da qual ele parte em busca de compreensão da *alteridade*, isto é, da estrutura "mestiça" no ser do americano. Todavia, toda a sua obra é uma evolução na busca dessa compreensão. Tanto a noção central do *estar* como as suas categorias *seminalidade*, *grande e pequena história*, *lógica da negação*, *geocultura*, *fetidez/asseio* e "*fagocitación*"[12] demonstram que Kusch perseguiu uma expressão filosófica para sua investigação sobre o americano. A cada obra ele parece ter aberto novas perspectivas ou reafirmado de forma mais precisa a noção de *estar* como um modo próprio do americano.

Nossa análise buscará explicitar a evolução da noção de *estar*. Ela vai da indagação sobre a arte até sua fenomenologia e, por fim, sua expressão "metafísica", evolução das obras de Kusch.[13] A expressão "metafísica" com referência ao pensamento de Kusch deve ser compreendida em base a uma estrutura *a priori* do humano, que se expressa, evidentemente, em uma construção argumentativa, mas sem esgotar a totalidade dessa compreensão. Kusch não intencionou fazer uma metafísica. Quando usamos o termo "metafísica" referindo-nos à sua noção de *Estar*, queremos explicitar o que ele buscou sistematizar como uma experiência do espírito americano. Essa nossa posição a respeito da metafísica kuscheana encontra ressonância, em parte, na crítica de Matuschka, que afirma que metafísica do estar é uma espécie de reverso ou o lado escuro da metafísica ocidental (1985, p. 153), como o próprio Heidegger havia também suspeitado. Apesar de Kusch tratar sempre do saber americano, ele também demonstra a universalidade da noção de "estar", que possui um caráter do humano em geral. O conceito de *estar* é o que parece demonstrar a estrutura de interculturalidade da situação americana.

Kusch utiliza vários métodos em seu pensar. Como outros pensadores do século XX, ele faz uma análise hermenêutica e fenomenológica do pensamento americano. Parte, porém, da análise semiótica da arte pré-colombiana, ainda que o seu objetivo pareça ter sido o de reiterar a reflexão metafísica do *estar* que já havia intuído. Além disso, opta pelas pesquisas de campo, ou seja, pela relação direta com o que ele denomina "informantes", uma espécie de investigação antropológica, com o fim de elaborar uma antropologia filosófica. Os informantes eram homens e mulheres concretos, comuns, mas

---

12 Essas não somam a totalidade das categorias do *estar*, mas aqui citamos as que analisaremos.

13 Dentre o montante de escritos de Kusch editados até agora nos quatro volumes de *Obras completas* e, sendo que seus arquivos possuem, todavia, material inédito, escolhemos, para nossa análise, as suas obras teatrais e de crítica à arte americana, tais como *TC*, *AEA*, *PAA*, *AEA*, bem como as obras filosóficas para a análise da noção de *estar*, como *AP*, *PIPA*, *LNCA*, *GHA*, *EAFA*, além de alguns ensaios e artigos.

representativos. Encontra-se transcrito e editado um *Corpus de Informantes* (*CI*, p. 35-118), que consiste em entrevistas ou conversas realizadas em 1978, e somam em torno de doze pessoas com as correspondentes anotações de Kusch. Entretanto, ele utiliza apenas alguns depoimentos. Em análises filosóficas publicadas até agora, encontramos quatro narrações sobre as quais ele reflete. Parece que o que lhe interessava era reiterar uma intuição prévia e poder produzir sua elaboração filosófica fundada num dado empírico ou no *factum*. Para Kusch, o "informante" é conveniente somente quando se converte em símbolo, porque, diz ele: "que me perdoem os antropólogos, mas a tarefa não é a de revelar e, sim, de pensar" (*EAFA*, p. 247-248). A conotação simbólica os transforma em "sujeitos filosofantes" da cultura americana.

Kusch chama de "sujeitos filosofantes" os sujeitos com quem ele entra em relação para elaborar sua análise do pensamento americano, mais precisamente do "pensamento popular", que será, depois, aprofundada juntamente com o *Grupo Interdisciplinar de Pensadores Argentinos*. Em suma, o sujeito filosofante é o "povo", e a literatura é igualmente "popular" no sentido que se trata de um texto difundido fora da academia. Para nossa análise, nos referiremos aos "informantes", identificando-os sempre pelo nome. A noção de "pensamento popular", por sua vez, é equívoca e se refere a uma experiência situada na América do Sul e difere da experiência europeia, sobretudo a do século passado entre as guerras. Kusch utiliza também o termo *doxa* para tratar com a racionalidade não elaborada filosoficamente, isto é, aquela da "cotidianidade" ou "popular". A análise da *doxa* se funda na crença de Kusch de que ela possui uma inteligibilidade própria (*GHA*, p. 137-189). Ele julga que a tarefa da filosofia no continente deve ser a de pensar os problemas que o contexto apresenta, sob pena de não ficar esvaziada de problematicidade própria, uma vez que ele a vê ocupando-se de temas alheios ao seu *solo* (*GHA*, p. 110), isto é, problemas eurocêntricos. Logo, a missão da filosofia latino-americana é a de:

> [...] assumir o sujeito filosofante da América, que não somos nós[14] e, sim, o que chamamos povo, ou o outro de Dussel, porém, em nosso caso, é o outro corporizado e real. [...] E como não é um problema de objeto, mas de sujeito, emerge a necessidade do acesso ao outro. Antes de tudo haverá de ser com a convicção um pouco paradoxal de que com este acesso colocamos em evidência o fato de que qualquer elemento teórico corre o risco de ser falso. Não é ingênuo falar de um partir do zero. O partir do zero supõe colocar entre parêntesis de tudo o que temos entre as mãos, porque

14 A crítica é dirigida aos filósofos e às instituições acadêmicas, em cujas categorias Kusch se inclui. Por isso, frequentemente ele usa o pronome "nós".

> assim o exige a interrogação do outro. Implica a ruptura com o objetal, o científico (*GHA*, p. 188-189).

Por isso, a noção de *estar* se liga a outro *solo* dentro do solo da América, ou seja, é sua Abya Ayala atuando na cultura em geral (popular). Quando Kusch usa o termo "povo", parece não se referir tanto ao sentido sociológico, ainda que essa seja uma noção da sociologia, mas, sim, ele o usa com significado filosófico: "Povo" é o "outro" do discurso do acadêmico ou do cidadão urbano. É um tema que, a seu ver, não preocupa a filosofia: "as universidades se empenham em instalar o Ocidente entre nós, porém se termina sendo um ocidental que se alimenta do esquecimento das coisas que aprendeu. Nossa dificuldade em nos estabelecermos como sujeitos filosóficos se deve ao fato de estarmos sujeitos a um pátio de objetos que carece de sujeito. O povo, em vez, inverte a fórmula, nega o pátio dos objetos e se subtrai a eles" (*GHA*, p. 187).

Estar, *solo* e *povo* – nessa ordem – representa nas obras de Kusch o que é a América. Ainda que esses termos não emerjam com esses nomes, já estão presentes em suas análises sobre a arte, em suas obras de teatro e em seu primeiro livro filosófico: *La sedución de la barbárie: Análisis herético de un continente mestizo*, de 1956. Porém, é em *América Profunda*, em 1962, que a noção de *estar* ganha significação filosófica. Nas obras sucessivas, essa noção evolui não apenas como específica da racionalidade americana, mas com a profundidade metafísica, acompanhada da amplitude de uma antropologia filosófica.

A questão que move Kusch é sua intuição de que uma dupla racionalidade atua na cultura americana. Por isso é necessário segui-lo em sua imersão em dois estratos culturais que "convivem", mas que se encontram, ao mesmo tempo, separados: um na abissalidade do *estar* e o outro na determinação do *ser*. Eles se relacionam em diferentes dimensões, mas sempre numa constante tensão ou "pressão", para utilizar um termo kuscheano a esse respeito. Assim, de uma parte queremos explicitar em que modo a *alteridade* se dá como uma estrutura na América em um nível profundo e interior e, de certo modo, também plástico, pelo que a exterioridade da arte a materializa; de outra parte, explicitaremos como, filosoficamente, a alteridade é afrontada na noção do "estar". O *estar* é, portanto, essa estrutura profunda que podemos também nomear "Abya Ayala". Ela é sobreposta pelo *ser* que lhe dá certa plasticidade, mas que permanece irredutível. Essa escolha de Kusch parece ter também razões sistemáticas, ou seja, ele divide os campos de investigação entre o saber oficial, o chamado saber culto e o saber popular, o da *doxa*. A esse respeito, N. B. R. Paz afirma:

> [...] permanecem assim recortados os espaços que a experiência concreta oferece na América: de um lado, o que se ensina na universidade, de outro, o que se aprende cotidianamente na rua e que obedece à tarefa coletiva comum. [...] Nasce a distorção de sentido que implica *ser* por um lado e *estar* por outro, interpretados como modos que se opõem, ao mesmo tempo que se interferem permanentemente – o popular é negado na esfera do *ser*, o culto se oficializa e o *estar* se retrai (1997, p. 50, grifos nossos).

O *estar* é o fundo de onde o *ser* se apresenta como "episódio". O *ser* como determinação, produtor de um "pátio de objetos".[15] *Estar* emerge aos poucos na obra de Kusch e, talvez, o ponto de partida tenha sido a expressão artística da América sobre a qual ele começa a meditar. Essa expressão, que se diferencia do estilo de conceito da arte ocidental, chama a atenção de nosso autor.

Semelhantemente a Lévinas, Kusch também fez incursões pelos caminhos da literatura a fim de compreender a profundidade do humano, e é então que a amplitude da noção de *estar* emerge, mas ainda não tem ali esse nome. Foi o teatro uma das expressões artísticas que mais atraiu Kusch, dada a sua força política no contexto argentino no início de sua reflexão filosófica. Por isso, não se pode ignorar as suas obras teatrais que significativamente exprimem sua investigação inicial sobre uma inteligibilidade mestiça americana. São elas: *Tango Mishio* e *Credo Rante*, apresentadas em 1956 por Goly Bernal no Teatro de los Independientes; *La leyenda de Juan Moreira*, que estreou em 1958 no Teatro de Arena; *La muerte del Chaco*, editada em 1960 e transmitida pelo rádio em 1964; e *Cafetín*, escrita provavelmente em 1960, mas inédita até 2010, quando de sua publicação no volume IV das *Obras completas* de Kusch. Ele fez ainda uma hermenêutica da literatura latino-americana popular do extremo sul do continente, tal como o poema épico *El gaúcho Martín Fierro* (1872) e *La vuelta de Martín Fierro* (1879), nos quais ele distinguiu a mesma estrutura de um "pensamento popular" que se rege à parte do saber da "civilidade" urbana. Ambos poemas foram escritos por José Hernández (LEUMANN, 1958) e narram a história dramática de um gaúcho, representativo do drama real das populações do extremo Sul da América do Sul, chamado "pampas" (do quéchua, "planície"). Na origem dos poemas se encontra a luta política de independência e formação da nação argentina, mas também são significativos para os chamados "gaúchos", populações mestiças que habitaram as extensas planícies do Sul da América

15 Kusch toma a expressão "pátio de objetos" da obra de N. Hartman, *Grundzüge einer Metaphysik der Erkenntnis* (1925).

do Sul. Os poemas tornaram-se populares pelo fato de os mesmos gaúchos os terem lido e relido em suas "rodas de mate". A população dos "pampas" se identificou com as narrações pelo fato de conterem tantos ensinamentos originados da sabedoria popular, proferidos tanto pela boca do protagonista, quanto pela expressão dos sofrimentos e injustiças sofridas por essa população em total abandono político e por serem mestiços e marginais. No primeiro poema, Martín Fierro desce aos infernos dos sofrimentos impostos pela condição geopolítica. No segundo, ele continua a contar suas lutas e, ao final, como todo herói épico, emerge transfigurado. Kusch retorna a esses poemas constantemente, pois nessa literatura ele encontra um manancial de elementos culturais com os quais reitera sua análise do "espírito" da América.

Kusch analisou, ainda, os mitos indígenas e as artes plásticas e arquitetônicas da cultura pré-colombiana e estudou a arte formal e visível que as correntes imigratórias europeias aportaram à América, especificamente no caso argentino. Nas suas análises sobre as artes ou a expressão estética, ele intui uma racionalidade que se exprime como cindida no americano frente àquela formal do Ocidente. Mas é em seu primeiro livro, *La seducción de la barbarie* de 1953, que essa intuição foi descrita por meio do que ele chamou de "metafísica vegetal". A nosso ver, essa obra se situa na continuidade das reflexões identitárias da filosofia latino-americana. Entretanto, a análise de Kusch difere daquelas, em certo sentido, pela tese - elaborada ainda em caráter germinal - de que há na América uma cultura estática que se impõe a partir do demonismo da paisagem e que se constitui no lado oposto do dinamismo cidadão. Dois anos mais tarde ele já explicita em alguns escritos reunidos sob o título *Anotaciones para una estética de lo americano*, de 1955, essa racionalidade mestiça, que irá elaborar filosoficamente em *América Profunda*. As incursões na literatura e na arte reiteram a intuição de que na América a filosofia ocidental - a filosofia do *ser* trazida com os colonizadores - exprime só parcial e superficialmente a experiência vital e milenar de Abya Ayala. Há um aspecto relegado e residual no *ethos* cultural, não pensado, mas que a narração literária e as artes plásticas exprimem e mantêm vigente. Mais tarde, Kusch se centrará nas narrações orais de informantes para nelas auscultar esse "saber".

A busca de uma expressão filosófica sobre a experiência vital da América dá-se, simultaneamente, à tomada de consciência de Kusch com relação à grande distância entre duas linguagens: a da academia e a da gente comum. Muito maior, porém, é a distância entre o *ethos* da cidade e o *ethos* indígena. Em Kusch, a referência à "cidade" é sempre ligada a uma estrutura inteligível no sentido da Modernidade, ou seja, a cidade é ligada ao processo de *civilização*, enquanto que o termo "indígena" é ligado à estrutura do simbólico. A esse respeito, vejam-se as suas obras *De la mala vida porteña* (1966) e *Indios, porteños y dioses* (1966), nas quais ele pratica uma hermenêutica comparativa do *modus vivendi* do homem urbano e do indígena. Em sentido amplo, esse último é o homem à margem da cidade. A intencionalidade de ambas as obras parece ser a de desvelar constantes antropológicas que no indígena se apresentam de forma autêntica, e no cidadão de forma dissimulada (SADA, 1996, p. 103). A distância entre os dois *ethos* não se apresenta apenas como fenômeno exterior desses grupos humanos, mas como experiência humana em sua totalidade, que gera modelos de racionalidades e, consequentemente, de culturas. De outra parte, Kusch busca também os análogos existenciais de ambos os *ethos*. A intuição de nosso autor sobre essa dupla experiência leva-o a aproximar suas investigações de situações que analogicamente se exprimem tanto no senso comum da cidade quanto no do indígena. Utilizando um ditado lunfardo, Fernández afirma que "Kusch, ao escolher a rua, libertou o índio" (1999, p. 33). O próprio Kusch, ao explicar o ditado "le salió el indio", remete àquele equilíbrio que buscamos manter no comportamento social, mas que possui limites diante de situações desfavoráveis às quais reagimos bruscamente. Esse "índio" é aquela parte residuada, porém permanentemente atuante e que se mostra sob pressão (*MVP*, p. 367). Em *Filosofía del tango* (1953), por exemplo, ele descreve esse contato da vida urbana com uma vitalidade primitiva que o tango unifica (*FT*, p. 193). No ano seguinte, em *Lo superficial y lo profundo en Ezequiel Martinez Estrada* (1954), ele ressalta o fato de que esse poeta e ensaísta exprime uma Argentina (ou uma América) de afirmações e negações redondas. Nesse escrito aparece pela primeira vez o termo *estar*:

> [...] o superficial é o reflexo de uma Argentina de imigração que pensa em função do jogo e não se esmera em assegurar a espantosa insegurança de viver o vazio, mas subtrai sistematicamente o conteúdo telúrico com o qual se cria o amparo primordial para este *angustioso e inalienável estar em América*. O profundo, pelo contrário, é o que nega – ainda que suspeite de sua verdade – [...] o sentido pré-histórico da América e a antiga conexão com os velhos laços vitais da espécie. Diríamos que na América persistiria uma reserva vital para quando a espécie julgasse ser a hora de sua extinção (*SPME*, p. 219, grifo nosso).

Da análise da literatura que inspirará o teatro, a intuição de Kusch vai ganhando a confirmação de que uma diferença habita o "espírito" da América.

O texto *Anotaciones para una estética de lo americano* foi escrito entre 1955 e 1956 e é sucessivo ao seu primeiro livro, *Seducción de la barbarie: Análisis herético de um continente mestizo* (1953). Abordamos aqui o que para nós parece unir esses dois escritos, que é a relação homem-espaço.

8.3.1 A arte que exprime a relação homem-espaço

Kusch realiza uma análise semiótica da arte com relação ao ajuste do homem pré-colombiano no espaço e dos sentidos atribuídos a essa relação. Espaço significa tanto a paisagem quanto tais ajustes. Ele nota o aspecto "tenebroso" da arte pré-colombiana como elemento intrínseco que constituiu uma cultura milenar nos platôs de Abya Ayala. Ou seja, o tenebroso indígena é a representação de um homem que se *refugia* e, por isso, desenvolve uma *cultura estática*. Ela é oposta ao *dinamismo* das culturas euroasiáticas cujo ajuste não foi o refúgio, mas sim a *conquista* das planícies por meio do uso dos cavalos e da roda, o que lhes permitiu explorar o espaço. Para Kusch, a monstruosidade da arte indígena - o baixo relevo da Puerta del Sol de Tiauanaco, por exemplo - exprime que "atrás do monstruoso estão as experiências do domínio geográfico da América que o índio utilizou e hoje opõe passivamente ao mundo da cidade como algo antagônico e terrível, e de certa maneira se mantém como resíduo no inconsciente coletivo, onde nem a Conquista, nem a Independência chegaram de todo a resolver" (*AEA*, p. 789-790). A oposição refúgio-conquista parece ter determinado, pois, duas experiências vitais: "o Descobrimento foi, então, o choque entre uma cultura dinâmica da planície e uma cultura estática do planalto" (*AEA*, p. 789).

Na análise do ajuste humano, Kusch vai desvelando a relação que se estabelece entre homem e natureza, homem e espaço em ambas as culturas - ocidental e indígena - convivendo no continente americano. Entretanto, sua intenção não é descrever as diferenças, ainda que aqui apareça claramente uma interpretação comparativa. Ele parece mais interessado em salientar a experiência indígena e o seu compromisso com a exterioridade vegetal, espacial e temporal e o quanto ela perturba a visão harmônica ocidental, que é alcançada com o signo que recria a realidade. O "monstruoso" da arte indígena é o inumano que está à frente do humano e que o Ocidente evita em sua arte. Mesmo nas formas expressionistas, o ocidental não se põe passivamente diante da natureza, mas a recria, construindo para si um outro real. O indígena, por sua vez, com sua atitude passiva, enfrenta o real com os ritos de conjuração. Por isso, conclui Kusch: "a análise do monstruoso nos leva, desta maneira, a repensar a velha questão entre o homem e a natureza que se opõem como humano e inumano e que no âmbito geográfico da América, se traduz como oposição rigorosa entre homem e espaço" (*AEA*, p. 792-793). A arte indígena revela o *espanto* frente ao espaço inumano, daí que ela é uma equação geométrica que se interpõe entre o homem que sabe que está às portas da morte e a aniquilação frente ao espaço. Isso explicaria o que mais tarde em Kusch será um conceito, o *arraigo*, para, depois, chegar à estabilidade do *estar*, como anterior ao ser numa ordem de prioridade,[16] pois ele nota que o que se traduz na arte indígena, primeiramente como *refúgio* no planalto, será, num segundo momento, a constituição de sua cultura agrária e o predomínio do coletivo sobre o individual. A prioridade se deve a que o *estar* é prévio e originário com respeito ao pensamento e se subtrai à mediação da razão. É um *a priori* da existência antes que da razão, dirá Kusch. O espaço se dá como um *absoluto* e frente a ele se define a luta de sobreviver. Entretanto, o geométrico como um *a priori* da mente humana ganha na estrutura indígena um sentido objetivo quando projeta uma ordem de estabilidade, traçando uma linha harmônica entre a natureza e o homem. Daí o compromisso com a terra. Mas não é somente isso, afirma nosso autor:

> A equação homem-espaço como geradora de uma cultura típica do americano, por quanto registra o geograficamente dado, nos leva a uma visão monstruosa de uma humanidade que escamoteou o sentido do dinamismo humano – dinamismo essencial da cultura euroasiática – oferecendo em troca como solução humana uma espécie de integração, ou melhor, uma vegetalização do humano. [...] manifesta um sentido definitivo e impostergável de um violento compromisso com a terra, em uma medida que o Ocidente não conheceu. A [arte] indígena espelha, em outro sentido, a outra possibilidade do humano que não havia sido incluída no processo euroasiático. Atenas, Roma, Paris, Berlim, Londres é a história do Ocidente: é a história da cidade como evasão [do inumano]. Pelo contrário, Cuzco, Tenochtitlán é a história da cidade-administração da terra ou uma história da terra, e supõe a cidade como resultante e não como fim (*AEA*, p. 798-799).

Até aqui vimos a análise dessa categoria que ele chama de "tenebroso" na constituição da cultura indígena, aderido ao homem como esse incognoscível risco a que sua vida é sempre exposta, enquanto habitando o espaço hostil. Ele se apresenta ausente e excluso na arte ocidental, que não só conquista o espaço e escamoteia esse medo originário pela técnica, mas

16 Sobre isso, veja também a especulação de Scannone em *Nuevo punto de partida de la filosofía latinoamericana* (2005, p. 50).

estabelece sua obra no espaço vazio e dominável. Para afirmar isso, Kusch analisa o significado da estátua *Moisés* de Michelangelo como a concepção artística tipicamente ocidental da Modernidade, a qual estabelece a obra de arte como expressão da sensação sobre a coisa. É uma cultura do sujeito, sem o compromisso com o espaço. Por isso, *Moisés* – e, nesse sentido, toda a arte ocidental – é uma *obra em si*, colocada num espaço vazio e dominável. Portanto, diz Kusch, ela se encontra "reproduzindo sua humanidade em absoluta função de si mesmo. No lugar do mundo inumano da natureza, criou-se um mundo humano e tecnicamente dominável" (*AEA*, p. 801). Daí a intrigante conclusão política de Kusch:

> A partir da Conquista até agora, a história da arte americana foi submetida à substituição da arte mágica do espaço-coisa pelo ar do espaço vazio. É a substituição das formas mágico-geométricas pelas formas de domínio ocidental, ou seja, a substituição da arte defensiva e comprometida do indígena pela arte ofensiva e neutra da cultura europeia. [...] Porém, esta substituição foi realmente levada a cabo? Aparentemente sim. Oficialmente nós a aceitamos no terreno das discussões nos círculos de artistas e escritores. Contudo, as formas ocidentais de domínio espacial no terreno da política ou do social demonstram o contrário [...]. E, então, na América se dão os elementos de domínio sem o substrato real, ambiental e social desse domínio, o que, de sua parte, unicamente existe com o respaldo de uma atividade econômica, política e humana igual à europeia. Por esta falta de respaldo, a atividade das grandes coisas, ainda que no ar, adoece de certa monstruosidade. A cidade, a arte, o país, o comércio estão em função de algo que não somos (*AEA*, p. 801-802).

A monstruosidade americana após a conquista se apresenta como uma expressão dessa cisão entre dois substratos: um que imita o Ocidente sem o respaldo do real e que fez o Ocidente ser o que é; e outro que, no fundo, opera, mas já sem aquele sentido originário ou sem a possibilidade da expressão que possuía antes da conquista. Desse modo, ambos os substratos se dão como *outro*: "Se no Ocidente o vital e o formal mantêm uma conexão dentro da cidade e se resolvem simplesmente na expressão [...], na América, o vital subjaz fora dos muros, no subúrbio ou no interior, onde a presença do índio ou mestiço lhe agrega uma dimensão telúrica, dificilmente assimilável à formalidade cidadã. Na América, o vivente pertence ao subsolo social, se associa à negação da cidade" (*AEA*, p. 803-804).

É desse ponto em diante que a obra de Kusch se volta, num primeiro momento, a reconsiderar a potência dos mitos fundantes, tanto aqueles da civilização pré-colombiana dos platôs da América, tais como Viracocha e

Popol Vuh e o legendário texto *Tragedia del fin de Atawallpa*, quanto os que fundam o *ethos* mestiço de seu país, como é o caso do poema *Martín Fierro* e a lenda de *Juan Moreira*. Do mesmo modo se pode afirmar sobre a marginalidade da arte das danças do *tango* e da *zamba*. Isso porque Kusch está convencido de que existem dois planos atuando na racionalidade da cultura americana: "uma arte da vida e do tenebroso que se qualifica como popular e que envolve pejorativamente o gauchesco e o folclore, o *outro*; e a arte oficial de tipo formalista que em seus aspectos mais autênticos alcançou apenas um barroquismo mais ou menos compreensível" (*AEA*, p. 804). Daí que *assumir a América* significará, inicialmente, reinterpretar a literatura popular argentina e atuar por meio do teatro (*STTI*, p. 817; *MCH*, p. 651-652), o qual não será encenado nas salas da cidade, mas nas arenas de circo na periferia, com o objetivo de fazer partícipes os espectadores e porque, segundo Kusch, a performance deve "remover no subconsciente do espectador americano antigas verdades enterradas" (*MCH*, p. 651) e também porque será possível demonstrar ao povo uma seriedade com a qual tratar seus temas (*LJM*, p. 592). Assim, a sobriedade e a simplicidade dos cenários têm o objetivo de reproduzir a feiúra, o sentido bárbaro e selvagem dos temas, tal como o exige as duas peças: *La leyenda de Juan Moreira* (1958) ou *La muerte del Chaco* (1960) a fim de facilitar aos espectadores o máximo de identificação e participação. Isso advém da convicção de Kusch sobre a importância do trágico, tanto no teatro indígena quanto na literatura dos heróis mestiços como elemento de identificação popular. Essas reinterpretações kuscheanas não são politicamente neutras:

> Como fazer arte quando de um lado está o povo que vive um ritmo de vida que não queremos conhecer e, de outro, estamos metidos em uma classe média que pretende realizar a grande nação, a grande política e a grande arte? Estabelecem-se então duas coisas: ou se escreve para gente feliz e asseada ou se trabalha para dar ao povo uma expressão. É claro que não se trata do povo lírico de nossos extremistas de qualquer tendência, pois eles não fazem mais que transferir às massas os seus ideais deslocados de classe média. [...] Trabalhar para nosso povo significa repropor um conteúdo e uma forma que lhes são próprios (*TAN*, p. 587).

Por isso é importante evocar a literatura marginal a fim de inteligir a divergência profunda entre a arte americana e a arte dos "limpos" que defendem uma pureza moral, parafraseando a ironia crítica kuscheana.

8.3.2 Do teatro à filosofia: crescer para o fruto

Para além da crítica política e acadêmica, as peças teatrais de Kusch são densas de conteúdo filosófico e isso é reconhecido pela crítica da época. A performance desses conteúdos requer dos atores uma grande originalidade, aliás, uma reinvenção da performance representativa frente àquela formal das elites cidadãs. Mais que isso, a obra deve intermediar no humano um encontro com aqueles elementos permanentes, como o trágico e a pobreza, que exprimem a condição da existência, sobretudo a dos americanos, os que ele chama mestiços e, mais ainda, o índio, pelo fato que a arte destes não contam como oficial: "ela se expressa subversivamente na baguala, no tango, no sainete, no futebol" (*TC*, p. 481). Desse modo, para nosso autor, na arte e na literatura se expressam essa busca do ajuste espacial que a cidade não resolve. O tango é, no fundo, esse retorno ao seminal, ao elemental que denuncia a existência do humano que "arrasta este terrível estar preso à vida, acossado pelo espaço original de ter sido criado sem saber por quê" (*AEA*, p. 814). Enfim, a literatura e a crítica da arte revelam a Kusch a problemática filosófica da existência americana diante da qual ele, necessariamente, precisa fazer escolhas, ao mesmo tempo em que a mesma arte lhe possibilita exprimir, talvez, uma inteligibilidade filosófica acerca dessa existência que ainda não lhe tinha sido possível alcançar.

Com *Cafetín*, encerra-se a criação literária teatral de Kusch e ele passa a se dedicar definitivamente à filosofia. É a escolha que ele faz a fim de *começar de novo a crescer intelectualmente*. Mas isso não significa abandonar o indígena e o mestiço, muito menos a cidade. Antes, *assumir a América* implica assumi-la por inteiro. Já antes de abandonar o esboço de *Cafetín* ele havia publicado *América Profunda*, que expressa a continuidade de sua hermenêutica "herética", como ele, humoristicamente, classificava sua própria filosofia. Notemos que poucas vezes Kusch fala de uma *racionalidade popular*, mas toda a sua investigação está ligada a esse conceito. O que significa, filosoficamente, a "racionalidade popular"? É o que buscaremos compreender a seguir.

8.3.3 A decisão pelo americano: pensar a mística e a "*doxa*"

Sobre a decisão de Kusch de "assumir o americano" (*EPAI*, p. 309), o que se configura com "um enfrentamento absoluto consigo mesmo" (*GHA*, p. 105) – não apenas nos escritos, mas existencialmente, como ele exprime no breve texto, um dos últimos a serem escritos, *Vivir em Maimará*, em 1983 (*VM*, p. 273-278) –, cabe fazer algumas considerações: a primeira é a de que, em Kusch, a vida do filósofo e o seu filosofar se entrelaçam de modo inseparável, e isso é o que o distingue de seus antecessores que pensaram uma filosofia americana. Segundo, é que o conceito de *vida* – a vida do homem, mais precisamente – é o eixo em torno do qual gira a filosofia kuscheana (*EAFA*, p. 310), pois para ele a vida possui uma verdade totalizante, e a verdade, por sua vez, precisa ser buscada na mesma vida. Inicialmente, a vida e o homem que interessam a Kusch é a vida americana e o indígena. Ainda que, de fato, ele tenha optado pelo indígena empírico dos planaltos do continente, esse homem é tomado como metáfora na qual todo o homem está contemplado, por razões de que este significa o que ele chama "resíduo" ou "espécie", no qual subjaz a experiência milenar de vida, "pois nas profundezas da América se tropeça violentamente com o milagre de ser homem e com sua profunda e inalienável ancianidade de sê-lo" (*EAFA*, p. 434). Os termos "resíduo" e "espécie" estão ligados à noção de "história grande" que, em Kusch, é a história ampla do plano biológico, mitológico e simbólico e que responde ao episódio total de ser homem. Ela não se restringe à história dos historiadores de profissão, situada numa ideia, num tempo e num método e que determina o conceito mesmo de história. A esta ele chama de "pequena história", que muito frequentemente advém de um modelo ocidental que está ideologicamente relacionado à história de uma "civilização", quando não, de uma elite chamada "burguesia" que emerge na Modernidade. É, por exemplo, a "pequena história" de Napoleão que no plano do Ser se configura como *ser-alguém*. Napoleão *é-alguém*. Logo, "a pequena história é a da elite que supõe estar se movendo com a massa da grande história" (*AP*, p. 155) que, por sua vez, é a história dos que *não-são-alguém*, mas que simplesmente *estão*. A "pequena história" tem indivíduos; a "grande história" é feita de comunidades e responde, para aquém e além daquela, à experiência humana que persiste na *vida*. É depositária de um "saber-de-viver". É, precisamente, o *resíduo* de homem, como reserva filosoficamente "irracional", que carrega o saber da vida ou o de saber *sobre*-viver. Isso é o que Kusch quer pensar e para isso ele opta tanto pelo indígena quanto pelo homem anônimo da cidade. Logo, e esta é a terceira consideração, Kusch se defronta com a problemática do método ou dos instrumentais para aproximar-se do humano nessa perspectiva. A fim de não interpor um método, o ocidental, a uma estrutura de pensamento diversa desse – pois se trata de pensar a partir de uma "ausência do saber" em que, talvez, "não haja nada que dizer e, no caso, destruir o dito" (*EAFA*, p. 247) –, ele arrisca a arbitrariedade que, ainda segundo ele, é própria do pensar. Em seu prólogo a *Esbozo de una antropología filosófica americana*, de 1978, ele lembra que a questão do método, inevitavelmente, emerge:

> [...] se formula sempre a nível de cátedra e é um problema próprio de pedagogos. Porém, a necessidade de ver claro para ensinar coisas claras encerra uma armadilha, porque implica cancelar a potencialidade do pensamento. Significa não compreender quando se pensa realmente, se faz em uma obscura nebulosa. Pensar claro, apenas se dá ao final de um longo itinerário que passa por uma penosa e obscura gestação onde nada valem os métodos (*EAFA*, p. 248).

Nesse sentido, é preciso inventar-se um método quando se trata de pensar a vida e o humano. Assim, a aventura de nosso autor começa pela aproximação pessoal ao homem e à mulher americanos. Sobre isso, J. A. Tasat (2015), que realizou com sua equipe a catalogação e digitalização dos arquivos de Kusch em Maimará, afirma que Kusch pensa num método diverso daquele da universalização, isto é, escuta o outro para tirar daí a palavra filosófica. Não se constitui antes como contemplação para designar o outro, mas desde a sua palavra, que já é significada, extrai uma ressignificação.

O problema para Kusch é pensar o americano desde um "solo", não em sentido geográfico como explicitamos anteriormente, mas desde uma base profunda de onde emerge o mesmo pensar. É quando ele se encontra com o problema do pensamento na América, mas naquele seu aspecto mais antigo, mais anterior que é a significação da existência quando América era Abya Ayala. Esta, porém, é um aspecto ainda atuante no substrato mental do americano. Diz ele: "Começaremos com a filosofia, porque penso que nosso problema americano não consiste em que nossa realidade seja indômita, mas, antes, no fato de que não temos formas de pensamento para compreendê-la" (*GHA*, p. 137). E aqui temos a quarta consideração a respeito dessas opções de Kusch e as implicações para a sua filosofia em termos de um resoluto compromisso ético e, pode-se dizer, também político. Ele constata: "América Latina não é o campo propício para o jogo do pensável, mas para um pensar do existir e, muito provavelmente, um filosofar do *viver*, tomando um termo rejeitado por Heidegger. Através deste viver recobramos outras áreas do pensar que o Ocidente não toma em conta" (*SPCLA*, p. 2). Frente à dificuldade de um método ou sistema filosófico para pensar o homem americano, Kusch opta pela *doxa*, ou seja, toma a sério a *opinião*, porque ele considera que é nesse nível que se dá o viver e a cultura. A *doxa* que move o viver de indígenas e de anônimos cidadãos é o que ele chama de "pensamento popular". A noção de "pensamento popular" é uma constante no pensamento de Kusch, ainda que, no início, esse termo não apareça, mas a sua investigação no campo da arte é plena da preocupação sobre o que ocorre com o que fica formalmente não reconhecido como arte, e que vai dos platôs da Cordilheira dos Andes até os "pampas" ao sul, passando pelas periferias das cidades. Desde o início de sua carreira como filósofo, Kusch empreende viagens para entrar em contato direto com essas realidades no noroeste da Argentina, Bolívia e Peru. Porém, é o último Kusch que irá elaborar filosoficamente a problemática do "pensar popular", e ao final de sua vida esses temas são discutidos com o Grupo Interdisciplinar de Pensadores Argentinos na década de 1980.

Após a publicação de *América Profunda*, e entre os anos de 1963 e 1965, ele desenvolve um programa radiofônico na Rádio Nacional e depois na Rádio Municipal de Buenos Aires, que resultou nas duas publicações aqui já referidas, *Indios, porteños y dioses* (1966) e *De la mala vida porteña* (1966). Suas análises deixam transparecer o "espanto" – como o espanto grego que dá origem à filosofia – diante da percepção de que o cotidiano urbano, que reflete a ocidentalidade americana, tem mais similaridades com o cotidiano indígena, a *arché* daquela, do que se poderia admitir. A expressão máxima desse "espanto" é a sua afirmação humorada a respeito de uma descoberta que ele faz ao sair de uma agência de viagens em La Paz, na Bolívia. Ali, uma mulher indígena lhe pede esmola nesses termos: "Papazito Viracocha". Kusch não fica indiferente, pois havia se tornado sensível à linguagem marginal. Era a primeira vez que ouvia tal saudação e descobre que o título de "Viracocha", divindade incaica, criador do mundo e também título dado aos imperadores Incas era, atualmente, utilizado para saudar os estrangeiros: "Ela via em mim um Viracocha, um cavalheiro" (*IPD*, p. 228). Mais tarde ele exclama: "que susto, não? Andamos muito perto de Viracocha. [...] por incrível que pareça, temos encontrado seus rastos na linguagem cotidiana" (*IPD*, p. 234). Pois é a *doxa* ou *pensamento popular* que é rica de *outridade* e dá a pensar, conclui Kusch:

> A massa supõe muito mais elementos que a elite, porque ela representa o *mero estar* no sentido de *estar* aqui do nosso indígena ou de um anônimo de nossa grande cidade. Ambos sobrevivem na mesma dimensão que a espécie. E isso é fecundo, porque encerra uma maior margem de possibilidades que a elite. A elite, por estar concretizada, carece já de originalidade. Daí, então, a crise. No setor residual se jogam as verdades estáveis do *estar*, no plano da pura planta que cresce, enquanto que na elite as verdades instáveis de *ser*, no plano do objeto acabado (*AP*, p. 157, grifos do autor).

Considerando um pouco mais esse sentido de *doxa*, podemos dizer que essa escolha se torna decisiva porque para Kusch é ali que o viver se articula. Não é uma opção "ideológica" por uma classe política e socialmente desamparada, pois Kusch não compartilha das correntes marxistas nem dos populismos desse período. Antes, ele tece uma severa crítica aos marxistas latino-americanos devido a sua aliança com a burguesia, o que transformou a corrente em ideologia e, assim, pôs a perder a sua transcendência revolucionária (*PIPA*, p. 467; *EAFA*, p. 311 e 315).[17] Então, o que entende Kusch por filosofia a partir da *doxa* quando toda a filosofia é um pensar sobre a *noesis*? Para nosso autor, trata-se, aqui na América, de superar ou de sobrepor o afã de lógica instaurado pelos gregos, a fim de recuperar o *viver*:

> O passo da opinião para a inteligência era devido, como disse Sócrates, porque aquela não se pode definir com exatidão e porque é cega, o que não ocorre com a última. É o que sempre se vem repetindo no pensamento ocidental. Porém, isso se diz aqui, nas universidades americanas. Na Europa, 'doxa' e 'noesis' estão mais próximas. Têm continuidade cultural. O problema nosso é que vivemos da noesis ocidental e não sabemos nada de nossa doxa, porque a segregamos. Porém, ocorre que o viver é doxa, ou seja, opinião, e é também a cultura (*GHA*, p. 149, grifos do autor).

Assim sendo, Kusch se propõe pensar o cotidiano do humano americano para poder elevá-lo a um nível consciente e filosoficamente reconhecido. Pode-se dizer que Kusch faz uma opção por uma metafísica que abarque o simbólico. Por isso, necessariamente deve fazer a imersão na vida, seja na do indígena pela sua milenaridade dada na noção de "resíduo", seja na do cidadão comum e anônimo da grande cidade, onde o "resíduo" tem sido escamoteado. Essa opção se converte, então, em imposição para a inteligência do filósofo e não num romantismo. Antes, para Kusch, romantizar o indígena é expressar a crença em sua morte, pois este não é objeto de estudos. Ele afirma o indígena como *estrutura de um pensar* (*AEA*, p. 786). Isso diz respeito ao *geo* da cultura e, logo, a todos os americanos, incluindo europeus que ocuparam Abya Ayala desde 1500. Pois, segundo ele, a verdade está sempre nas raízes e não nos esquemas adquiridos de fora (*EPAI*, p. 311). Na América, o que ocorre é que "estamos enfermos de ficção e posturas e necessitamos inverter os termos para ganhar a saúde. Devemos retornar ao antigo

---

17 Sua oposição ao marxismo rendeu-lhe uma dura crítica do marxista amauta José Carlos Mariátegui. Por outro lado, a compreensão de Kusch do marxismo também pode ser dita um tanto estreita, reduzida ao seu aspecto dogmático e econômico, que era dominante nesse período (MAZZEO, 2014, p. 56).

caminho, aquele que vai do germe para cima, ainda que ele signifique o suicídio aparente da inteligência por sua imersão na vida" (*TAN*, p. 482). Assim, o indígena é *estrutura de um pensar* enquanto ligado a uma *seminalidade* que não se adéqua aos sistemas de pensamento do Ocidente, nos quais, frequentemente, para proceder em favor de uma lógica, remove a seminalidade "terra adentro". Porém, esse é o solo no qual cresce a sementeira que dá origem ao mesmo pensar naquele outro nível, mesmo que se encontre ainda pleno de "invalidez ontológica", diz Kusch, e isso é o que salva a América (*EAFA*, p. 310). Em realidade, ele se refere ao fato de que na América é preciso abrir mão do cientificismo ou de um modo determinista de análise, porque é preciso uma consciência de totalidade para enfrentar o seu mundo mítico e seu simbolismo. Em *La psicología aplicada a la arqueología,* de 1966, Kusch justifica como chegou à análise da arte pré-colombiana e a textos como o relato de Santacruz Pachacuti ou mesmo à obra de Guaman Poma de Ayala, *Nueva cronica y buen gobierno*, ajudado pela psicologia cultural, sobretudo, de Carl Gustav Jung (*PAA*, p. 243; *VM*, p. 273-278). Esse é o nível da *doxa*, a partir do qual Kusch se propõe pensar.

Estamos diante de uma inversão do cânone filosófico, uma vez que, desde os gregos até nossos dias, a filosofia pensou em termos de *ser* e não de *estar* em sentido de *seminalidade*. Esta não se confunde com a noção de potência do ser. Ela se define à medida da fenomenologia do *estar* realizada pelo autor, o que veremos mais adiante. Estamos também diante do problema da missão da filosofia na América e, em certo sentido, da religião como inculturação do cristianismo europeu – não a inculturação do Evangelho –, como implantação de uma cultura religiosa que marginalizou rigorosamente a realidade da pluralidade cultural-religiosa de Abya Ayala. Daí se explicaria o *des*-enraizamento do humano americano de seu *humus* e a sua consequente desumanização em sentido sociológico, ou, ainda, uma religiosidade de índole plural e sincrética cujo fogo da Inquisição eliminou livros e pessoas, mas não os deuses. É a partir de problemas dessa ordem que Kusch tece uma densa crítica à filosofia acadêmica da "elite americana", ou seja, a classe média que frequenta a academia, ou mesmo a que importa comportamentos e anseios europeus, que procura "assear" a América buscando em vão eliminar a "sujidade" de seu *solo* – ou ponto de apoio espiritual e condição universal de estar arraigado a uma cultura (*GHA*, p. 109-111) –, ou ainda de sua *geo*, relegando a sua raiz a um *poço* intocável que ele exprime com uma estranha categoria filosófica: a de "fetidez de América" (*AP*, p. 3-19).

No exórdio de *América Profunda*, Kusch enuncia que sua análise partiu de sua profunda convicção de que o passado pré-colombiano tem uma continuidade no presente americano. Mas quis fazer, também, uma análise "sondando" o homem em suas vivências profundas, naqueles rincões inconfessados da alma nos quais os métodos e as técnicas da filosofia e das ciências sociais não alcançam e, talvez, só a intuição, porque implica liberdade e risco para afrontar os "traumas" da vida psíquica e social da América. Por isso, não só os autores nos quais se fundamentou foram de ajuda, mas também o inserir-se no "terreno", ou seja, encontrar o homem concreto, o factual, o "material vivente", o que quer dizer que esse não é o homem em geral, mas um homem representativo: aquele das minorias de expressão não reconhecida e sem explicitação filosófica. Nessa sua particularidade de minoria e de pobreza, a realidade humana é abarcada na sua verdade total e profunda. Esse é, então, o homem malcheiroso ("*hediento*"), tomado desde suas raízes, tais como os mendigos ou a velha índia, aquela encontrada por Kusch nas ruas de La Paz. Eles e elas *fedem* e põem em questão nosso extremo asseio, nossa moral. Diante deles nos sentimos pressionados, indefesos e temerosos, porque movem com as raízes que nos constituem e as quais queremos sempre encobrir e dissimular. É o *outro* em nós. Essa é a *fetidez* da América, na qual é preciso retornar a fim de levar a consciência à medida de sua "contaminação". Na conclusão de *América Profunda*, Kusch retoma essa categoria de "*hedor*" (*AP*, p. 248-254) para explicitar a sabedoria que essa raiz profunda e fétida possui como ensinamento. Para ele, essa atitude asseada ("*pulcra*") da filosofia americana minimiza o humano indígena ou mestiço a um objeto folclórico. Daí o *esvaziamento* de sua realidade plural. A partir disso, Kusch desenvolve essas categorias extremas de fetidez (*hedor*) em contraposição com a de asseio (*pulcritud*) e também de *vazio* para exprimir a condição existencial dessas populações marginais que, por sua vez, expressam uma verdade da existência do humano em geral.[18] Essas reflexões têm suas bases em autores como Ezequiel Martinez Estrada, Bernardo Canal Feijóo, Carlos Astrada, Félix Schwartzmann, José María Arguedas, Luiz Valcárcel, José Ibelloni, entre outros, os quais ele cita em *América Profunda* (p. 5-6).

Abya Ayala tornou-se, então, América, um palco onde tudo é permitido: o esvaziamento e a nadificação filosófica da América profunda – a Abya Ayala suprimida, mas atuante – permitiram a sua ocupação e exploração.

18 G. G. Gazqués interpreta a oposição "*hedor*" e "*pulcritud*" como formas arquetípicas da oposição "ser" e "estar", que evocam um drama existencial (1989, p. 15-16).

Por isso uma *estrutura de negação* persiste como afirmação: é o *outro* da América para si mesma e para o Ocidente. E sobra o *vazio intercultural*. Sobram as culturas abyayalenses que são o indígena ou a cultura popular, a mestiçagem americana. São áreas não filosofadas e por isso provisionadas pelo pensamento popular – essa *doxa* que coincide com um estado de "invalidez" que se diferencia daquele de "finitude" da existência. A *doxa*, como entende Kusch, no sentido da inteligibilidade popular, é prenhe de *solo*, isto é, rica de uma "história grande". Abre-se, então, uma *deformação* do pensar – pensar de deuses ou teologia, deixados à margem do pensar filosófico oficial. Entretanto, esse pensamento exerce um poder que se apresenta ambíguo, pois aqui se explicitam as paixões, as tendências da massa que se resolvem na *vida*, naquela reserva de "saber residual" e que é também exposta à manipulação da má política.

Imergindo no "seminal", no "irracional", no "ilógico" da *doxa* do popular na qual se dá o viver, Kusch descobre essa *dupla vetorialidade* do pensar americano e do pensar em geral. Em *América Profunda* ele enuncia que intuiu a existência desses dois polos, um que chama de ser, ou ser alguém, que exprime a ação burguesa da Europa colonialista, e outro que chama de estar, ou estar aqui, e que exprime a profundidade das culturas antes da colonização, que ele buscou investigar na crônica do índio Santa Cruz de Pachacuti (p. 5-6). Portanto, um vetor tende a objetivar – é o plano do *Ser*; o outro vetor tende ao plano dos signos e símbolos – é o plano do *Estar*. Em *La negación en el pensamiento popular*, Kusch desenvolve essa problemática, aplicando-a à análise específica da racionalidade indígena.

É necessário ainda considerar que o sentido que Kusch dá ao conceito de "objeto" parece estar relacionado com a objetividade moderna e a sua concepção do *ser* como afirmação (ser-alguém), e que, por meio das ciências, gera objetivações do real, se sobrepondo ao mundo mítico por meio da produção de coisas, palavras, formas, textos etc. O mundo dos objetos é uma recriação do mundo natural, mas parece dissimular o mesmo, no qual habitam deuses e mitos. Estes, no entanto, continuam lá, emergindo nos objetos com o sentido tão intenso e ritualístico quanto aquele com o qual o indígena procede quando faz um rito de bênçãos (SADA, 1996, p. 124). Esse é o desafio intercultural de Abya Ayala. Daí que Kusch se pergunta:

> [...] o que se passa com o *estar*? [...] as dúvidas surgem daquilo que já se sabe em filosofia, dos hábitos do pensamento e, no fundo, das bases da cultura desde onde fazemos a pergunta. [...] O problema do *estar* surge de

> uma matéria alheia à filosofia como é a antropologia cultural. Entretanto, se a pergunta deve ser formulada a partir de algo, é por um problema de interculturalidade e, por isso mesmo, de uma urgência de encontrar por detrás disso a possibilidade de uma visão abarcadora. É precisamente este vazio intercultural da América que, de uma parte, se interpõe entre o assim chamado popular e o indígena e, de outra, o nosso modo de pensar, o que nos leva a radicalizar os conteúdos do pensamento, o objeto do pensar e, forçosamente, nos conduz a ver o que se passa com o pensamento em geral. Porém, não pelo pensamento em si, mas pelo humano que haveremos de redescobrir nos limites onde o pensamento perde sua placidez, quando pensa o vazio intercultural (*EAFA*, p. 353-354, grifos do autor).

Podemos dizer que o desafio intercultural em geral se dá em termos liminares: entre o já conhecido e o seu *trans*-fundo; entre o pré-ôntico e ôntico. Uma relação entre dois vetores que a razão ocidental pode ter desligado irremediavelmente. Eles, no entanto, subsistem atuando desde um *poço inconsciente* das culturas, ao nível do *seminal*. Podem emergir desordenadamente pelo fato de a repressão ser muito forte ou de tê-los distanciado demais. A distância entre os juízos da ciência e o do pensamento da *doxa* gerou um déficit no conhecimento do emocional, a ponto de se evitar também tudo o que não pode ser definido, o que resulta também na distância entre o pensar culto e o pensar popular e o desenraizamento do pensamento a nível de realidade do mundo físico (*NPP*, p. 598-599). Em suma, esse é o duplo vetor no qual a racionalidade americana opera. É uma espécie de inversão que atua em duas racionalidades funcionantes: a do *ser* e a do *estar*. Portanto, "tratemos de encontrar, então, o peso ou a consistência na cegueira da doxa, porque só ali se encontra a índole de nossa cultura" (*GHA*, p. 150).

Quisemos demonstrar, ainda que de modo sucinto, a problemática que envolve a busca de pensar a América, quando esta se subtrai às categorias do *ser*. Foi essa a percepção de Kusch ao adentrar-se num mundo alheio ao que se passava na "academia" ou na "cidade", para usar as categorias que ele usou para dizer de um saber culto. O saber do "estar" é de difícil expressão, uma vez que se deve inventar categorias para explicitá-lo. Ainda que a busca de "categorias" num discurso esteja sempre em linha com um modelo fundado no "ser", na América é preciso levar em consideração a outra parte do vetor: as civilizações anteriores à chegada dos europeus e a mestiçagem posterior aos mesmos que prevalece ainda hoje, incluindo aqui a afrodescendente, a qual mereceria uma abordagem específica que não podemos fazer aqui.

Logo, pensar a América por si mesma será a tentativa de Kusch, com tudo o que isso poderá implicar, inclusive a sua impossibilidade, dada a pluralidade de temas que poderão se apresentar e, em vista disso, dificultar uma inteligibilidade da mesma.

CAPÍTULO IX

DO *MERO ESTAR* AO *ESTAR* NUM MUNDO ANGUSTIOSO

Após termos explicitado a problemática levantada por Kusch para compreender a América como uma situação intercultural na qual *estar* e *ser* convivem no espírito americano como duas experiências ou como um duplo vetor; e depois de adentrar em suas buscas por meio de uma hermenêutica da arte indígena em contraposição à arte ocidental, podemos abordar agora o conteúdo propriamente metafísico, no qual vamos perceber uma evolução na análise de Kusch a respeito do termo com o qual ele quer descrever tal "espírito". O termo "estar" vai ganhando profundidade na medida em que nosso autor vai explicitando sua abrangência e irredutibilidade nos muitos aspectos do mundo da vida americana.

Queremos, neste capítulo, seguir demonstrando nossa tese de que a filosofia intercultural não apenas requer a imersão existencial do filósofo/filósofa nas culturas ou racionalidades em questão – o que é uma exigência ética anterior mesmo à elaboração filosófica –, mas também de que a perspectiva intercultural comporta uma problemática metafísica e ética inexoráveis, que imputam a filosofia inteira. A nosso ver, a filosofia de Kusch parece apontar para essas duas problemáticas e inspirar uma atitude filosófica no que se refere tanto ao método quanto à função de quem filosofa em perspectiva intercultural.

9.1 *Estar* como estrutura profunda do pensamento americano

No prólogo de *América Profunda*, Kusch afirma: "este livro surge da firme convicção sobre a continuidade do passado americano no presente, ainda quando se encontre povoado por nossos bons imigrantes" (*AP*, p. 3). É nessa obra que aparece a elaboração filosófica do *estar*, e nela também se encontra já a originalidade de seu método a fim de reiterar a intuição a respeito da alma americana e seu duplo vetor. Seu método une a investigação de campo com a fenomenologia, a hermenêutica e a semiótica quando analisa a crônica do índio Joan de Santa Cruz Pachacuti Yamqui Salcamaghua; a planta de Cusco e dos templos incas; e, mais tarde, a hermenêutica das narrativas de "informantes". Podemos dizer que *América Profunda* é um marco decisivo no meio do percurso kuscheano e que dá a característica peculiar de sua obra inteira. Ela foi antecedida de uma década de investigação a respeito "do fundamento, ou melhor, da definição exata do americano em sua dimensão humana, social e ética" (*AP*, p. 3). Em outras palavras, Kusch realiza a expressão de uma década de investigações por variadas vias, a respeito desse duplo fundamento ou dupla operabilidade da alma americana que o obcecava. Depois de quase duas décadas de reiterações sobre o sentido do *estar*, ele passa a considerar essa estrutura como uma dimensão mesma do humano, que urge ser significada também no Ocidente. Assim, Kusch explicita o que ele crê ser uma autêntica experiência intercultural na América:

> A importância do descobrimento reside no fato de que é o encontro entre duas experiências do homem. Por uma parte, a do ser como dinâmica cultural cujas origens remontam das cidades medievais e adquirem a maturidade por volta do século XVI. Por outra, a experiência do estar como sobrevivência, como acomodação a um espaço por parte dos povos pré-colombianos, com uma peculiar organização e espírito e essa rara capacidade de cimentar-se através de uma radicação de milênios nas terras da América (*AP*, p. 164).

Essas "duas experiências" que ele intui, talvez ainda quando estudante, o levam a trilhar um percurso singular na busca de compreender o americano (MATURO, 1989, p. 77-78). As três décadas nas quais a obra filosófica completa de Kusch emerge são particularmente conturbadas do ponto de vista político. Em 1955, cai o governo de Juan Domingos Perón por um golpe militar. Sob a turbulência de vários golpes sucessivos que estabeleceram vários modelos de ditaduras, a Argentina só acedeu à democracia em 1983. Logo, toda a vida intelectual de Kusch deu-se sob fortes turbulências políticas, a respeito do que ele parece não ter se posicionado abertamente. No entanto, sua filosofia, como veremos, possui uma profunda crítica política. Tudo isso, porém, não o impede de seguir com suas especulações singulares e suas conclusões heréticas: "Empregar o conceito de *estar* como qualidade de uma cultura não deixa de ser uma heresia filosófica. Não encontro outra maneira para qualificar a cultura quéchua" (*AP*, *N.d.A.*, n. 9, p. 110).

Em *América Profunda*, ele parte da hermenêutica de documentos indígenas incaicos, das culturas situadas atualmente nos platôs da Cordilheira dos Andes, no noroeste da Argentina, Peru e Bolívia. Trata-se, sobretudo, do relato de Joan de Santa Cruz Pachacuti Yamqui Salcamaghua, autor de *Relación de Antigüedades deste Reyno del Pirú*, que, segundo Kusch, demonstra ser "o primeiro esboço consciente que o homem daqui faz de sua situação no mundo" (*AP*, p. 97).[1] O manuscrito de Salcamaghua (ou Salcamaygua) data do início de 1600. Contudo, não há uma opinião unívoca a respeito da datação - se de 1613, 1620 ou 1630. Marcos Jiménez de la Espada, americanista espanhol, publicou esse escrito juntamente com outras três narrações em 1879.[2] É a esse autor que Kusch segue, embora somente em 1988, após uma série de edições, esse relato tenha sido corrigido de alguns erros de tradução de Jiménez.[3] Até o momento de nossa pesquisa, o manuscrito de Salcamaghua encontra-se conservado na Biblioteca Nacional de Madri. Está escrito em três línguas: quéchua, aymará e um rudimentar espanhol, que aqui transcreveremos literalmente conforme o original. Sua estrutura é formada de: a) uma identificação e declaração de fé católica da parte do índio Salcamaghua, da cultura *colla*; b) uma descrição da era anterior à evangelização dos missionários espanhóis ou era em que os demônios habitavam o mundo, ou seja, é a narração da criação do mundo caracterizado como um "espantoso fervedouro"; c) a era de Tunupa, o apóstolo de Viracocha, deus criador do cosmos, que envia o mesmo para conciliar a pureza de deus com o tenebroso do mundo. Salcamaghua liga a missão de Tunupa à de S. Tomé, apóstolo de Cristo, e relaciona a mesma com a chegada do evangelho em Cusco; d) segue-se, então, a era dos Incas, na qual ele descreve a história de onze deles; e) por fim, o desenho cosmogônico contido num retábulo do altar principal do Templo do Sol e que apresenta os principais conceitos da teologia pré-colombiana, combinados com a essência da doutrina cristã. É nesse esboço que Kusch se detém.

Em *América Profunda*, a hermenêutica de Kusch sobre esse relato ocupa todo o primeiro capítulo, intitulado "La ira divina", o qual se conclui com a reflexão filosófica do que ele chamou de "mero estar". Ele interpreta sobretudo os elementos do desenho, comparando-os com a interpretação de

1 Outros autores afirmam que se trata de um documento em que há uma harmoniosa conciliação das tradições culturais colla, inca e cristã (URBANO; SANCHEZ, 1992, p. 128; SALLES-REESE, 1995, p. 107-118).

2 Veja em *Tres relaciones de antigüedades peruanas* (1879).

3 A correção foi feita por César Iter em "Las oraciones en quíchua de la Relación de Joan de Santacruz Pachacuti Yamqui Salcamaygua", publicado na *Revista andina*, 6 (2): 555-580, 1988.

diversos outros autores e também o relacionando com outros mitos cosmogônicos de outras culturas como a asteca.

Aqui não se trata de narrar novamente esse documento que tem sido de grande interesse para antropólogos e historiadores. O que nos interessa na hermenêutica de nosso autor é como ele chega à constatação de que o pensamento indígena, mais propriamente a cultura quéchua, corresponde a uma estrutura que subjaz ao *ser*, ou seja, a um subsolo que ele chama "*mero estar*", no sentido de estar aferrado a uma parcela de terra cultivada, a uma comunidade e às forças da natureza. Isso se configura na "base estática" que funda esse registro (*AP*, p. 109-110) que, posteriormente, Kusch definirá simplesmente como *estar*, e, por fim, ao cabo de uma reflexão mais ampla a respeito da interculturalidade, ele elaborará a fórmula *estar-siendo*. O interesse de Kusch por esse relato se deve ao fato de ele ter sido escrito por um indígena que se declara católico, após mais ou menos oitenta anos de conquista e evangelização de grande parte do continente pelos europeus. Historicamente, sabe-se que nesse período se realizavam os autos de fé, que tinham por objetivo eliminar os livros e símbolos das religiões indígenas, consideradas satânicas pela Inquisição do Santo Ofício. A crônica de Salcamaghua, porém, não foi destruída, devido certamente à sua profissão de fé no preâmbulo. O mesmo afirma a antropóloga Angela Brechetti de que o fato de declarar-se cristão e de afirmar que os ritos de seus antepassados eram obras satânicas permitiu ao índio narrar detalhadamente a religião pré-hispânica e desenhar a cosmogonia de seus antepassados. Isso se configurou no que ela chamou de "magnífica jogada" da parte do índio, de modo que assim ele pôde registrar uma tradição religiosa que à época da Inquisição não teria prevalecido (BRECHETTI, 2003, p. 83). Isso deixa claro que ele já havia assimilado algo da cultura dos conquistadores, mas ainda portava consigo os mitos, a cultura e a religião de seus antepassados. Kusch, por sua vez, conclui:

> [...] deste encontro entre padre Ávila e nosso Yamqui nasce uma das crônicas que manifestam com maior evidência a atitude do indígena frente ao seu passado, porque reflete a maneira de pensar dele e até mesmo as crenças mais íntimas que ainda sobrevivem. E isso não é assim pelo que diz o Yamqui, mas pelo que ele não diz e também por aquilo que nega quando se refere com aparente escândalo às '*muchas guacas ydolatras sin berguença*'[4] que proliferaram depois de difundir-se o culto fálico prodigado pelas pedras alargadas chamadas *guacanquis* (*AP*, p. 23-24, grifos do autor).

4 Trata-se dos sepulcros indígenas do período pré-colombiano.

Kusch, a título especulativo ou talvez metafórico, e a fim de acentuar o caráter intercultural e impactante do relato, fala desse "encontro" entre o Yamqui Salcamaghua e padre Francisco de Ávila como um encontro paradigmático entre duas civilizações e duas religiões: a dos ocidentais e cristãos, e a dos indígenas quéchuas com seu viracochismo. Ávila parece ter sido um canonista ávido por erradicar a idolatria dos indígenas que escreveu crônicas sobre os antigos peruanos, entre as quais se encontrava também o relato de Salcamaghua. Todos esses documentos parecem ter pertencido ao padre Flores, um historiador e teólogo da Ordem dos Agostinianos. A filósofa Veronica Salles-Reese argumenta que o relato de Salcamaghua tem um caráter de escrito legal, comparado a outros do gênero desse mesmo período, e pode ter sido escrito como uma defesa ou contestação a uma acusação, ou ainda como resultado de uma coerção da parte de Ávila, que além de extirpador de idolatrias, era interessado em investigar a religião e a cultura dos indígenas para escrever seus Tratados e Sermões a respeito da religião indígena e conseguir um posto na hierarquia da Igreja. Uma vez legitimado frente ao juízo do extirpador, o índio sobreviveu astutamente disfarçando-se de cristão (SALLES-REESE, 1995, p. 117).

Evidentemente Kusch não pôde ter acesso a alguns estudos sobre o relato de Salcamaghua realizados por especialistas nas décadas posteriores à *América Profunda*, o que torna compreensível, por exemplo, que ele especule sobre o encontro entre o indígena e o padre Ávila, pois, ainda que Kusch tenha utilizado uma abundante bibliografia para interpretar o relato, comparando-o com outros relatos e estudos da mitologia e da cultura incaica, esses estudos jamais se esgotaram e continuam abundando as bibliotecas, dado que os povos pré-colombianos do império Inca não deixaram nada escrito a não ser a arte plástica de que ainda se dispõe. E, se existiram livros, estes foram destruídos pelos processos inquisicionais. Mas é preciso reconhecer que Kusch possuía grande conhecimento das línguas quéchua e aymará, o que lhe ajudava muito na interpretação e no debate com outros intérpretes. Na análise de Kusch, ele conclui que Ávila certamente conhecia o esquema do altar de Coricancha, em Cusco, tanto que fez algumas modificações no relato do indígena (SÁNCHEZ, 1992, p. 128), o que levanta-lhe a suspeita de que o mesmo não era tão ortodoxo como parecera pelo fato de que "o cristianismo do século XVI já não tinha a consistência que teve durante a Idade Média e, daí, o afã de refugiar-se nas seitas exotéricas como as dos alquimistas" (*AP*, p. 23), e por isso não se sabe se a razão desse manuscrito foi realmente uma suspeita de heresia da parte de Ávila para com o indígena. O fato de esse relato se ter conservado entre seus Sermões deixa em aberto a suspeita de Kusch sobre essa relação entre Ávila e Salcamaghua. Além disso, Kusch conhecia os indígenas de seu próprio tempo e dessa região e especula baseado em sua experiência relacional com os mesmos. Sua análise inicial em estilo narrativo em *América Profunda* parece querer acenar para a reiteração dessa estaticidade da mentalidade indígena que os séculos de colonização não dissimularam (*AP*, p. 25). Ou seja, ele encontrava nos atuais indígenas reflexos do antigo relato de Salcamaghua.

9.1.1 O "mero estar" que emerge do mundo antagônico da natureza

Depois de analisar o relato de Salcamaghua, comparando sua interpretação com a de outros muitos estudiosos desse documento, além de pôr em relação o relato com outras versões de mitos ou documentos, como é o caso da obra de Guamán Poma de Ayala,[5] Kusch também visita a Igreja de Carabuco, na Bolívia, e a compara com as pinturas da mesma, nas quais se pode contemplar a versão católica da lenda de Tunupa, o apóstolo do deus Viracocha (*AP*, p. 49-50). Ele também deixa claro que esteve *in loco*, analisando a planta de Cusco, a cidade sagrada dos Incas (*AP*, p. 100-103), com seu centro nevrálgico no Templo do Sol (Coricancha) e sua forma quadrilátera que agrupava as quatro regiões do império, os chamados *suyus*, que incluíam uma quinta que poderia ser Coricancha ou a mesma Cusco. A estrutura tetraédrica, a partir da qual a cidade é fundada, sendo que de seu centro Coricancha partem fileiras de oratórios – os *ceques* em língua quéchua, com os inumeráveis "altares", as *huacas* –, parece combinar o tempo e o espaço, tal como num plano espacial cósmico. Segundo Kusch, o plano pode ser interpretado como uma perfeita estrutura mandálica. Em outras palavras, a planta respondia a uma divisão político-religiosa e também ao conceito de espaço e tempo aborígene:

> A análise dos *ceques*[6] nos serve, de qualquer maneira, para confirmar a categoria de quaternidade ou tetrândria que o aborígene utilizava em seus afazeres. Tudo se dividia em quatro e tinha um quinto, o último que

5 Trata-se de Felipe Guamán Poma de Ayala, que escreveu *Primer nueva corónica y buen gobierno*. O manuscrito foi encontrado em 1908 na Biblioteca de Copenhague. O fac-símile e a tradução em espanhol dessa obra estão disponibilizados *on-line* pela *Det kongelige Bibliotek*.

6 *Ceques* eram os vetores que partiam do Templo do Sol em direção às quatro regiões do Império Inca e serviam para organizar os santuários.

> servia de fruto. Este se obtinha no espaço com Coricancha ou Cuzco. No entanto, com relação ao tempo se concebia uma história composta de quatro etapas, cada uma delas com um tipo de homem que imediatamente era destruído, e uma quinta etapa que era a atual e que também iria ser destruída por um cataclismo que exterminaria definitivamente a humanidade. O significado profundo desta concepção era de que tudo passava por quatro formas de *dispersão* e uma quinta forma, a de uma *concentração*, ou seja, fruto, onde se encontrava o 'si mesmo', seja no tempo ou no espaço ou em ambos (*AP*, p. 106-107, grifos do autor).

Certamente a cidade-santuário representa a unidade do mundo pré-colombiano. Assim se explica a categoria tetraédrica ou quaternada, a qual era aplicada em todas as dimensões da vida dos autóctones e movia as suas ações.

Das investigações de Kusch emergem elementos que alavancam sua reflexão filosófica com respeito à noção de *mero estar* como estrutura estática e pré-ontológica do pensamento indígena. Esses elementos são obtidos do relato de Salcamaghua por meio de cinco momentos que caracterizam o deus criador Viracocha, a saber:

1) Viracocha é *mestre*, pois o mundo é narrado como um "tenebroso fervedouro", inumano, no qual os indígenas tinham que saber arar a terra, conter erosões, abrir canais nos rios para que não invadissem seus roçados. Era preciso modificar o mundo para torná-lo habitável, e só se poderia fazer isso com astúcia. Viracocha era o artífice do mundo. Sendo este rebelde, Viracocha deveria ser o seu oposto, isto é, um deus com ciência para enfrentar o mundo. Logo, infere Kusch, não teria sido essa mesma atitude pela qual o império incaico foi capaz de organizar a produção de alimentos para suprir um território imenso, pois o Império parece ter se organizado no sentido de uma administração das energias e de uma economia de reserva e controle de estoques (*AP*, p. 108-109).

2) O que tornava o mundo tenebroso era a possibilidade da escassez; logo, o deus criador deveria ser *rico*, segundo a descrição de Salcamaghua. Mas uma riqueza em potência que se torna ato no seu ensinamento, tal como fazer um dique em um rio. Por isso, Viracocha é deus, ou seja, possui todas as potências que se realizam na grande riqueza do mundo, esse fervedouro espantoso cheio de possibilidades. Daqui, diz Kusch, emerge "a primeira vinculação conceitual efetiva entre Viracocha e o mundo, mas também um ceticismo frente ao mundo. Afinal, era terrivelmente difícil dominá-lo. A vida valia muito pouco e custava sustentá-la, e o mundo tinha culpa por isso. Era provável que o mundo sempre vencesse" (*AP*, p. 32). Mais adiante veremos

que a resolução do indígena foi a de conjurar o mundo não apenas por meio do esforço de dominá-lo com o trabalho, mas também com a religião.

3) Sendo o mundo temível, o terceiro momento é o da clara vinculação do deus Viracocha com o mesmo por meio de um demiurgo que vai "sendo mundo": Tunupa. Viracocha era pura teoria, puro pensamento, puro ensino e não podia se contaminar com o amorfo. Por isso, a criação propriamente dita aparece no relato com um deus com outro nome que vem materializar o ensinamento de Viracocha, e este é Tunupa. Ele é o deus que marcha sobre o mundo e vem conciliar a pureza de Viracocha com o tenebroso fervedouro, onde tudo pode ocorrer: o granizo que destrói uma colheita, a montanha que pode desmoronar, o rio que pode submergir e destruir a casa e o curral, o terremoto que tudo pode arrasar. Essa indeterminação do mundo que foge à previsão do indígena exige uma fé que concilie o terror do mundo com a existência. Trata-se de humanizar o mundo com a prece e o rito. Por isso, diz Kusch: "A cosmogonia do yamqui visa conseguir esse fim, seguindo o antigo mecanismo de todo o mito, segundo o qual ela aflora nessa margem onde o inconsciente passa seus signos à consciência, e esta domina aquele mediante os ritos" (*AP*, p. 44). Ora, assim dá-se o enfrentamento entre o deus e o caos. Os opostos originais, nos quais se implanta o plano conceitual da oposição consciência-inconsciência, aparecem como algo incontrolável:

> [...] do bem se pode passar ao mal e vice-versa com suma facilidade. Um campo bom pode sofrer a dupla alternativa de ser destruído pelo granizo ou ser colhido. [...] e isso tornava impotente o pobre índio. [...] Um mundo assim impõe uma grande ansiedade com seu ritmo de frustração e satisfação. Finalmente se decanta com o tempo e permanece esta consciência intrépida de que o mundo é puro azar e que o labor humano é insignificante. [...]. Porém, parece que a oposição é mais coisa do mundo que de Viracocha. Este une os opostos enquanto o mundo os separa (*AP*, p. 47).

É por isso que a reconciliação do deus com o mundo é feita por um "enviado", Tunupa, para que a essência de Viracocha se mantenha incólume. É aqui que Salcamaghua relaciona Tunupa com o apóstolo São Tomé e o reveste de caráter cristão e hispânico. Esse "enviado" chega aos Andes, segundo o relato, e constrói uma cruz. Não se trata da cruz cristã, mas da cruz cósmica que estabelece a ordem quadrilátera do espaço cósmico indígena, e é quando se conquista o domínio do mundo. Mas dá-se um duelo entre o deus "enviado" e o caos, porém aquele sempre vence este porque encarna a exaltação da ordem. Finalmente, quando na narração do yamqui o caos, figurado pelo diabo ou caudilho, consegue tomar a cruz e enterrá-la, a mesma não se destrói - porque a ordem quadrilátera é indestrutível -, a ordem cósmica passa de um plano visível para um menos visível. Como interpreta Kusch, ela toma uma forma subterrânea de semente e de ciclo racionalizado da cruz cósmica que ordena o mundo e que se exprime, então, em todos os implantes indígenas.

Da análise do relato com relação à marcha de deus no mundo por meio da divindade Tunupa e comparada com outros relatos dos povos andinos, Kusch conclui que esse momento da criação se converte, "como uma doutrina implícita no sentir natural do mundo, quase como um *a priori* da mentalidade do homem proto-histórico" (*AP*, p. 53). Daí que o indígena, por uma parte, obtém o domínio do mundo por uma via interior na qual se encostam a consciência e o inconsciente num âmbito propício, no qual se pode encontrar a força mágica e espiritual para enfrentar o medo do mundo e conjurá-lo. Por outra parte, Tunupa representa uma espécie de calendário que integra o círculo das quatro estações e dos quatro cantos do mundo. É uma ordem racional que regula o espaço e o tempo a fim de garantir a vida em todas as suas dimensões, sobretudo a agrária: os tempos de semeadura e colheita.

4) O quarto momento da criação revela a *dualidade* do deus Viracocha, que, sendo inteligência e ensino, era também masculino e feminino, e isso é explicitado no desenho de Salcamaghua - no homem e na mulher que se encontram ao centro de seu esquema (*AP*, p. 37). Kusch anota: "o deus não podia evadir-se da lei da cópula, pois a cópula engendrava o fruto e por isso criava a dinâmica do mundo. Tudo era monótono até que o macho possuía a fêmea e chegava a *huahua*, ou criança em forma de fruto" (*AP*, p. 34). Trata-se do casal original que, segundo as investigações de Kusch, consta também em outros mitos andinos e é citado por outros cronistas como, por exemplo, Guamán Poma e Cristóbal Molina. A conclusão é lógica: se Viracocha é masculino e feminino, então o mundo se iguala à vida e ao movimento. Kusch recorda que o tema do sexo era carregado de maldade na transmissão dos missionários católicos, e Salcamaghua pode ter dissimulado o mesmo, cuidando de exprimir o que o padre Ávila queria ouvir, a medir pelo seu comentário acerca das pedras fálicas (*guacanquis*), como já mencionamos. Porém, ele insere em seu esquema a referência direta da dualidade e dinamicidade do deus, agrupando ao lado do casal os símbolos masculinos e femininos do espaço cósmico, a saber: o sol e o raio, a lua e o inverno, respectivamente. O deus criador era bissexual e se autofecundava. Além dessa dualidade está presente também a do céu vinculado ao masculino, e a da terra vinculada

ao feminino. Assim, o mundo surge nesse cruzamento de pares opostos: o bissexual como essência de Viracocha e o de céu e terra como contaminação do caos, ou humanidade. No entanto, esta carrega os rastros da andança de Tunupa, que implantou a cruz da ordem cósmica. Ordem do tempo e ordem do espaço, ambas ligadas ao fator agrário que garante a plantação e a colheita – garantia de alimento como garantia de vida –, mas também do fruto como humanidade, prefigurado no masculino e feminino que habitam o mundo.

5) Por fim, o quinto momento de realização da criação do mundo e manifestação de Viracocha se caracteriza pelo *círculo,* ou momento de repouso, que está representado por uma forma oval. Os quatro signos ou momentos anteriores aparecem dentro de uma dialética linear e se alternam agrupados em pares, diz Kusch:

> Por uma parte, há certa correlação entre o primeiro e o terceiro (*mestre e mundo*) e, por outra, entre o segundo e o quarto (*riqueza e dualidade*). O primeiro grupo se vincula a Viracocha e seu desdobramento, Tunupa; e o segundo à riqueza do mundo e à bissexualidade, ou melhor, à divisão original do mundo naquilo que é masculino e naquilo que é feminino. Este jogo de pares aponta para um quinto signo como momento de repouso, conclusão e também realização definitiva de Viracocha que é quando se dá o 'círculo criador fundamental' (*AP*, p. 40-41).

E Salcamaghua agrega que Viracocha é o Sol do sol. O esquema, então, demonstra que o deus é absoluto no primeiro momento e chega ao quinto como criador fundamental. Por isso, o mundo só é mundo depois de sua ordenação, ou seja, da passagem do "enviado" que o vai criando ordenadamente. Antes Viracocha era uma espécie de essência oposta ao caos do mundo. Passando por ele e ordenando-o, o mundo ganha sentido e utilidade para os humanos:

> O mundo se associa, como se vê, ao conceito de necessidade, por isso, quando Viracocha cria o mundo, cria por sua vez 'nossas necessidades'. Vincula-se, então, com a frustração do impulso, seja esta humana ou divina. De um lado, o mundo priva o homem da possibilidade de viver em uma eterna satisfação; de outro, também Viracocha sofre uma insatisfação parecida porque o mundo se lhe opõe como um 'fervedouro espantoso' (*AP*, p. 42, grifos do autor).

No entanto, apesar da ordem quaternária que concilia os opostos do mundo pela divindade, ele continua inóspito, pois "a ordem se constitui apenas como uma débil tela mágica. Em qualquer momento pode dar milho ou pode produzir-se erva daninha. Esta é, na verdade, a oposição original que motiva todo o esquema" (*AP*, p. 66). Daí o conceito de *ira de deus* que Kusch assume para poder abarcar o peso do mundo sobre a existência do indígena. Aqui também se encontra o sentido prático que move a vida do mesmo. Por isso, a estrutura do esquema de Salcamaghua responde a um círculo mágico, como um modelo mandálico, no qual é transcrita uma conjuração do mundo, mas tudo em vista do fruto. A grande prova, diz Kusch, é a "grande semelhança que mantém este desenho com a distribuição dos elementos que fazem os feiticeiros em Chucuito, quando efetuam um exorcismo" (*AP*, p. 73). Ou seja, parece haver se fixado um sentido prático urgido pela realidade do mundo e a sua ameaça à continuidade da vida, como a escassez, por exemplo. Por isso, é preciso conjurá-lo para restabelecer a ordem e obter o fruto, o milho – e não o contrário. A conjuração é feita pelo rito e a oração. E daí se explica o rígido calendário incaico, que estabelece os tempos do religioso em relação com os do ritmo agrário. Logo,

> [...] tudo estava montado para prosseguir o penoso trabalho de conseguir a *abundância* e evitar a *escassez*. Uma estrutura assim supunha um fundo angustiante que, sem dúvida, não se resolvia só com a ação, mas mediante uma forte identificação com o ambiente. Precisamente por isso diremos que bebia no inconsciente. A luta contra o mundo era a luta contra esse fundo obscuro de sua psique, onde se encontrava a solução mágica. Se se vencia o inconsciente, vencia-se o mundo. Esta é a chave da atitude mágica. Por isso, a cultura quéchua era profundamente *estática*. Somente assim podemos entender esse refúgio no centro germinativo da *mandala* cósmica (*AP*, p. 109, grifos do autor).

Até aqui, vimos a hermenêutica cultural de Kusch. A partir desse momento, ele começa a ontologizar essa categoria do mundo quéchua que ele chama de *estática*, remetendo-a para dentro de um conceito filosófico: o do "*estar*". Podemos dizer que essa análise é uma continuação do que Kusch intuiu já em *Seducción de la barbárie*, ou seja, que a América segue dividida entre duas verdades: uma verdade é a do peso da natureza como peso metafísico – daí a "metafísica vegetal", uma análise dialética que ela faz entre a palavra e a realidade da América, mediadas pelo demonismo (*SB*, p. 25-37). O peso da natureza é elevado a conceito para significar o duro labor de dominar a mesma e também sua dimensão simbólica. Por ser esta incontrolável e imprevisível, emerge como resolução o sentido religioso, isto é, a necessidade da conjuração para pacificar a *ira de deus*. Essa é a verdade de fundo demoníaco da paisagem – sinônimo da racionalidade mítica indígena, estática, passiva e subjacente, e ainda atuante hoje. A outra verdade é a da ficção da cidade - sinônimo de uma racionalidade moderna, formal, ativa e ocidental que escamoteia a *ira de deus*. As duas verdades são conciliadas pela mestiçagem, seja a do sangue como a espiritual, expressa na categoria da "*fagocitación*", termo que Kusch explicita no último capítulo de *América Profunda*, no qual analisa o que ocorre com o *estar* no pensamento americano. Este é "*fagocitado*" pelo *ser*, mas como que numa ordem plástica, enquanto que é a ordem do *estar* a que se mantém operando, resistente e irredutivelmente. Entretanto, a "mestiçagem" é uma espécie de *perturbação constante* à verdade da cidade. Para Kusch, o termo "mestiçagem" difere do uso como uma categoria ao lado de outras, tais como "aculturação", "inculturação" ou "transculturação". Essas categorias pressupõem uma semântica de absorção evolutiva, enquanto a mestiçagem kuscheana é uma metáfora para exprimir uma interculturalidade como estrutura interior, advinda da experiência do *estar* e do *ser*, cuja categoria é a *fagocitación* em sentido existencial (ASTRAIN, 2006, p. 60). Prova disso é o tango, como mencionamos na análise kuscheana da arte, que recolhe o reverso da cidade e, ao mesmo tempo, põe a nu tudo aquilo que havia ficado para trás.[7] Kusch ilustra essa situação por meio da divindade asteca da "*Serpiente Emplumada*", cujo nome náhuatl é *Quetzalcóatl* (*cóatl* = serpente e *quetzal* = ave da América Central). É já a metáfora dessa mestiçagem que a sabedoria abyayalense encontrara antes que se tornasse sabedoria americana, como ele havia intuído anteriormente: "a mestiçagem constitui a única solução, primeiro, por que este modo de vida predomina sobre o espírito, a emoção sobre a ideia, a união sobre a oposição e, segundo, porque mantém a vigência das oposições no plano da inteligência. O mestiço, mais do que um tipo de homem, é uma conciliação, um recurso de vida para alcançar a integridade e alguma permanência" (*SB*, p. 39-40).

O que distingue essas duas análises, a do indígena e a do cidadão, é o fato de que ao refletir sobre a crônica do índio Salcamaghua, o *demonismo da paisagem* - defendido em *Seducción de la barbarie* - encontra em *América Profunda* a sua teorização. Certamente, Kusch foi impactado pelas ideias de Martinez Estrada, para quem essa temática era frequente (SADA, 1996, p. 84).

Kusch está em busca de compreender o funcionamento gnosiológico da racionalidade indígena e mestiça, naquele senso de *duplo vetor* já mencionado. Por isso, recordemos o caminho de Kusch feito até aqui: sua primeira tentativa foi a de inteligir a existência americana a partir da tese do

7 Para J. C. Scannone, em vez, o termo "mestiçagem" se refere a uma categoria teórica para interpretar a realidade da América Latina (1990, p. 172-187).

demonismo que se traduz como imponência da paisagem sobre o homem de modo que se constitui uma *reversão* da América, ou seja, uma dialética em que o *ser-é* – como é uma árvore, a montanha, o rio... E, ao mesmo tempo, a paisagem é onde o *ser* se anula na mesma exuberância com que ela se impõe; depois, sua investigação evolui na busca de recuperar os sentidos residuais da cultura "mestiça", presentes na literatura e na arte, seja tanto por meio do teatro como de uma semiótica da arte antiga e da arte cidadã marginal; e, por fim, termina com a hermenêutica crítica dos textos antigos e narrações míticas da cultura pré-colombiana que reiteram sua tese de que na América existe implantada uma *alteridade* como estrutura. Assim, desde uma busca de denominar o *ser* e, ao mesmo tempo, de compreender essa subversão ou desvio no mesmo *ser* pelo modo como o homem americano se ajustou ao espaço, Kusch chega até a análise dos textos antigos como aquele do índio Salcamaghua, convicto sobre a dupla vetorialidade que nesse relato se apresenta.

Em *América Profunda*, o conceito de *demonismo* – que exprime a solução natural do americano frente ao espaço – passa a ser denominado *ira divina* ou *ira de deus*. Assim, ao abismar-se numa indefinida e irascível "história grande", Kusch supera o folclore turístico sobre a América para atingir a América profunda, aquela da esfera do inconsciente e do originário, que salvaguarda uma *imitatio dei* criativa e oposta ao mundo ordenado da filosofia sistemática (FERNÁNDEZ, 1999, p. 212). Essa via de Kusch é assim justificada por ele:

> Talvez em um plano mais filosófico e mais ocidental poderíamos ter referido tudo isso ao problema do devir, que traz consigo a mesma ideia de desamparo. Porém, preferimos o conceito de ira porque subentende melhor o efeito psicológico que causa a natureza americana. Por outro lado, o conceito de ira divina nos leva diretamente a entender a solução que deu não apenas o indígena atual, mas sobretudo os seus antepassados amautas[8] ao fato de viver na América. E essa solução nos interessa acima de tudo porque encerra o primeiro esboço consciente que o homem aqui fez de sua situação no mundo. Por essa senda temos encontrado a atitude messiânica que encerra a mística e reflete uma situação inquestionavelmente sã frente ao mundo (*AP*, p. 97).

8 Os "amautas" eram os intelectuais do Império Incaico, que sistematizavam os problemas da realidade e aqueles que afetavam a comunidade. No relato de Salcamaghua há uma referência à "eleição de homens de vida boa" por parte de um dos incas, com a missão de chamar e alcançar e conhecer onde estava o "Fazedor" do céu e da terra. Trata-se, segundo Kusch, dos *huancaquilli*, homens que se retiravam para viver na solidão como ascetas e que cumpriam votos de castidade, obediência e mendicância (*AP*, p. 86).

Ao analisar os hinos citados no manuscrito de Salcamaghua, ele percebe um processo de diferentes e crescentes estágios de identificação com a divindade. Tais estágios vão desde a busca do deus até a aquisição de um poder espiritual. Em tais hinos, ele identifica uma lógica que denota a compreensão do mundo que possuía o indígena. Isso leva Kusch a concluir que o modo de compreensão e ajuste ao mundo está fundado na imagem de um "espantoso fervedouro", que corresponde à noção de *seminalidade* e não a uma compreensão intelectual no sentido da tradição ocidental:

> [...] em todo este mecanismo místico se mostra uma forma biológica do pensar, como se este se movesse não por um princípio de causalidade mecânica, mas de *causalidade por germinação*. Poder-se-ia dizer que a realidade é interpretada segundo o critério de fecundação ou depósito da semente em um ambiente favorável, para que se produza a germinação e, por conseguinte, a obtenção do fruto. [...] Toda a ação e o sentir indígena parecem seguir esta imersão do *seminal* em uma totalidade *antagônica*. Daí, as conjurações mágicas ou a magia em geral que aponta para que o *seminal* se converta em *fruto*. É em torno a três elementos que gira o mecanismo intelectual indígena (*AP*, p. 98-99, grifos do autor).

Kusch compara essa noção de *causalidade por germinação* com a filosofia do chinês Chuang Tsé, que afirma que *todas as coisas brotam de germes e se tornam germes novamente*. Isso denota uma posição anti-intelectualista, a mesma que se encontra no manuscrito de Salcamaghua. Desse modo, temos as primeiras justificativas que respondem às sucessivas indagações de Kusch com respeito à concepção da *vida,* do *vital,* do *pensamento seminal* e da consequente análise da *negação no pensamento indígena e popular.* À medida que ele vai descrevendo essa estrutura inversa da mente indígena à mente ocidental, vai também tecendo sua crítica à intelectualidade americana preocupada com uma filosofia asseada. Isso se deve ao medo de descer nesse abismo irascível de uma história *guacha*, ou seja, uma "história pequena", escrita pelo habitante local, mas situada na "história grande", que é a vida na sua universal complexidade e contradição, na qual cresce a semente da sabedoria dos povos. Por isso se torna cômodo habitar a cidade e manter a "sujidade" bárbara extramuros (FERNÁNDEZ, 1999, p. 210). Em razão disso, ele desenvolverá uma reflexão irônica, mas filosoficamente profunda sobre o sentido de "arraigo" baseado nas duas formas arquetípicas e opostas a que já aludimos: a de *fetidez* e de *asseio*. Mas Kusch não foi o único a criticar a tendência ao *asseio* da filosofia em contraposição à *contaminação* do "ilógico" ou da *doxa* no sentido popular, ou daquela racionalidade das chamadas massas "incultas", em oposição ao que se classificou "culto" e "civilizado". Não que ele visse essas conquistas do Ocidente, sobretudo europeu, como desprezíveis ou esvaziadas de valor e significação. O problema de Kusch é o da filosofia americana, que é incapaz de assumir a totalidade e a profundidade da mesma América. De modo semelhante asseverou Roberto Gomes, criticando o descompromisso da filosofia com a realidade continental: "Esta filosofia esterilizada, asséptica, refinada, de bom gosto e ornamental é na verdade a 'voz do dono'. Não se compromete nem suja as mãos. Dedica-se de preferência ao puro jogo formal que a ninguém incomoda ou contamina" (1994, p. 10).

9.1.2 "Mero estar" e aproximações a conceitos filosóficos afins

Quando Kusch fala do estático mundo quéchua como "um estar aqui, preso à parcela cultivada, à comunidade e às forças hostis da natureza" (*AP*, p. 109), ele anota ao pé da página que não encontra outro modo para "classificar" esse estado de coisas a não ser empregar o conceito de *estar* como qualidade de uma cultura - então ele parte em busca de inteligir filosoficamente a situação. Nesse momento, começa por comparar o *mero estar* com o *Dasein* de Heidegger e, consecutivamente, busca em conceitos de outros autores uma aproximação àquilo que o *estar* abarca. Vejamos a primeira aproximação ao *Dasein*:

> O mesmo conceito de *Dasein* de Heidegger, que sempre é traduzido como 'ser aí', sem dúvida tem um sentido de 'mero estar', ou seja, de 'dar-se'. Não se pode esquecer que não há em alemão o verbo *estar*. Por isso, quando fazemos a tradução cremos ler erroneamente neste termo um composto do verbo *ser*. Porém a fenomenologia que Heidegger faz do *Dasein* indica claramente que ele tomou como objeto o 'uno anônimo' (das Man) que simplesmente está, como diremos mais adiante. O conceito de *Sein* ou *ser* aparece em Heidegger somente quando leva em conta a existência autêntica, e não antes. Melhor dizendo, simula tomar em conta o ser durante a fenomenologia do *Dasein*, por um simples problema de linguagem. Teria ele podido fazer o mesmo se tivesse pensado em castelhano? (*AP*, p. 110, grifos do autor).

Porém, declara logo em seguida: "quero fazer notar que tomo o conceito de *estar* exclusivamente para romper continuidade com o ser". No percurso da investigação ele irá distinguir e afastar o *estar* desse conceito. Essa vontade de descontinuar uma reflexão filosófica sobre a cultura americana no registro do ser emerge, a nosso ver, de duas necessidades: a primeira é que a investigação de Kusch a respeito da existência do homem americano vai resultando na aparição de um modelo que não encontra categorias adequadas para expressar sua intuição. Ela aparece como uma estrutura que escapa à definição. Diríamos que – e esta é a segunda necessidade – essa estrutura aparece como um paradoxo ao modelo da tradição filosófica. Enquanto a razão permanece no âmbito acadêmico, ou no âmbito da cidade ocidental como a metáfora por excelência da civilização que se implanta na América, o *ser*, suas categorias e sua sistemática exprimem, de modo insatisfatório, a existência. Porém, passando ao âmbito em que habitam os deuses ou a ira divina, uma nova solução é requerida. Por isso, na busca desse modelo novo ele intui a possibilidade que a língua espanhola oferece mediante o verbo *estar*, como descrevemos extensivamente em nosso capítulo VIII. O que se entende por *estar* como *outro registro* será a investigação de Kusch até o fim de sua vida. Isso significa dar ao *estar* um *status* filosófico, no sentido de torná-lo pleno de sentido. Entretanto, ele inicialmente continua buscando em outros mestres uma aproximação que o faça sair da "heresia filosófica".

Descontinuar o *ser*, diz ele, "de certa maneira como Duns Escoto se refere à *ecceidade* enquanto realidade formal distinta da entidade específica, ou como se se rompesse a vinculação entre o 'ser aí' e o 'ser assim' de Hartmann. Melhor seria, talvez, vincular o *estar* ao conceito budista de *Assindade*, ou seja, o *Assim*-Chegado"[9] (*AP*, p. 110, grifos do autor). Por fim, nessa primeira fase em que ele testa o conceito de *estar* como correlato filosófico a outros conceitos de outros autores, ele vê a necessidade de explicitar sua própria compreensão do *ser*:

> O uso que faço no texto do termo *ser* talvez se explique pelo que disse Ortega y Gasset no prólogo de *História da Filosofia* de Emilie Bréhier quando considera que o conceito de *ser*, desde os gregos até nós, adquiriu o 'valor de verbo ativo, de execução, de exercício', como 'o esforçado sustentar-se de algo na existência'. Por outra parte, cabe indicar que o motor central de toda a filosofia ocidental é o *ser*. Foi tomado como elemento formal e lógico entre os gregos e, depois, como 'aspiração' – permita-me a heresia

9 Kusch não cita nenhuma fonte com respeito aos seus estudos sobre o budismo. A deduzir por sua citação dessa noção de "Assim-Chegado", julgamos que ele se refira a uma tendência tardia do budismo que se desenvolve fora da Índia e se denomina Mahāyāna (Grande Veículo), cuja doutrina filosófica descreve uma definição da realidade última como Absoluto e que implica a ética. Na tradição Mahāyāna, o "iluminado", que faz o caminho da prática meditativa (*bodhisattva*), adia a entrada no Nirvana e se queda para salvar todos os seres, uma vez que essa compaixão é fundada no Absoluto do mundo, o Budha que habita em cada um (ELIADE, 1978, p. 365-375). Tanto a categoria de "Absoluto" como de "Assim" são encontradas na filosofia de Kusch. A primeira parece se referir a uma ideia de totalidade, e a segunda se aproxima à uma passividade frente ao ser do mundo.

> – ou 'ideal'. [...] Na ontologia ocidental há, indiscutivelmente, uma obsessão pelas essências que o mundo oriental não conhece. Diríamos que no Oriente se dá sempre uma filosofia do *ente*, muito antes que a do *ser* (*AP*, p. 111, grifos do autor).

Tendo assim explicitado sua compreensão de *ser* e se confrontado com outros autores em busca de uma expressão que fosse relativa ao *estar*, Kusch passa a contrapor a cultura indígena fundada numa estrutura estática ou de contemplação, que ele designa com o conceito de *mero estar*, à cultura ocidental, dinâmica e móvel, fundada no conceito de *ser*. Mais adiante, porém, ele retorna ao seu conceito de ser quando faz uma hermenêutica da história do ser até a Modernidade europeia, quando este, a seu ver, recobra a experiência parmenidiana, encarnado ou figurado na experiência do mercador que substitui o aristocrata feudal, ou seja, aquele que cria a cidade e o mercado que substitui a cultura agrária desse último. Em outras palavras, o mercador expulsa deus e sua ira do mundo, pois ele possui o poder de dominar o mundo.

Toda essa análise parece ter o objetivo de, primeiro, ressaltar a diferença que constitui os dois modelos de ajuste entre homem e mundo, do indígena ou americano e do ocidental europeu; depois, de inferir a partir da violência do modelo do *ser* – inapto, na medida em que sempre reproduz seu próprio mundo – uma crítica à mesma filosofia que se ocupa em reproduzir e legitimar esse modelo, relegando ao irascível, logo, ao indigno de ser tema ou de elevar-se à uma inteligibilidade a *outridade* como *mero estar* que habita o mesmo humano. Isso é o típico do homem americano. Enfim, a *outridade americana* de que trata *América Profunda*.

9.2 A sabedoria da América como "terceira via"

Em que sentido o *estar* como uma sabedoria da América seria possuidor de um sentido passível, de uma *terceira via* para significar e restaurar a sanidade da existência que a Modernidade isolou de seu sentido sapiencial? Para responder a essa questão, Kusch recupera um drama quéchua de autor anônimo e traduzido ao castelhano por Jesús Lara, uma peça teatral encenada ainda hoje pelas comunidades indígenas dos planaltos da América. Trata-se de *Tragedia del fin de Atawallpa* (1957), quando de seu encontro com o padre Valverde, o qual lhe oferece uma *Bíblia* e recomenda ao inca Atawallpa que escute a Palavra. Este a rejeita porque a *Bíblia* não lhe fala. É quando Valverde ordena a sua prisão e, por fim, o condena à morte. A partir desse fato – mas certamente de outros ainda mais históricos e que vão além do drama –, Kusch começa uma análise sobre a estrutura do *estar* que não é exclusiva do indígena pré-colombiano, mas que seguramente podia ser encontrada no próprio padre Valverde, que aqui se torna metáfora de uma Espanha movida pela *ira de deus*, tanto quanto os autóctones de Abya Ayala. Nesse sentido, *estar* vai além da representação do ajuste espacial do homem abyayalense e se configura numa estrutura interior do humano.

Por que Valverde manda matar o inca e, portanto, exterminar todo um reino? Aqui joga-se a oposição *estar* e *ser*, diz Kusch. Quando a Espanha conquista a América, dá provas tanto de sua índole selvagem e de seu atraso em relação aos países dinâmicos do centro e do norte europeu como também de um inconfessado cristianismo sem fé: "Valverde, assim como os conquistadores, era exemplo estupendo desse tipo de neurose. Basta recordar a vinculação de clérigos e leigos com doutrinas tão pouco cristãs como a alquimia" (*AP*, p. 122). Ora, o deus dos inquisidores e conquistadores não podia convencer os indígenas. Isso explica a profissão de fé cristã estereotipada do índio Salcamagua e, ao lado dela, a outra confissão, aquela de sua religião, que, contudo, sobrevivia nele. Do mesmo modo, o deus iracundo de Atawallpa incomodava Valverde porque no fundo este não podia confessar a mesma fé que o habitava:

> [...] o deus de Valverde era um deus de culpas e pecados originais, ou seja, um deus estritamente intelectual, ou melhor, moral e, o que era pior, ele o esgrimia como um tabu ou um axioma para esconder a ira de deus, aquele dos relâmpagos, dos raios e dos trovões. Era claramente uma luta interior, um drama que acontecia na mente de Valverde. Era ele mesmo quem não queria confessar sua fé num deus parecido com o de Atawallpa (*AP*, p. 121).

Kusch continua explicitando essa passagem que demonstra o abandono do sentido do *estar* como uma posição do humano no mundo em favor de uma radicalização ou absolutização do sentido do *ser* como ação do humano sobre o mundo, tornando, assim, as duas posições opostas. Segundo Kusch, as duas posições são essencialmente pertencentes à estrutura do humano, mas a partir de algum momento elas se afastam e chegam a se desligar completamente na filosofia ocidental. É com o início da racionalidade moderna, tendida à técnica, quando a *ira de deus* passa a perder seu poder, e a *ira do homem* domina o mundo. Isso se pode constatar no segundo capítulo de *América Profunda*, intitulado "Os objetos" (*AP*, p. 125-177), no qual o autor faz uma hermenêutica histórica do surgimento das ciências modernas, estreitamente comprometidas com o nascimento e desenvolvimento do capitalismo, bem como a perda da fé dentro da religião cristã, que também entra em relação estreita com o movimento das ideias e da nova ordem secular da Europa central e dos países anglo-saxões. A emergência da burguesia moderna, ansiosa pelo domínio absoluto do mundo com a sua técnica, buscou eliminar o inconsciente ou o que ainda estava relacionado a algum resquício de fé ou mesmo de magia. A Inquisição do Santo Ofício não refletiria esse afã de destruir o espírito? Por isso, o mundo moderno se enche de objetos e relega à inexistência tudo que poderia restar de emoção ou crença no divino. É quando, para Kusch, o *ser* perde o sentido de *estar* que com ele coabitava e ganha, então, o significado estrito do "é" de *ser-alguém*, uma ânsia de determinação e definição. Mas essa apetência bárbara e sensual do homem moderno pela objetividade não revelaria uma agressividade inconsciente que, ainda que simule um *ser conceitual* ou *objetal*, volta a produzir objetos e uma cultura objetal que substitui a espiritualidade, para não dizer o medo da *ira de deus*, por uma crença no poder da *ira do homem*? De qualquer forma, segundo Kusch, sob a aparente apoteose do *ser* que realiza o *ser-alguém*, subjaz a miséria do *estar*, essa estrutura estática, contemplativa, na qual habita o medo da *ira de Deus*, metáfora do imprevisível e incontrolável do mundo.

9.2.1 A resolução intercultural americana: a "*fagocitación*"

O problemático e paradigmático encontro entre o Ocidente e Abya Ayala resultou, em termos kuscheanos, em um domínio do *ser* sobre o *estar*. Uma estranha resolução, cujo fenômeno ele chamou de *fagocitación*. Ele quer evitar termos técnicos ou descomprometidos tais como "aculturação" para descrever um processo que ele crê não ser apenas americano, pois "na América do Sul subsiste à flor da pele, o medo, logo, ocorre também a *fagocitación*, esse processo segundo o qual, o que criamos se torna brando e sem tensão, como se a natureza nos vencesse. Mas isso não é um fenômeno que ocorre só entre nós" (*AP*, p. 177). A aculturação atinge um plano superficial e plástico, como seria a influência da arquitetura transpassando as culturas, por exemplo. Porém, trata-se aqui de analisar um fenômeno mais profundo e na sua ordem inversa. Daí a tese da *fagocitación* como resolução intercultural que se deu e se dá na América. Castro-Gómez observa que em Kusch a *fagocitación* não é um "projeto assuntivo", como descrito por L. Zea, e muito menos uma "práxis naléctica", como a defendida por E. Dussel, mas sim, diz ele, é "um processo intercultural que se leva a cabo por baixo do umbral da consciência histórica" (2011, p. 167). É de todo claro que Kusch aborda o indígena como metáfora de uma América habitada também por milhões de afrodescendentes, cujos pais e mães foram traficados da África para a América e que não só se miscigenaram com indígenas e europeus, mas construíram um mundo que resultou na América intrinsecamente mestiça, onde inúmeros povos do mundo se encontram. Não se trata apenas de mestiçagem biológica, mas de transversalidades e traspassamentos de códigos, crenças e relações em um nível muito profundo. A. Orrego chegou a exprimir que a experiência de mestiçagem da América é única, pois nem na Grécia e nem na Roma antiga, nem na Índia ou na China houve uma fusão total e a absorção ecumênica de tantas etnias como houve na América (1966, p. 48). Entretanto, em nossa análise, buscaremos descrever em que sentido essa categoria da *fagocitación* de Kusch pode ser aplicada à situação intercultural e se ela possui um potencial universalizador.

9.2.2 A "*fagocitación*" como distensão

Kusch começa descrevendo de onde parte sua intuição acerca da existência do fenômeno da *fagocitación*:

> A *fagocitación* se dá no terreno do imponderável, naquela margem de inferioridade nossa, não obstante os elementos acumulados, com respeito ao europeu, aí donde adquirimos nossa personalidade nacional [...] e também no fato tão evidente de nossa fraca indústria ou nossa má educação pública. É quando tomamos consciência de que algo nos impede de ser totalmente ocidentais, ainda que nos proponhamos sê-lo (*AP*, p. 180).

Ele começa a fazer uma fenomenologia da *fagocitación* e disso resulta uma análise das atitudes americanas, que se exprimem em suas políticas, em sua economia, em suas instituições, as quais reiteraram essa mescla de "imitação" do Ocidente e, ao mesmo tempo, de "integridade vital" que mantém um antigo registro de comunitarismo e coletivismo. Este último resiste surdamente às qualidades do *ser*, e se constitui como seu antagonista. Daí que a cultura do *ser* esteja na costa e a cultura do *estar* no interior do continente, ou seja, a cultura do *ser-alguém* se amalgamou no litoral com as independências e, em seguida, com a onda de imigrações europeias. Sem dúvida, é preciso ter em conta o contexto da metade do século XX em que Kusch escreveu, e ainda admitir uma diversidade na realidade indígena do continente, e nos atermos apenas à realidade da cultura quéchua e aymará dos platôs do norte da Argentina, Peru e Bolívia a fim de compreendermos melhor essa afirmação de Kusch. De outra parte, continua ele,

> Sem dúvida, a cultura indígena constitui uma enteléquia, como diria Spengler, perfeitamente estruturada e em uma medida muito maior que a da sua antagonista. E a solidez dessa cultura, sua coesão e persistência residem no que chamamos de *estar*, que carece de referência transcendente ao mundo das essências e que se dá nesse plano do mero dar-se, no terreno da espécie que vive sua grande história, firmemente comprometida com seu 'aqui e agora' ou, como já dissemos, nesta margem onde se acaba o humano e começa a ira divina dos elementos (*AP*, p. 190-191, grifos do autor).

Aqui Kusch parece ainda seguir Heidegger e sua concepção do *Dasein*. Para além da análise que reitera essa atitude do *estar*, ele parece ainda encontrar dificuldades para exprimir tal estrutura. O que fica claro é que nosso autor quer argumentar que o fenômeno de *fagocitación* tem uma base histórica, no modo como Abya Ayala assumiu o Ocidente. Poderíamos perguntar: a posição do *ser* e do *estar* concebida por Kusch como antagônica não resultaria numa dialética cuja síntese é a *fagocitación*? Ele mesmo nos responde que não se trata de uma síntese ao modo hegeliano, que comporta uma elevação ou melhoramento na dinâmica da dialética. O que ocorre na América é uma "*distensão*", um implante novo com relação ao Ocidente, ou seja, num plano estrito da cultura - e não da civilização - na América somente cabe falar de um provável predomínio do *estar* sobre o *ser*. Mas o *estar* como visão de mundo pode se dar também na Europa. Então se trata de uma visão nova para interpretar a Europa, na qual o *ser alguém* pode ser *fagocitado* por um *estar aqui*, daí a distensão (*AP*, p. 194-195). Aqui se encontra a proposição de que a América pode ser concebida como uma *terceira via*:

> Abarcamos o problema da América deliberadamente como *ser* e *estar* para abordá-los em termos ontológicos e poder estender de tal modo a questão, inclusive à Europa. Sem dúvida, quando um Toynbee, um Jaspers, um Spengler se perguntam por sua história e sua cultura, eles se preocupam diante da dissolução do *ser* ou da consistência dessa história ou dessa cultura, ou seja, da dinâmica das mesmas. Porém o homem quando deixa de ser dinâmico não cai no nada, mas, sim, sobrevive. A espécie humana não terminou com a Grécia. Mas o que aconteceu com o homem? Simplesmente retornou ao mero *estar* como seu refúgio elemental. [...] Não será o mero *estar* esse magma vital primário de onde tudo surge de novo: nações, personagens, culturas etc.? (*AP*, p. 196, grifos do autor).

Kusch quer fazer notar a universalidade da estrutura do *estar* e, por isso, a *fagocitación* também tem sentido universal, porque opera na inconsciência social. Uma espécie de estrutura oculta que se mantém previamente ao distanciamento, uma espécie de "lei primitiva que consiste que seja natural o fato de haver distensão, e antinatural ou circunstancial haver a tensão como a do *ser*. O *estar* aqui é prévio ao *ser* alguém porque supõe um estado de recolecção, de crescimento ou acumulação e, por isso, de privação e de *jejum* de objetos e de elementos" (*AP*, p. 201, grifos do autor). Ele lembra nessa mesma página que o estar é comum na filosofia oriental, sobretudo no budismo. Para Kusch, o *estar*, além de anterior ao *ser*, ganha ante este uma maior consistência no sentido que sempre resta, que permanece sem possibilidade de se anular no nada. O *ser*, entretanto, emerge como uma instalação sobre uma estrutura que subjaz. Mas ele é absorvível (*fagocitable*) porque realiza-se como ato. Realizando-se no objeto (na objetividade), ele aparece consistente e se mantém numa tensão fictícia que exclui a distensão e o nada. Mas por não possuir suas raízes na vida – naquela seminalidade da "grande história" da espécie – o *ser* fica como um "episódio" que emerge do *estar*:

> O *ser* não pode dar-se sem o *estar*, porque neste último se dá a vida em maior proporção que naquele. Aquele surge do *estar*. O *estar* brinda ao *ser* os elementos de sua dinâmica. O *ser* por sua parte se põe em marcha ao modo de súbita tensão. Para que haja consciência de *ser* deve haver tensão [...]. É a tensão que gera *muito* dinheiro que, por sua vez, tem *muita* eficácia, quando se dão *muitas* cidades com *muitos* mercadores, ou seja, que nada tem a ver com a humilde espera das colheitas anuais ou do salário mensal. Este último já pertence ao *estar* e carece de tensão. Aqui se dá a ira divina que pode destruir o fruto de um pequeno roçado cultivado ou fazer perder o emprego. Mas esta imensa diferença de planos na qual se situam um e outro é falsa porque o ser *necessita* da tensão e lhe urge a construção de uma cidade para formar um mundo sobreposto ao mundo original do trovão e do granizo. Por isso o *ser* é débil: é uma pura construção (*AP*, p. 202, grifos do autor).

Segue-se a essa afirmação toda a fenomenologia que contrapõe essas duas experiências – uma de passividade, e outra de tensão –, e elas se dão concretamente na vida cotidiana, na política, na economia etc. O excesso de tensão levou o Ocidente a excluir todo o imprevisível – a *ira de deus* ou a noção de *seminalidade* – e a criar um montante tal de objetos e cidades que culminou na impossibilidade de retorno ao *mero estar* para ser reabsorvido e renovar suas forças. Perdeu também o sentido de uma vida simples, sem mercadorias e sem objetos e por isso se afoga num modelo cultural complexo e insustentável, resquícios de uma busca do absoluto e do eterno que o *ser* não alcança dada a sua precariedade. Daí a sua crise. Para manter sua consistência, o *ser* cria objetividade e objetos, mas sua tensão é fictícia porque é construção da razão. Nisso está sua precariedade, pois os entes que estão-sendo, como veremos, derivam do *estar*, cuja característica é ambígua. Dele advém tanto o Bem como o Mal – *maiz* ou *maleza*, conforme as metáforas de Kusch. Por isso ele falará que só a conjuração poderá salvar o Ser, mediante o sagrado disponível nos símbolos que acessam o *estar*, sem jamais esgotá-lo. Scannone observa que a partir do *estar*, de sua intrínseca indeterminação e situacionalidade, o *ser* do sujeito não encontra em si a autoconstituição, por isso sua pobreza ontológica. Daí que, como o mal não pode ser subsumido totalmente pelo *logos* ou pela ética, resta-lhes a conjuração desde o Sagrado, o seu verdadeiro centro abissal, pois Deus não "é", Deus "está". É então que reencontramos o mito, o símbolo e o ritual. Esses dão centralidade e fundamento ao sujeito, mas não de forma definitiva. Por isso, é necessário o rito (SCANNONE, 1990, p. 50-51).

Kusch nota que o Ocidente não possui formas sociais e políticas que permitam a dissolução da tensão que causa o *ser*, ainda que Marx e Freud tenham buscado tocar nos elementos mais importantes do *mero estar* nos quais essas tensões podem ser absorvidas: o primeiro refere-se ao comunismo que remete ao sentido da comunidade; o segundo, à psicanálise que remanda às energias vitais como o sexo. Em outras palavras, ambas auguram as defesas da espécie por meio da comunidade e do sexo, frente à decadência da ameaça do reducionismo intelectual que a "história pequena" empreendeu. Porém, o intento desses pensadores faliu na medida em que o retorno ao fruto e à comunidade foi sacrificado pela emergência do *Self* que se degradou em individualismo. Embora o *estar* tenha reaparecido no comunismo, na psicanálise e depois nas revoltas operárias e no existencialismo, ele não teve êxito na medida em que o fruto total do *ser* alcançou seu cume, e essas tentativas de restabelecer o *estar* foram malversadas devido à sua estreita aliança com os interesses da burguesia pelos objetos. Há fenômenos que sinalizam o *estar* como um plano do humano quando, em sociedades altamente racionais como as europeias, é possível encontrar cultos satânicos, teosofia, espiritismo, extremismos políticos que se configuram quase como um fenômeno religioso. É nesse ponto que também emerge a *fagocitación* do *ser* pelo *estar*, colocando em questão a própria razão. É o imponderável que emerge mesmo na saturação de objetividade. E Kusch pergunta: "será que o europeu busca hoje seu mero *estar*, pelo qual nunca se interrogou e, por isso, não chegou a apreendê-lo?" (*AP*, p. 209).

Pelo lado da América, o *estar* não é um plano que necessariamente requer ser elevado à consciência, tal como se requer na Europa, pois aqui, afirma nosso autor, deu-se o encontro dessas duas experiências, e uma grande parte dos americanos permaneceu como massa, excluída, e é essa que leva adiante a *fagocitación*. Nela se encarna o *estar* como uma prevalência. Ela se dá à margem de todo desenvolvimento material e social. Na América, observa Kusch, o objeto não tem o mesmo sentido que no Ocidente europeu ou anglo-saxão porque não é ele o centro que move a vida – ele é quantidade ou qualidade, porém nunca substancial, essencial e com o peso que o plano do *ser* lhe concede, a não ser por uma pequena margem de burguesia: "viver é *estar* firmemente *aqui*, e isso se dá à margem do objeto: no terreno da comunidade, do fruto e da presença da ira" (*AP*, p. 210, grifo do autor). Nessa medida, o conceito de "integração" dos países americanos deveria responder a uma autenticidade dada pelo sentido do *estar* em oposição ao sentido dado pelo *ser*, isto é, pelo apelo do mercado. No âmbito institucional, a divisão arbitrária dos Estados feita pelo domínio ocidental deveria ser alterada, em vista de criar diferentes modelos de desenvolvimento, tanto no âmbito econômico como no social, em correspondência a essas duas experiências, a do *estar* e a do *ser*, de modo que um modelo político fundado numa e noutra experiência pudesse pôr em convivência, conscientemente, uma *terceira via*.

Kusch afirma que essa alternativa seria viável na América não só porque o índio e o mestiço carregam em sua interioridade antigas forças imprevisíveis, mas também porque os milhares de imigrantes europeus que se adentraram na América carregam em seu subconsciente um antigo plano medieval nunca de todo modernizado, pois esses, em sua maioria, eram massas sobrantes da industrialização europeia que os excluiu da Modernidade. De tudo isso, pois, emerge a América como um tema difícil e até odiado, diz Kusch: "Diríamos que América está entre os temas mais odiados que são: povo, massa, analfabetismo, índio, negro. Neles subjaz a outra parte do continente, a do mero *estar* que pode redimi-los" (*AP*, p. 211).

As consequências do fenômeno da *fagocitación* encontraram-se nos velhos mitos indígenas, analisados anteriormente e projetados sobre a realidade atual americana, e esta resulta no fato que, se no Ocidente Newton viu cair uma maçã e descobriu as leis da gravidade, ou seja, descobriu o mundo como um mecanismo, na América sabe-se que ele não teve razão: o mundo não é um mecanismo, mas um organismo, no qual uma maçã, que era semente, nasceu, cresceu, caiu e morreu para poder iniciar de novo o ciclo. Mas Kusch crê que esse pensar não está distante do que também Aristóteles pensava sobre a realidade quando distinguia o ser em potência e em ato e via o mundo como orgânico e animado no qual as coisas passavam de potência a ato (*AP*, p. 223). Assim, nosso autor tira as consequências para o *ethos* americano, o qual parte dessa realidade do *estar* que fundamentalmente admite os opostos (masculino-feminino, fasto-nefasto, vida-morte etc.) e soluciona essa realidade cindida buscando o fruto na interioridade. Isso porque o que está fora – o mundo, os objetos, os nomes que classificam o que alguém *é*: mendigo ou médico, por exemplo – é puro acidente. Neles não se pode crer, não possuem consistência. Logo, "no mais íntimo, é o equilíbrio entre a possibilidade e a impossibilidade de algo, de onde surge o fruto. [...] Tudo escorre entre os opostos e depende de seu equilíbrio. Se não há equilíbrio é difícil colher o fruto. Dir-se-ia que a realidade é pai e mãe, antes de ser realidade objetiva" (*AP*, p. 229). Os opostos são próprios do mundo, e este é naturalmente hostil, inseguro, acidental. Aqui se revela o ceticismo abyayalense frente ao mundo. Daí que a busca desse equilíbrio esteja na interioridade. Significa fazer silêncio, isto é, retrair-se do mundo e buscar dentro de si a solução, a revelação. Para isso, Kusch usa a metáfora do *jejum*: silêncio como jejum de essências e de objetos: "como se subisse o Monte Sinai para se encontrar com Deus, para que Ele lhe dê os mandamentos a fim de continuar vivendo de acordo com um plano divino" (*AP*, p. 233). Ou ainda, retomando o relato de Salcamaghua: uma espécie de *jejum da festa do mundo*, a exemplo do que se dá quando sentimos *preguiça* de ir trabalhar. Tal jejum exprime uma espécie de resíduo de uma atitude mística que se mantém sempre disponível em nossa intimidade, à qual podemos sempre aceder. Esse é o *estar* que nos habita e do qual também se alimentam as religiões. Mais ainda, "o jejum é uma maneira de viver a oposição a que se reduz o mundo" (*AP*, p. 235), sendo que este é irremediavelmente vida e morte, morte e vida, uma vez que "o caos pode se dar a qualquer momento e, por isso, não cremos que se pode fazer um mundo através da ordem" (*AP*, p. 241). Abstendo-se do mundo, se recobra o domínio sobre o mesmo mundo – domínio mágico, por um lado; descontinuidade com o mundo, por outro – com o fim de manter a saúde mental, diz Kusch. Mas em que consiste manter a saúde? A abstenção de objetos que o jejum impõe significa manter-se arraigado na verdade originária: "somos pobres e pertencemos a essa espécie", à "grande história" que ela custodia em sua própria intimidade. Enfim, estamos arraigados à sabedoria da vida. O retorno à sabedoria significa um retorno à própria interioridade, como um "fazer silêncio" – lembrando como já aludido, ao caráter de pobreza do Ser do existente. A partir do *estar*, isso significa um conhecimento sapiencial e não objetivo. Daí o jejum do mundo e o retrair-se no silêncio, como um perseguir um "itinerário divino", a fim de conectar-se com um fundamento que não passa, que *está*. Segundo Kusch, esse equilíbrio assim buscado se deve à eminência constante do caos na existência, por isso "este é o povo que tem mística para lidar com a agitação de estar simplesmente, sempre no ritmo de não ser ninguém" (*AP*, p. 249). Por sua vez, Scannone atribui o retorno à sabedoria da vida a partir da mediação do símbolo do *arraigo* que o estar sugere e que possui um caráter numinoso pela irredutibilidade do religioso tanto como se dá no mero *logos* como na mera ética. Por isso, ele diz que "essa característica do estar se relaciona com a pobreza ontológica dos que estão sendo e de sua necessidade – para ser a si mesmos – de serem salvos do mal, que é mais que somente o caos, que não se reduz somente à infração da lei moral, mas tem um aspecto radical e religioso (demoníaco), que só Deus pode salvar" (1990, p. 56).

Kusch recorda ainda que a lógica do *estar* admite a contradição, as oposições e o caos. Viracocha é ordem, e o mundo é caos. Mas é ordem porque leva em sua essência as oposições em estado puro: é o deus bissexual. Ele envia o ordenador do caos, Tunupa, mas o caos não é eliminado. Logo, essa concepção do americano de que na intimidade se encontra a ordem e no exterior (no mundo) o caos se resolve no jejum do mundo para, precisamente, reconectar-se com a ordem originária. Não como um isolamento puritano, mas porque na interioridade habita a oposição frutífera: o masculino e o feminino, o céu e a terra que, unindo-se, geram o fruto. É uma lógica de fecundidade e ela expressa que se deu o equilíbrio. Essa é a *terceira via* como *fagocitación*, ou a sabedoria da América como argumenta nosso autor:

> E esta é a lição da América. Como se víssemos a humanidade desde muito distante, nesse azar primário de ter chegado a ser homens e perguntarmo-nos, contudo, por que estamos e por que seguimos estando e somos vida e não morte. Por este lado deparamo-nos com o antigo caminho da humildade, da resignação e do jejum. [...] Tudo como se víssemos o antigo caminho da espécie desde a longínqua pré-história, que sempre foi o antigo caminho da América, um caminho que nunca perde de vista a humanidade integrada por machos e fêmeas que perseguem o fruto. E tudo isso deixando o pátio dos objetos, porque este não é mais que acessório, como um esforço magnífico, mas que não soube resolver esse antiquíssimo problema do homem que a América volta a levantar. Talvez seja o nosso destino o de voltarmos a ser aqui homens sem sucedâneos, porque este é o destino da América: a comunidade e a reintegração da espécie (*AP*, p. 254).

Ao enunciar uma espécie de missão da América, Kusch se alinha aos pensadores do "messianismo americano", tais como E. Dussel, J. de Vasconcelos, V. Ferreira da Silva e A. Orrego – para citar alguns –,[10] todos eles inseridos em uma dentre algumas tendências do pensamento decolonizador latino-americano.

Em síntese, o *estar* de Kusch parece-nos uma tentativa de explicitação do pensamento mítico, simbólico e, como veremos a seguir, da lógica da negação, uma lógica inversa que se dá na América desde o encontro entre ocidentais e indígenas. Metafisicamente, esse termo ganha ao menos três significações em *América Profunda*:

a) o ato primário da vida que pede um verbo que a expresse, pois "o problema do *mero estar* compreende a vida pura do sujeito", diz Kusch (*AP*, p. 219-220). Ele argumenta que livros como a *Bíblia* foram escritos do ponto de vista da vida, e não da razão; logo, a vida vem antes, e tal verbo ganha a forma de um "signo tácito" que a expressa. Na América esse verbo se distanciará do *ser* "asseado" "porque terá a nudez vergonhosa e fétida" de velhas raízes vitais que enfadam e enfeiam a ordem necessariamente definível e formal do *ser* à qual estamos habituados (*AP*, p. 221);

b) a pobreza originária da vida, ou seja, "a primeira humildade e a pobreza primeira de estar no mundo sem saber por que razão" (*AP*, p. 245). Diante de nós estará o mundo, isto é, o caos e o azar; e da parte da vida estarão o masculino e o feminino que geram o fruto. Ambos desempenham algo muito profundo e o que une a vida e o mundo é o fruto. No mundo este pode não se dar – pois há possibilidade que dê o *milho* ou a *erva daninha* –, mas trata-se de buscar o equilíbrio: por isso o mundo necessita ser conjurado para que se dê o itinerário divino sobre o mesmo;

c) o assombro originário que conduz à visão como busca de apreensão do mundo, como já citamos, é a imagem de um horizonte muito distante e antigo, aquela imagem que nos põe a questão acima referida do "por qual razão *estamos* e porque seguimos *estando* e somos vida e não morte" (*AP*, p. 254, grifos nossos).

Esses significados se explicitam já ao final da obra, quando Kusch afirma a necessidade de um verbo como "consequência natural do fato de haver sondado as coisas da América" (*AP*, p. 220). Em *América Profunda* o verbo de Kusch ganha significado filosófico, mas também fica clara a sua intenção

10 Para uma visão geral desses messianismos, veja a crítica de Castro-Gómez em *Crítica de la razón latinoamericana* (2011, p. 75-80).

de buscar uma via de compreensão da vida americana em contraposição à metafísica ocidental, no limite em que se estabelece a diferença, ou seja, a *fagocitación*. Nessa diferença, o conceito de *alteridade* se exprime como uma estrutura própria. O *estar* kuscheano, a nosso ver, adquire plenamente essa possibilidade enquanto expressa um verbo da América, sendo ele simultaneamente um termo de origem ocidental.

O desenvolvimento de Kusch passa pela investigação do pensamento popular, no qual opera a *doxa*, um outro aspecto do *estar*, como já enunciamos anteriormente.

9.3 "*Estar*": um verbo ocidental para a América?

No capítulo VIII, deixamos em aberto precisamente essa questão, pois era necessário percorrer o caminho argumentativo de Kusch para compreendermos as razões desse termo. É certamente paradoxal que Kusch tenha escolhido o verbo *estar* em vez de um outro provindo de uma das línguas indígenas que ele bem conhecia. Esse fato também parece entrar em contradição com a perspectiva intercultural que ele enuncia, ou seja, por meio da fenomenologia do pensamento indígena e da *fagocitación* do *estar* pelo *ser*, ele toma um correlato do mesmo *ser* das línguas ibéricas: o *estar*. Mas não ocorreu o mesmo com Lévinas, quando Derrida, ao ler *Totalité et Infini*, tece uma longa reflexão e conclui perguntando-se: "Somos judeus? Somos gregos?" (1964, p. 227). Analogamente poderíamos nos perguntar: somos ocidentais? Somos americanos? É a energia dessa questão que move a argumentação de Kusch. Essa questão também foi levantada por Matuschka e Castro-Gómez. O primeiro se pergunta: "Como usar verbos de origem europeia para expressar o ameríndio? Tal coisa seria correr o risco de interpolar estruturas de pensamento alheias. E mais: estruturas euro-ocidentais, exatamente aquelas que se quer conscientemente evitar" (MATUSCHKA, 1994, p. 129); o segundo, por sua vez, critica o fato de que Kusch enuncia um conhecimento-outro desde uma episteme ocidental e faz emergir dela uma exterioridade a ela mesma, o que se constitui numa contradição (CASTRO-GÓMEZ, 2011, p. 168). Mas o Estrangeiro de *Sofista*, de Platão, não cometeu seu parricídio enunciando a exterioridade do ser no não ser? Por isso, a nosso ver, os críticos de Kusch não tomam em consideração o fato de ele não buscar um termo arbitrário à realidade americana. Ainda que seja "herético" do ponto de vista filosófico, "estar" possui um sulco histórico na língua continental. Logo, já não é mais somente ocidental, pelo que a extensão de seus significados na realidade americana se torna fática.

Se o pensar, o sentir e o atuar indígena eram apreendidos como *ira divina* e não como um *devir* ao modo ocidental, e se essa *ira* o indígena a sentia à flor da pele ou à porta da consciência (*AP*, p. 107), então a cultura indígena formulava uma compreensão própria e, ao mesmo tempo, uma estratégia de resolução diante da mesma. De um lado, encontramos a solução como conjuração do mundo; de outro, está a língua que expressa essa imobilidade do sujeito. Em quéchua, por exemplo, "não há verbos que designem conceitos abstratos, mas somente sinalizam uma adjudicação passageira de qualidades a um sujeito passivo. O sujeito não se altera na ação, mas muda tonalidade ou colorido segundo a qualidade que o tinge" (*AP*, p. 108). Kusch vê no verbo copulativo *cay* o equivalente aos verbos ocidentais *ser* e *estar*. Esse é também um demonstrativo, mas como copulativo tem o mesmo peso que *estar*. Portanto, infere ele, a língua quéchua não possui a abstração do movimento, mas adjudica qualidades aos substantivos, e isso explicaria também o fato de que, na mentalidade indígena, "em todas as ordens, se adverte essa conjugação como uma simples justaposição de desinências ao modo demonstrativo" (*AP*, p. 108). Entretanto, essa interpretação de Kusch foi contestada por linguistas em dois aspectos que, porém, não invalidam a sua ontologia sobre o *estar* atribuída ao pensamento americano em geral. Segundo o linguista Domingos Bravo, Kusch está equivocado em relação aos verbos quéchuas, já que os verbos dessa língua têm conjugações, desinências e funções gramaticais equivalentes às do castelhano.[11] Segundo a investigação de Fernández com falantes da língua quéchua, Kusch se fundamentou em estudiosos do quéchua que partem do modelo gramatical latino e outras línguas estrangeiras, o que nem sempre se adéqua ao "sentir" da língua quéchua mesma. Esse autor conclui que "*cay*" não é um verbo, mas um demonstrativo (= *isto*), por isso o erro de Kusch foi ter considerado esse termo como um verbo por ter investigado intérpretes de tradição externa ao quéchua. A conjugação do mesmo, de fato, faz-se a partir da partícula *ca-n*, e não *cay*. Mesmo assim, Kusch estava certo com respeito à sua descoberta do funcionamento da estrutura não abstrata do quéchua:

> Em quéchua, o *estar* se forma com *ca*, seguido do sufixo sha: *ca+sha+ni* que corresponde à eu estou (lavando, cozinhando...). Seu uso sempre é relacional. O sujeito quéchua possui as características das línguas aglutinantes: aglutinam junto às raízes muitos sufixos e reúnem ao mesmo sujeito,

11 Sobre essa argumentação, veja: SADA, *Los caminos americanos de la filosofía en Rodolfo Kusch* (1996, p. 92).

> o verbo e os predicados. Kusch, pois, não estava longe da realidade ao destacar a ausência de verbos que designem conceitos abstratos. [...] Esther Balboa comenta que em quéchua não existem lexemas abstratos, mas somente sufixos que, em modo de espiral e a partir do contexto concreto – e somente deste –, convertem em abstrata uma palavra (FERNÁNDEZ, 1999, p. 136, grifos do autor).

Em *El pensamento indígena y popular en América* (1970), Kusch se aproxima do termo *utcatha* provindo da língua aymará para explicitar o pensamento indígena como um pensamento fundado na noção do *estar*. Essa obra nasce de investigações de campo realizadas em 1967 no noroeste da Argentina e visa, diz nosso autor, "resgatar um estilo de pensar que, creio, se dá no fundo da América e que mantém certa vigência nas populações crioulas" (*PIPA*, p. 259). Se em *América profunda* Kusch busca afirmar o *estar* como um termo filosófico acostando-o a termos tais como o *Dasein* de Heidegger, o *Ecceidade* de Duns Scoto ou mesmo o *Assim-Chegado* do budismo, em *El pensamento indígena y popular en América* ele busca afirmar o *estar* a partir dele mesmo, ou seja, de uma fenomenologia do termo, tomando distância em relação aos conceitos acima mencionados por aquilo que eles têm de conotações com registros alheios. Com exceção da noção budista, ele se aproxima agora do *estar* a partir das noções do conhecimento indígena, particularmente aymará. Temos, então, uma obra cheia de termos radicais e sufixos dessa língua e do quéchua, por meio dos quais nosso autor vai fazendo emergir as diferenças entre as conotações dadas ao *estar castelhano*: *stare* como *estar em pé*, que implica inquietude, acidentalidade e circunstancialidade; e ao *estar* aymará: *utcatha* como *estar sentado*, que difere de *sedere* (latim) e que significa também *estar sentado* e em castelhano se traduz por *ser*. As várias combinações de sufixos à raiz *uta* dão-nos noções tais como: *utcatha* como habitualidade; *utcanã* como assento e também mãe ou ventre que concebe. Kusch relaciona-os com a noção de *estar* no contexto em que esse verbo se dá na cultura aymará: "utcatha se associa com *estar* no sentido de habitar, também como assento, ventre, *mita*, ou seja, trabalho comunitário e, finalmente, com praça ou centro da comunidade" (*PIPA*, p. 378, grifos nossos). Ligado a essas noções em aymará e também ao quéchua (*ca*), Kusch liga um outro conceito muito importante para o pensamento indígena: o de *pacha*, que significa "não mais que viver". O termo está ainda vinculado a outras acepções, principalmente

> [...] com as coisas nomináveis, o que chamamos habitat no aqui e agora, e não muito longe do alimento. A isso se agrega que *pacha* se sustenta entre uma dilaceração de dois extremos inomináveis, um vantajoso e o outro

> nefasto, *pacha* de cima e de dentro [...]. Por sua vez, em qualquer momento este *pacha* pode inverter-se porque assim funciona a lei do cosmos. Disso advém o conceito de homem como azar e também a necessidade de ritual para manter a estabilidade do habitat (*PIPA*, p. 380-381, grifos do autor).

Kusch considera que o pensamento indígena não faz discriminação entre o saber e o viver. Seu saber gira em torno do mesmo viver, mais próximo daquele que se dá no budismo do que aquele que se dá no Ocidente. Kusch aproxima muitas vezes o pensamento incaico ao budismo pelo fato de ambos estarem ligados a uma "fenomenologia" da vida cotidiana, a partir da qual se estrutura a religião. Uma menção que talvez explicite melhor essa relação, dentre as tantas, é a seguinte: "a comparação com o budismo não é desconhecida. O pensamento indígena e o budismo começam do mesmo ponto e movem as mesmas fontes. Partem, em suma, da única vivência realmente filosófica: a surpresa de descobrir a encruzilhada que se dá no mero estar, para suportar o sentido do absoluto, embora por negação" (*PIPA*, p. 546). O conceito de *pacha* não é, portanto, apenas o "solo", como comumente se traduz, mas nem menos "existência", antes se aplica ao *mero viver* ou ao *não mais que viver*. Em outras palavras, é o "assim" do mundo, o seu puro acontecer: "um mundo tomado pelo seu *assim* é visto como um puro acontecer e não como um cenário povoado de objetos. Nele interessa muito mais a tonalidade favorável ou desfavorável das coisas que a solidez material destas", diz Kusch (*PIPA*, p. 334). Daí advém que a experiência do *estar* "faz referência a uma experiência do real onde não entra a definição, onde o sujeito não se compromete na ação, onde a consciência do estar significa um afã de plenitude que não se satisfaz com a ação dos objetos" (SADA, 1996, p. 118-119). Ora, essa é precisamente uma concepção de mundo que se dá na América.

Por fim, *estar* como verbo da América é também uma metáfora intercultural com sentido de "balanço" ou "liquidação", para usar um termo da economia que Kusch menciona (*AP*, p. 165) e que torna explícitas as conquistas da espécie. Ele lembra que nesse encontro de duas experiências diferentes há algo que as une, para além da resolução pela força, entre o lapso de tempo que se dá entre as primeiras tribos que ocuparam Abya Ayala e a chegada dos conquistadores:

> Não é estranho que do leste da Ásia a espécie se distribui em dois grandes grupos e, enquanto a indígena vai para o interior do continente americano para manter o clima pré-histórico com suas antigas soluções na ordem

> social e cultural, a que agora chamamos ocidental também chega à América, porém só depois de um longo processo durante o qual percorre as planícies euroasiáticas, até culminar na experiência urbana da Europa? (*AP*, p. 164-165).

Embora as duas experiências possam ter tido o mesmo ponto de partida, o ponto de chegada se resolveu diversamente e o seu reencontro se deu como violência e também como fruto. Como afirma Matuschka, "a América é o teatro onde se desenrola o drama do reencontro da cultura ancestral, estática e autêntica do estar, surgida na Ásia. Ali se bifurcou e em sua viagem ao Ocidente adquire a cultura do ser, e ao Oriente, por meio do Estreito de Behring, chega à América e mantém a visão do mundo indígena de forma pura. A América se torna lugar de contato com a chegada dos colonizadores" (1994, p. 130). O balanço, nesse caso, está se fazendo por várias vias: por meio da *fagocitación*, que afirma o *ser* a despeito do *estar*, mas que, ainda que a ordem do *ser* tenda a se absolutizar, o *estar* irredutível resiste; por meio de uma negatividade afirmativa, o que veremos a seguir; e assim também por via da filosofia intercultural e do seu esforço no sentido de fazer com que a *alteridade* que constituiu uma estrutura própria da América possa ser vivida conscientemente. A filosofia intercultural tem, por isso, o papel de trazer à consciência uma "distância cultural" (ASTRAIN, 2006, p. 153) que, no caso da América, é simultaneamente interioridade e exterioridade.

CAPÍTULO X

NEGAÇÃO QUE AFIRMA: A TEORIA DO CONHECIMENTO DO *ESTAR*

As incursões de Kusch pelos planaltos da América do Sul e periferias de Buenos Aires para investigar o pensamento indígena e popular parecem intencionar um encontro que se caracteriza pelo *acesso ao outro como outro*. Um acesso carregado de extrema preocupação ética no sentido de que não se trata do *outro teórico*, mas do *outro em carne e osso* e de uma relação face a face de fato. Há aqui uma crítica ao perigo de teorizar o *outro* como instrumental alheio de análise e inculturado, mas que não chega à verdadeira relação e, por conseguinte, pode recair na violência da dissimulação especulativa. O que Kusch quer evitar é precisamente uma filosofia *sobre* o *outro*, eximindo-se da responsabilidade ética como pensador. Ele quer tomar em consideração o *outro* como igualmente possuidor de um saber e, por isso, necessariamente participante desse filosofar. Aqui se encontra um aspecto ético e intercultural do método de Kusch, sustentado pela concepção de "sujeito filosofante" que ele assume. Em relação a isso, Estermann (1998, p. 73-74) faz algumas distinções que gostaríamos de considerar aqui, para melhor compreender o método de Kusch. Ele lembra que a filosofia no Ocidente é um operar profissional, isto é, uma ação de sujeitos identificáveis e destinada igualmente a indivíduos receptores. Pelo fato da personalização do sujeito filosófico, a mesma filosofia toma um sentido "universal" que está acima do fenômeno cultural contextual ou monocultural e assim se torna uma espécie de supra cultura que, precisamente, por deixar o contexto no anonimato, considera-o como não filosófico com relação ao discurso (texto) filosófico. Do mesmo modo, a agrafidade de uma cultura ao lado do anonimato contextual resultou frequentemente na negação da existência de uma filosofia. Aqui entramos no problema irresoluto entre os autores acerca do que se entende por "filosofia". No núcleo dessa discussão levantada por Estermann está o fato de que, no caso da filosofia andina, temos tanto uma ausência de textos quanto de filósofos individuais. Mas a existência destes seria uma *conditio sine qua non* para determinar que exista uma filosofia? Kusch parece levar em consideração essa problemática da agrafidade da cultura indígena e popular e empreende uma relação entre o "sujeito filosofante" e o filósofo como a constituição de uma relação de alteridades com caráter intercultural. Logo, a ética emergirá de um fundo não filosoficamente explicitado, mas do *factum* do encontro, o qual determinará também a interculturalidade dessa relação e daí partirá toda a sua hermenêutica do pensamento indígena e popular.

Assumir o sujeito filosofante implica, portanto, encontrar-se com ele/ela face a face. Assim, aceder a uma filosofia intercultural como resultado reflexivo desse encontro com esses homens e mulheres significa, simultaneamente, participar de seu *habitat*, de seu mundo cultural. Daí que Kusch pessoalmente se submete às experiências dialogantes e vivenciais, por meio de viagens pelos platôs da Argentina, Bolívia e Peru, a fim de encontrar pessoas e comunidades e conviver com as mesmas; frequentar ruas e cafés da periferia de grandes cidades onde caminham as pessoas comuns e anônimas da mesma; submeter-se a ritos de conjuração ou bênçãos indígenas; visitar sítios arqueológicos pré-colombianos; entrar em contato estreito com artistas, sejam eles da estatuária americana, da poesia ou de outras performances artísticas, como os cantores populares – figuras tais como Anastasio Quiroga, folclorista argentino com quem teve muitos colóquios (*LNCA*, p. 556) –, as danças do tango e da zamba; seguir o ritual das partidas de futebol etc. Essas e outras são as situações do viver popular nas quais ele encontra o "sujeito" de sua filosofia. A fim de manter o *outro como outro e em seu lugar* e a fidelidade ao significado ético do termo "*assumir*" – porque, "no caso de um diálogo, o problema não se reduz somente à mensagem, mas à existência dos interlocutores" (*EAFA*, p. 251) –, ele assim justifica as investigações com *Informantes*: "Daí a importância do trabalho de campo como um dos meios para determinar o que ocorre com o sujeito filosofante. Em dito trabalho, o outro se converte em símbolo, ainda quando pudesse aparecer como homem real ante o qual, no entanto, devo operar dentro de uma hermenêutica que me dê o conteúdo do filosofar" (*GHA*, p. 189).

O método consiste em ouvir o sujeito filosofante que faz o discurso de sua cultura oralmente. Nessas incursões em que um informante é escolhido, Kusch leva consigo um aparelho registrador, depois transcreve esse discurso e então "desentranha" a intencionalidade que no mesmo se inscreve.

A título de exemplo, mencionamos duas situações dentre as suas transcrições e análises. A primeira, a de Felipe Cota, um camponês boliviano de Challavito, na qual Kusch aclara o seu próprio papel de filósofo: "Cota diz o significante cujo significado corre por nossa conta. Antes de tudo, o discurso de Cota é próprio de uma consciência mítica. Esta, por sua vez, caracteriza o pensamento popular, e Cota representa o caso extremo dessa consciência" (*GHA*, p. 195). Na segunda situação, Kusch realiza um trabalho de campo com seus estudantes e escuta a narração de uma mulher de Cerrillos, em Salta, na Argentina, e reafirma esse cuidado com a relação ética ao proceder a análise: "para proceder à análise do discurso, tratou-se de que o meramente antropológico se dilua na antropologia filosófica para chegar a esse ponto no qual o informante deixa de ser um mero objeto para converter-se em sujeito e, finalmente, esse sujeito, por sua vez, se dilua no puramente humano" (*EAFA*, p. 264-265).

Precavendo-se para não instrumentalizar o outro, Kusch necessita distanciar-se de conceitos habituais, tais como civilizado, primitivo, culto, inculto, como afirma Mareque: "Para Kusch, a investigação deve estar aberta à possibilidade de que apareçam racionalidades diferentes ou quiçá, mais profundas. Desse modo, a investigação se converte em comunicação, pois desaparece a relação investigador-investigado e surge a possibilidade da convivência entre ambos" (1984, p. 93). Trata-se, pois, de uma *epoché* realizada no ato mesmo de dialogar. Por isso, o diálogo se realiza em torno do que está em primeiro plano, no qual se dá a "mecânica" e a "estrutura do discurso", pois assim "se cria entre o investigador e o discurso em questão um espaço de interculturalidade e, por conseguinte, o problema se estabelece no captar a rede de significados que corresponde, por assim dizer, à cultura de certo modo heterogênea, revelada no discurso em questão" (*EAFA*, p. 266). Imediatamente emerge o problema da interculturalidade entre o *filósofo* e o *informante*, pois Kusch reconhece que se trata de imergir em dois códigos, pois tanto um quanto o outro se encerram em sua própria cultura, linguagem e horizonte simbólico (*GHA*, p. 211). Como transpor esse vazio? É para responder a essa questão que o autor ensaia uma fenomenologia da razão indígena e popular e do seu modo de operar.

Tendo, então, considerado a problemática estrutural que emerge do registro do *estar* como um modo de ser do humano, mas especialmente do americano, e tendo considerado sua relação com o *ser* e as consequências para a filosofia americana que emergem dessa relação, focalizaremos agora nossa análise na teoria do conhecimento *americano* elaborada por Kusch. Posteriormente, ele discutiu essa reflexão com o *Grupo argentino de investigações sobre filosofia da religião*. No presente capítulo, refletiremos sobre a implicação do *estar* no pensar lógico americano. A questão é: como pensa o pensamento do *estar*?

10.1 A lógica da negação que acessa o *puro estar*

Kusch se interroga: "Na América, o Ocidente é um episódio e não uma totalidade?" (*LNCA*, p. 557). Citamos dois eventos que parecem levar nosso autor a formular tal questão e que sintetizam o que acontece com o pensamento americano, ou pensamento inverso àquele comumente realizado no Ocidente:

1) Kusch assiste a um ritual de bênção de um caminhão na localidade de Eucaliptos, na Bolívia, onde predomina a cultura aymará. No rito, o caminhão foi colocado entre duas construções: uma denominada *Gloria*, que simboliza a prodigalidade e está ligada ao Deus cristão; a outra, *Anchanchu*, simboliza, por sua vez, o que é nefasto, e está ligada à cultura aymará. Como compreender o fato de que o caminhão, sendo ele um objeto (instrumento) essencialmente ocidental e resultado de uma lógica científica necessite ser submetido a um ritual para poder operar? Kusch busca responder do seguinte modo:

> É o poder de ser essencial que dá sentido ao existir. [...] Gloria e Achanchu partem da falsidade original do existir e submergem o caminhão num horizonte simbólico condicionado pela cultura aymará. Simbolizam o pedido de uma verdade do existir. Esta verdade ultrapassa o caminhão. Este representa uma verdade menor e circunstancial. O caminhão é um episódio dentro da totalidade do ritual. O que vale é o ritual porque ampara a possibilidade de operar existencialmente com o caminhão. Isto é o inverso do Ocidente no qual o caminhão vale por si mesmo, sem ritual. Nisto se encontra uma espécie de supra racionalidade americana que se apoia na afirmação dessa totalidade (*LNCA*, p. 555-556).

A "inversão" de que fala Kusch é o mesmo que "negação", mas não em sentido matemático, e sim semântico, e a partir do ângulo existencial. Isso porque o sentido de verdade, diz ele, varia entre uma e outra: "no primeiro caso a verdade consiste em uma coincidência entre pensamento e realidade; no segundo, é entendida em seu sentido ontológico, como vinculada ao ser do existente" (*LNCA*, p. 550). Mesmo assim, a afirmação matemática é feita pelo ser de um existente e, por isso, mantém a possibilidade existencial e até mesmo a do absurdo, e emerge também de um fundo ontológico. Porém, a ciência é uma verdade de afirmação, e o pensamento moderno se caracteriza por uma "urgência de afirmar", diz Kusch. Ora, o que ocorre com a possibilidade existencial em que nem tudo é afirmável? Dá-se uma residualização do que não pode ser afirmado, do que não se cumpre como ciência. É aqui, então, que a verdade científica ou de afirmação não pode dizer tudo o que há de verdade porque lhe escapa a verdade ontológica: "Tudo o que faz a ontologia, a verdade matemática inverte. Cabe então pensar que, se à matemática corresponde uma lógica de afirmação, o específico da ontologia seria uma lógica de negação?" (*LNCA*, p. 551).

A argumentação de Kusch parece querer alcançar dois objetivos: o primeiro é o problema da existência - que é amplo; o segundo é a relação com a afirmação da ciência - que é mais reduzido. A existência requer uma intuição da totalidade dentro da qual eu afirmo meu ser, ou seja, diz Kusch, eu existo enquanto projeto a afirmação de meu ser, a possibilidade de ser: "esse projeto participa da totalidade do ser. Na realidade, não interessa se este se realiza ou não. Meu viver está disposto sobre sua realização e, acima de tudo, sobre a suposição de que isto é possível" (*LNCA*, p. 552). Na verdade, parto do axioma de uma falsidade que se opõe ao meu projeto de existir, que é a circunstância. Afirmo, portanto, meu ser a partir dessa negação da circunstância. É aqui que entra, diz Kusch, a razão de ser de uma cultura, pois é ela que me propicia um "horizonte simbólico", que regulamenta a totalização da realidade intuída dentro da qual eu tenho a possibilidade de realizar meu projeto existencial. Logo,

> O ponto de partida para isso é o puro existir ou, como diríamos na América, o puro estar como um estar aqui e agora, cercado pela negação, ou seja, pelas circunstâncias. E isto leva a um axioma. Se vivo a falsidade e quero chegar à verdade de ser, se a lógica do viver é uma lógica simetricamente inversa à lógica científica, cabe afirmar que a lógica como ciência ou a ciência mesma são apenas um episódio da lógica do viver. Em síntese: existo, logo penso - e não vice-versa. Por isso a verdade matemática é só um episódio da verdade ontológica. A pretensão ocidental neste sentido de encontrar uma ciência universal é falsa. Em vez de ciência se pode falar apenas de uma atitude metódica. Ademais, como o existir é básico, o único universal é o existir mesmo (*LNCA*, p. 553).

A consequência disso é que, se a ciência supõe o enfrentamento do objeto pelo sujeito, este, por sua vez, supõe a compreensão do mecanismo total do existir, sua possibilidade de ser em seu próprio horizonte cultural, isto é, sua totalização. Assim se explica a *con-sagração* do caminhão em Eucaliptos. Este, como um episódio de afirmação científica ocidental, deve ser afirmado no horizonte cultural aymará, inserido na perspectiva de sua totalidade para que ganhe consistência ontológica, em outras palavras: verdade existencial.

2) O segundo exemplo é a afirmação de Quiroga sobre a "natureza" que ordena o universo e lhe dá verdadeira consistência: "Somente a partir da

natureza Quiroga pode negar o que acontece, ou melhor, negava o que a partir de um ponto de vista ocidental se afirma [a cidade]. O seu operar lógico era por negação. [...] uma espécie de operador seminal, [...] que lhe servia para dar sentido ao mundo" (*LNCA*, p. 557). Em ambos os casos – o do caminhão e o de Quiroga –, dá-se uma super-racionalidade que opera na recuperação de resíduos que a afirmação científica inutilizou. É aquele substrato ontológico relegado ao inconsciente como, por exemplo, a emoção, geralmente considerada irracional. Porém, diz Kusch, segundo os estudos de Carl G. Jung, a emoção mais parece ter uma racionalidade própria que influencia a estrutura da psique que uma irracionalidade. Falta-lhe expressão, pois, enquanto a afirmação delimita, a emoção – embora relegada – é parte da totalidade do ser, ou da integralidade do sujeito. Em Quiroga, por sua vez, o

> [...] discurso é acompanhado de um antidiscurso que nega o dito, e entre ambos se constituirá uma armadilha lógica a fim de que o emocional ofereça um termo que sirva de operador seminal, como é o de natureza. Este não surge do raciocínio proposicional, mas no âmbito da intuição emocional e à margem do conhecer e do inteligir. Quem sabe seja por isso mesmo que este conceito lhe servia de elemento de referência para manter a vigência de sua possibilidade de ser, posta em prática frente às ameaças da grande cidade (*LNCA*, p. 558).

Existe, então, um método que opera por negação, em sentido inverso à possibilidade de ser? Kusch afirma que é nesse campo residualizado pela atitude ocidental científica que vamos encontrar a verdade da existência, ou seja, a verdade do *estar* como terra virgem, desde onde projetamos a possibilidade de ser. O *ser* como afirmação emerge de uma base negativa, indeterminada que foi comumente relegada ao irracional ou emocional, mas que, na verdade, opera uma lógica invertida e antagônica em relação à intelectual com a qual estamos habituados. Essa racionalidade é a que encontramos em Quiroga e nos bruxos de Eucaliptos que consagram o caminhão. Ela compensa a intelectualização, seja das grandes *urbes* ou do puro caminhão, como diz Kusch (*LNCA*, p. 564). Esse é o horizonte do *estar* que condiciona o *ser* do existente. Por isso, entrando na análise dessa negação chegamos a esse *estar* puro e simples como um *estar aí existindo*, desde onde se projeta a possibilidade de ser.

10.2 Da negação à fórmula "*estar-sendo*"

Em *La negación en el pensamiento popular*, de 1975, Kusch já havia analisado essa problemática do *duplo vetor* por meio do qual opera o pensamento americano. Kusch elabora esse conceito para analisar o ritual de consagração do caminhão de Eucaliptos, na Bolívia. O vetor intelectual que vê no caminhão um objeto e o vetor emocional que vê neste uma carga de sinais e significados divinos. Nessa obra ele narra e analisa o fato, mas retorna constantemente a essa problemática dos dois horizontes culturais. Ali a lógica da negação é tratada do ponto de vista ontológico e depois aplicada à análise de vários aspectos da vida americana. Não entraremos nessa análise na qual Kusch tira as consequências práticas da lógica da negação, pois ela é bastante extensa, e nos desviaríamos do nosso foco de atenção. Entretanto, lembramos aqui o que também Mareque afirma sobre esse modo de operar do pensamento indígena e popular de que, quem compra um caminhão no altiplano, não o utiliza tal como alguém da cultura urbana atual que o compra. Por isso ele se pergunta: "Que relação há – se há alguma –, entre ambos os modos de pensar?" (1984, p. 97). Kusch não vê uma evolução do modo do primeiro para o segundo numa ordem dialética, pois na vida urbana também existem as bênçãos, crenças e superstições. O que ocorre é que na *urbe* cientifico-técnica esses elementos do humano se quedam disfarçados e desvirtuados, o que prova que essa dupla vetorialidade é, portanto, uma constante do pensamento humano em geral, e não apenas do indígena e popular. A importância e atualidade de identificar ambos vetores tem sua razão de ser para a compreensão da vida política sul-americana, em como as culturas do continente acentuam um ou outro ou operam com os dois de modo simultâneo. A questão aparece bastante complexa e Kusch percebe a dificuldade de pensar a racionalidade indígena com instrumentais ocidentais:

> Esta diferenciação entre a negação e a afirmação, na América, conduz à delimitação do que é e do que está. Delimitação esta que não pode ser senão ontológica. Não posso tomar como fato verdadeiro o que *é*, mas o que também está. Tudo que se refere ao estar é o que foi dito sobre o projeto de ser. O estar é a condição, por sua negatividade, da possibilidade de ser. É a infraestrutura da possibilidade. Meu projeto existencial só é possível se há negatividade no horizonte em que me instalei (*NPP*, p. 646-647).

Porém, como estabelecer uma conexão entre esses dois vetores que coexistem, a fim de não cair numa dicotomia ou na incomensuralidade de ontologias? Como vimos acima, na análise dos dois exemplos, Kusch expõe o modelo da negatividade do *estar* no operar prático, no caso do ritual de Eucaliptos, ou no juízo sobre o mundo, no operar discursivo de Quiroga. O modelo da afirmação, que corresponde ao *ser*, também opera em nós, sobretudo na cidade, entre as classes médias que creem ser ou buscam *ser-alguém*, diz ele. Mas na cidade afirmam-se também a tecnologia, a economia, a sociologia. Até o marxismo afirma o que se passa com o capitalismo. Isso vai se infiltrando na América desde a Europa, porém são afirmações de "outros" sobre uma realidade que, todavia, não somos nós – os americanos. É quando se instala um ressentimento que se enraíza entre as verdades que nos afirmam e aquilo que negamos: "Nisto sofremos como um abandono existencial. Há, evidentemente, uma diferença considerável entre minha existência e a proposta para ser, ou seja, algo como uma contradição entre minha vida e o papel que devo jogar, uma oposição entre aquilo em que *estou* e o que devo *ser*" (*NPP*, p. 652, grifos do autor). Essa dilaceração ontológica revela a anterioridade do próprio *estar* frente ao *ser* dos outros, ou seja: o Ocidente *não está* – mas sempre *é*, enquanto o americano sempre *está*. E, ao final e no fundo, *todos estamos*. Essas análises comparativas de Kusch são carregadas de ironia e, às vezes, de humor, o que é preciso levar em conta para distinguir entre sua expressão narrativa e seu rigor filosófico. Um exemplo é uma sociologia acadêmica na qual os negros não entram (*NPP*, p. 651).

Uma afirmação difícil de ser justificada e que Kusch tenta explicar fazendo uso mais uma vez da metáfora: o avião. Ele o descreve como "fenômeno físico-matemático e evidentemente inabitual" e, ainda, como "monstruosidade eletrônica que sai da cotidianidade" (*NPP*, p. 654). Tudo isso desaparece quando entramos em um avião e nele viajamos, pois dentro dele tudo é disposto de modo a nos sentirmos como se estivéssemos em terra, instalados no habitual. E que pese, ao fim, a sua lógica de afirmação, sua habitualidade é sua negação, pois perpetua meu puro viver, meu puro estar: "Desde o puro estar, deixou de ser coisa para ser um símbolo. [...] E nesta passagem do avião como coisa ao avião como símbolo, [...] cresce uma forma de pensar seminal e decresce o pensar causal" (*NPP*, p. 655). Logo, nasce uma relação nova entre eu e o avião que utilizo: "Minha relação desde o ponto de vista do estar, com referência ao avião, vai do estar ao ser. Do avião se aproveita meu estar, ou seja, minha habitualidade. O *é* do avião é questionado para abrir caminho ao meu próprio *é*. Isto nos leva à fórmula do estar-sendo" (*NPP*, p. 656, grifos do autor). Na verdade, a fórmula *estar-sendo* é desenvolvida com base na possibilidade de *ser* como negação, ou seja, anterior à afirmação, a partir do *estar*. Em síntese, diz Kusch:

> É o mundo do *estar-sendo* frente a um avião que somente *é*, mas que não converte em ser aquilo em que estou – simplesmente perpetua meu estar [minha habitualidade]. Com a negação faço referência ao que está e que

> não afirmo, do qual não digo que é, mas que *está*: está a música, a gentileza da comissária de bordo, e nada *é*. A negação conduz ao que *está*, e tudo o que *é* fica submerso no *estar* (*NPP*, p. 656, grifos do autor).

Parece-nos que a fórmula *estar-sendo* de Kusch é outro nome para o mesmo processo de *fagocitación*, que se dá somente ao seu inverso. Isso porque o habitual devora o objeto afirmado e faz com que tudo esteja como que instalado numa anterioridade, a fim de que possa em algum momento *ser*. A publicidade e a inovação dos objetos de consumo, por exemplo, apontam para essa verdade, diz Kusch. É necessário estimular o consumo de novas coisas, afirmar sempre de novo sua existência, seus novos modos de ser para que os objetos não sejam engolidos pelo regime do *estar*, do *habitual*.

10.2.1 Estar-sendo: estrutura existencial e decisão cultural americana

Na América, segundo Kusch, prevalece a fórmula do *estar-sendo*, ou *estar para ser*. E em mais de quinhentos anos essa fórmula não se alterou, segundo as investigações de nosso autor. Vive-se negando o que se afirma. Mas a fórmula é somente americana ou é universal? – pergunta-se ele. Talvez seja válida de modo geral, pois o *estar* como negação ou possibilidade de *ser* é abertura. Logo, a negação não nega realmente, mas afirma, mobiliza a instalação de todo o nosso fazer. A possibilidade de ser de tudo é sempre renovada, implica ser sempre atualizada: "até ao ponto em que transcende o nível do simples *eu* e entra no profundo de *um*, enquanto *um é* o que os *outros* também *são*. No fundo de tudo não estou eu, mas *estamos nós* (*NPP*, p. 672, grifos do autor). Aqui começa a despontar a força ética que comporta a noção do *estar*, que trataremos adiante. Ela se dá por uma negação do ser que se afirma como "é".

Por agora desejamos considerar essa última elaboração de Kusch a respeito do *estar*, na qual ele o analisa numa relação interdependente com o *ser* e não mais como oposição. Ou seja, *ser* e *estar* só se podem dar em relação, e nisso parece se explicitar uma espécie de metafísica kuscheana. Enquanto a análise do fático da vida americana parece estabelecer uma oposição – lembramos que Kusch havia partido do fático da arte, dos ritos, dos discursos orais –, ele quer agora afrontar o teórico buscando explicitar a paradoxal posição do "espírito" americano dividido ou participando de dois paradigmas. Mignolo (2010, p. xxxii) observa que Kusch, sendo descendente de europeus e vivendo e refletindo desde a experiência indígena e popular, representa autenticamente o modelo de *epistemologia de fronteira* que está no fundamento da filosofia decolonial e exerce uma desobediência dos princípios do conhecimento da tradição para pensar a partir de uma outra experiência, que determina e nutre um outro sistema.

Em primeiro lugar, é preciso lembrar que vemos em Kusch uma crítica um tanto rígida ao pensamento ocidental. Sua visão do *ser* parece reduzida a uma concepção moderna de *ser* como realização, como ato de *ser-alguém*, parecendo, às vezes, significar só uma representação. Talvez, a concepção do ser de Kusch seja influenciada pela crítica de Heidegger e de sua visão do *ser* como *história do ser*.[1] Mas a argumentação de Kusch quer demonstrar uma visão do humano não somente pensada desde o paradigma ocidental moderno, pois ele se expõe a um conteúdo em que as categorias do ser não capturam e nem exprimem seu sistema. Tais são, por exemplo, os discursos de informantes analisados por Kusch como o de Sebastiana (*EAFA*, p. 264-290) e o de Felipe Cota (*GHA*, p. 189-203), os quais se estruturam, antes, como *antidiscurso* em relação a qualquer sistematização da lógica proposicional. Lembramos que a análise do *antidiscurso* busca identificar a problemática da lógica dos discursos da fala popular e cotidiana nos quais predomina a *doxa*, o pensamento mítico e simbólico, afirmando, porém, a sua não contradição, uma vez que tais discursos partem sempre de um operador seminal que se situa no emocional, e não no racional (*NPP*, p. 585-592). Partindo do *estar*, Kusch intenta exprimir uma inteligibilidade acerca do projeto de existir correspondente ao mesmo, enquanto lhe permite uma abordagem mais ampla, abrangendo também como mencionado, o emocional (símbolo), a opinião (*doxa*) e a afirmação do ser (*é*). Para ele – e reiterado pelas suas investigações do homem americano –, o afirmar-se do *ser* esquecendo-se do *estar* se converte em atuar desde uma negação. Com respeito a isso, Sada afirma que o ceticismo de Kusch golpeia a racionalidade a partir de Sócrates, uma vez que desde esse grego entendemos por argumento uma exposição intelectual, guiada por regras da mesma razão, que busca alcançar objetiva e visivelmente a verdade. Kusch, em vez, "denuncia uma modalidade ocidental que consiste em afirmar visivelmente a racionalidade, porém, ao afirmar-se sobre o ser e não sobre o estar, nega-a em profundidade" (1996, p. 128).

Se o encontro entre o ocidental e o abyayalense foi um encontro de duas experiências, que se acomodou numa espécie de *fagocitación* ou de uma

1 Sada também tece a seguinte crítica: "Kusch maneja uma ideia por demais rígida sobre o ser, equiparando-o à essência. Porém, temos visto que na tradição clássica o ente é tanto essência quanto existência" (1996, p. 165).

dupla vetorialidade do pensamento e suas consequências culturais e políticas, vejamos agora como Kusch intentará equilibrar essa relação entre *estar* e *ser* como uma resolução na qual eles não se negam mutuamente, mas se energizam pela pressão que cada um exerce sobre o outro, seja a partir da experiência do *estar* na América, onde parece faltar o *ser*, seja como experiência do *ser* no Ocidente, onde o *estar* parece ter sido por demais relegado.

Em *América Profunda*, Kusch havia se referido a Tunupa, o "enviado" do deus Viracocha, que "vai *sendo* mundo". Há uma evolução na fórmula do *estar-sendo*, pois em 1973 nosso autor proferiu uma conferência no Congresso Nacional de Filosofia em Buenos Aires, a qual foi transcrita depois como conclusão em *Geocultura del hombre americano*, editado em 1975, onde ele se confrontava com Heidegger e os seus conceitos: *Verfallen*, *Geworfenheit* e *Dasein*. Frente aos mesmos, Kusch procurou distinguir o *estar*. Segundo ele, Heidegger leva em conta a problemática do viver, mas sua análise é sempre concretizada com referência ao *ser* até ao limite do *não ser*. Isso porque esse é o filosofar ocidental. Heidegger considera o *não ser*, mas só como forma do "aí", ou do *Da*, como o *Da* do *Ser*. Falta em Heidegger, diz Kusch, uma análise do "estar" como horizonte autônomo (*GHA*, p. 233). Por isso, mesmo que Heidegger tenha implicitamente introduzido a compreensão do ser como um "estar" (*Verstehen*), sua análise não implica a compreensão do "poder ser" no horizonte do *estar*, porque de acordo com a raiz "*stehen*" (= estar em pé), isso concerne à *cura*, ao modo de buscar os outros e ser relativo a si mesmo. Logo, essas noções estão referidas ao *ser*. Mas se fazemos uma fenomenologia desde o ângulo do *estar*, então, diz Kusch,

> O *Verstehen*, ou 'compreender', visto desde o ângulo do 'estar', é, então, o horizonte no qual o ser acontece de forma dependente como um 'estar-sendo', uma vez que não transcende o mero estar sinalizador já que este é, nesta última instância, somente algo que se 'pôs em pé'. Assim mesmo, como este 'estar em pé melhorado' se traduz como uma 'possibilidade de ser', ele se deve a um processo de essencialização que converte em ser o que simplesmente 'está em pé', como ao fim de um mero 'destacar-se'. [...] Mas este 'estar-sendo' não será, por sua vez, uma estrutura da consciência natural? Se assim for, qualquer outra determinação que surja de uma reflexão filosófica produz uma inversão de código. O que se dá em nível de 'estar-sendo' não há de dar-se em nível de ser do 'ser-aí' ou de um *esse* aristotélico. A averiguação pelo ser inverte então o código do que é referente ao 'estar'. E se pensamos que nosso viver na América está mais em nível de estar, o resultado é uma tergiversação do sentido desse viver (*GHA*, p. 234-235, grifos do autor).

À parte a sua crítica ao ponto de partida da filosofia acadêmica americana, Kusch quer chamar a atenção para o outro ponto de partida que é o pensar indígena e popular, tão americanos quanto aquele. Desse modo, se a intuição do viver na América gira a partir de dois aspectos, uma parte gira em torno ao *ca-n* incaico ou *utcatha* aymará, cuja tradução literal, como vimos anteriormente, é "estar em casa", domiciliado aqui e agora, arraigado em um *solo*, e outra parte gira em torno a um *Da-Sein* ocidental, com o qual o viver americano não se identifica, mas no qual, de qualquer modo, depois da colonização, ele também se situa, então – se isso acontece – nosso modo de viver se concretiza como um *estar-sendo*, mas muito antes de uma referência ao *ser*. E disso resulta também o nosso peculiar comportamento cultural. Com efeito, nosso horizonte simbólico encerra uma zona indeterminada e outra determinada, e essa sua dupla raiz – a que fixa e a que permanece móvel – é o que caracteriza o que se dá em nosso continente, a América. Por isso, ao concluir sua conferência, Kusch afirma:

> Isto pode nos levar a uma séria reflexão sobre o que acontece com nossa cultura, especialmente o verdadeiro sentido de nossa hibridez. Nossa hibridez radica no fato de não encontrar uma expressão cultural para essa estrutura de nosso viver, o 'estar sendo'. [...] E aqui se encontra o nosso paradoxo existencial. Nossa autenticidade não se fixa no que o Ocidente considera autêntico, mas em desenvolver a estrutura inversa à dita autenticidade, na forma do "estar-sendo" como única possibilidade. Trata-se de outra forma de essencialização a partir de um horizonte próprio. Só o reconhecimento deste último nos dará nossa autenticidade (*GHA*, p. 238-239, grifos do autor).

Embora, e tal como afirma Gazquéz (1989, p. 44), a noção de *estar-sendo* seja a noção mais elaborada de Kusch em diálogo com o Heidegger de *Sein und Zeit*, em seu último livro, *Esbozo de una antropología filosófica americana*, Kusch elabora de forma mais densa essa estrutura do *estar* e argumenta de forma mais clara sobre sua relação com o *ser* como *estar-sendo*. Ele começa perguntando-se: "o que acontece com o estar?" (*EAFA*, p. 353). É na raiz dessa questão que se encontra a dúvida sobre a eficiência desse conceito, pois como afirma o mesmo Kusch, em filosofia só se duvida do que já se sabe.

10.2.2 Estar-sendo: da potência à instalação

Kusch reconhece que o problema do *estar* nasce de uma disciplina alheia à filosofia, que é a antropologia cultural. Podemos dizer que ele faz, em primeiro lugar, uma antropologia cultural à margem da mesma antropologia como ciência: "Kusch, escolheu buscar para além de si mesmo, os sujeitos americanos e reconhece-los e encontra-los tão perto, como nos lugares e circunstâncias de viagem em um coletivo suburbano, desde a janela de um bar da esquina ou quando, sem gravata, o entardecer diluía o entorno comum do escritório, da faculdade ou do banco" (GARRETA, 1989, p. 93). Entretanto, o que justifica a pergunta "o que se passa com o estar?" é, na verdade, um problema intercultural, ou seja: um vazio e uma distância entre a filosofia – esta que exercem os filósofos e filósofas na academia e que radicaliza e objetiva os conteúdos do pensamento – e o pensamento indígena e popular. Há uma distância significativa entre esses pensamentos e, no entanto, também o filósofo e a filósofa estão expostos ao mundo da *doxa* e ao seu substrato simbólico que se retrai. Trata-se, então, de redescobrir o humano, diz Kusch, no limiar entre rigor do pensamento e sua placidez, no qual se estabelece o vazio intercultural, em que o determinável se passa à indeterminação. É a experiência que traz o diálogo do filósofo Kusch com os seus informantes, sejam os sujeitos concretos ou as expressões culturais populares e religiosas como as cerimônias ou as bênçãos dos bruxos dos platôs andinos. Cabe inferir uma explicação a partir do *é* a esse abismo que se abre ao pensamento? Ou haveria um outro modo de afirmar *isto é*? Kusch elabora a questão do seguinte modo: "trata-se de um outro modo de conceber o ser no sentido do determinável ou, antes, se dá um outro eixo àquele que gerou a estabilização de um conceito como o de ser no pensamento ocidental?" (*EAFA*, p. 354-355). Ele se ressente uma vez mais da obsessão pela racionalidade que pervade o pensamento ocidental e deixa cair no irracional tudo que não pode ser determinável. Nesse modelo, ele não vê possibilidade de situar o pensamento popular ou a consciência natural, pois o qualificativo irracional priva dessa possibilidade de resultar numa outra coisa que não a determinação. Logo, segundo ele, o irracional daqueles e mesmo a emocionalidade do humano em geral requerem a existência de um outro modo de racionalidade. E lembra: "tudo isso é visto desde a possibilidade da determinação, ou seja, desde o não saber o que determinar neste outro que se chama 'emocional', talvez porque faltam categorias para ele e, por essa causa, não é visto desde sua interioridade" (*EAFA*, p. 356, grifo do autor). Mas o emocional não seria totalmente irracional, ou o impensável não seria uma nebulosa prévia ao pensar, e sim algo ainda não pensado, diz Kusch, referindo-se ao psicólogo francês Théodule-Armand Ribot (1839-1916) e depois à Michel Foucault (1926-1984), sem, contudo, citar suas obras. Nesse sentido, poderia-se chamar *pré-ôntico*, já que o pensar se refere sempre ao ôntico. Mas esse pré-ôntico não como anterior, e sim como uma base sobre a qual o ôntico se dá como um episódio. Aqui vemos em Kusch a insistência de que o *ser* é vivenciado na América como "episódio" dentro do magma do *estar*:

> [...] não será que o manejo do ôntico e de tudo que se refere a uma ontologia se deve a um fechamento da área do pensável, cuja abertura é vislumbrada por Heidegger, mas que nós, na América, estamos obrigados a extremar? Se se tratasse só de uma aventura filosófica, ao menos em seus primeiros aspectos, chamaríamos *estar* à suposição recém-enunciada. Este é um termo não previsto no pensamento ocidental, mas não podemos negar que intuímos nele muitos aspectos importantes que fazem a peculiaridade de nossa distorção como americanos, especialmente se nos colocamos sob as luzes de uma suposta universalidade (*EAFA*, p. 356-357, grifo do autor).

É preciso, então, aventurar-se, ainda que o preço a pagar seja o acesso a uma universalidade desde o "outro lado", ou seja, desde o profundo do humano, não como conceito, mas como vivência, pois o problema do universal não é do filósofo, e sim dos livros, diz Kusch (*EAFA*, p. 357). A problemática da universalidade da filosofia do *estar* tem sido discutida pelos intérpretes de Kusch, sobretudo aqueles que atuam numa tendência especulativa. Scannone, por exemplo, fala de "*universal situado*" – referindo-se a uma das categorias do estar que é o *solo* como dimensão indeterminável da cultura ou resíduo no qual se situa o sujeito – e também de "*situacionalidade geográfica*" quando trata de categorias kuscheanas ligadas ao *estar*, tais como *nosotros*, *mediação simbólica*, *invalidez ontológica* (SCANNONE, 1984, p. 20). Mas como Kusch propõe a universalidade desde o *estar*? Kusch propõe a categoria de *instalação*, opondo-a à de *causalidade*. Ele argumenta que a partir do *estar* não existe criação (evento gratuito), mas geração, pois de algum modo tudo que se instala, ou todo o devir, cresce desde uma potencialidade vinculada com o *estar*. Isso porque o *estar* tem caráter de *seminalidade*. Lembramos que se deve distinguir as duas noções utilizadas por Kusch: "seminalidade" e "operadores seminais". A primeira parece se aproximar da ideia de *physis* da filosofia clássica, ou seja, uma espécie de razão do mundo; enquanto a segunda são as noções sob as quais uma pessoa organiza a sua compreensão do mundo ou um critério de juízo, tal como o de "natureza" do folclorista Quiroga. Mareque ainda aclara que "o operador seminal opera em nível de mundo simbólico do falante, enquanto que a seminalidade é um modo de ser das coisas" (1984, p. 108). Na *seminalidade* se dá a *potencialidade* de tudo. Para compreender isso é preciso recuperar a "admiração" grega ou também o "assim é" do mundo dos indígenas. Apesar da complexidade desses termos, que sublinhamos e que parecem por demais abstratos, Kusch não intenciona ontologizar abstratamente o problema do *estar*, porque se trata também de "vivência" e, portanto, de indeterminação. Logo, diz ele: "Tudo *está*, porém nem tudo é determinável, já que não se pode dizer: *isto é*, porque com respeito aos deuses varia. [...] O *estar* se refere então a uma globalidade onde se potencializa a seminalidade que instala o *isto* e o *aquilo*, inclusive o *é*" (*EAFA*, p. 359, grifos do autor). É nesse magma, nessa globalidade que se deve então situar o comportamento indígena e seu sistema econômico de trocas, por exemplo. É um circuito de ações, diz Kusch, montado sobre o que meramente *está*, sem que possamos encontrar nisso causas. Do mesmo modo se deve entender o discurso que parte do emocional, com sua lógica inversa e seus mitos, como o de Sebastiana, Cota e Ceferina (*EAFA*, p. 291-311). Neles se manifesta a referência ao *estar* na qual o mundo se dá como ordem e caos. Pode-se ontologizar um mito narrado num desses discursos, mas ele não terá consistência nem subsistência porque é imponderável. Pertence ao seminal.

Mas não ocorreria o mesmo, ainda que em um plano diverso, com a história da ciência e mesmo com a filosofia? Ou seja, diz Kusch: por detrás da pergunta pelas causas frente à crise das ciências, ou por detrás da pergunta sobre o *isto é* científico, não se abre de algum modo uma questão pelo *mero estar* de tudo que se refere ao *isto é*? E quando a filosofia radicaliza rigorosamente a determinação do *isto é*, ou se abre à questão do ser, não aparece aí o termo *nada*? Ora, "na realidade se refere ao estar como potência do estar de tudo, o qual desde o rigor do pensamento é inaceitável" (*EAFA*, p. 360). Portanto, se não encontramos causas, encontramos *seminalidade* que mantém o "assim é" ou o "espanto" diante do devir. Aqui é onde encontramos a *alteridade* que se evidencia na *potência* do *estar*. O espanto que faz emergir a questão "por que?" enuncia já o que *é*. O *estar* permanece no silêncio, subtraído da questão e sem possibilidade de ser explicitado pela linguagem, mas, paradoxalmente, aderido.

10.3 Da alteridade e potência do "estar" à instalação do "estar-sendo"

Para compreender como se dá uma potencialidade, o *ser a si mesmo* como instalado a partir da *alteridade* do *estar*, devemos dar um passo para além de Aristóteles, diz Kusch:

> Isto modificaria o conceito aristotélico de ser em ato e ser em potência. Aristóteles o vê desde o ponto de vista do *ser*, quando pode dar-se a outra

> perspectiva desde o *estar*. O que é potência é o implícito do *estar* e, logo, o que se instala a partir daí é suscetível de *ser*, no plano do *isto é* determinável. O *ser em potência* supõe mais *a potência para o episódio de ser*. Dizer o contrário é introduzir uma possibilidade de racionalizar o que se refere ao *estar*, e o estar, por sua vez, sempre escapa a qualquer determinação. Porém, o termo potência significa mais: não se refere somente a um ato de ser, mas a toda a possibilidade, inclusive a do indeterminado que constitui o instável em geral. [...] Então, há uma característica de *globalidade*, e é isto que, em todo caso, se dá como seminal, ou a possibilidade dele (*EAFA*, p. 360-361, grifos do autor).

E como pensar o passo da potência ao episódio do *ser*, da possibilidade do *isto é*? Kusch não estaria apenas trocando as palavras de Aristóteles ou as de Heidegger da diferença ontológica que ele parece não ter levado tanto em consideração? Kusch argumenta que o *estar* implica *potência* no sentido de *instalação*. A potência faz com que tudo *seja*, e o que *está* excede, enquanto potência, uma infinita possibilidade de ser: "o que *está* é, por sua parte, um *sendo* como transição" (*EAFA*, p. 361, grifos do autor). Não há ética no *estar*, diz ele, porque não se instala um bem permanente, porque o que *é* se dissolve num *sendo* que, no fundo, sempre se refere a um *estar* em geral. Por isso, desde o ponto de vista do viver cotidiano, a potencialidade do *estar* é ameaçadora, porque pode gerar o bem ou o mal, a abundância ou o azar. Essa potência é de tal modo irredutível que faz emergir a necessidade do símbolo para capturar o sentido. Daí que, no caso do indígena e mesmo do pensamento popular, é preciso conjurar os deuses para que o fasto seja gerado. Frente à possibilidade do fasto ou do nefasto irredutíveis, não subsiste mais que – a exemplo do caminhão de Eucaliptos – o rito da consagração, que, para operar, necessita o "sim" dos deuses. Em termos metafísicos, porém, diz Kusch:

> [...] o que *está* não nos diz nada do que *é* que *está*, nem o *estar* faz referência ao *ser*. Apenas e tão somente se supõe o *é* nisso que *está*. Mas o *estar* se refere à *instalação* de algo e não ao *ser* desse algo. Então, do *ser* se pode falar ou não, mas não se pode prescindir do *estar*. O *ser* ou não é mencionado ou serve de referência. Aqui fica a dúvida: poder-se-ia não falar do *ser*? Mas, se do *ser* não se pode falar porque este não é a questão ou o assunto fundamental, o que se pode então dizer do *estar*? Do *estar* nada se pode dizer, senão de sua consequência, ou seja, só como pode se dar a presença do que *é*, porém, sempre à margem do que *está*. Daí que do *estar* se fala somente pelo fato de sua *instalação* (*EAFA*, p. 362, grifos do autor).

E ainda:

> O *estar* se dá na *instabilidade* ou *in-estar* deste mundo onde tudo *é*, porém não na *instabilidade* do outro. Há, então, desde o *estar* uma relação de *alteridade*. Mas enquanto é outro [o estar] exerce sua pressão e por si mesmo possibilita um *fundamento*. A instabilidade deste mundo, que se deve a um *in-estar*, um *não estar* do *estar* no mundo, enquanto este é do *é* [do ser], remete a uma globalidade indeterminada do *estar* mesmo, onde não se infere o 'o quê' desse *estar*, mas se adverte o mesmo somente através de sua pressão. E, porque pressiona, possibilita um criar maior do que o simples *é* (*EAFA*, p. 362-363, grifos do autor).

Podemos dizer que é a partir do fundo do *estar* que vão se constituindo os comportamentos culturais mediados pelo simbólico, esse resíduo da "história grande" dos povos. Assim se pode compreender a economia comunitarista indígena por meio do sistema de trocas, seja de bens como de serviços. Não é necessário determinar o porquê e tanto menos uma racionalidade sobre essas ações. Elas se efetivam como um cumprimento apenas, dada à pressão do que *está*. Ou seja, é o símbolo milenar que se encontra na cultura, a "história grande" que excede o aqui e agora da cultura como uma atuação. Por outro lado, sobre o dado pontual da economia comunitarista, Kusch chamou esta de "história pequena" porque singular e situada. Para ampliar essa mediação do símbolo que conecta o resíduo como seminalidade com o dado como um é, determinado e particular, citamos Scannone, que também buscou compreender a necessidade do símbolo, recuperando a filosofia de Ricœur. Diz ele:

> Ricœur, ao distinguir entre símbolo e metáfora, afirma que o primeiro nunca passa totalmente à linguagem. Não só não passa à linguagem conceitual – por isso 'o símbolo dá a pensar' –, como nem sequer passa totalmente à linguagem metafórica. Daí que Ricœur fala de uma linguagem ligada ou aderida (ao sagrado, à vida, à força..., e podemos acrescentar: à terra). Ao indicar a dimensão pré-semântica do símbolo, que sem dúvida não é a-semântico, Ricœur aponta a direção daquilo que Kusch explicita com o nome de 'estar' (1984, p. 55, grifo do autor).

Nessa mesma lógica, mas em termos antropológicos, emerge o *eu*, o qual não tem expressão sozinho, ainda que seja único (uno). Mas *um* não é o *todo*, é parte dependente do mesmo no qual "*estamos nosotros*", diz Kusch. A expressão "*estamos-nosotros*" ou apenas "*nosotros*", que não traduzimos, representa o fundo ético do *estar* que Kusch não desenvolve sistematicamente, mas apenas acena em *Esbozo de una antropología filosófica americana* (p. 363 e 366). Na perspectiva do *nosotros*, o *eu* emerge somente como consciência de sua própria *invalidez*, a qual ele chama de *ontologia do pobre*, que se instala como um conceito fundamental do existir em geral:

> *É*-se somente a *instalação* de uma globalidade fundante que transcende. Por sua vez, a pressão do *estar* não se exerce abstratamente por um ato de reflexão do racional, mas pesa à margem do racional. É o lastro de finitude que acompanha todo o *que-fazer*. E enquanto um não *é* totalmente, torna-se inegável a importância do *símbolo*. Este facilita ou simula o *encontro* com a alteridade na qual se esconde o fundamento. O símbolo compensa, através da alienação na transcendência, a consciência de uma pobreza essencial que alcança por esse lado a sua riqueza, ou seja, suprime o *in* do *in-estar* da instabilidade (*EAFA*, p. 363, grifos do autor).

Para fazer essas passagens, Kusch recorre novamente à distinção gramatical entre *ser* e *estar*: o *ser* se refere à essência; e o *estar*, à circunstância. Ora, a gramática serve para regulamentar a linguagem que, por sua vez, regulamenta o pensamento na vida cotidiana. Porém, conceitualmente, a regra se inverte: ser no mundo é um "*sedere*", um *estar sentado* que simula um fundamento, mas na realidade o fundamento *está* como um *estar em pé* ou simplesmente *in*-stalado. Assim, *instalado* espreita o fundamento real no meio dos símbolos que a cultura oferece. Aí se dá a possibilidade do *encontro* com o fundante – este que se dá mais além, no *in* da *instalação*, ou seja, no *estar*.

Por um lado, temos o símbolo que é constitutivo e originário, anterior à coisa, no qual facilmente a alteridade ôntica se converte em alteridade transcendente. De outra parte, o Ocidente baniu o símbolo do meio dos entes, anota Kusch. Na classificação dos objetos não cabe o símbolo, logo, o que vemos como fundamento é simplesmente uma armadilha por meio do sentido do *ser* que *se senta*, isto é: *sedere* se apresenta como fundamento, mas, em verdade, assim se dá porque não quer assumir sua própria transitoriedade, a fim de não perguntar pela tensão que o verdadeiro fundamento provoca. Entretanto, é o *símbolo* que oferece a possibilidade desse *encontro* entre o transcendente e o que se instala nessa *alteridade*, no *estar*. Por isso, diz Kusch, "o símbolo faz o sentido da existência e é o ponto de apoio no qual o popular se firma, mas também é a constituição do humano em geral, por quanto por esse lado consegue consagrar, como um *estar com o sagrado*" (*EAFA*, p. 365, grifo do autor). Para nosso autor, o símbolo indica uma forma de hábito ou habitualidade e, assim, ele também se apresenta como uma armadilha por onde o impensável se infiltra. Em suas análises dos discursos de informantes ele constata esse sentido numinoso do símbolo que distorce a coerência lógica das narrações e deixa entrever o *estar*, que, todavia, resta no silêncio ou, se quisermos, na palavra seminal que só pode ser sinalizada pela metáfora.

Em síntese, no *estar* que instala o *ser* como assentado e detido, porém sofrendo uma pressão do sentido que está sempre na iminência de desgarrar-se para buscar o fundamento, encontra-se suposta a figura do *estar em pé*, à espreita do fundante. Por isso, não se pode deter na mera instalação. O símbolo, nesse sentido, não só possui uma eficiência que concretiza a possibilidade do assentar da existência (qualquer existência) como também tece a *habitualidade*, em suma, a *cultura* como um fazer ritual, para garantir o instalado, alcançar um domicílio como instalação e, assim, estabilizar a pressão desse *absoluto*. Daí que a cultura seja realmente um cultivo que reitera a possibilidade de remediar o impensável, ou seja, de reencontrar sempre a palavra que reinicie o diálogo com a *alteridade transcendente* (o absoluto do *estar*).

Kusch faz ainda uma outra passagem: do "estar-sendo" para o que conduz ao "*nosotros-estamos*". Daqui ele também remete ao significado de *solo*:

> Não é só a presença de coisas que precisam ser sustentadas por uma razão de gravidez, como a casa, o campo, ou o vizinho. Mas é a gravidez mesma do pensamento que não consegue desprender-se de tudo o que o *estar instalou* em seu entorno. É pensar a casa, os utensílios, também a semeadura e a colheita. Porém, é pensar também a vida, a morte e, o pior, é alçar o pensamento e não encontrar o caminho para a verdade final que, sem dúvida, pressiona. É, acima de tudo, a urgência dessa busca. Então, só o solo – não mais como algo enleado na vida cotidiana, mas como gravidez de um sentido impensável e único – é que pode oferecer o caminho certo. [...] É o solo como gravidez intransponível do absoluto que ocasiona a comunicação pelo simples fato que ninguém *é* realmente, mas que *todos estão*, porque esta inquietante *instalação* se dá como comunidade, como um diálogo permanente (*EAFA*, p. 366, grifos do autor).

Portanto, a passagem do impensável absoluto do *estar* (aquela *alteridade*), que pressiona a busca do fundamento da existência – a qual se dá instalada, ou se dá o *ser* como instalação –, exige o conceito de *solo grávido*[2] do qual emerge um pensar de seminalidade. Na seminalidade encontramos a mediação do símbolo que permite esse diálogo permanente entre o *instalado*

---

2 Especulando sobre o sentido do conceito de *solo*, que Kusch expressa também como *geocultura*, Scannone retoma a distinção de Ricœur entre símbolo e metáfora: "a metáfora serve para expressar o que, paradoxalmente, podemos chamar de inexprimível, de raízes, de modo que se pode falar de enraizamento da sabedoria, da situacionalidade geocultural. *Estar* aparece, então, como o *desde onde* do enraizamento, assim como o seu *de onde* ou como o *aonde* da acolhida que implica o estar-arraigado. O *desde onde* que doa raízes ao nós e ao símbolo, se subtrai. Possui uma tal irredutibilidade que não é totalmente recuperável pela auto mediação da razão, do sentido e do fundamento, tampouco pela mediação da vontade ou da liberdade: sempre guarda algo de prévio e originário com relação tanto ao pensar como ao querer, os quais são de algum modo passivos. Não é totalmente mediado pela reflexão, ainda que seja mediado no e pelo símbolo, sem perder sua irredutível imediatez" (SCANNONE, 1984, p. 56, grifos do autor).

da existência (e de todas as coisas) e a *alteridade*. E porque a pressão do absoluto não ocorre sobre *um*, na solidão do indivíduo, mas sobre *todos*, advém então a necessidade do ritual. Daí decorre, diz Kusch, "que a comunidade não seja só o que todos mantêm em comum, mas, sim – e é essencialmente –, um constante estar reunidos, ou seja, é a *ecclesia* em seu sentido elementar: reunião para encontrar, através do diálogo, o verbo que brinda o sentido, o *ver mais longe*" (*EAFA*, p. 367, grifos do autor).

Mas se assim é, se a comunidade está no fundamento mais profundo da existência e ela emerge desse solo grávido, desde onde *todos estamos* (instalados), como se explica que subsista a inveja, a divisão, ou o individualismo? O fato, diz Kusch, confirma a fórmula *nós-estamos-sendo*, só que em seu reverso: é quando o juízo crítico desprende o indivíduo do que *está globalmente* (pois *tudo está*) como uma instalação e o toma como indivíduo que *é*. Isso permite a concepção do *ego* e, dele, consequentemente, todos os egologismos que a cultura quiser conceber. A concepção de *nós-estamos-sendo*, por sua vez, explica, por exemplo, a economia de amparo dos incas e mesmo a razão de sua cidade como centro administrativo. Tal concepção transcende os séculos, mesmo os da colonização, e mantém intacto o seu princípio porque a cultura não se distanciou dessa espécie de *a priori*. Porém, desde o momento em que a cultura se processa como afirmação do *isto é* e *aquilo é*, perde-se o horizonte total do humano e, daí, é preciso a ciência. Nessa perspectiva afirmativa ela se separa da *alteridade* que tudo constitui. Dessa forma, temos a ciência separada da ordem do verdadeiro fundamento, daquela *alteridade* que pressiona, o *estar*. Não é de admirar que a ciência passe a contradizer a ordem cósmica que na visão indígena seria uma afronta aos deuses. Kusch relata a fala de um camponês de Oruro, Bolívia, que responde com o silêncio diante da proposta do grupo de investigação de lhe adquirir uma bomba para captar e canalizar água para seu roçado e seus animais (*PIPA*, p. 274-286). Em nosso mundo contemporâneo, a ciência é indispensável e geradora da técnica, sem a qual a vida seria inconcebível. Mas a técnica comporta um mundo de contradições clamorosas, com respeito até mesmo à sobrevivência planetária, dado que com ela o humano perdeu o contato com a totalidade do cosmos e se isolou na armadilha do *é* ou de um *ser-alguém* circunstancial. Em que modo é uma armadilha? Kusch explica:

> O ser ontologiza a afirmação, e esta nos conduz ao caminho por onde se quer que tudo seja de uma forma definitiva. É a armadilha do fundamento porque deste não se pode dizer que *é*, mas somente que *está*. Dali a

> armadilha se estende à ontologia mesma, enquanto que a segurança da determinação é a sua própria indeterminação. Isto é o que induz o difrasismo heideggeriano quando se refere à simultaneidade do esplendor e do ocultamento do ser. A armadilha ontológica se radica em saber onde se situa o absoluto, ou se coabita com ele (*EAFA*, p. 368, grifos do autor).

A nosso ver, a concepção aqui exposta comporta um significado ético que não diz respeito apenas ao círculo do humano com o humano. Esse *todos estamos* como um *estar-sendo* que tudo inclui é a totalidade de tudo o que existe, isto é, de todas as existências. Inclui o absoluto que se refere ao mundo como coisa e também como mistério. Ou seja, o mundo dado com sua possível ordem e seu possível caos no qual o homem, além de nele agir para obter o alimento - Kusch fala do ciclo do pão[3] -, se mantém também contemplativo. Assim, pelo fato que concebe o mistério do impensável do mundo - o *estar* onde tudo se instala e, por isso, além do desmedido esforço do trabalho -, o homem também conjura para que dê o fruto e não a carência. Emerge, então, o problema do "eu" que Kusch não aprofunda porque na lógica do estar ele não figura como essencial, uma vez que é o símbolo que determina e assegura os sentidos da existência. Lévinas é quem irá levantar essa questão no Diálogo de Paris, o que veremos em nossa conclusão.

Ao final desse caminho com Kusch, devemos mencionar ainda o problema da instabilidade. À filosofia ocidental o problema é da estabilidade, que se orienta pela essência na ordem do ser, isto é, do invariável e, logo, do inteligível. Entretanto, no pensamento indígena e popular, o *ser* é o que varia e o *estar* é o que se encontra estático e invariável: *está, não mais*. Porém, o *ser* não é totalmente relativo - como diz Kusch -, mas o que *é* se relaciona ao *estar*, ou seja, é dito a partir de um deslocamento da perspectiva, na direção do absoluto. Logo, o que *há* é um redimensionamento para aceder ao absoluto, e é aqui que o *ser* se relativiza. Chamamos a atenção para a diferença paradigmática entre o *estar* e o *ser* em relação ao ponto de partida de cada um: o *estar* está ligado à espacialidade e por isso as categorias de Kusch são: estático, mundo, instalação, geocultura etc., enquanto que o *ser* está conectado à temporalidade e vemos, então, em Lévinas, se perfilar

3 Kusch usa a metáfora do ciclo do pão (*ciclo del pan*) para ilustrar essa concepção do *estar* como processo econômico comunitário de produção em oposição à concepção do *ser* como processo econômico do mercado ou do capitalismo moderno. São dois ciclos diversos que caracterizam: um, o ocidental, e o outro, o anônimo da América, o do estar, que se mantém por debaixo do ciclo do mercador (*AP*, p. 211-215).

categorias relacionadas a isso, tais como: hipóstase, Infinito, tempo, diacronia etc. Mas, segundo Kusch, não há uma controvérsia entre estar e ser, mas sim uma conjugação que ele expressa com a fórmula *estar-sendo*. Diz ele: "o ser é um gerúndio que transita, porém sem que esteja segregado do estar e, sim, instalado neste, o que naturalmente torna autêntica a fórmula" (*EAFA*, p. 369-370). Mas, segundo essa fórmula, uma verdade *físico-matemática* não teria valor em si, mas somente enquanto instalada e coabitando com essa *alteridade* que é o *absoluto* (o *estar*). Isso porque a autenticidade da fórmula não é a eleição do *ser* em si mesmo, mas saber do seu valor simbólico como instalado no *estar*. *Ser* e *estar* não são símbolos, mas são formas distintas e extremas de um *encontro*, como *alteridades* que se solicitam e que na mediação simbólica encontramos seu sentido. E aqui nos encontramos com a lucidez da lógica da negação: "quando se nega uma afirmação se reflui ao absoluto como verdade. A afirmação é sempre uma detenção no caminho em direção ao absoluto. [...] A autenticidade consistiria então em um círculo dialético entre ser e estar. O correto equilíbrio funcional entre ambos faz um jogo cultural, ou seja, algo cultivável" (*EAFA*, p. 370).

Como, então, inferir essa dinâmica nas duas diferentes experiências que representam o Ocidente e a América? Precisamente, a América sabe que tudo o que diz respeito ao *ser* é uma espécie de simulacro, uma vez que o absoluto, anterior a ele, se converteu como em resíduo resultante de uma supersaturação ontológica a partir da colonização ocidental. O que ocorre, por sua vez, com o Ocidente? Teria perdido o mistério de seu *estar*? De um lado, parece que na América se requer um caminho que recupere – desde os seus símbolos, ou o seu *solo* no sentido de *gravidez* de seu pensar, e situado no absoluto do *estar* – a sua *variante de ser*. Recordamos que Kusch falou do pensamento americano como *de-formação*, com respeito ao pensamento ocidental: "quiçás que o caminho político entre nós consiste em recuperar nossa regressão, porém, dentro de nossos símbolos e em nosso solo, que não se refere ao solo geográfico, mas à gravidez de nosso pensar, sua de-formação, e recuperar nossa realocação em tudo, nossa variante de *estar* no meio do abismo inseguro de nosso *ser*" (*EAFA*, p. 371, grifo nosso). Torna-se, pois, necessário evitar a crise do excesso de crença num *ser* por detrás do cultural e crer mais na solução na qual o *ser* coabita com o *absoluto*, assumindo a forma de um *estar-sendo*. Mas desde esse *estar-sendo* se conclui também que, devido ao excesso de ontologização do Ocidente, o acesso ao absoluto foi deslocado para o Terceiro Mundo. É nesse sentido que ele se constitui como "um terceiro", isto é, uma instância de segurança simbólica dentro da armadilha do impensável (*mero estar*) e que se diferencia da armadilha posta num fundamento essencial, de identidade. Uma vez que o problema não está na objetividade, mas sim no humano, torna-se necessário reconstituir o humano desde sua totalidade, aquela em que o "eu" habita um "nós" e onde o "*nosotros-estamos-sendo*" se dá numa perspectiva de absoluto e de cultivo (cultura). Se assim for, existir numa perspectiva ética significa encontrar-se sendo em um "nós".

CONSIDERAÇÕES FINAIS

ÉTICA DA ALTERIDADE: DESAFIOS À FILOSOFIA INTERCULTURAL

Afirmamos no início de nosso percurso que a filosofia intercultural comporta uma problemática bem maior que o método para o diálogo e a possibilidade de sua elaboração reflexiva. Se na base do encontro intercultural estão diferenças paradigmáticas dadas, precisamente pelo arranjo cultural para compreender qualquer que seja o tema, o primeiro problema que se impõe é o de saber em que consistem as diferenças. Mas quem dá o referencial em base ao qual se pode perguntar pelas diferenças? Parece que no cerne da questão já está posta uma crítica ao que se costumou conceber como discurso sobre o *universal* em filosofia, senão o conceito mesmo do que sempre se quis afirmar com *filosofia* e o conceito de *diferença.* Lévinas e Kusch enfrentaram a seu tempo, e cada um a seu modo, esses problemas quando se voltaram para uma fenomenologia da existência. Deram-se conta de que a existência exigia uma *epoché* da razão ocidental mesma, para poder explicitar os seus sentidos e não sentidos que só o *factum* do viver poderia indicar. E mais: tiveram que superar os significados residuais da própria razão até admitir – por meio e por dentro dela mesma – a sua fronteira com o silêncio. Em Lévinas esse silêncio se configura como *Infinito* e, em Kusch, como *estar, não mais.*

A nosso ver, porém, e antes de responder se a filosofia intercultural seria possível, preocupou-nos saber qual ética permite que a interculturalidade do pensamento ocorra de modo a alcançar a verdade sem, contudo, negar o contexto desde onde ela se inscreve. Responder a essa questão exigiu que fôssemos à busca do significado de *alteridade*, um termo que acompanha a filosofia desde o seu alvorecer na Grécia. Um termo relacionado originariamente com a concepção do *Ser*. Mas, como se trata de pensar existências-em-relação, ou seja, existências que se encontram com outras existências de modo factual e contextual, emergiu a necessidade de significar outro termo: o de *outro*, pois tais relações não são *a priori* teóricas e, sim, entre sujeitos arraigados em um *solo*, isto é, em um contexto espiritual, mental, simbólico, político e relacional. Assim, *outro* e *alteridade* – previamente à pergunta se a filosofia intercultural é possível e previamente a qualquer distanciamento que permita elaborar uma reflexão – nos dão a condição de possibilidade para o encontro e a possibilidade de pensar que o ponto de partida da mesma filosofia intercultural seja a ética. Sem isso, pareceu-nos inútil abordar a discussão sobre a possibilidade da reflexividade intercultural e, além do que, o sentido de *outro* e *alteridade* poderia permanecer no vazio de uma teorização sem os sujeitos implicados na "situação hermenêutica intercultural".

Por isso, traçamos um caminho para recuperar os sentidos de *outro* e *alteridade* para, a partir deles, expor uma ética que assegure que a filosofia intercultural possa ser frutífera para o bem do humano, permitindo às diferenças existirem enriquecendo-se sem a violência que as dissolve num universalismo impessoal e teórico que poderia reduzi-las a uma incomunicabilidade ou incomensurabilidade de sistemas fechados. Ao percorrer tal itinerário descobrimos mais do que aquilo que buscávamos investigar, a saber, que a dificuldade de uma filosofia intercultural se amplia diante do magma das culturas: sua porosidade e, ao mesmo tempo, sua autorreferencialidade; sua antiguidade simbólica e suas sabedorias de vida são de difícil apreensão e se constituem como provas para a razão, como já nos advertia Panikkar a respeito desse encontro entre os mitos que, inevitavelmente, constituem o próprio *logos*.

O caminho que fizemos, então, nos levou da semântica e dos significados de *outro* e *alteridade* para o problema irredutível da sabedoria dos povos, passando pela prova de dois pensamentos que expuseram, a nosso ver, a problemática da filosofia e da ética a que acabamos de aludir: desde a *ética* em Lévinas até o paradigma do *estar* em Kusch. Essas duas abordagens, do ponto de vista do pensamento intercultural, se configuram como duas metafísicas, duas filosofias entrecruzadas e entrelaçadas por diferentes saberes culturais que resultam em uma filosofia transformada ou *inter*-afetada – e, logo, muito mais rica – sobre o humano e suas relações. Isso nos leva a afirmar que a filosofia intercultural é, antes de tudo, uma atitude de humildade frente a uma história grande e residual: aquela da experiência vital dos povos que esconde seus sentidos no enigma dos símbolos, os quais não são totalmente abarcáveis pela razão, mantendo uma reserva de sentido sempre disponível. E nisso consiste o grande desafio de uma racionalidade intercultural que se pretenda válida, isto é, regendo-se a partir de um princípio ético antes mesmo da inteligibilidade dessa relação, espera-se dela a capacidade de recuperar o Bem e a Paz, pelo reconhecimento do *outro como outro* e pela abertura da mesma racionalidade para hospedar os significados desses transcendentais que toda cultura custodia.

Frente aos tantos caminhos que podem conter alguns aspectos inconclusos do pensamento intercultural de Kusch e ao enigma do Rosto de Lévinas, poderíamos continuar uma reflexão interminável, mas decidimos abordar apenas alguns aspectos que abrem novas questões e perspectivas para pensar a problemática ética, quando o pensamento é desafiado pela situação hermenêutica intercultural atual. Por isso escolhemos refletir e enfatizar alguns tópicos que emergem do caminho investigativo que optamos por fazer. Longe de chegar a uma resolução, o que pretendemos é apenas expor criticamente questões ou paradoxos que podem abrir reflexões novas. Trata-se de considerar: a) o paradigma do *estar* e sua impossibilidade de apreensão e expressão com as categorias do *ser*; e b) de entrever a ética como "filosofia primeira", de onde parte a reflexividade intercultural.

1. Paradigma do *estar*: silêncio ou aventura do pensamento?

O falecimento de Kusch em 1979 interrompe uma investigação filosófica promissora. Anteriormente, Kusch já havia rompido certos cânones, quando optara por um "herético" modo de filosofar. Semelhantemente a Lévinas, Kusch leva a pergunta filosófica até o extremo, até o silêncio em que se situa o absoluto impensável: a *seminalidade* do pensamento mesmo e de toda a existência. Lá onde *estamos todos*, instalados sem mais, indeterminados. Uma espécie de "*Il y a*" que em Lévinas demanda a hipóstase; no caso do "estar", demanda identificar o símbolo.

O pensamento de Kusch seguiu despertando debates. Dentre eles, o *Diálogo de Paris*, mencionado em nosso capítulo VIII. Posteriormente, alguns desdobramentos de sua concepção do *estar* seguiram sendo especulados, principalmente, por J. C. Scannone em seus muitos artigos e, sobretudo, em *Nuevo Punto de partida de la filosofía Latinoamericana* (1990), e C. Cullen em suas várias obras, tais como: *Reflexiones desde América Ser y estar: El problema de la cultura* (1986), *Reflexiones desde América. Ciencia y sabiduría: El problema de la filosofía en Latinoamérica* (1987) e *Reflexiones desde*

América: Yo y nosotros (1987), para citar apenas alguns. Atualmente, Kusch é estudado e discutido por muitos pensadores e pensadoras do continente.[1] A incompletude ou os paradoxos de um pensamento são impulsos para o seu avanço ou abandono. No caso de Kusch, a sua *heresia filosófica* parece ainda causar aquele "espanto" que impulsiona o pensamento, ou seja, especificamente significa enfrentar filosoficamente o problema americano, já que este se revela um problema intercultural exemplar. Quando Kusch escolhe o verbo "estar" para explicitar esse problema, sabe que está diante de um termo equívoco, complexo e de grande expressão. Em verdade, um termo ambíguo, como afirma Scannone: "*Estar* significa enraizamento, pertença (*appartenance*). Pois existe uma pertença que se encontra *antes* de todo distanciamento, inclusive *antes* da distância em que emerge a questão ética em relação ao outro [...]. Mas não significa que necessariamente vá conduzir à violência. Por este motivo a instância ética é necessária para mediar o *estar*" (1984, p. 80 e 84, grifos do autor). Entretanto, classificá-lo assim seria, de antemão, partir de um juízo da filosofia da tradição e cair de novo na colonialidade. Kusch, em vez, ao refletir sobre a racionalidade indígena e popular, buscou fazê-lo a partir dela mesma, por isso, buscou constituir sua filosofia num outro sistema.

Estar é o termo de que ele necessita para explicitar filosoficamente um saber não proposicional como o da América e que se dá à margem da objetivação ocidental, sobretudo a moderna. Isso porque esse saber necessita do nexo e da mediação do símbolo para poder ser abordado. Kusch não nos parece interessado em submeter a sabedoria americana – como a que se apresenta em seus "informantes" – a uma análise rigorosa ao modo canônico da filosofia, pois ele sabe que não se trata de dissimular uma vez mais um modo de pensar ou um modo de relacionar-se com a existência igual ao que ocorre na América, com uma sistematização que não a explicitaria em sua totalidade. Em outras palavras, não se trata de permanecer enredado em categorias que não dão conta da totalidade dessa descoberta, mas sim de aceder a esse saber a partir dele mesmo, confiando no *a priori* da mesma razão que busca sempre um modo de compreender e explicitar o objeto de sua meditação. Como afirma Matuschka, trata-se, então, de "substituir o conceito como órgão de compreensão pelo símbolo. A proposta 'herética' de Kusch é o regresso à 'imediatez, ainda que não usada, da sabedoria popular'" (1994, p. 127, grifos do autor). Ora, o símbolo é ambíguo, mas não privado

---

1 A cada dois anos tem ocorrido as Jornadas do Pensamento de Kusch, promovidas por diversas universidades argentinas e brasileiras.

de razão. É ambíguo por sua sobredeterminação e riqueza de significados – lembra Scannone à sua vez –, mas perde sua ambiguidade quando situado num contexto concreto e interpretado. E isso se dá não por uma operação teórica, mas na sua relação ética e poética que alcança uma determinação lógica no sentido sapiencial (SCANNONE, 1990, p. 33). Portanto, Kusch opera uma filosofia do símbolo, e o *estar* traduz toda essa margem de conteúdos que está fora do consciente.

Temos apresentado essa ideia de Kusch de que o "estar" é o termo que ele escolheu para exprimir uma racionalidade americana que emerge de sua facticidade. A "imediatez" de Kusch é o pensamento indígena e popular, porém não podemos dizer que ela abarca toda a diversidade cultural de saberes da América. Logo, temos que admitir que o "estar" expressa até aqui uma imediatez, mas resta uma gama de situações a serem pensadas. Ressaltamos, por exemplo, as sabedorias afrodescendentes, indiscutivelmente amplas em toda a América; à margem de institucionalidades "brancas", elas não têm sido interesse de uma explicitação filosófica de modo geral, embora esse pensamento tenha se evidenciado mais nos últimos anos no Brasil.[2] Com isso queremos dizer que a América reserva uma pluralidade de racionalidades, para além daquela do *ser* e do *estar*.

Se mesmo o termo "*estar*" não abarca suficientemente a existência e requer um conseguinte desenvolvimento filosófico, outra dificuldade que encontramos em Kusch é sua metodologia, pois, prioritariamente, se trata de uma experiência sentida, ou, ao modo heideggeriano, uma "vivência" que implica um saber cuja categorização da mesma coloca em risco, de uma parte, uma violência e, de outra, se assim não proceder, uma ruptura com a razão. Cabe então o silêncio? Kusch tende a cair em um "vitalismo" ou em um regresso a um naturalismo ingênuo? Talvez, como a certeza não é evidente – e a evidência se refere ao sentido da visão ligada ao logos –, resta o silêncio inefável do estar como categoria oca, à espera de ser preenchida de significado. Aqui se encontra a "aventura", diz Matuschka, "de um pensar ameríndio que a proposta de Kusch haverá de realizar-se no terreno da dimensão significativa do símbolo [...] *factum* imediato, presente em toda a cultura" (1994, p. 128).

2 Paradoxalmente, o próprio Scannone assume a pluriculturalidade americana como tríplice herança: ameríndia, greco-latina e cristã na base da mestiçagem cultural (1984, p. 52; 1990, p. 45), sem a base africana e sua religiosidade específica, espalhadas em todo o continente. Mais tarde ele reconhecerá esse equívoco de sua afirmação (FORNET-BETANCOURT, 2004, p. 181).

Ocorre que, como vimos, Kusch busca o sujeito de seu filosofar na expressão artística, nos ritos e nas narrativas populares – escritas ou orais –, no caso dos "informantes" seletos e representativos, isto é, no saber cotidiano, e que ele considera, é onde se encontra a sabedoria. Em todos esses espaços e indivíduos, ele nota que a "pressão" do *estar* é presente e ela permanece em silêncio nas análises e discursos das ciências e da filosofia. É um fundo que pressiona e permanece sem resposta, impensado e relegado. Porém, a "pressão" emerge no símbolo que distorce a lógica e rompe com o princípio da não contradição. Daí a coragem do risco de entrar em relação com essa *outridade*, ou a *alteridade* como estrutura esquecida, porém atuante na existência. Como abordar essa *alteridade* que se nos escapa? J. Reiter, um dos pensadores do grupo europeu que participou do *Diálogo de Paris* em 1981 e que, posteriormente, fez uma análise sobre a problemática metodológica do diálogo filosófico intercultural, no caso, do diálogo entre a filosofia e a sabedoria popular, afirma:

> Metodologicamente se dá uma espécie de extrapolação: se estende uma relação mais além de seu espaço originário de descoberta e validez, mais além do espaço de observação até agora faticamente aberto e acessível, isto é, ao mesmo tempo além de uma eventual verificação e falsificação. [...] A legitimidade e necessidade de uma tal percepção e interpretação da situação estão, contudo, inseparavelmente unidas a um componente de *insegurança gnosiológica de princípio*. Não resulta da seleção subjetiva e exemplar do que é exposto, mas da insondabilidade de todo o ser real, que se subtrai a toda a captação do tão somente objetivante. Desse modo, essa insegurança gnosiológica não representa um resto de não-saber, a qual se tenha que deplorar e eliminar dentro do possível, mas, sim, conserva a dimensão de um filosofar livre da lei de uma determinação exclusiva 'desde cima' e 'desde baixo', para além da alternativa do inter jogo do formalismo dedutivo e da construção indutiva (1984, p. 196, grifos do autor).

Se for legítimo "arriscar com a liberdade", saindo da regra formal que pretende um universal e transcendente resultado filosófico, então, nesse caso, a filosofia será sempre um perguntar, um extasiar-se no tempo e no espaço e, consequentemente, ao máximo, alcançará ensaiar um balbucio sobre a existência e sobre o mundo. Mas será sempre uma expressão situada, particular e temporal e será também, e paradoxalmente, universal. A filosofia intercultural não estaria sendo beneficiada com essa coragem da liberdade do pensar? Ou mais que isso: não estaria sendo condicionada pela colocação em questão de todas as seguranças gnosiológicas em prol de um aprendizado novo, ou como chamou Fornet-Betancourt, de uma "reperspectivação"?

Por isso, julgamos que Kusch tenha feito conscientemente sua escolha, e isso parece ficar claro quando ele afirma que "é preciso assumir a América" e arriscar um caminho filosófico de fronteira ainda que, se preciso for, roçando a arbitrariedade (MATUSCHKA, 1985, p. 155).

2. Cultura e o seu duplo código: o horizonte do *Ser* e o do *Estar*

Nesse caminho de ousar pensar com liberdade, o pensamento do *estar* continuou e continua fazendo pensar. Mesmo porque, desde o princípio, os colegas de Kusch perceberam que era necessário reconsiderar alguns elementos desde essa perspectiva. A nosso ver, a problemática cultural está intrinsecamente, senão necessariamente, determinando o que se entende por filosofia intercultural quando ela resulta desse tipo de "mestiçagem" de que aqui estamos tratando. Por isso, nos perguntamos menos sobre o que se entende por cultura e mais sobre como a filosofia produz cultura a partir do ponto de partida ou de chegada de seu fazer específico. Cullen, um dos colegas de Kusch, analisa o problema da cultura desde os dois paradigmas que habitam a América, o do *ser* e o do *estar*, e explicita suas relações interculturais. A interpretação desse autor a respeito da problemática cultural que o paradigma do *estar* abre frente ao paradigma do *ser* é traçada de modo a pôr em evidência a tensão que essas duas experiências contêm. O pensamento do *estar* é prenhe de possibilidades e instiga um sério questionamento ao pensamento intercultural, quando conceituamos a filosofia apenas do ponto de vista greco-ocidental, sobretudo o da Modernidade. Desde essa visão, nos deparamos com o incomensurável das culturas, como é o problema mítico-simbólico, que possui implicações na compreensão do mundo e da existência. A filosofia mesma é posta em questão porque o arcabouço no qual ela está constituída em suas variadas linhas, analítica, transcendental, fenomenológica etc., não dá conta de manter o diálogo sem incorrer na violência da absorção ou neutralização do *outro*. É preciso assumir o *factum* da *alteridade* irredutível que, por sua vez, constitui o mundo dando-lhe sentido a partir de relações entre diferentes.

Para situar a abordagem de Kusch a respeito do paradigma do *estar* é necessário refazer o caminho do paradigma do *ser* desde um ponto de vista mais analítico no que se refere à compreensão da noção de cultura. Assim, esperamos abordar o acontecimento americano como uma *alteridade* que se relaciona tanto com o Ocidente interior quanto com a anterioridade originária abyayalense que também a habita. A formulação de C. Cullen sobre o conceito de cultura parece nos ajudar a responder a isso. Cullen nos lembra que o horizonte ontológico do *ser* é mérito dos gregos e está indissoluvelmente ligado ao princípio da não contradição expresso na fórmula "ser e pensar são uma e mesma coisa" (1986, p. 6). Sendo o conceito de cultura mais desenvolvido na Modernidade, ele, contudo, não era necessário aos gregos, uma vez que para eles a substancialização da experiência do ser abarcava a *physis* (natureza) e a sua ideia ou teoria. Tudo começa e termina na experiência de ser, concebida como *physis,* que interpreta a ação humana e lhe dá unidade e consistência.[3] É quando emerge o pensamento criacionista que a noção de cultura também aparece, já que o nada (*ex-nihilo*) colocava uma ameaça à identidade da experiência do ser como uma totalidade, como *physis*. Como afirma Cullen, "entre a natureza e seu fundamento há um abismo ontológico: o nada. Agora a natureza se converte no âmbito da experiência do homem, o qual fica desprendido dela para poder fundá-la. Isso será a cultura, ou seja, uma segunda natureza, fundada e construída pelo homem para reencontrar sua identidade e seu sentido" (1986, p. 7).

O homem, então, desprendido da natureza, pode dominá-la pela ciência, conferir-lhe uma teleologia pela arte e impor-lhe as leis morais para represar as forças naturais dentro de si mesmo. É uma relação dissimétrica que se estabelece entre a natureza e o homem. E a experiência é, fundamentalmente, experiência do *cogito*. Por isso, adverte Cullen, o conceito de cultura está ligado ao caráter fundante da consciência em relação estreita com a concepção de sujeito. Decididamente, a Modernidade não poderá separar um mundo de objetos de um mundo de sujeitos autônomos e de suas leis universalizantes. Disso advêm as preocupações fundamentais da cultura moderna que são: "impor a concepção da técnica da ciência, construir nações através de pactos e contratos que defendam a intimidade e a propriedade, fazer da arte um entretenimento e um negócio ou, como insinua agudamente Heidegger, uma 'vivência'" (1986, p. 7, grifos do autor). A cultura assim concebida pode ser também chamada *humanista* e *iluminista* na medida em que o sujeito como sujeito transcendental define por si mesmo o que é a experiência humana, e não leva em consideração o que fica fora de sua predicação. Dali emergem as noções de "cultos" e "incultos". A cultura se abeira a um *status elitista* no sentido de que essa é a sua essência mesma, a sua autodefesa do nada, realizada por sujeitos que "fazem" cultura, sujeitos do saber. É o que,

3 O conceito de *seminalidade* em Kusch se aproxima do conceito aristostélico de *physis*, pois abarca uma razão para a existência das coisas.

precisamente, denunciou Kusch quando opôs a essa concepção o conceito de *pensamento popular*. Nessa perspectiva é que também emerge a noção de história, estreitamente ligada à noção essencial de cultura: "O horizonte ontológico contemporâneo atual da experiência é, fundamentalmente, um horizonte temporal" (1986, p. 8), conclui Cullen. Isso está em estreita perspectiva com a análise heideggeriana. Ter presente o caminho ocidental que se desenvolve na Modernidade simultaneamente às ocupações europeias do continente americano se faz necessário para compreender o ponto de partida de Kusch. Por outro lado, podemos questionar se Kusch, ao analisar a cultura profunda da América, não partiu de um posicionamento por demais estreito em relação à concepção de Modernidade, reduzindo-a a uma representação do *ser* expressa na técnica.

Cullen analisa ainda que, quando o conceito de consciência autônoma entra em crise no século XIX com os "filósofos da suspeita" que a desvelam como fundada na realidade – seja das relações econômico-sociais de poder ou mesmo das pulsões e processos de identificação individual e não mais em si mesma –, ocorre o que se pode chamar de *desmistificação da consciência* e *desconscientização do signo*, porque "a consciência se funda em outra realidade que a engendra e onde essa realidade se expressa. [...] independente da estrutura que a engendra, ela não tem possibilidade de converter-se em código interpretativo porque sua linguagem é ambígua, pode ser falsa ou verdadeira" (1986, p. 9). Esse movimento comporta uma transparência do limite da mesma consciência, ou seja, o signo que expressa a práxis transformadora da natureza está envolto em conteúdos pré-conscientes (a pulsão, o poder, o desejo) e, além disso, aquele sujeito transcendental que construía o saber e, portanto, a cultura, vê-se também frente ao limite da linguagem que se impõe ambiguamente e requer interpretação. E, assim, o conceito de cultura se move da noção de experiência como criação que suprime o nada para a noção de linguagem, isto é, expressão que interpreta o mundo que é prévio à consciência. É então que na atualidade nos debatemos em torno do problema simbólico da cultura e, consequentemente, com seu problema hermenêutico que põe em relação a consciência e as estruturas de linguagem. E, ao se tratar da reflexividade intercultural em nível filosófico, não apenas o problema hermenêutico se impõe, mas, sobretudo, o problema ético como viemos refletindo desde o início de nossas análises.

É compreensível, pois, que muitos autores contemporâneos abordem a problemática da interculturalidade como uma problemática essencialmente metodológica acerca do diálogo e da possibilidade de filosofar nessa perspectiva. Mas não seria o caso de alcançar uma hermenêutica em diálogo? Segundo Cullen, ela poderia se expressar como uma busca ou possibilidade de estruturar códigos ou codificar, pois o signo se oculta no pré-consciente e, então, estamos de novo no ponto que havia sido abandonado pela Modernidade, ou seja, no horizonte proto-ontológico de Heidegger, mas com a diferença de que agora "desapareceram os heróis, os sábios e os gênios, e apareceu o imenso poder criador das mídias de massa, verdadeiro veículo de culturalização, isto é, da vigência da interpretação da atividade humana como esforço de ser alguém" (1986, p. 10).

Aqui é onde parece se encontrar o ponto divisório do duplo código da noção de cultura, ou seja, do horizonte do *ser* para o horizonte do *estar*. É possível então compreender melhor o horizonte do *estar*, que "sempre tem estado", isto é, compreender esse horizonte a partir do intento fenomenológico que se volta para a interrogação da consciência aberta ao mundo ou, mais radicalmente, ao mundo da vida como estrutura prévia a ela: "o mundo sem mais". Ali se dá o horizonte do *estar*, acessível nos símbolos da experiência vital. E a experiência aqui significa também interpretação, isto é, uma hermenêutica constante que o mundo da vida contemporâneo demanda.

Como podemos compreender o *horizonte do estar* na cultura? Antes de tudo, retornemos à questão já mencionada em nossa tese de que esse horizonte, intuído e analisado por Kusch como um horizonte do existir americano, não se reduz a uma particular forma cultural, mas como uma forma da existência humana em geral, no sentido que o mesmo Kusch buscou formular: de que, quando se trata do humano, não há nada no particular que não exprima o universal. Se a metafísica da cultura moderna passa de uma estrutura fundada no *cogito* para outra fundada na equivocidade dos jogos de linguagem (e, talvez, também de imagem) que exigem interpretação, com Kusch ela passa para o horizonte fundado no *estar* como instalação da existência, que requer a mediação do símbolo. Nesse sentido, a significação alcançada para o homem e sua atividade desde o núcleo vital do *estar* dispõe de um ganho e um âmbito mais radical para a cultura pensada desde a experiência e a linguagem, porque para apreender essa radicalidade é necessário liberar a história de sua ontologização e des-historicizar a cultura. Noutras palavras, é necessário "perfurar" o *logos* – evidentemente, trata-se do *logos* ocidental, ultrapassando ou colocando entre parênteses a noção de cultura e de história fundada na experiência e na temporalidade – a fim de conceber, então, a cultura como *solo*, isto é, *geocultura* onde o humano se mantém (*está*). É nesse *solo* que se dá o evento de ser, o esforço de ser. Assim, "ser alguém" é o episódio da existência como êxtase sobre uma referência que Kusch chamou *estar*, cujo sentido é aquele da "história grande", na qual não se busca defender-se do "caos" (no sentido dado pelo *criacionismo*) ou do nada (no sentido dado pela ontologia), porque essa referência *está não mais*. Ela permite que a atividade humana que chamamos de cultura não seja determinada pelo habitar um solo factual e geográfico, mas participar de um *espírito* que se constitui culturalmente, junto com uma estratégia para viver (uma sapiência). Assim *estando*, a estratégia de viver se constitui pelo esforço de *ser* interminável, ou seja, um cultivo contínuo que recupera sempre os dados daquela sapiência que se foi depurando entre erros e acertos. Desprendidos do solo factual, o existente (o homem e a comunidade) pode, então, se abrir à experiência da hospitalidade, seja acolhendo ou solicitando acolhimento em diferentes culturas (sapiências), pois se trata de imbuir-se de outras estratégias de viver por meio do cultivo, portanto, do ensino e do aprendizado.

Nessa perspectiva, qual o sentido que a identidade alcançaria, se é que há um sentido e que se pode falar em identidade? Segundo Cullen, "o horizonte do *estar* é bivalente, se quisermos, onde a identidade é resultado de um equilíbrio e a diferença importa somente em relação a esse equilíbrio. Por isso, o horizonte do estar é essencialmente *mítico* e suas verdades são seminais: se 'está para o fruto'" (1986, p. 11), e não para a morte ou o nada, como a resolução ontológica tem chegado. O fruto, ou toda a possibilidade de estratégia para viver, se configura na "história pequena" como um "acerto" instalado na "história grande" do *estar não mais*, acessível pela mediação do símbolo.

Podemos dizer que o conceito de cultura nesse horizonte emerge de modo inverso àquele do horizonte ontológico: se este último surge na temporalidade, o primeiro emerge na espacialidade. E aqui surge então a questão de como conceber a universalidade. Ora, se o horizonte é o *mero estar* no qual uma comunidade encontra sua estratégia de viver, baseada em uma sabedoria, em um cultivo contínuo como esforço de ser e frutificando-se a partir desse âmbito seminal, o universal é a vida e a morte, e não a determinação do *ser* ou, em termos hegelianos, o projeto histórico determinado. É nesse sentido que a determinação do *ser* se converte em um "episódio" que Kusch chama de "pequena história": história situada, particular e instalada num *solo como espírito* – no *estar* – no qual a "grande história" é a referência de toda a realização humana. O fundo ontologicamente inacessível, mas simbolicamente atuante, é de onde emerge o *fruto*.

O pensamento de Kusch adentra-se nessa esfera do *estar* quando não só a filosofia ocidental na qual ele se formou e praticou nas instituições acadêmicas argentinas propiciou a ele pensar a existência por meio do método fenomenológico, mas também quando a filosofia americana colocava a si mesma, já por algumas décadas, a questão sobre sua própria identidade. "*Existe uma filosofia americana?*" foi a pergunta mais fundamental do século XX na América, e é então que ele vai ao encontro de uma América profunda, que se constitui num "espírito" por debaixo ou no reverso da afirmação do ser e segundo uma "lógica da negação", como vimos em Kusch.

3. Filosofia inculturada ou nova perspectiva filosófica?

Avançando um pouco mais em nossa reflexão sobre as perspectivas que o pensamento do *estar* abre à filosofia intercultural do ponto de vista de uma ética – uma vez que se trata de uma filosofia-em-relação – não podemos deixar de explicitar mais pontualmente uma problemática que necessariamente emerge do *solo* fático e também espiritual a partir do qual Kusch elabora seu pensamento, a saber: a *experiência de ser Abya Ayala* e a *experiência de ser América*. Por um lado, elas se revelam como situação particular e ao mesmo tempo única; por outro, revelam uma situação da existência em geral. Para explicitar essa problemática, sugerimos aqui uma reflexão crítica sobre uma das elaborações mais rigorosas entre o paradigma do *estar* e o do *ser*. Trata-se de alguns aspectos da extensa obra de um dos autores que, a nosso ver, representa majoritariamente o esforço de continuidade do pensamento do *estar* e em diferentes desdobramentos: Juan Carlos Scannone. Esse autor busca estender uma ponte entre o paradigma do *estar* e o do *ser* pela via de uma filosofia da religião, já que o pensamento do *estar* permite religar estes dois campos, o da filosofia e o da religião, de modo que a complexidade de um e a de outro se interpõem por meio da recuperação da concepção do humano como uma totalidade ou um absoluto que inclui sua relação, tanto com o mundo quanto com o divino. E, precisamente, Scannone avança a partir do conceito de *solo* ou *arraigo à terra* como símbolo *numinoso*, uma vez que o *estar* só é acessível por meio desse símbolo espacial. Kusch enuncia esses conceitos de *solo* e *arraigo* em muitos momentos de seu pensamento, mas em *El pensamento indígena y popular en América* é onde os desenvolve com maior determinação: "Atrás de toda a cultura está sempre o solo. [...] trata-se de um lastro no sentido de ter os pés em um solo, como um ponto de apoio espiritual, porém que nunca chega a configurar-se porque não se pode vê-lo" (*GHA*, p. 109). Tal *solo* tem sua manifestação e seu peso, mas não é palpável. Ele é símbolo que denota um arraigo à cultura e à qual sempre se recorre nos momentos de criticidade. É um retorno a um lugar, ou a uma base intrínseca ao próprio ser do si mesmo. Nesse sentido, diz Kusch, "não há outra universalidade, a não ser esta de estar caído ao solo [...]. Daí, o arraigo. E, pior que isso, a necessidade desse arraigo porque, senão, a vida não tem sentido. Este é o grande paradoxo da cultura" (*GHA*, p. 110).

A tentativa de confluir os dois horizontes, do *estar* e do *ser*, para fundar uma filosofia da religiosidade popular é, a nosso ver, tipicamente scannoniana, em cujo pensamento aparece uma categoria constante: a de "mediação". A filosofia intercultural de Scannone traz a marca da mediação analógica que equilibra a tradição ocidental e a realidade situada latino-americana e a mediação do símbolo que liga o pensamento especulativo à sabedoria popular e sua religiosidade ao rigor determinativo de uma fenomenologia do sagrado ao melhor estilo acadêmico. Ainda que haja algumas críticas à posição intercultural de Scannone, o seu esforço de promoção do diálogo e da elaboração reflexivo-dialógica deve ser reconhecido e, quem sabe, melhor explorado em inúmeras obras, sobretudo na da instância ética do pensamento do *estar*.[4] Aqui focalizaremos apenas: a) o problema ético do *estar*; e b) a resolução ensaiada por Scannone com respeito à significação do particular e do universal em sua especulação sobre a relação entre o horizonte do *estar* e o do *ser*.

3.1 Estar e o problema ético: uma necessária passagem

Scannone apresenta o *estar* como dimensão metafísica a partir de uma distinção que toma de Max Müller a respeito de dois modelos possíveis de metafísica na história ocidental:

> [...] aquele de buscar a *unidade originária* de todo o ente no ser, como espírito e fundamento (*Grund*) e aquele de buscar a metafísica na *liberdade*, como começo absoluto e como abismo (*Abgrund*). Ambas as possibilidades se relacionam, respectivamente, com a filosofia grega e com a fé bíblica. Outra maneira de nomeá-los usando a metáfora de 'horizonte' é falar dos horizontes últimos de ser e acontecer. No primeiro caso, se trata do ser como pensado pela tradição filosófica dos gregos, como: identidade, necessidade, inteligibilidade e eternidade. O segundo alude ao acontecimento livre e gratuito da criação e da história da salvação. Contrapondo este horizonte de

4 Além de sua aproximação do horizonte do *estar* em diálogo com a tradição e com o pensamento de Ricœur e de Lévinas, o autor também ensaiou uma hermenêutica entre o *estar* e o pensamento de J.-L. Marion (SCANNONE, 2013, p. 79-86).

> compreensão ao anterior, poderíamos caracterizá-lo por notas também contrapostas às mencionadas: alteridade (ou diferença), gratuidade, mistério e novidade (historicidade) (SCANNONE, 1984, p. 51-52, grifos do autor).

A partir dessa distinção, ele irá identificar o pensamento metafísico do *estar* com o segundo horizonte, o do *acontecer* ou da *liberdade*, e descrever o *estar* por meio das seguintes notas:

a) *Estar* é experimentado e nomeado, mas se subtrai, logo, possui uma índole de "pré". A essa característica ele relaciona ao "*dass*" de *Dasein*, como teve em conta Heidegger, mas com a diferença de que caracteriza esse "aí" do ser como pré-ontológico e antepredicativo, enquanto que Kusch interpreta esse "pré" como "estar-sendo". Por isso, Scannone julga que o que Kusch afirma esteja, talvez, mais próximo do que o segundo Heidegger elabora como "ocultamento" (a "*lethe*" de *alétheia*, ou des-ocultamento). E ainda que Kusch pensa o *estar* não como uma subtração dialética e muito menos como diferença ontológica, mas sim como mediação simbólica.

b) *Estar* como símbolo é entendido no sentido que Ricœur diz como sendo uma dimensão pré-semântica que permanece aderido ao sagrado, à vida e, no caso do pensamento de Kusch, à terra. Ou ainda: o *estar* pode ser encontrado no conceito de "mundo-da-vida" (*Lebenswelt*) de Husserl, mas sem interpretar o *estar* como proto-mundo.

c) *Estar* aparece como "arraigo", metáfora que exprime o seu "desde onde" ou "aonde". Nesse sentido, é irredutível, guarda algo de prévio e originário com respeito à automediação da razão, da vontade ou da liberdade porque se expressa no símbolo. Nesse caso, o símbolo é a mãe-terra, não como geografia, matéria, mas como uma pertença à terra e à vida. O sentido de pertença é prévio à pergunta crítica e também à pergunta ética. Mas, de outro lado, o "desde onde" desse arraigo é o que situa a universalidade do saber, isto é, a situacionalidade onde a cultura é vivida.

d) Dessas notas deriva, pois, uma última sublinhada por Kusch, que é a *pobreza* e a *invalidez ontológica* dos entes que *estão-sendo*. Por isso, mediante os símbolos, o homem busca o centro fundante de seu próprio ser, mas não o retém porque a possibilidade do mal (a "escassez", ou a "inveja", como a chamou Kusch) é sempre ameaçante nessa busca. Isso explica a necessidade de conjurar, isto é, de ser continuamente salvo pelo Sagrado pelo fato da dimensão prévia, numinosa e indisponível do *estar*. Nesse sentido, podemos dizer que é a conjuração que salva o ser de sua passividade frente à bondade ou à maldade a que está sujeito, isso porque o bem e o mal não se resolvem na ideia porque estão no mundo. Qual é, então, a relação entre conjuração e ética?

Entretanto, na elaboração mais tardia de Scannone (2005), ele parece recolher os resultados de duas décadas de investigações, pois encontramos nela uma referência ao símbolo como resolução dessas passagens difíceis da dimensão do *estar* à dimensão *ética* e ao *logos*. Scannone explora a noção de Kusch de *arraigo a um solo* e chama em causa outra noção central da mentalidade americana: a de *Pachamama*.[5] Segundo a análise de Kusch, essa noção atua como uma estrutura ou um *a priori* no pensamento indígena. Não se trata de um simples vocábulo, porque ela funciona como uma espécie de mecanismo e, talvez, delimite a principal distância entre o pensamento indígena e o ocidental. Para Scannone, ela exprime a raiz telúrica, tectônica e sagrada comum da cultura. É como o fundo semântico do símbolo. *Pacha* alcança o *estar*, que aponta para o caráter de radicalidade e simbolicidade no sentido de espacialidade original e irredutível, anterior ao *logos* e à *ética*. Esse caráter ambíguo, abissal e imprevisível do *estar* possui uma especificidade religiosa, numinosa que *Pachamama* expressa. Scannone denomina isso como "verdade do paganismo" que a mestiçagem cultural latino-americana assumiu e transformou (SCANNONE, 1984, p. 61).

A argumentação anterior de Scannone se refazia em base aos dois modelos metafísicos ocidentais como já mencionado: o caráter da metafísica da *unidade originária* (a do ser) e o da *liberdade* (a do acontecer). Ele relaciona o último ao *estar* e aos seus caráteres de equivocidade e ambiguidade. Isso responde ao nosso subtítulo que põe a questão se a especulação de Scannone é uma "nova perspectiva da filosofia" ou uma transculturação do *ser* para o *estar*, sendo que ele opta pelo caráter do evento, de origem judaica, para abordar o *estar*. Operando assim, ele chega à afirmação da interpelação ética do *estar* por meio da mediação do símbolo, argumentando o seguinte:

> O *logos* da sabedoria popular é a dimensão lógico-sapiencial do *symbolom*. É o princípio de intelecção universal e, por ele, também da organização do mundo (organização do mundo sapiencial, nos elementos do símbolo e da organização sapiencial do mundo, embora no elemento do conceito e da ação). Por conseguinte, é assim mesmo princípio de uma possível fundamentação científica que se enraíza na sapiencialidade. O *logos* da sabedoria popular, ainda quando o considerarmos em sua transposição

5 Sobre as várias e ricas acepções desse conceito, Kusch as aborda sobretudo no capítulo 7 de *PIPA*, p. 353-382. Talvez a explicação de Estermann em nosso capítulo II seja a que melhor explicita as várias acepções da noção de *pacha*. O vocábulo não pode ser reduzido a uma tradução literal do quéchua como Mãe-Terra, mas pela sua densidade simbólica torna-se uma noção irredutível. Disso advém o desafio que se impõe ao diálogo filosófico intercultural, quando tais noções excedem a possibilidade do conceito.

> especulativa, se caracteriza por uma dupla relação. Por um lado, tem relação intrínseca com a interpelação ética do absoluto em e através do face a face no *nosotros*. Por outro lado, esse *logos* tem também relação intrínseca de tensão irredutível com o símbolo e o seu inesgotável potencial hermenêutico, de modo que está referido à dimensão numinosa do 'estar'. É um *logos*, porém religado, universal, mas situado. Sua reserva de sentido e sua pertença radical nos abrem a novas situações históricas e geoculturais e a novas manifestações do Sagrado, o qual, indubitavelmente, se subtrai (SCANNONE, 1984, p. 62-63, grifos do autor).

Dessa longa citação queremos destacar ao menos três aspectos da argumentação de Scannone: o primeiro é a passagem de uma elaboração do *estar* não ontologizada da parte de Kusch para uma transposição scannoniana em nível de *logos* do *ser* e de seu princípio de inteligibilidade e de universalidade. Scannone parece querer fazer compreender o *estar* nesse modelo metafísico dando a essa dimensão que se subtrai uma via de acesso e, portanto, tolhendo-lhe essa sua condição de "silêncio". O segundo é que Scannone toma de Cullen o desenvolvimento do problema ético da sabedoria popular, resolvendo isso com a categoria "*nosotros*", que remonta à última reflexão de Kusch sobre o *estar* como *estar-sendo* e como *nós-estamos*, conforme explicitamos ao final de nosso capítulo X. Podemos dizer que Cullen e Scannone desdobram, em sentido analítico e especulativo, isto é, na linha da inteligibilidade do *ser*, certos aspectos do *estar* que Kusch não havia desenvolvido, tais como a relação ética e a religiosa. Kusch, em vez, havia considerado apenas a problemática do *estar* nos limites do sagrado no pensamento indígena, pois para ele era suficiente situá-la ali. Por fim, o terceiro aspecto que nos chama a atenção no fragmento de Scannone é o problema do universal. Como tratar o pensamento americano analisado por Kusch por meio de suas investigações sobre o modo de ser e pensar indígena e popular no sentido filosófico, ou seja, possível de ser universalizado não eliminando uma "etnofilosofia"? O *estar* é uma estrutura universal ou é um problema de linguagem? Vimos que Kusch não se deteve na problemática linguística, mas buscou o significado filosófico do *estar*. A nosso ver, ao realizar uma *epoché* dessa estrutura por meio da análise da existência americana, Kusch abre a mesma para uma hermenêutica do humano, para além da cultura. Paradoxalmente, temos então a existência que se mostra como um episódio instalado, no sentido de *arraigado*, sempre numa *geocultura*, porque só assim parece que a estrutura do *estar* pode ser captada.

Scannone, por sua vez, se assim podemos afirmar, pergunta-se pelo *ser* do *estar*, de modo que ele aborda este último desde uma transculturação e, por isso, se vê obrigado a resolver a problemática do *estar* na cultura como "universal situado" ou como *pensamento radical simbólico-reflexivo*, e não como *filosofia*, pois considera esta como uma novidade histórica nascida na Grécia e desenvolvida no Ocidente, e assume a posição de Heidegger sobre o termo "pensar" como mais amplo que o termo "filosofia".

3.2 O face a face na filosofia intercultural e os riscos da abstração

Em 1981, quando do chamado Diálogo de Paris entre pensadores argentinos e europeus, Lévinas teceu alguns questionamentos em relação à ética, a partir dos desdobramentos do paradigma do *estar*. Tais questões, em linha como o pensamento de *Totalidade e Infinito* e *De outro modo que ser*, dizem respeito ao fundamento da ética. Em síntese, as questões postas por Lévinas são três: 1) quem é o *outro* em *nosotros*, esboçado pelo último Kusch?; 2) como se estabelece a *justiça* na perspectiva de *nosostros*?; e, por fim, 3) uma advertência sobre a ambiguidade ética que o símbolo da *terra* comporta. O problema ético da noção de *nosotros* parece colocar uns ao lado de outros. Mas, para Lévinas, só o outro está à frente de meu rosto. Resta saber se o outro, na sua singularidade, está diante de mim, assim o sentido ético estaria assegurado dentro de uma nova significatividade, um âmbito para os valores do saber (GÖRTZ, 1984, p. 49). Lévinas parece não poder aceitar o caminho como se chega à ética de *nosotros* sem passar pelo "eu" diante do "outro", e segue encontrando dificuldades para assumir as passagens de *nosostros* para a ética, uma vez que não vê determinado o caminho para chegar à "primeira responsabilidade pelo outro", e se pergunta sobre "quem é o outro" do *nosotros*. Lévinas quer salvar o "eu" como singular e responsável primeiro e insubstituível pelo *outro*, que apela à ética e dá ao *eu* a unicidade. A nosso ver, ele permanece num paradigma que lhe é muito caro e que representa o esforço de explicitação de uma vida em suas obras magnas, enquanto que os pensadores que desdobram o pensamento de Kusch desde o ponto de vista ético, sobretudo Scannone e Cullen, mesmo que especulando uma explicitação dentro de categorias e métodos da tradição, extrapolam a concepção do "eu" solipsista para uma concepção mais relacional no "eu-tu-eles". Aqui também se percebe uma linha limítrofe entre uma ética levinasiana ainda submergida no *ser*, ou senão, na técnica do filosofar, como já havia criticado Kusch, e uma ética do *estar* na perspectiva americana na qual o "eu" não tem um peso enquanto um sujeito *sozinho*, mas, sim, como membro da *ecclesia originária* que busca o verbo no culto (no cultivo), ou seja, no acerto de viver (na cultura) ou no acerto ético (na relação), que vai resultar no *fruto*. Lembrando que o *fruto* em Kusch se refere ao modo de funcionamento da racionalidade indígena e popular, isto é, ele decorre sempre de uma união entre opostos irremissíveis: o céu e a terra, a morte e a vida, o masculino e o feminino etc. Em outras palavras, o "eu" situado no *nosotros* está referido e significado aqui ao Bem Comum, já que no mundo (mundo do existente e da comunidade) é preciso garantir que haja *maiz* (milho) e não *maleza* (erva daninha). Não há cultura que não seja um *nosotros*, e parece que a ética do *estar* emerge dessa verdade de que, por princípio, o existente singular não subsiste só e nem por si. No princípio está uma oposição, uma tensão (o feminino e o masculino e a cópula). No princípio há o *estar* como *seminalidade*.

Por fim, a última questão de Lévinas refere-se à *terra*. É, certamente, o fundo de sua concepção judaica, com sua riqueza de sentidos a respeito da "terra" e de sua cautela referente ao "enraizamento" denunciado no hitlerismo. Categorias que jogam significativamente na advertência que ele faz, citando Pascal: "meu lugar ao sol, fonte de toda usurpação", porque a terra constitui o símbolo da posse primeira, ou seja, posse do que não se pode doar, como lembra ele durante o *Diálogo de Paris*:

> Nesse não-poder-dar se radica a 'usurpação'. [...] Claro que se deve pertencer a alguma parte para pensar e ser homem. Porém, ser-homem consiste precisamente em que esse natural, isso que é o mais natural, venha à mente e seja questionado no encontro com o outro. [...] Talvez alguém possa ser questionado e depois deixar a questão. O que subsiste do ser-questionado é o ético, o religioso (LÉVINAS *apud* SCANNONE, 1984, p. 80, grifos do autor).

A advertência de Lévinas se refere ainda àquela aproximação da *alteridade análoga* presente no *elemental* e revela a sua preocupação com a ambiguidade do *estar* pelo fato da sua pertença ou enraizamento que se dá antes de toda distanciação e, logo, antes do questionamento pelo *ser* e pela *ética* (pelo *outro*). Em síntese, o seu estado de ambiguidade se relaciona a um estado de imersão num fundo pré-ético, elemental. Entretanto, como afirma Scannone, "a experiência ética constitui o centro, por tal motivo descobre que o 'estar' estava já antes do ético e porque outorga a sabedoria que, sem a instância ética não seria sabedoria. Por esta razão afirmo que o ético assume o papel de mediação" (*apud* SCANNONE, 1984, p. 80). Ele entende que o pré-ético é o fundo semântico, aquele universo dos símbolos que constituem as culturas, enquanto que a dimensão ética é uma experiência de *nosotros estamos na terra*, desde um face a face entre o "*eu-tu-eles*". É tanto uma experiência ética quanto religiosa, no sentido da dimensão numinosa, tectônica ou sagrada. Porém, a dimensão numinosa não é pré-ética, pois no numinoso se dá a ética em dupla potência e num duplo sentido: em primeira potência, como bem e como mal; e numa segunda potência, como mediação ética e como justiça. Portanto, não há uma ética unívoca, e sim ambígua. Porém, o numinoso experimentado como uma dimensão do "saber" da sabedoria popular não é em si mesmo amoral.

Podemos dizer, para concluir um debate inconcluso, que as questões trazidas pelos desdobramentos do ensino de Kusch com relação ao problema filosófico do *estar* na América abriram o caminho para o significado ético que ele mesmo apelava desde o início de suas investigações, isto é: de que era preciso assumir a América, no sentido de que é preciso assumir a alteridade habitando e pressionando desde uma interioridade, mesmo que, num primeiro momento, ela pareça inefável. Esse encontro com o profundo da América – a realidade indígena e parda com o duplo vetor de sua racionalidade – haveria de ser, em primeira instância, um encontro consigo mesmo e, em segunda instância, haveria de assumir o irremediável problema sul-americano que é o de "criar", ou pensá-lo por ele mesmo. Kusch o faz a partir daquilo que a fenomenologia mesma permite, ou seja, operando pela sua "circularidade tautológica" (*GHA*, p. 221-222). Ou como explica ele: "a fenomenologia dissolve a oposição entre sujeito e objeto para restaurar o mesmo" (*PPMC*, p. 500). Em segunda instância, é justamente um abrir-se à *alteridade*: "se não há alteridade na investigação filosófica, em que consiste investigar? [...]. É compreender, irremediavelmente, o mesmo na alteridade do outro. É chegar até o outro, ou seja, ao informante, posto como alheio. Este, sem dúvida, encerra o mesmo de ambos: *o pensar em geral*" (*PPMC*, p. 501, grifos do autor). Nesse sentido, pode-se dizer que Kusch e Lévinas são conscientes de que tornar-se humano requer pôr em questão o natural, não apenas por meio da consciência mumificada na teoria, mas a partir do encontro com o *outro*, mantendo-se no face a face.

Para quem se decide por essa responsabilidade, há uma exigência que Kusch assim expressou no discurso inaugural do curso de filosofia indígena e americana em Oruro, Bolívia: "para criar filosofia há de ser livre, acima de tudo, livre interiormente, ainda que pertença a um continente escravizado e colonial. E ganhar a liberdade, isso é grave, é preciso superar nosso complexo de inferioridade sul-americano" (*SPAI*, p. 312). E mais que isso, trata-se de uma valentia,

> [...] essa de enfrentar a si mesmo detrás da máscara do profissional honrado, do folclorista ajuntador de registros, ou do docente preocupado por uma civilização e uma cultura que, no fim das contas, não são suas [...]. Devemos enfrentar a nós mesmos e ganhar a liberdade interior, a fim de recuperar o homem na sua totalidade. Porém, que homem vamos recuperar mediante a filosofia em uma América do Sul atormentada pelas misérias, onde todos comemos mal, onde nem sequer chegam os livros do exterior, onde em qualquer momento nos pode chegar a morte sem que tenhamos feito nada e onde os estrangeiros vêm deixar seus dólares como esmolas? (*SPAI*, p. 313).

Kusch punha o marco do tipo de filosofia e de sua função para que tivesse uma validade ética e também política. Uma filosofia comprometida com o humano, com o *outro* habitando o *si mesmo* e como a *si mesmo* no face a face com o *outro*. Nesse sentido, parece que as questões abertas no diálogo intercultural entre os colegas de Kusch, de uma parte, e os pensadores europeus, de outra, cumpriram essas suas palavras para quem a verdadeira função da filosofia era "servir a vida" (*SPAI*, p. 315). Também Lévinas havia se preocupado em arrancar a filosofia de seu discurso neutro e impessoal para impregná-la de ética, isto é, responsabilidade inevitável pelo evento do *outro*, ou que interessa ao *outro*.

A fenomenologia abriu caminho para uma liberdade do pensar a partir de sua própria natureza de liberdade com Husserl e Heidegger, mostrando as implicâncias de uma existência "aí", caída no mundo e numa temporalidade que desconstruía todo o ponto fixo da filosofia até a Modernidade. Em Kusch vemos a filosofia se pôr a caminho e se expor à essa liberdade, no impulso da "pergunta" sobre a existência "arraigada", "instalada", daí a noção filosófica kuscheana de *geocultura*, assim como a necessidade do *estar* e, portanto, o seu acesso por meio do símbolo; e o "símbolo dá a pensar".[6] Esses são os traços que diferenciam o pensamento de Kusch do de seus mestres ocidentais.

Podemos dizer também que a originalidade de Kusch se encontra, de um lado, no fato de descobrir que o *outro* pressiona. O *outro* como o índio, o pardo, o campesino, os "informantes", o *outro anônimo* das cidades que vivem o *estar*, *não mais*. De outro lado, há o fato da *alteridade* que *está*, há um *outro* que é interior, que pressiona o "eu", e esse *outro* se configura naquela pertença a uma "história grande" (de muitos outros) que se acomuna à

6 Aqui fazemos referência ao escrito de P. Ricœur, *Le symbole donne à penser* (1959), no qual ele aborda a doação de sentidos do símbolo que pode ser acessado pela hermenêutica. À medida que o símbolo se dá à razão, ele também interpela a mesma para liberar o pensamento para o encontro.

determinação do ser como um *estar-sendo* jamais concluso. É isso que, precisamente, o encontro intercultural requer, seja ele para o diálogo face a face ou mesmo para, no esforço supremo do pensamento que luta com a linguagem, buscar uma verdade nova, rica e plural, por meio do que viemos chamando de "filosofia intercultural". Ela mesma sempre disponível e inacabada, ao menos enquanto durarem os *encontros*, como foram os de Kusch com os indígenas e campesinos dos platôs da América, ou de Lévinas com a fenomenologia e o hebraísmo. Mas, sobretudo, os encontros com *Autrui*: no face a face, que me apela à responsabilidade ou com o *Terceiro*, que me insere na lógica da justiça.

Ainda a respeito de Rodolfo Kusch, nos perguntamos sobre sua contribuição acerca da compreensão de *outro* e de *alteridade*, como marco no qual começa uma ética para a filosofia intercultural. A nosso ver, Kusch descobre, em primeiro lugar, a *alteridade* que habita no seu próprio espírito, e, nesse sentido, podemos dizer que se confirma em Kusch uma *epistemologia de fronteira* defendida por Mignolo. Isso se dá quando, pelo fato de pensar o encontro entre as civilizações do continente, especialmente aquele entre o substrato originário abyayalense e a cultura europeia no continente, ele descobre a riqueza e a força de uma lógica que, para além da desigualdade que pervadiu todo o processo desse encontro por tantos séculos, ela subsistiu e subsiste no ser dos americanos e se revela como uma estrutura do humano em geral, certamente menos considerada pela filosofia ocidental e pelo seu modo de operar. A essa estrutura ou lógica ele chamou "*estar*". Avançando nessa descoberta e nas suas consequências filosóficas, seja do ponto de vista metafísico ou do ético, Kusch chega a formular a noção de *estar-sendo*, que acolhe a doação do excesso do símbolo como mediação entre o *estar* que se subtrai no mesmo momento que é enunciado. Seria, em outras palavras, uma pergunta pelo ser? Sim, se o quisermos. A inteligibilidade do *estar* e a do *ser* não se excluem; antes, se necessitam mutuamente e isso tem suas consequências culturais e políticas, pois apelam para outro implante dessas duas dimensões que não aquele de mão única do modelo ocidental. Kusch tratou longamente disso em suas reflexões, discorrendo acerca de uma economia e uma política no registro do *estar*, o que não esteve no foco de nossa atenção por termos privilegiado o aspecto metafísico de sua reflexão filosófica.

Podemos dizer que Kusch cumpriu, em sentido ético-prático, com seu método investigativo, baseado no encontro face a face com o *outro*, o que Lévinas propunha em sua filosofia: "o que o outro me dá é minha unicidade. Porque eu sou o único que deve responder pelo outro" (SCANNONE, 1984,

p. 78). Kusch, ao assumir uma filosofia que pensasse o outro indígena, pardo, campesino ou anônimo, esse outro relegado pela filosofia americana, pelas instituições de sua política - que, no entanto, *pressiona* –, responde como único por eles em seu labor profissional como filósofo, a ponto de ir viver entre os mesmos, e também morrer na pobreza e invalidez que impulsiona o mesmo filosofar. Por sua vez, seus ensaios antropológicos, sem que fosse ele um antropólogo de profissão, possuem um insipiente modelo para um dos desenvolvimentos da antropologia que somente em nosso século começa a se expressar. Trata-se do que o antropólogo Viveiros de Castro tem chamado, humoristicamente, de o *Anti-Narciso*:

> Uma verdadeira antropologia, ao contrário, 'devolve-nos uma imagem de nós mesmos na qual não nos reconhecemos' (MANIGLIER, 2005b, p. 773-774), pois o que toda a experiência de uma outra cultura nos oferece é a ocasião para se fazer uma experiência sobre nossa própria cultura; muito mais que uma variação imaginária - a introdução de novas variáveis ou conteúdos em nossa imaginação - é a própria forma, melhor dizendo, a estrutura da nossa imaginação conceitual que deve entrar em regime de variação, assumir-se como variante, versão, transformação (2015, p. 21-22).

Parece que Kusch cumpre um sério esforço de encontrar o *outro* em sua exterioridade, no face a face fático antes do distanciamento e da abstração que a filosofia requer. E esse é um encontro com sua própria interioridade, na qual coabitam o *si mesmo* e uma *alteridade*: a do *estar*. Logo, quando afirma que "*nosostros-estamos*" e "*estamos-siendo*", ele o faz desde essa experiência americana: a da mestiçagem entre o *estar* e o *ser*, mas também desde uma coragem de criar.

Na vida e na morte, o encontro com o outro remete a um encontro originário com o si mesmo - aquela unicidade que reivindicara Lévinas. Assim, em 1976, Kusch, após ter sido destituído do cargo de professor pela ditadura na Universidad de Salta, juntamente com outros pensadores, decidiu se transferir com a família a Maimará. Ele registra essa decisão como um "cruzar a fronteira" num pequeno escrito destinado a uma revista de humor, consignado a uma amiga, Salmar Haidar, quando, já enfermo, se dirigia a Buenos Aires "a fim de morrer", como disse. Nesse breve escrito lemos sobre esse salto exigente que demanda uma reflexividade intercultural: "o curioso é que realmente se vive em Maimará. Para dar este passo tive que passar do habitual, onde alguém se sente cômodo, para o inabitual onde se vislumbra a incomodidade e a penúria. Qual penúria? A verdadeira penúria é a de sentir-se pleno, pese à mudança, a de seguir sendo forte, ser realmente a si mesmo, depois de ter saltado a fronteira, essa que criamos para nós mesmos. Do outro lado da fronteira está o si mesmo outra vez, porém, agora, de frente para a montanha, no meio das pessoas de Maimará" (*VM*, p. 277). E no dia 30 de setembro de 1979, Kusch cruzou a fronteira: "a morte, desde uma análise da vida, não é o fim, mas outro estado. Ainda que ocorra a morte, se restabelece o genuíno, o outro modo de estar-sendo, com outro jogo" (*EAFA*, p. 430).

4. *Alteridade* e *outro* entre Lévinas e Kusch

Quem é a "alteridade" e quem são os "outros" de Lévinas e de Kusch? Se Lévinas argumenta a alteridade no ser como uma *ex*cedência tal como o Bem e o Outro, e se ela nos é possível pela abertura da mesma razão que admite o Infinito, e se ainda Kusch, por sua vez, argumenta a alteridade como *estar não mais*, irredutível e insondável na qual o ser se instala como existência que *está sendo*, pode-se dizer que um e outro propõem diferentes hermenêuticas do existente, ou ainda, hermenêuticas contextuais, porque cada um elabora uma filosofia mestiça a partir de diferentes paradigmas, mesmo que fazendo uso das bases metodológicas e textuais da tradição. Não ocorre uma etnofilosofia, mas uma filosofia situada que abarca o humano como sempre humano em sua totalidade e, paradoxalmente, em sua irredutível particularidade. O humano e sua cultura, seu acerto de viver em um solo espiritual e linguístico que estabelece a diferença. É o *factum*. É o humano e seu acervo: seus textos e intertextos – aqueles do religioso, das tragédias, da sabedoria oral, das artes. São as variadas "vozes", como diria Fornet-Betancourt, que para além do "ver" é preciso "ouvir", emendaria Mies. Em Lévinas e em Kusch vemos o recurso a essas outras possibilidades de expressão, porque em cada uma delas, e a seu modo, se apresenta o existente, o espírito, a autocompreensão e autoelaboração da mesma existência, que resulta em cultura, sabedoria, reserva de significados e, igualmente, como possibilidade de relação *na* Paz e de realização do Bem. Por isso, a filosofia intercultural é a que universaliza o pensamento e que possibilita colocá-lo em todas essas relações. Daí que não pode ter outro fundamento que não seja a ética.

O outro de Lévinas é o *Outro* não pensado, ocultado pelo pensamento do ser. É notável que Lévinas aponte para o pobre, a viúva e o órfão como as figuras imediatas do "Outro" filosófico. Ele parte da afirmação teórica para chegar ao *factum* – no qual o Outro filosófico é extremado na concretude da pele nua de seu rosto diante de meu olhar. O outro exposto me expõe e não tenho como não assumir que sou responsável. É notável que também Kusch, partindo opostamente do *factum*, ou seja, do outro como indígena – o homem e a mulher malcheirosos dos platôs, dos pampas ou das periferias urbanas sem saneamento –, chegue à alteridade do *estar*. Alteridade desvelada no *estar*, este *fagocitado* pelo ser, atuando e pressionando, de modo a estabelecer uma deformação lógica no mesmo real. Mas quem filosofa esses existentes? Por que são excluídos do pensamento quando eles/elas precisamente nos devolvem o sentido último da existência, que é sua própria pobreza como experiência da finitude e, ao que concerne ao pensamento, como contradição e resistência à sua busca de compreender e determinar?

Resta ainda nos perguntarmos se o "*Il y a*" de Lévinas e o "*estar*" de Kusch não são uma reação ao nada ou, mais ainda, uma afirmação da impossibilidade do nada, contrariando não só Heidegger, mas a tradição que ele reabilita, isto é, *il y a* que "murmura no fundo do nada" (*EE*, p. 67). Ou *estar* e *il y a* revelariam a mesma fadiga de expressão de nossos autores para dizer do imponderável do ser, embora um *murmure no fundo do nada* e o outro *ferva de seminalidade*? Por isso, essa estaticidade que nosso autor descobre como *estar* se exprime como resistindo na arte e também na atitude indígena. É pertinente também observar que o *há* de Lévinas emerge desde o Stalag XI B de Fallingbostel, na Alemanha, essa experiência impossível de exprimir como a de ser prisioneiro e refém. Ele nos brinda com uma fenomenologia da existência que extrema a filosofia, hiper-significando noções e expressões, construindo sintagmas e hipérboles ao ponto de *desdizer* o *dito*. Ao fim, Lévinas explora o recurso da literatura como um socorro à disposição da filosofia, a fim de exprimir o inefável filosófico do humano – de um humano ético.

Não menos significativa é a escolha de Kusch pelo termo *estar* para abordar uma instância que foge à determinação. Ao tentar explicitar a extrema experiência de mestiçagem cultural americana, ele recorre ao dom sempre disponível da linguagem: um verbo "outro" ou um *verbo herético*. E esse verbo emerge desde a experiência da solidão dos platôs andinos e do assombroso limite da montanha ou ainda do "mau odor" da América profunda. Parece-nos que a "vivência" da filosofia intercultural se refere também a esse irredutível problema de narrar o inarrável de diferenças que se encontram face a face, não apenas expostas à visão, mas também aos outros sensos, como é o caso do olfato em Kusch, expresso em sua categoria de *fetidez*. E nesse encontro, paradoxalmente, se comunicam mutuamente. No entanto, não há filosofia se não houver reflexividade. Por conseguinte, a fim de não cair numa teorização sobre o vazio que apaga a violência, de um lado e, de outro, para não cair num etnocentrismo relativo, a filosofia intercultural necessita, simultaneamente, uma "vivência" e um pensamento que tenha seu ponto de partida no significado ético de *outro* e *alteridade*.

5. O que esperar da filosofia em uma situação intercultural?

Do esforço reflexivo e da desmesurada fadiga em confrontar a linguagem para decantar significados éticos de uma tradição à outra e assim significar a ética, e partindo de uma evasão da necessidade de precisão, acreditamos ter descoberto em Lévinas e em Kusch dois *exemplos* de filosofia intercultural. A nossa intenção de evidenciar a problemática ética na filosofia intercultural devia necessariamente sublinhar por meio desses dois pensamentos – tão radicais quanto complexos – a amplidão dessas questões. Devia igualmente assumir que a problemática da ética desconstrói os significados teóricos de *alteridade* e de *outro*, relacionados à tradição do ser. Todavia, nenhum *exemplar* termina em si mesmo, mas inspira uma obra futura em base ao seu modelo. Assim, cada pensamento intercultural se torna aberto e inconcluso, dado que a cada encontro empírico ou reflexivo a relação intercultural começa de novo e se torna uma obra contínua, pois se trata de encontros entre diferenças.

Se assim é, então Lévinas e Kusch nos transmitem algumas atitudes fundamentais que podem sinalizar algumas características e desafios que uma filosofia intercultural deve enfrentar na situação hermenêutica intercultural de nossa época:

1) A primeira atitude filosófica diz respeito à dimensão do silêncio que queremos aprofundar aqui um pouco mais: não aquele que induz à contemplação, ou seja, referido ao sentido da visão que a tradição ligou ao *logos*, mas aquele da escuta que a ideia de *Infinito* em Lévinas e o horizonte do *Estar* em Kusch nos desvelam. Parece que, precisamente, encontramos nos dois autores um outro ponto de partida da filosofia, o que agora queremos sublinhar.

Lévinas fala da subjetividade que hospeda em si uma transcendência que não pode conter: é a ideia de *Infinito*. É exterioridade que escapa à determinação e que significa excluindo-se da ordem do Uno (*OMS*, p. 162). Aqui se encontra a interrupção do Mesmo ou da lógica do ser, uma vez que o *Infinito* se desprende do pensamento e da sua exterioridade e se faz "voz interior" (*OMS*, p. 163), ou seja, profecia que testemunha e conduz ao outro e à responsabilidade por ele, antes de sua fenomenalidade. O silêncio do *ego cogito* é o princípio da subjetividade. Essa unidade egológica se rompe e dela emerge, então, uma intersubjetividade ética e bipolar que Lévinas exprime nas palavras *moi/soi; autrui/moi* (SUCASAS, 2006, p. 288). Assim se *des-ontologiza* o sujeito, liberando-o para uma existência ética anterior à moção do pensamento.

Em Kusch, o silêncio é ainda mais radical e se revela na experiência da *alteridade* que constitui a mente americana, isto é, a coabitação de dois *backgrounds* – da metafísica e da epistemologia – que correspondem àquele do *ser* e àquele do *estar*. O assinalamento do *Ser* se desenvolve nos processos de colonização ocidental e coabita com o *Estar* como modo de pensamento das culturas pré-colombianas e mestiças populares, que apesar dos quinhentos anos de ocidentalização, se encontra operante. Na realidade, essa coabitação pertence ao existente de qualquer contexto, pois o *Estar* é um horizonte pré-ôntico no sentido de uma anterioridade que concerne ao *Ser*. O ato de ser se dá aqui como *instalação*, o que sinaliza a diferença paradigmática entre *Estar* e *Ser*: o primeiro é concebido numa lógica precedentemente espacial que foge à determinação; o segundo em uma lógica temporal que requer a definição.

O sujeito de Kusch não se dá como conceito filosófico em um sistema ou em uma interpretação como o *ego cogito*. O eu e o outro não são teóricos. Ambos são *factum*, voz e discurso. Cada um é outro para o outro e fala a sua palavra. Cada um é sujeito de saber e, portanto, é *sujeito filosofante*. A escuta do outro descobre o "vazio intercultural" (*EAFA*, p. 354) entre *dois "outros"*. Somente o símbolo pode preencher esse vazio advindo da incomensurabilidade das diferenças. Pois o outro é corporizado, o seu acesso põe em risco todos os elementos teóricos, operando uma ruptura com o objeto. Parte-se do zero para alcançar o símbolo que faz a mediação entre o *estar* e o *ser* que coabitam no existente. O movimento que revela o símbolo – que preenche o vazio intersubjetivo e intercultural – é expresso pela fórmula "*estar-siendo*". Essa é a posição de *estar-junto-sendo*, ou seja, *sendo* num paradigma de coexistência, em contraposição ao paradigma do sujeito egológico. Esse movimento que conjuga o *ser* e o *estar* é somente possível no encontro entre dois *outros*. Nesse sentido, o encontro intercultural em Kusch será uma busca e um esforço reflexivo plural e sempre perfectível da inteligibilidade do símbolo que dá acesso àquela estrutura comum da existência, o estar.

2) A segunda atitude filosófica que sinaliza para um segundo carácter e um correspondente desafio para a filosofia intercultural é a atenção à finalidade dessa última.

Para Lévinas, o valor de uma filosofia é a sua solicitude às angústias e às preocupações do presente, ou seja, é o seu "misturar-se" à temporalidade e às dores atuais da experiência humana (*AM*, p. 142). Isso significa enfrentar a conflitualidade do mundo para tolher do pensamento o risco de cair na tentação do discurso neutro, impessoal e de totalidade, que o rende vulnerável à violência. Aqui encontramos de novo a inversão do ponto de partida do filosofar: da visão que se liga ao *logos* à escuta que se liga à hospitalidade da alteridade de outrem. A hospitalidade inclui a Palavra – a Torá – que apela, por sua vez, à interpretação do contexto histórico. Isso reenvia a uma nova posição de quem filosofa: filosofar é escutar o *Dizer*, que comporta uma transcendência cifrada no dito do discurso filosófico, o qual deve, por isso, desdizer-se e redizer-se constantemente.

Kusch, à sua volta, afirma que a filosofia é "serviço à vida" porque esta possui a verdade na sua totalidade. Se a filosofia é uma busca da verdade, esta deve ser buscada na vida. A busca da verdade é um inserir-se no "terreno" do humano: o "material vivente" (*AP*, p. 5). Filosofar, portanto, é reescrever aquele modo de pensar indígena e popular no qual a vida escorre e se exprime como *antidiscurso* ou *negação* com relação à lógica do ser. Esse é o modo de pensamento do *estar* que, relegado como *doxa* (opinião), nega a determinação do ser que violou o direito de pensar e viver das culturas originárias americanas. A negação é, ao mesmo tempo, afirmação de uma lógica outra: aquela do símbolo que preenche de significados a existência quotidiana. Assim, Kusch inverte a fórmula cartesiana: o "eu penso, logo existo" torna-se "eu existo, logo penso".

Sendo a filosofia um *misturar-se à temporalidade* e com o *material vivente* para um *serviço à vida*, pode-se, então, compreender a categoria "Outro" de nossos autores como uma representação do símbolo, mais que propriamente uma característica do *ser*. Lévinas utiliza a figura do *órfão* e da *viúva* para traduzir o duplo movimento da responsabilidade: o primeiro é aquele do Rosto, que me ordena e ao qual eu devo responder em juízo; o segundo é a pobreza do Rosto, que me invoca a responder a ele irremissivelmente; movimento ético total que cobre a curvatura do tempo e do espaço intersubjetivos (*TI*, p. 287). Kusch, por seu turno, evoca aquele homem ou mulher *informante*, isto é, concreto, vivente, representante do pensamento indígena e popular. Eles são a expressão não canônica do humano ou do civil e também a pobreza de quem *meramente está, não mais*. Precisamente porque *não "é" alguém*, não é determinado por uma categorização do ser, ele/ela não possui nenhuma expressão filosófica. Esse humano, na sua pobreza ontológica, abraça a verdade do humano total, que inclui a sua transcendência porque é resistência ética.

Essas são figuras extremas que recuperam o valor simbólico que a tradição, especialmente moderna, havia secularizado ou esvaziado de significações. Invertendo o procedimento da abordagem, os dois autores nos induzem a conceber a filosofia intercultural como uma investigação sobre o existente total, o que inclui o seu contexto – e o contexto doa o símbolo –, a sua transcendência e o significado de sua experiência. Por isso, a condição da filosofia intercultural é a "contaminação" que rompe com a nomenclatura da ontologia. Essa ruptura aparece em Lévinas nos termos como *inversão*, *desinteressamento* ou *traumatismo*. Em Kusch, os tempos são *deformação* e *heresia do pensamento*, o que denota que o Rosto e o Vivente não se deixam apreender pela intencionalidade, mas, de uma parte, apelam em precedência à responsabilidade absoluta e insubstituível; de outra, eles têm uma palavra outra, um saber outro, que tolhem o eu da identificação com o Mesmo. Essa é a abertura que o *Outro* e a *Alteridade* introduzem no ser. Noutras palavras, a hermenêutica do sofrimento e da vulnerabilidade recupera a corporeidade (*HOH*, p. 99) e o símbolo, não deixando tempo à perspectiva egológica.

3) A terceira atitude que sinaliza um terceiro caráter e um terceiro desafio à filosofia intercultural é ligada à dimensão da transcendência do Outro. Para Lévinas, "o humano perfura a crosta da razão" (ANISSIMOV, 1985, p. 33) e, segundo Kusch, "a razão se rompe no puro viver" (*EAFA*, p. 412). Se Lévinas considera a alteridade no ser como uma excedência do ser, isto é, o *Bem*, e se isso é possível por causa da abertura introduzida pela revelação do Rosto; e se também Kusch julga a alteridade como *estar, não mais* – irredutível ao ser –, mas afirma que, paradoxalmente, é ali que o ser se instala como um *existente-sendo*, então se pode dizer que ambos os autores se acercam a uma filosofia da existência na qual a subjetividade se origina na ética, para além da ontologia. Essa reversão ética da filosofia se realiza por meio da "contaminação hermenêutica" que se dá no entrecruzamento intercultural operado pelos autores.

Finalmente, podemos dizer que em filosofia intercultural é necessário ter a coragem de assumir as discordâncias entre a ética, o discurso, a indeterminação, a tragédia do humano e o símbolo que dá acesso à verdade. É necessário assumir o estado de conflito e de fricção da comunidade humana em seus contextos (ASTRAIN, 2006, p. 156). É a reflexividade dessa experiência que desdobra a filosofia intercultural de modo tal que a razão não caia na teorização vazia que dissimula a violência do *logos* que universaliza uma existência impessoal. Ou, no seu oposto, que se reduza a um relativismo fácil, o que é somente a outra face da mesma violência. Assim, a filosofia intercultural necessita "viver" e "pensar" sendo "ética antes" de seu instituir-se como discurso. O seu ponto de partida é a "relação na alteridade", plural por natureza.

BIBLIOGRAFIA

1. Prefácio

ARISTÓTELES. *Metafisica*. Milão: Bompiani, 2004.

DERRIDA, Jacques; VATTIMO, Gianni. *La religione*. Bari: Laterza, 1995; *La religion*. Paris: Seuil, 1996.

GILBERT, Paul. "Juan Carlos Scannone (1931-2019) et la religion populaire". *In*: MELO, E.; PIETERZACK, C.; CECCATO, D. (orgs.). *Juan Carlos Scannone: Uma aproximação filosófico-teológica sobre o pensamento latino-americano*. Porto Alegre/Buenos Aires: Fi/Poliedro, 2020, p. 19-49.

______. "Juan Carlos Scannone e la teologia del popolo". *Civiltà Cattolica*, 4092 (4): 502-603, 2020.

LÉVINAS, Emmanuel. "L'ontologie est-elle fondamentale?". *Revue de métaphysique et de morale*, 56: 88-98, 1951.

MIES, Françoise. *De l'"Autre": Essai de typologie*. Namur: Presses Universitaire de Namur, 1994.

PLATÃO. *Opere complete*. Roma/Bari: Laterza, 2008.

2. Bibliografia de Emmanuel Lévinas

LÉVINAS, Emmanuel. "Quelques réflexions sur la philosophie de l'hitlérisme". *Sprit*, 26: 199-208, nov. 1934; *Quelques réflexions sur la philosophie de l'hitlérisme: Suivi d'un essai de Miguel Abensour*. Paris: Payote & Rivages, 1997, p. 7-27.

______. "L'inspiration religieuse de l'alliance". *Paix et Droit*, 8: 4, out. 1935; CHALIER, C.; ABENSOUR, M. (eds.). *Cahier de l'Herne: Emmanuel Lévinas*. Paris: L'Herne, 1991, p. 144-146.

______. "L'actualité de Maïmonide". *Paix et Droit*, 4: 6-7, abr. 1935; CHALIER, C.; ABENSOUR, M. (eds.). *Cahier de l'Herne: Emmanuel Lévinas*. Paris: L'Herne, 1991, p. 148-149.

______. "De l'évasion". *Recherches philosophiques*, 5: 373-392, 1935-1936; *De l'évasion: Introduit et annoté par Jacques Rolland*. Paris: Fata Morgana, 1982.

______. "L'essence spirituelle de l'antisémitisme d'après Jacques Maritain". *Paix et Droit*, 5: 3-4, 1938; CHALIER, C.; ABENSOUR, M. (eds.). *Cahier de l'Herne: Emmanuel Lévinas*. Paris: L'Herne, 1991, p. 150-151.

______. *De l'existence à l'existant*. Paris: Revue Fontaine, 1947; Vrin, 1978; *Da existência ao existente*. Trad. P. A. Simon e L. M. Castro Simon. Campinas: Papirus, 1998.

LÉVINAS, Emmanuel. "La réalité e son ombre". *Les Temps modernes*, 38: 771-779, nov. 1948; *Les imprévus de l'histoire*. Paris: Fata Morgana, 1994, p. 107-127.

______. *En découvrant l'existence avec Husserl et Heidegger*. Paris: Vrin, 1949; édition suivi d'Essais Nouveaux, 2010.

______. *Totalité et infini: Essai sur l'extériorité*. Haia: Martinus Nijhoff, 1961; *Totalidade e infinito: Ensaio sobre a exterioridade*. 3. ed. Trad. J. P. Ribeiro. Lisboa: Edições 70, 2008.

______. *Difficile liberté: Essais sur le judaïsme*. Paris: Albin Michel, 1963; 3. ed. Paris: Albin Michel (Le livre de poche), 2014.

______. "La trace de l'autre". *En découverant l'existence avec Husserl et Heidegger*. Paris: Vrin, 1949; édition suivi d'Essais Nouveaux. Paris: Vrin, 2010, p. 261-282.

______. *Quatre lectures talmudiques*. Paris: Minuit, 1968; *Quatro leituras talmúdicas*. Trad. F. Landa e E. Landa. São Paulo: Perspectiva, 2003.

______. *Humanisme de l'autre homme*. Paris: Fata Morgana, 1972; *Humanismo do outro homem*. 2. ed. Trad. P. S. Pivatto. Petrópolis: Vozes, 1993.

______. *Autrement qu'être ou au-delà de l'essence*. La Haye: Martinus Nijoff, 1974; *De outro modo que ser ou para lá da essência*. Trad. J. L. Pérez e L. L. Pereira. Lisboa: Centro de Filosofia da Universidade de Lisboa, 2011.

______. *Sur Marurice Blanchot*. Paris: Fata Morgana, 1975.

______. *Du sacré au saint: Cinq nouvelles lectures talmudiques*. Paris: Minuit, 1977; *Do sagrado ao santo: Cinco novas interpretações talmúdicas*. Trad. M. Castro. Rio de Janeiro: Civilização Brasileira, 2001.

______. *Le temps et l'autre*. Paris: Fata Morgana, 1979; 9. ed. Paris: Press Universitarie de France, 2007.

______. *De Dieu qui vient à l'idée*. Paris: Vrin, 1982; *De Deus que vem à ideia*. 2. ed. Trad. P. S. Pivatto. Petrópolis: Vozes, 2008.

______. *L'au-delà du verset: Lectures et discours talmudiques*. Paris: Minuit, 1982.

______. *Éthique et infini: Dialogues avec Philippe Nemo*. Paris: Arthème Fayard, 1982.

______. *À l'heure des nations*. Paris: Minuit, 1988.

______. *Entre nous: Essais sur la penser-à-l'autre*. Paris: Grasset, 1991; *Entre nós: Ensaios sobre a alteridade*. 5. ed. Trad. P. S. Pivatto. Petrópolis: Vozes, 2010.

______. *Les imprévus de l'histoire*. Paris: Fata Morgana, 1994.

______. *Nouvelles lectures talmudiques*. Paris: Minuit, 1996; *Novas interpretações talmúdicas*. Trad. M. Castro. Rio de Janeiro: Civilização Brasileira, 2002.

______. *Œuvres 1 – Carnets de captivité et autres inédits*. Paris: Grasset et Fasquelle, 2009.

______. *Œuvres 2 – Parole et silence et autres conférences inédites*. Paris: Grasset et Fasquelle, 2011.

______. *Œuvres 3 – Eros, littérature et philosophie: Essais romanesques et poétiques, notes philosophiques sur le thème d'éros*. Paris: Grasset et Fasquelle, 2013.

3. Bibliografia de Rodolfo Kusch

KUSCH, Rodolfo. "El caso Novalis". *Correo literario*, 34-35 (3), 1945 (Buenos Aires).

______. *Seminario Permanente de Cultura Americana*. Salta 24.02.1973. Disponível em: http://untref.edu.ar/icaatom/index.php/seminario-permanente-sobre-cultura--na-latinoamericaexposicionderodolfokuschresumen;dc. Acesso em: 04 fev. 2016.

______. *La seducción de la barbarie: Análisis herético de un continente mestizo*. Buenos Aires: Raigal, 1953; *Obras Completas*. Tomo 1. Rosário: Fundación Ross, 2007, p. 1-131.

______. *De la mala vida porteña*. Buenos Aires: Peña Lillo, 1966; *Obras Completas*. Tomo 1. Rosário: Fundación Ross, 2007, p. 321-464.

______. *Indios, porteños y dioses*. Buenos Aires: Stilcograff, 1966; *Obras Completas*. Tomo 1. Rosário: Fundación Ross, 2007, p. 133-320.

______. *América Profunda*. Buenos Aires: Hachette, 1962; *Obras Completas*. Tomo 2. Rosário: Fundación Ross, 2009, p. 1-254.

______. *El pensamiento indígena y popular en América*. Puebla: J. M. Cajica Jr., 1970; *Obras Completas*. Tomo 2. Rosário: Fundación Ross, 2009, p. 255-546.

______. *La negación en el pensamiento popular*. Buenos Aires: Cimarrón, 1975; *Obras Completas*. Tomo 2. Rosário: Fundación Ross, 2009, p. 567-698.

______. "Una lógica de la negación para comprender a América". *Nuevo mundo*, 3 (1), jan.-jun. 1973; *Obras Completas*. Tomo 2. Rosário: Fundación Ross, 2009, p. 547-698.

______. *Geocultura del hombre americano*. Buenos Aires: García Cambeiro, 1976; *Obras Completas*. Tomo 3. Rosário: Fundación Ross, 2011, p. 5-239.

______. *Esbozo de una antropología filosófica americana*. Buenos Aires: Castañeda, 1978; *Obras Completas*. Tomo 3. Rosário: Fundación Ross, 2011, p. 241-434.

______. "El pensamiento popular desde el punto de vista filosófico: Consideraciones sobre el método, los supuestos y los contenidos". *Stromata*, 24 (3/4): 231-262, jul.--dez. 1978; *Obras Completas*. Tomo 3. Rosário: Fundación Ross, 2011, p. 496-583.

______. "Anotaciones para una estética de lo americano". *Comentario*, 9, dez. 1955 (Buenos Aires); *Obras Completas*. Tomo 4. Rosário: Fundación Ross, 2010, p. 779-816.

______. "Lo superficial y lo profundo en Ezequiel Martínez Estrada". *Contorno*, 4, 1954 (Buenos Aires); *Obras Completas*. Tomo 4. Rosário: Fundación Ross, 2010, p. 205-220.

______. *La leyenda de Juan Moreira*. Buenos Aires: Stilcograff, 1960; *Obras Completas*. Tomo 4. Rosário: Fundación Ross, 2010, p. 591-648.

______. *Tango (Tango Misha)*. Buenos Aires: Talía, 1959; *Obras Completas*. Tomo 4. Rosário: Fundación Ross, 2010, p. 481-556.

KUSCH, Rodolfo. *Credo rante*. Buenos Aires: Talía, 1959; *Obras Completas*. Tomo 4. Rosário: Fundación Ross, 2010, p. 461-586.

______. "Planteo de un arte americano". *Estar – Boletín de "Arte América"*, 1, dez. 1959 (Buenos Aires); *Obras Completas*. Tomo 4. Rosário: Fundación Ross, 2010, p. 775-778.

______. *La muerte del Chaco*. Buenos Aires: Stilcograff, 1960; *Obras Completas*. Tomo 4. Rosário: Fundación Ross, 2010, p. 649-716.

______. *Cafetín: Homenage a Discépolo* (1960, inédito); *Obras Completas*. Tomo 4. Rosário: Fundación Ross, 2010, p. 717-773.

______. "En Sudamérica es preciso asumir lo indígena". *Cultura boliviana*, IV (38), fev.-mar. 1970 (Oruro); *Obras Completas*. Tomo 4. Rosário: Fundación Ross, 2010, p. 309-316.

______. "El hombre argentino y americano: Lo americano y lo argentino desde el ángulo simbólico-filosófico". *Revista de Filosofía Latinoamericana*, 7/8 (IV), jan.--dez. 1978; *Obras Completas*. Tomo 4. Rosário: Fundación Ross, 2010, p. 3-21.

______. "Vivir en Maimará". *Vivir in Maimará y cuando se viaja desde Abra Pampa*. Jujuy: [s. n. t.], 1988; *Obras Completas*. Tomo 4. Rosário: Fundación Ross, 2010, p. 273-278.

4. Bibliografia complementar

AGAMBEN, Giorgio. "Introduzione". *In*: LEVINAS, E. *Alcune riflessioni sulla filosofia dell'hitlerismo*. Trad. A. Cavalletti. Macerata: Quodlibert, 1996, p. 7-17.

ABENSOUR, Michel. *Quelques réflexions sur la philosophie de l'hitlérisme: Suivi d'un essai de Miguel Abensour*. Paris: Payot&Rivages, 1997, p. 27-102.

ALBERDI, Juan Bautista. *Ideas para presidir a la confección del curso de filosofía contemporánea*. Montevidéu: Fundación El Libro Total, 1842.

ALONSO, Amado. "Prólogo". *In*: BELLO, A. *Gramática de la lengua castellana destinada al uso de los americanos*. Santiago do Chile: Alicante, 1847.

ANISSIMOV, Myriam. "Portrait". *Nouveaux Cahier*, 82: 30-35, 1985 (Paris, Alliance Israélite Universalle).

ANZALDÚA, Gloria. *Bordelands/ La Frontera: The New Mestiza*. 4. ed. São Francisco: Aunt Lute Books, 1987.

APEL, Karl-Otto. "La ricostruzione della ragione attraverso la trasformazione della filosofia trascendentale". *In*: BORRELLI, M.; FORNET-BETANCOURT, R. (eds.). *Filosofia contemporanee*. Cosença: Pellegrini, 2010, p. 13-44.

AQUILÓ, Federico. *Análisis del pensamiento filosófico del profesor Rodolfo Kusch*. Salta: Universidad Nacional Tres de Febrero. Disponível em: http://untref.edu.ar/icaatom/index.php/analisis-del-pensamiento-filosofico-del-profesor-rodolfo--kusch;dc. Acesso em: 04 fev. 2016.

ARGUEDAS, Alcidez. *Pueblo enfermo: Contribución a la psicología de los pueblos hispanoamericanos*. Barcelona: Vda Luiz Tasso, 1909.

ARISTÓTELES. *Metafísica: Ensaio introdutório, texto grego com tradução e comentário de Giovanni Reale*. Vol. II. 5. ed. Trad. M. Perine. São Paulo: Loyola, 2002.

______. *Metafisica*. 2. ed. Trad. E. Bini. São Paulo: Edipro, 2012.

______. *Etica Nocomachea*. 4. ed. Trad. C. Natali. Roma/Bari: Laterza, 2005.

ARMENGAUD, Françoise. "Sur la philosophie juive". *In*: LÉVINAS, E. *À l'heure des nations*. Paris: Minuit, 1988, p. 197-214.

ASTRAIN, Ricardo Salas. *Ética intercultural: Ensayos de una ética discursiva para contextos culturales conflictivos – (Re) Lecturas del pensamiento latinoamericano*. Equador: Abya-Yala, 2006.

AZCUY, Eduardo A. (org.). *Kusch y el pensar de América*. Buenos Aires: García Cambeiro, 1989.

BATAILLE, Georges. "La structure psychologique du fascisme". *Critique sociale*, 10: 159-165, 1933.

BALLESTEROS, Margarita Porroche. *Ser y estar y verbos de cambio*. Madri: Arco/Libros, 1988.

BANON, David. *La lecture infinie: Les voies de l'interprétation midrashique*. Paris: Seuil, 1987.

______. "Une herméneutique de la sollicitation: Lévinas lecteur du Talmud". *In*: ROLLAND, J. (ed.). *Les Cahiers de La nuit surveillée: Emmanuel Lévinas*. Paris: Verdier, 1984, p. 100-115.

______. "Lévinas, penseur juif ou juif qui pense". *Noesis*, 3, 2000.

BAUDELAIRE, Charles. "Les fleurs du mal". *Œuvres complètes*. Tomo 1. Paris: Gallimard, 1961.

BELLO, Andrés. *Gramática de la lengua castellana destinada al uso de los americanos*. Santiago do Chile: Imprenta del Progreso, 1847.

BEORLEGHI, C. *Historia del pensamiento filosófico latinoamericano: Una búsqueda incesante de la identidad*. 2. ed. Bilbau: Universidad de Deusto, 2006.

BEUCHOT, Mauricio; ARENAS-DOLZ, Francisco. *Hermenéutica de la encrucijada: Analogía y retórica de la filosofía*. Barcelona: Anthropos, 2008.

BENSUSSAN, Gérard. "Figures, concepts et déplacements de la philosophie juive". *In*: OMBROSI, O. (ed.). *Tra Torah e Sofia: Orizzonti e frontiere della filosofia ebraica*. Génova/Milão: Marietti, 2011, p. 47-66.

BLANCHOT, Maurice. "La littérature et le droit de mort". *In*: BLANCHOT, M. *La part du feu*. Paris: Gallimard, 1949, p. 293-331.

______. "La solitude essentielle". *In*: BLANCHOT, M. *L'espace littéraire*. Paris: Gallimard, 1955, p. 13-32.

BONDY, Augusto Salazar. *¿Existe una filosofía de nuestra América?*. México: Siglo Veintiuno, 1968.

BRECHETTI, A. "...Los pintaré como estaban puestos hasta que entró a este reyno el santo Ebangeleo". *Santacruz Pachacuti Yamqui*, 1613; *Anales del Museo de América*, 11: 81-102, 2003.

BUARQUE DE HOLANDA, Aurélio. *Novo Aurélio Século XXI: O dicionário da língua portuguesa*. 3. ed. Rio de Janeiro: Nova Fronteira, 1993.

BURGGRAEVE, Roger. "'Un roi déposé': Une voie de libération du moi par Autrui". *In*: HANSEL, J. (ed.). *Lévinas: D'être à l'autre*. Paris: PUF, 2006, p. 55-74.

PESSOA, Fernando. *Poesia: Alberto Caeiro*. 2. ed. Ed. F. C. Martins e R. Zenith. São Paulo: Companhia das Letras, 2001.

CALDERÓN, Francisco García. *Las democracias latinas de América*. Paris: Flammarion, 1912.

CALIN, Rodolphe. "Préface". *In*: *Oeuvres 1*: *E. Lévinas, Carnets de captivité et autres inédits*. Paris: Grasset e Fasquelle, 2009, p. 13-40.

CAMERINI, Miriam. "Chouchani, in cerca di un maestro". *Niguarda Web TV*. 26 fev. 2014. Disponível em: ttps://www.youtube.com/watch?v=SP95OiepoZg. Acesso em: 21 fev. 2015.

CARELLA, Tulio. "Tango". *Ficción*, 10, 1957 (Buenos Aires); KUSCH, R. *Obras Completas*. Tomo 4. Rosário: Fundación Ross, 2010, p. 559-560.

CASTRO, Américo. *La realidad histórica de España*. México: Porrúa, 1980.

CASTRO-GÓMEZ, Santiago; GROSFOGUEL, Ramón (eds.). *El giro decolonial: Reflexiones para una diversidad epistémica más allá del capitalismo global*. Bogotá: Siglo del Hombre, 2007.

CASTRO-GÓMEZ, Santiago. *Crítica de la razón latinoamericana*. 2. ed. Bogotá: Pontificia Universidad Javeriana, 2011.

CEPEDA, Juan H. (ed.). *Estar y ser: Aproximaciones hermenéuticas y ontológicas a la obra de Rodolfo Kusch*. Saarbrücken: Editorial Académica Spanhola, 2015.

CHALIER, Catherine. "Singularité juive et philosophie". *In*: ROLLAND, J. (ed.). *Les Cahiers de La nuit surveillée: Emmanuel Lévinas*. Paris: Verdier, 1984, p. 78-98.

______. "Introduction aux textes de Lévinas". *In*: CHALIER, C.; ABENSOUR, M. (eds.). *Cahier de l'Herne: Emmanuel Levinas*. Paris: L'Herne, 1991, p. 139-141.

CIARAMELLI, Fabio. "Sulla genesi letteraria del pensiero di Levinas". *In*: FACIONI, S.; LABATE, S.; VERGANI, M. (eds.). *Levinas inedito: Studi critici*. Milão: Mimesis, 2015, p. 165-180.

CICERO, Antonio; FERRAZ, Eucanaã (orgs.). *Nova antologia poética: Vinícius de Morais*. São Paulo: Companhia das Letras, 2004.

CIGLIA, Francesco Paolo. "Alterità". *Enciclopedia filosofica Bompiani*. Tomo 1. Milão: Bompiani, 2006, p. 305-313.

COHEN-LEVINAS, Danielle; TRIGANO, Shmuel. "Emmanuel Lévinas, philosophie et judaïsme". *Revue Pardès*, 29: 145-177, 2002 (Paris).

COLLIN, Françoise. "La peur: Emmanuel Lévinas et Maurice Blanchot". *In*: CHALIER, C.; ABENSOUR, M. (eds.). *Cahier de l'Herne: Emmanuel Lévinas*. Paris: L'Herne, 1991, p. 313-327.

CORALINA, Cora. *Vintém de cobre: Meias confissões de Aninha*. 6. ed. São Paulo: Global Editora, 1997.

COROMINAS, Joan; PASCUAL, José A. *Diccionario crítico etimológico castellano e hispánico*. Madri: Gredos, 1984.

CROVETTO, Pier Luigi. "Nota introduttiva". *In*: TODOROV, T. *La conquista dell'America: Il problema dell'altro*. 4. ed. Trad. A. Serafini. Turim: Einaudi, 2014, p. VII-XIII.

CULLEN, Carlos. "Ser y Estar: Dos horizontes para definir la cultura". *Stromata*, 34: 43-52, 1978.

______. *Fenomenología de la crisis moral: Sabiduría de la experiencia de los pueblos*. Buenos Aires: Castañeda, 1978.

______. *Reflexiones desde América. Ser y Estar: El problema de la cultura*. Vol. 1. Rosário: Fundación Ross, 1986.

______. *Reflexiones desde América. Ciencia y sabiduría: El problema de la filosofía en Latinoamérica*. Vol. 2. Rosário: Fundación Ross, 1987.

______. *Reflexiones desde América. Yo y nosotros: El problema de la ética y de la antropología en latinoamerica*. Vol. 3. Rosário: Fundación Ross, 1987.

CULLEN, Carlos. "Sabiduría popular y fenomenología". *In*: SCANNONE, J. C. (ed.). *Sabiduría popular, símbolo y filosofía: Dialogo internacional en torno de una interpretación latino-americana*. Buenos Aires: Guadalupe, 1984, p. 27-40.

CUNHA, Euclides da. *Os sertões*. Rio de Janeiro: Laemmert, 1902.

CUNHA, Antonio Geraldo da. *Dicionário etimológico nova fronteira da língua portuguesa*. 4. ed. Rio de Janeiro: Saraiva, 2011.

DERRIDA, J. "Violence et métaphysique, essai sur la pensée d'Emmanuel Lévinas". *Revue de métaphysique et moral*, 3: 322-354, 1964; 4: 425-473, 1964.

______. *L'écriture et la différence*. Paris: Seuil, 1967, p. 177-228.

______. *De l'hospitalité: Anne Dufourmantelle invite Jacques Derrida à répondre*. Paris: Calmann Lévy, 1997.

______. "En ce moment même dans cet ouvrage me voici". *Psyqué: L'inventions de l'autre*. Tomo 1. Paris: Galilée, 1997, p. 159-202.

______. *Adeus à Emmanuel Lévinas*. Trad. F. Landa. São Paulo: Perspectiva, 2008.

DOSTOIÉVSKI, Fiódor. *Os irmãos Karamazóv*. Trad. H. Villas-Boas. São Paulo: Martin Claret, 2013.

ELIADE, Mircea. *The Encyclopedia of Religion*. Tomo 2. Nova Iorque: Macmillan, 1978.

ENCINA, Francisco. *Nuestra inferioridad económica*. Santiago: Universitaria, 1912.

ENRÍQUEZ, Fernando Marinque. *Pachasofía y Runasofía andina*. Lima: Concytec, 2002.

ESPADA, Marcos Jiménez de la. *Tres relaciones de antigüedades peruanas*. Madri: Ministerio de Fomento, 1879.

ESTERMANN, Josef. *Filosofía andina: Estudio intercultural de la sabiduría autóctona andina*. Quito: Abya-Ayala, 1998.

______. *Si el Sur fuera el Norte: Chakanas interculturales entre Andes y Occidente*. La Paz: Abya-Ayala, 2008.

______. "De Cusco a Chotanagpur, con escala en Atenas". *In*: GUTIERREZ, F. P. (ed.). *Filosofía Mestiza: Interculturalidad, ecosofía y liberación*. Buenos Aires: FAIA, 2013, p. 303-336.

FACIONI, Silvano. "Introduzione all'edizione italiana". *In*: LEVINAS, E. *Quaderni di prigionia e altri inediti*. Trad. S. Facioni. Milão: Bompiani, 2011, p. 13-18.

______. "Il pensiero in esilio". *In*: FACIONI, S.; LABATE, S.; VERGANI, M. (eds.). *Levinas inedito: Studi critici*. Milão: Mimesis, 2015, p. 145-162.

FEIJÓO, B. *Confines de Occidente: Notas para una sociología de la cultura americana*. Buenos Aires: Las Cuarenta, 2007.

FERNÁNDEZ, Carlos María Pagano. "Un modelo de filosofía intercultural: Rodolfo Kusch (1922-1979): Una aproximación a la obra del pensador argentino". *Concordia: Internacionale Zeitschrift für Philosophie*, 26, 1999 (Aquisgrana, Mainz).

FÉRNANDEZ DE OVIEDO, González. *Historia general y natural de las Indias*. Vol. 1-5, Madri: Atlas, 1959.

FORNET-BETANCOURT, Raúl. *Transformación intercultural de la filosofía: Ejercicios teóricos y prácticos de filosofía intercultural desde Latinoamérica en el contexto*. Bilbau: Desclée, 2001.

______. *Crítica intercultural de la filosofía Latinoamericana actual*. Madri: Trotta, 2004.

GAK, Martin. "Heidegger's Ethics and Levinas's Ontology". *In*: BLOECHL, J. (ed.). *Levinas Studies: An Annual Review*. Pitsburgo: Duquesne University Press, 2014, p. 145-180.

GARRETA, Mariano Juan. "Kusch, la antropología y el sujeto". *In*: AZCUY, E. A. (ed.). *Kusch y el pensar de América*. Buenos Aires: García Cambeiro, 1989, p. 93-101.

GAZQUÉS, Gustavo Gonzáles. "'Cultura' y 'sujeto cultural' en el pensamiento de Rodolfo Kusch". *In*: AZCUY, E. A. (ed.). *Kusch y el pensar de América*. Buenos Aires: García Cambeiro, 1989, p. 11-44.

GOMES, Roberto. *Crítica da razão tupiniquim*. 10. ed. São Paulo: FTD, 1994.

GÖRTZ, Heinz-Jürgen. "Discusión de la ponencia". *In*: SCANNONE, J. C. (ed.). *Sabiduría popular, símbolo y filosofía: Diálogo internacional en torno de una interpretación latinoamericana*. Buenos Aires: Guadalupe, 1984, p. 44-49.

GRAMONT, Jerôme. *Blanchot et la phénoménologie: L'effacement, l'événement*. Paris: Corlevour, 2011.

GUAMAN POMA DE AYALA, Philipe. *Primer nueva coronica y buen gobierno*. Disponível em: http://www.kb.dk/permalink/2006/poma/info/es/frontpage.htm. Acesso em: 12 nov. 2015.

HAMACHER, Werner; WELLBERY, David E. (eds.). *Is it Righteous to Be? Interviews With Emmanuel Levinas*. Califórnia: Jill Robbins, 2001.

HANSEL, Joëlle. "Autrement que Heidegger: Lévinas et l'ontologie à la française". *In*: HANSEL, J. (ed.). *Lévinas: De l'être à l'autre*. Paris: Presses Universitaires de France, 2006, p. 37-53.

HANSEL, Joëlle (ed.). *Lévinas à Jérusalem*. Paris: Klincsiek, 2007.

HARTMAN, Nicolai. *Grundzüge einer Metaphysik de Erkenntnis*. Berlim: Gruyter, 1925.

HEGEL, George. *Fenomenologia dello spirito*. Trad. V. Cicero. Milão: Bompiani, 2000.

HERNÁNDEZ, José. *Martín Fierro: Edición crítica de Carlos Alberto Leumann*. Buenos Aires: Estrada y Cía, 1958.

HOPPENOT, Éric; MILON, Alain (eds.). *Emmanuel Lévinas-Maurice Blanchot, penser la différence*. Nanterre: Press Universitaires de Paris, 2007.

HOUSSET, Emmanuel; CALIN, Rodolphe (eds.). "Lévinas: au-delà du visible: Études sur les inédits de Levinas des Carnets de captivité à Totalité et Infini". *Cahiers de Philosophie de l'Université de Caen*, 49, 2012 (Caen, Press Universitaire de Caen).

HUAMÁN, Mario Mejía. *Hacia una filosofía andina: Doce ensayos sobre el componente andino de nuestro pensamiento*. Lima, 2005. Disponível em: http://lengamer. org/admin/language_folders/quechuadecusco/user_uploaded_files/links/File/Qhapaqkuna/Filosofia_Andina.pdf. Acesso: 12 ago. 2014.

ITER, César. "Las oraciones en quíchua de la Relación de Joan de Santa Cruz Pachacuti Yamqui Salcamaygua". *Revista Andina*, 12: 555-580, 1988. Disponível em: http://revista.cbc.org.pe/index.php/revista-andina/article/view/155. Acesso em: 15 ago. 2014.

KAJON, Irene. *Il pensiero ebraico del novecento: Un'introduzione*. Roma: Donzelli, 2002.

______. "Filosofia ebraica come platonismo etico: Da Maimonide à Levinas". *In*: OMBROSI, O. (ed.). *Tra Torah e Sofia: Orizzonte e frontiere della filosofia ebraica*. Génova/Milão: Marietti, 2011, p. 5-28.

LANATA, Elizabeth M. T. "Rodolfo Kusch". *In*: FERNÁNDEZ, C. M. P. "Un modelo de filosofía intercultural: Rodolfo Kusch (1922-1979)". *Concordia: Internationale Zeitschrift für Philosophie*, 26: 242-247, 1999 (Aquisgrana, Mainz).

LANDA, Diego de. *Relación de las cosas de Yucatán*. 12. ed. México: Porrúa, 1982.

LARA, Jesús. *Tragedia del fin de Atawallpa*. Cochabamba: Impr. Universitaria, 1957.

LESCOURRET, Marie-Anne. *Emmanuel Lévinas*. Paris: Flammarion, 1994.

LESCOURRET, Marie-Anne. "Homo philosophicus". *In*: HANSEL, J. (ed.). *Lévinas: De l'Être à l'Autre*. Presses Universitaires de France, 2006, p. 17-35.

LÉVI-STRAUSS, Claude. *Race et histoire*. Paris: UNESCO, 1952.

______. *Tristes tropiques*. Paris: Librairie Plon, 1955.

MACHADO, José Pedro. *Dicionário etimológico da língua portuguesa*. Vol. 1-5. 4. ed. Lisboa: Editorial Confluência, 2003.

MALL, Ram Adhar. *Intercultural Philosophy*. Oxford: Rowman & Littlefield, 2000.

MALKA, Salomon. *Monsieur Chouchani: L'énigme d'un maître du XXe siècle*. Paris: JC Lattès, 1994.

MAREQUE, Enrique. "Líneas fundamentales del pensamiento de Rodolfo Kusch (1922-1979)". *In*: SCANNONE, J. C. (ed.). *Sabiduría popular, símbolo y filosofía: Diálogo internacional en torno de una interpretación latinoamericana*. Buenos Aires: Guadalupe, 1984, p. 91-106.

MARGARIA, Luca. *Passivo e/o attivo: L'enigma dell'umano tra Lévinas e Ricœur*. Roma: Armando, 2005.

MARTÍ, José. *Nuestra América*. Barcelona: Linkgua, 2012.

MATTEI, Jean-François. "Lévinas et Platon". *In*: MARION, J.-L. (ed.). *Emmanuel Lévinas: Positivité et transcendance. Suivi de Lévinas et la phénoménologie*. Paris: Presses Universitaire de France, 2000, p. 73-87.

MATURO, Graciela. "Rodolfo Kusch y la flor de oro: Aproximación al sentido religioso de un pensador americano". *In*: AZCUY, E. A. (ed.). *Kusch y el pensar desde América*. Buenos Aires: García Cambeiro, 1989, p. 77-91.

MATUSCHKA, Daniel von. "Exposición y crítica del concepto de 'estar' en Rodolfo Kusch". *Cuyo: Anuario de filosofía argentina y americana*, 2: 137-160, 1985.

______. "Nuevas consideraciones en torno al concepto de 'estar' en R. G. Kusch". *Cuyo: Anuario de filosofía argentina y americana*, 10-11: 111-139, 1994.

MAZZEO, Miguel. "El marxismo hediondo: Notas para un estudio comparativo entre José Carlos Mariátegui y Rodolfo Kusch". *Cuadernos de Pensamiento Crítico Latinoamericano*, 1: 53-72, 2014.

MEIRELES, Cecília. *Flor de poemas*. 10. ed. Rio de Janeiro: Nova Fronteira, 1983.

MIES, Françoise. *De l' "autre": Essai de typologie*. Namur: Presses Universitaire de Namur, 1994.

MIGNOLO, Walter. *The Idea of Latin America*. Malden: Blackwell, 2005.

______. "Introduction: Immigrant Consciousness". *In*: KUSCH, R. *Indigenous and Popular Thinking in América*. Trad. M. Lugones e J. M. Price. Durham/Londres: Duke University Press, 2010, p. xiii-liv.

MUCHIUT, Mary; ROMANO, Graciela; LANGÓN, Mauricio. "Bibliografía de Rodolfo Kusch (1922-1979)". *In*: KUSCH, R. *Obras Completas*. Tomo 1. Rosário: Fundación Ross, 2007, p. XV-XXVII.

NEPPI, Enzo. "Lévinas et la crise de l'être dans la littérature moderne: Baudelaire, Rimbaud et quelques autres". *In*: HANSEL, J. (ed.). *Lévinas à Jérusalem*. Paris: Klinckcieck, 2007, p. 103-123.

OLIVEIRA, Manfredo Araújo. "Hegel, síntese entre racionalidade antiga e moderna?". *In*: CHAGAS, E. F.; UTZ, K.; OLIVEIRA, J. W. J. (orgs.). *Comemoração aos 200 anos da "Fenomenologia do Espírito" de Hegel*. Fortaleza: UFC, 2007, p. 39-63.

ORREGO Antenor. *Hacia un humanismo americano*. Lima: Juan Mejía Baca, 1966.

OUAKNIN, Mark-Alain. *Le libre brûlé: La philosophie du Talmud*. Paris: Lieu Commun, 1984.

PALANCA, Diana Vallescar. *Cultura, multiculturalidad e interculturalidad: Hacia una racionalidad intercultural*. Madri: El Perpetuo Socorro, 2000.

PANIKKAR, Raimón. "The Dialogical Dialogue". *In*: WHALING, F. (ed.). *The World's Religious Traditions: Current Perspectives in Religious Studies Essays in Honor of Wilfred Cantwell Smith*. Nova Iorque: Crossroad, 1984, p. 201-221.

______. *Diatopical Hermeneutics*. Disponível em: https://www.raimon-panikkar.org/english/gloss-diatopic.html. Acesso em: 18 jul. 2010.

______. *Ontonomy*. Disponível em: https://www.raimon-panikkar.org/english/gloss-ontonomy.html. Acesso em: 15 jul. 2010.

______. *Glosario: Ontonomia*. Disponível em: http://www.raimonpanikkar.org/spagnolo/gloss-ontonomia.html. Acesso em: 09 jul. 2014.

______. *Glosario: Hermenéutica*. Disponível em: http://www.raimonpanikkar.org/spagnolo/gloss-hermeneutica.html. Acesso em: 12 jul. 2014.

PANIKKAR, Raimón; CACCIARI, Massimo; TOUADI, Jean Léonard (eds.). *Il problema dell'altro: Dallo scontro al dialogo tra le culture*. Città di Castello: L'altrapagina, 2007.

PAZ, Nerva Borda de Rojas. *Filosofía de la intemperie. Kusch: Ontología desde América*. Buenos Aires: Biblos, 1997.

PEPERZAK, A. "Métaphysique et ontologie". *In*: HANSEL, J. (ed.). *Lévinas à Jérusalem*. Paris: Klinckcieck, 2007, p. 99-121.

PETITDEMANGE, Guy. "L'une ou l'autre. La querelle de l'ontologie: Heidegger-Levinas". *In*: ROLLAND, J. (ed.). *Les Cahier de la nuit surveillée: Emmanuel Lévinas*. Paris: Verdier, 1984, p. 37-49.

PETROSINO, Silvano. *Fondamento ed esasperazione: Saggio sul pensare di Emmanuel Levinas*. Génova: Marietti, 1992.

______. "D'un livre à l'autre". *In*: ROLLAND, J. (ed.). *Les Cahier de la nuit surveillée: Emmanuel Lévinas*. Paris: Verdier, 1984, p. 194-209.

PIDAL, Ramón Menéndez. *Cantar de mio Cid: Texto, gramática y vocabulário*. Tomo 1-3. 5. ed. Madri: Espasa-Calpe, 1977.

PICOTTI, Dina V. *La presencia africana en nuestra identidad*. Buenos Aires: Ediciones del Sol, 1998.

PLATÃO. "Fédon". *Diálogos*. 5. ed. Trad. J. C. de Souza, J. Paleikat e J. C. Costa. São Paulo: Abril Cultural, 1991, p. 63-122.

______. *A república*. 14. ed. Trad. M. H. da Rocha Pereira. Lisboa: Fundação Calouste Gulbenkian, 2014.

______. "Sofista". *Diálogos*. 5. ed. Trad. J. C. de Souza, J. Paleikat, J. C. Costa. São Paulo: Abril Cultural, 1991, p. 136-203.

POIRIÉ, Francois. *Emmanuel Lévinas: Qui êtes-vous?*. Lyon: La Manufacture, 1987.

PRABHU, Joseph (ed.). *The Intercultural Challenge of Raimon Panikkar*. Nova Iorque: Orbis Books, 1996.

QUINTANA, Antonio Pérez. "La crítica de Lévinas a la filosofía transcendental moderna". *In*: MARTOS, A. A. (ed.). *Emmanuel Lévinas: La filosofía como ética*. Valência: PUV, 2008, p. 69-90.

RAJ, Antony Savari. "Interpreting Across Boundaries: Raimon Panikkar's Diatopical Hermeneutics". *In*: WALLNER, F. G.; SCHMIDSBERGER, F.; WIMMER, F. M. (eds.). *Intercultural Philosophy: New Aspects and Methods*. Frankfurt: Peter Lang, 2012, p. 133-146.

RAGAZZONI, David. Ed. Alberto Pirni. "Logiche dell'alterità: Con una intervista a Franz Martin Wimmer". *Lessico di etica pubblica*, 2: 99-103, 2010.

REITER, Josef. "Integridad y pluriformidad de la razón en la relación entre reflexión filosófica y sabiduría popular". *In*: SCANNONE, J. C. (ed.). *Sabiduría popular, símbolo y filosofía: Dialogo internacional en torno de una interpretación latino-americana*. Buenos Aires: Guadalupe, 1984, p. 189-208.

RICŒUR, Paul. *Autrement: Lecture d'Autrement qu'être ou au-delà de l'essence d'Emmanuel Lévinas*. Paris: Presses Universitaire de France, 1997; *Outramente*. 2. ed. Trad. P. S. Pivatto. Petrópolis: Vozes, 2008.

RODÓ, José Enrique. *Ariel*. Montevidéu: Colombino, 1900.

ROLLAND, Jacques. "Annotations". *In*: LEVINAS, E. *De l'évasion*. Paris: Fata Morgana, 1982, p. 129-157.

RUIZ, Ricardo Navas. *Ser y Estar: Estudio sobre el sistema atributivo del español*. Salamanca: Universidad de Salamanca, 1963.

SADA, Gabriel Osvaldo. *Los caminos americanos de filosofía de Rodolfo Kusch*. Buenos Aires: García Cambeiro, 1996.

SALVÁ, Miguel. *Gramática de la lengua castellana según ahora se habla*. Paris: Librería de los SS. Don Vicente Salvá e Hijo, 1935.

SALLES-REESE, Verónica. "Yo Don Juan de Santa Cruz Pachacuti Yamqui Salcamaygua... digo". *Revista Iberoamericana*, 51: 107-118, 1995.

SÁNCHEZ, Ana. "Introducción". *Antigüedades del Perú: Crónicas de América*. Vol. 70. Madri: Historia 16, 1992, p. 125-160.

SANS, Georg. *Al crocevia della filosofia contemporanea*. Roma: GBP, 2010.

SANSONETTI, Giuliano. *Levinas e Heidegger*. Bréscia: Morcelliana, 1998.

SAUSSOL, José María. *Ser y estar: Orígenes de sus funciones en el Cantar del mio Cid*. Salamanca: Publicaciones de la Universidad de Sevilla, 1977.

SAUVY Alfred. "Trois mondes, une planète". *L'Observateur*, 14 ago. 1952 (Paris). Disponível em: http://www.homme-moderne.org/societe/demo/sauvy/3mondes.html. Acesso em: 02 abr. 2016.

SEBASTIÁN, J. J. "Una obra nacional más que meritoria". *El pueblo*, 6/IX/57 (Buenos Aires); KUSCH, R. *Obras Completas*. Tomo IV. Rosário: Fundación Ross, 2010, p. 557-558.

SCANNONE, Juan Carlos (ed.). *Sabiduría popular, símbolo y filosofía: Dialogo internacional en torno de una interpretación latino-americana*. Buenos Aires: Guadalupe, 1984.

______. "Sabiduría popular y pensamiento especulativo". *In*: SCANNONE, J. C. (ed.). *Sabiduría popular, símbolo y filosofía: Dialogo internacional en torno de una interpretación latino-americana*. Buenos Aires: Guadalupe, 1984, p. 51-74.

______. *Nuevo punto de partida de la filosofía latinoamerica*. Buenos Aires: Anthropos, 1990.

______. "Hacia una filosofía a partir de la sabiduría popular". *In*: ELLACURÍA, I.; SCANNONE, J. C. (ed.). *Para una filosofía desde América Latina*. Bogotá: Javeriana, 1992, p. 124-128.

SCANNONE, Juan Carlos (ed.). "Respuesta a Fornet-Betancourt". *In*: FORNET--BETANCOURT, R. *Crítica intercultural de la filosofía latinoamericana*. Madri: Trotta, 2004, p. 177-183.

______. *Religión y nuevo pensamiento: Hacía una filosofía de la religión para nuestro tiempo desde América Latina*. Barcelona: Anthropos, 2005.

______. "El reconocimiento mutuo y el tercero". *In*: PONCE, F.; SCANNONE, J. C.; SILVA, E. (eds.). *En las bases de la justicia: Reflexiones filosóficas sobre los fundamentos de la justicia hoy en América Latina*. Bogotá: Siglo del Hombre, 2013, p. 117-131.

______. "El 'estar' en Kusch y el 'ahí' (là) sin el ser según Marion: Convergencias y divergencias". *Stromata*, 69: 79-86, 2013.

SEVERSON, Eric R. "The Missing Sequel: Levinas and Heidegger's Unfinished Project". *In*: BLOECHL, J. (ed.). *Levinas Studies: An Annual Review*, 9: 123-143, 2014 (Pistburgo, Duquesne University Press).

SILVA, Euardo; SCANNONE, Juan Carlos; CASAS, Vicente Durán (eds.). *Problemas de filosofía de la religión desde América Latina: La religión y sus límites*. Bogotá: Siglo del Hombre, 2004.

SOLERO, F. J. "Preguntar por lo que somos: Prólogo para la primera edición". *In*: KUSCH, R. *Seducción de la barbarie: análisis herético de un continente mestizo*. Buenos Aires: Raigal, 1953; *Obras Completas*. Tomo I. Rosário: Fundación Ross, 2000, p. 9-15.

SUCASAS, Alberto. "Judaísmo y filosofía en el pensamiento de E. Lévinas: Lectura de un palimpsesto". *Cuadernos salmantinos de filosofía*, 21: 71-104, 1994.

______. *Lévinas: lectura de un palimpsesto*. Buenos Aires: Lilmod, 2006.

______. "Descubriendo el Talmud con Chouchani y Lévinas". *In*: MARTOS, A. A. (ed.). *Emmanuel Lévinas: La filosofía como ética*. Valência: PUV, 2008, p. 127-150.

TAMINIAUX, Jacques. "La première réplique à l'ontologie fondamentale". *In*: CHALIER, C.; ABENSOUR, M. (eds.). *Cahier de l'Herne: Emmanuel Lévinas*. Paris: L'Herne, 1991, p. 275-284.

______. "La genèse de la publication de Totalité et Infini". *In*: HOUSSET, E.; CALIN, R. (eds.). *Cahier de philosophie de l'Université de Caen*, 49: 69-81, 2012.

TASAT, José. "Fondo Rodolfo Kusch". *Biblioteca de la Universidad Tres de Febrero*. Disponível em: https://youtu.be/_ObSryoGQlM. Acesso em: 27 fev. 2016.

TAVARES, Manuel. "Filosofia Andina: Uma interpelação ao pensamento ocidental. Colonialismo, colonialidade e descolonização para uma inter-diversidade de saberes (J. Estermann)". *EccoS: Revista Científica*, 32, set./dez. 2013 (São Paulo).

TRIGANO, Shmuel. *La demeure oubliée: Genèse religieuse du politique*. Paris: Tel Gallimard, 1994.

TRIGANO, Shmuel. "Lévinas et le projet de la philosophie-juive". *In*: AMODIO, P.; GIANNINI, G.; LISSA, G. (eds.). *Levinas e la cultura del XX secolo*. Nápoles: Giannini, 2003, p. 155-185;

TODOROV, Tzvetan. *La conquête de l'Amérique: La question de l'autre*. Paris: Seuil, 1982.

URBANO, Henrique; SANCHEZ, Ana (eds.). *Antigüedades del Perú: Crónicas de América*. Vol. 70. Madri: Historia 16, 1992.

VAL, Manuel Criado de. *Sintaxis del verbo español moderno*. Madri: S. Aguirre, 1948.

______. *El verbo español*. Madri: Saeta, 1969.

VALDÉS, Eduardo Déves. "El pensamiento latinoamericano a comienzos del siglo XX: La reivindicación de la identidad". *Cuyo: Anuario de filosofía argentina y americana*, 14: 11-76, 1997.

VIVEIROS DE CASTRO, Eduardo. *Métaphysiques cannibales*. Paris: Presses Universitaires de France, 2009; *Metafísicas canibais*. Trad. O. Bonilla. São Paulo: Cosacnaify/N-1, 2015.

______. *La mirada del jaguar: Introducción al perspectivismo amerindio*. Buenos Aires: Tinta Limón, 2013.

WIMMER, Franz Martin. "Is Intercultural Philosophy a New Branch or a New Orientation in Philosophy?". *In*: WALLNER, G. *Culture and Knowledge*. Vol. 11. Frankfurt: Peter Verlag, 2010.

______. *Essays on Intercultural Philosophy*. Chennai: Satya Nilayam Publications, 2002.

______. *Interculturelle Philosophie: Theorie und Geschichte*. Viena: Peter Verlag, 1990.

WOLZOGEN, Christoph von. "Intention, Ereignis und der Andere: Humanismus des underen Menschen". Hamburgo: Felix Meiner Verlag, 1989, p. 131-150; "Intention, Event, and the Other". *In*: ROBBINS, J. (ed.). *Is it Righteous to Be? Interviews With Emmanuel Levinas*. Trad. A. Schimitz. Califórnia: Stanford University Press, 2001, p. 140-157.

ZEA, Leopoldo. *La filosofía americana como filosofía sin más*. México: Siglo XXI, 1969.

______. *Filosofía de la historia americana*. México: Tierra Firme, 1978.

ZUBIRI, Xavier. *Inteligencia sentiente*. Madri: Tecnos, 1980.

ÍNDICE ONOMÁSTICO

Esta obra foi composta em sistema CTcP
Capa: Supremo 250 g – Miolo: Pólen Soft 70 g
Impressão e acabamento
Gráfica e Editora Santuário